U0027269

北史

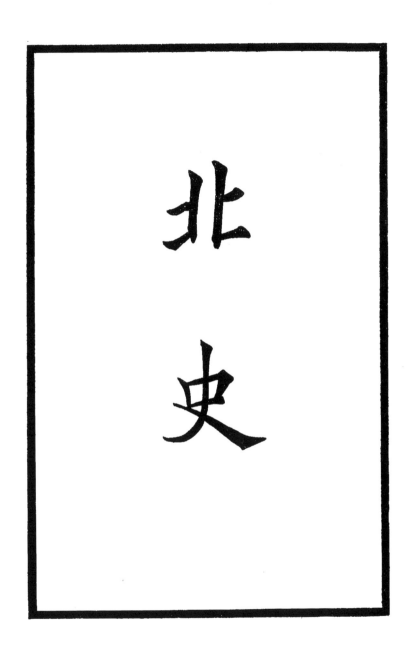

四部備要

史部

中華書局據武英殿本校刊

桐鄉 陸費逵總勘
杭縣 高時顯 吳汝霖輯校
杭縣 丁輔之監造

北史卷八十二

唐　李　延　壽　撰

列傳第七十

儒林下

沈重字子厚吳興武康人也性聰悟弱歲而孤居喪合禮及長專心儒學從師不遠千里遂博覽羣書尤明詩及左氏春秋梁武帝欲高置學官以崇儒教中大通四年乃革選以重補國子助教後除五經博士梁元帝之在藩也甚歎異之及即位乃遣主書何武迎重西上魏平江陵重乃留事梁主蕭詧累遷都官尚書領羽林監詧又令重於合歡殿講周禮武帝以重經明行脩乃遣宣納上

士柳裘致書禮聘又敕襄州總管衞公直敦喻遣之在途供給務從優厚保定
末至于京師詔令討論五經并校定鍾律天和中復於紫極殿講三教義朝士
儒生桑門道士至者二千餘人重辯義優洽樞機明辯凡所解釋咸爲諸儒所
推六年授驃騎大將軍開府儀同三司露門博士仍於露門館爲皇太子講論
語建德末表請還梁武帝優詔不許重固請乃許爲遣小司門上士楊汪送之
梁主蕭巋拜重散騎常侍太常卿大象二年來朝京師開皇三年卒年八十四
隋文帝遣舍人蕭子寶祭以少牢贈使持節上開府儀同三司許州刺史重學
業該博爲當世儒宗至於陰陽圖緯道經釋典無不通涉著周禮義三十一卷
儀禮義三十五卷禮記義三十卷毛詩義二十八卷喪服經義五卷周禮音一
卷儀禮音一卷禮記音二卷毛詩音二卷
樊深字文深河東猗氏人也事繼母甚謹弱冠好學負書從師於河西講習五
經晝夜不倦魏永安中隨軍征討以功累遷中散大夫嘗讀書見吾丘子遂歸
侍養孝武西遷樊王二姓舉義爲魏所誅深父保周叔父歡周並被害深因避
珍倣宋版印

難墜崖傷足絕食再宿於後遇得一簞餅欲食之然念繼母老痺或免虜掠乃弗食夜中匍匐尋覓母得見因以饋母還復遁去改易姓名遊學於汾晉間習天文及算歷之術後爲人所告囚送河東屬東魏將韓軌長史張曜重其儒學延深至家因是便得逃隱周文平河東贈保周南郢州刺史歡周儀同三司深歸葬其父負土成墳尋而于謹引爲府參軍事令在館授教子孫周文置學東館教諸將子弟以深爲博士深經學通贍每解書多引漢魏以來諸家義而說之故後生聽其言者不能曉悟背而譏之曰樊生講書多門戶不可解然儒者推其博物性好學老而不怠朝暮還往常據鞍讀書至馬驚墮地損折支體終亦不改後除國子博士賜姓萬紐于氏天平二年遷縣伯中大夫加開府儀同三司建德元年表乞骸骨詔許之朝廷有疑議常召問焉後以疾卒深既專經又讀諸史及倉雅篆籀陰陽卜筮之書學雖博贍訥於辭辯故不爲當時所稱撰孝經喪服問疑各一卷又撰七經異同三卷子義綱

熊安生字植之長樂阜城人也少好學勵精不倦從陳達受三傳從房虯受周

禮事徐遵明服膺歷年後受禮於李寶鼎遂博通五經然專以三禮教授弟子自遠方至者千餘人乃討論圖緯捃摭異聞先儒所未悟者皆發明之齊河清中陽休之特奏爲國子博士時西朝既行周禮公卿以下多習其業有宿疑礩滯者數十條皆莫能詳辯天和三年周齊通好兵部尹公正使焉與齊人語及周禮齊人不能對乃令安生至賓館與公正言公正有口辯安生語所未至者便撮機要而驟問之安生曰禮義弘深自有條貫必欲升堂覩奧寧可汩共先後但能留意當爲次第陳之公正於是問所疑安生皆爲一一演說咸究其根本公正嗟服還具言之於武帝帝大欽重之及入鄴安生遽令掃門家人怪而問之安生曰周帝重道尊儒必將見我矣俄而帝幸其第詔不聽拜親執其手引與同坐謂曰朕未能去兵以此爲愧安生曰黃帝尚有阪泉之戰況陛下龔行天罰乎帝又曰齊氏賦役繁興竭人財力朕救焚拯溺思革其弊欲以府庫及三臺雜物散之百姓公以爲何如安生曰昔武王克商散鹿臺之財發巨橋之粟陛下此詔異代同美帝又曰朕何如武王安生曰武王伐紂懸首白旗陛

下平齊兵不血刃愚謂聖略爲優帝大悅賜帛三百匹米三百石宅一區并賜
象笏及九鐶金帶自餘什物稱是又詔所司給安車駟馬令隨駕入朝并敕所
在供給至京敕令於大乘佛寺參議五禮宣政元年拜露門博士下大夫時年
八十餘尋致仕卒於家安生既學爲儒宗常受其業擅名於後者有馬榮伯張
黑奴竇士榮孔籠劉焯劉炫等皆其門人焉所撰周禮義疏二十卷禮記義疏
三十卷孝經義一卷並行於世安生與同郡宗道暉張暉紀顯敬徐遵明等爲
祖師道暉好著高翅帽大屐州將初臨輒服以謁見仰頭舉肘拜於屐上自言
學士比三公後齊任城王湝鞭之道暉徐呼安偉安偉出謂人曰我受鞭不漢
體復躡屐而去冀州人爲之語曰顯公鍾宋公鼓宗道暉屐李洛姬肚謂之四
大顯公沙門也宋公安德太守也洛姬婦人也安生在山東時歲歲遊講從之
者傾郡縣或誑之曰某村古塚是晉河南將軍熊光去七十二世舊有碑爲村
人埋匿安生掘地求之不得連年訟焉冀州長史鄭大讙判之曰七十二世乃
是羲皇上人河南將軍晉無此號訴非理記安生率其族向塚而號將通名見

徐之才和士開二人相對以徐之才諱雄和士開諱安乃稱觸觸生羣公哂之
樂遜字遵賢河東猗氏人也幼有成人之操從徐遵明於趙魏間受孝經喪服
論語詩書禮易左氏春秋大義尋而山東寇亂學者散逸遜於擾攘之中猶志
道不倦大統七年除子都督九年太尉李弼請遜教授諸子既而周文盛選賢
良授以守令相府戸曹柳敏行臺郎中盧光河東郡丞辛粲相繼舉遜稱有牧
人之才弼請留不遣魏廢帝二年周文召遜教授諸子在館六年與諸儒分授
經業講孝經論語毛詩及服虔所注春秋左氏傳周閔帝踐阼以遜有理務材
除秋官府上士轉小師氏下大夫自譙王儉以下並束脩行弟子之禮遜以經
術教授甚有訓導之方及衛公直鎮蒲州遜爲直主簿武成元年六月以霖雨
經時詔百官上封事遜陳時宜十四條其五條切於政要其一崇教方其二省
造作其三明選舉其四重戰伐其五禁奢侈保定二年以訓導有方頻加賞賜
遷遂伯中大夫五年詔魯公斌畢公賢等俱以束脩之禮同受業焉天和元年
岐州刺史陳公純舉遜以賢良五年遜以年在懸車上表致仕優詔不許於是

賜以粟帛及錢等授湖州刺史封安邑縣子人多蠻左未習儒風遜勸勵生徒加以課試數年之間化洽州境蠻俗生子長大多與父母異居遜每加勸導多革前弊在任數載頻被褒錫秩滿還朝拜皇太子諫議復在露門教授皇子大象初進爵崇業郡公又爲露門博士二年進位開府儀同大將軍出爲汾陰郡守遜以老病固辭詔許之乃改授東揚州刺史仍賜安車衣服及奴婢等又於本郡賜田十頃儒者以爲榮隋開皇元年卒於家年八十二贈本官加蒲陝二州刺史遜性柔謹寡交遊立身以忠信爲本不自矜尚每在衆言論未嘗爲人之先學者以此稱之所著孝經論語毛詩左氏春秋序論十餘篇又著春秋序義通賈服說發杜氏違辭理並可觀初周又有黎景熙以古學顯

黎景熙字季明河閒鄚人少以孝行聞於世曾祖嶷魏太武時以軍功賜爵容城縣男後爲燕郡守祖鎮父瓊並襲爵季明少好讀書性強記默識而無應對之能其從祖廣太武時尚書郎善古學常從吏部尚書清河崔宏受字義又從司徒崔浩學楷篆自是家傳其法季明亦傳習之頗與許氏有異又好玄象頗

知術數而落魄不事生業有書千餘卷雖窮居獨處不以飢寒易操與范陽盧
道源爲莫逆交永安中道源勸令入仕始爲威烈將軍孝武西遷季明乃寓居
伊洛侯景徇地河外召季明從軍稍遷黎陽郡守季明從至懸瓠察景終不足
恃遂去之客於潁川時王思政鎮潁川累使召季明留於內館月餘周文又徵
之遂入關乃令季明正定古今文字於東閣大統末拜著作佐郎於時倫輩皆
位兼常伯車服華盛唯季明獨以貧素居之而無愧色又勤於所職著述不怠
然性尤專固不合於時是以一爲史官遂十年不調武成末遷外史下大夫保
定三年盛營宮室春夏大旱詔公卿百寮極言得失季明上封事曰臣聞成湯
遭旱以六事自陳宣王太甚而珪璧斯竭豈非遠慮元元俯哀黎庶今農要之
月時雨猶愆率土之心有懷渴仰陛下垂情萬類子愛羣生覲禮百神猶未豐
洽豈或作事不節有違時令舉措失中當邀斯旱春秋君舉必書動爲典禮水
旱陰陽莫不應行而至孔子曰言行君子之所以動天地可不慎乎春秋莊公
三十一年冬不雨五行傳以爲是歲一年而三築臺奢侈不恤人也僖公二十

一年夏大旱五行傳以爲時作南門勞人興役漢惠帝二年夏大旱五年夏大旱江河水少谿澗水絶五行傳以爲先是發十四萬六千人城長安漢武帝元狩三年夏大旱五行傳以爲是歲發天下故吏穿昆明池然則土木之功動人興役天輒應之以異典籍作誡儻或可思上天譴告改之則善今若息人省役以答天譴庶靈澤時降嘉穀有時則年登可覬子來非晚詩云人亦勞止迄可小康惠此中國以綏四方或恐極陽生陰秋多雨水年復不登人將無覬如又荐飢爲慮更甚時豪富之家競爲奢麗季明又上書曰臣聞寬大所以兼覆慈愛所以懷衆故天地稱其高厚者萬物得其容養焉四時著其寒暑者庶類資其忠信焉是以帝王者寬大象天地忠信則四時招搖東指天下識其春人君布德率土懷其惠伏惟陛下資乾御寓品物咸亨時乘六龍自強不息好問受規天下幸甚自古至道之君亦皆廣延博訪詢採蒭蕘置鼓樹木以求其過頃者亢旱踰時人懷望歲陛下爰發明詔廣求六瘼同禹湯之罪己高宋景之守正澍雨應時年穀斯稔剋己節用慕質去華此則尚矣然而朱紫仍耀於衢路

綺縠猶侈於豪富短褐未充於細人糟糠未厭於編戶此則勸導之理有所未周故也今雖導之以禮齊之以刑風俗固難以一矣昔漢文帝集上書之囊以作帷帳惜十家之產不造露臺後宮所幸衣不曳地方之今日富室之飾曾不如婢隸之服然而以身率下國富刑清廟稱太宗良有以也臣聞聖人久於其道而天下化成今承魏氏衰亂之後貞信未興宜先尊五美屏四惡革浮華之俗抑流競之風察鴻都之小藝焚雉頭之異服無益之貨勿重於時虧德之器勿陳於側則人知德矣臣又聞之爲政之要在於選舉若差之毫釐則有千里之失後來居上則致積薪之譏是以古之善爲政者貫魚以次任必以能爵人於朝不以私愛簡才以授其官量能以任其用官得其才任當其用六轡既調坐致千里虞舜選衆不仁者遠則庶事康哉人知其化矣帝覽而嘉之時外史廨宇屢移未有定所季明又上言曰外史之職漢之東觀帝王所寶此焉攸在自魏及周公館不立臣雖愚瞽猶知其非是以去年十一月中敢冒奏陳特降中旨即遣脩營荏苒一周未知功力臣職思其憂敢不重請帝納焉於是廨宇

珍倣宋版印

方立天和二年進車騎大將軍儀同三司後以疾卒又周文初屬天下分崩時學術之士蓋寡故曲學末伎咸見引納至若冀儁趙文深之徒雖才愧昔人而名著於世並見收用

冀儁字僧儁太原陽邑人也性沉謹善隸書特工模寫初爲賀拔岳墨曹參軍岳被害周文引爲記室時周文志平侯莫陳悅乃令儁僞爲魏帝敕書與費也頭令將兵助周文討悅儁尋舊敕模寫及代舍人主書等署與真無異周文大悅費也頭見敕不以爲疑遂遣兵受周文節度大統初封長安縣男從征弘農戰於沙苑進爵爲子累遷襄樂郡守尋徵還教明帝及宋獻公等隸書時俗入書學者亦行束脩之禮謂之謝章儁以書字所與起自蒼頡若同常俗未爲合禮遂啓周文釋奠蒼頡及先聖先師除黃門侍郎本州大中正累遷湖州刺史靜退每以清約自處前後所歷頗有聲稱尋加驃騎大將軍開府儀同三司後進爵爲昌樂侯卒

趙文深字德本南陽宛人也父遐以醫術仕魏爲尚藥典御文深少學楷隸年

十一獻書於魏帝後立義歸朝除大丞相府法曹參軍雅有鍾王之則筆勢可
觀當時碑牓唯文深冀儁而已大統十二年追論立義功封白石縣男文帝以
隸書紕繆命文深與黎季明沈遐等依說文及字林刊定六體成一萬餘言行
於世及平江陵之後王褒入關貴遊等翕然並學褒書文深之書遂被遐棄文
深慚恨形於言色後知好尚難及亦改習褒書然竟無所成轉被譏議謂之學
步邯鄲焉至於碑牓餘人猶莫之逮王褒亦每推先之宮殿樓閣皆其迹也還
縣伯下大夫明帝令至江陵書景霞寺碑漢南人士亦以爲工梁王蕭詧觀而
美之賞遺甚厚天和元年露寢等初成文深以題牓之功除趙興郡守文深雖
居外任每須題牓輒復追之後以疾卒
辛彥之隴西狄道人也祖世敘魏涼州刺史父靈補周渭州刺史彥之九歲而
孤不交非類博涉經史與天水牛弘同志好學後入關遂家京兆周文見而器
之引爲中外府禮曹賜以衣馬珠玉時國家草創朝貴多出武人修定儀注唯
彥之而已尋拜中書侍郎及周閔帝受禪彥之與小宗伯盧辯專掌儀制歷典

祀太祝樂部御正四曹大夫開府儀同三司封五原郡公宣帝卽位拜小宗伯時帝立五皇后彥之切諫由是忤旨免官隋文帝受禪除太常少卿改封任城郡公進位開府歷國子祭酒禮部尚書與祕書監牛弘撰新禮帝嘗令彥之與沈重論議重不能抗避席而謝曰辛君所謂金城湯池無可攻之勢帝大悅後除隋州刺史時州牧多貢珍玩惟彥之所貢並供祭之類上謂朝臣曰人安得無學彥之所貢稽古之力也遷潞州刺史前後俱有惠政彥之又崇信佛道於城內立浮圖二所並十五層開皇十一年州人張元暴死數日乃蘇云遊天上見新構一堂制極崇麗元問其故云潞州刺史辛彥之有功德造此堂以待之彥之聞而不悅其年卒諡曰宣彥之撰墳典一部六官一部祝文一部禮要一部新禮一部五經異義一部並行於世子孝舒仲龕並早有令譽

何妥字栖鳳西城人也父細腳胡通商入蜀遂家郫縣事梁武陵王紀生知金帛因致巨富號爲西州大賈妥少機警八歲遊國子學助教顧良戲之曰汝姓何是荷葉之荷爲河水之河妥應聲答曰先生姓顧是眷顧之顧爲新故之故

衆咸異之十七以伎巧事湘東王後知其聰明召爲誦書左右時蘭陵蕭眘亦
有儁才住青楊巷妥住白楊頭時人爲之語曰世有兩儁白楊何妥青楊蕭眘
其見美如此江陵平入周仕爲太學博士宣帝初立五后問儒者辛彥之對曰
后與天子匹體齊尊不宜有五妥駁曰帝嚳四妃舜又二妃亦何常數由是封
襄城縣男文帝受禪除國子博士加通直散騎常侍進爵爲公妥性勁急有口
才好是非人物納言蘇威嘗言於上曰臣先人每誡臣云唯讀孝經一卷足可
立身經國何用多爲上亦然之妥進曰蘇威所學非止孝經厥父若信有此言
威不從訓是其不孝若無此言面欺陛下是其不誠不誠不孝何以事君且夫
子又云不讀詩無以言不讀禮無以立豈容蘇綽教子獨反聖文之訓乎威時
兼領五職上甚親重之妥因奏威不可信任又以掌天文律度皆不稱職妥上
八事以諫其一事曰臣聞知人則哲惟帝難之孔子曰舉直錯枉則人服舉枉
錯直則人不服由此言之政之安危必慎所舉故進賢受上賞蔽賢蒙顯戮察
今之舉人良異于此無論諂直莫擇賢愚心欲崇高則起家喉舌之任意須抑

珍倣宋版印

屈必白首郎署之官人之不服實由於此臣聞爵人於朝與士共之刑人於市
與衆棄之伏見留心獄訟愛人如子每應決獄無不詢訪羣公刑之不濫君之
明也刑既如此爵亦宜然若有懋功簡在帝心者便可擢用自斯以降若選重
官必參以衆議勿信一人之舉則上不偏私下無怨望其二事曰孔子云是察
阿黨則罪無掩蔽又曰君子周而不比小人比而不周所謂比者卽阿黨也謂
心之所愛既以光華榮顯猶加提挈心之所惡既已沉滯屈辱薄言必怒提挈
既成必相掩蔽則欺上之心生矣屈辱既加則有怨恨謗讟之言出矣伏願廣
加訪察勿使朋黨路開威恩自任有國之患莫大於此其三事曰臣聞舜舉十
六族所謂八元八凱也計其賢明理優今日猶復擇才授任不相侵濫故得四
門雍穆庶績咸熙今官員極多用人甚少一人身上乃兼數職爲是國無人也
爲是人不善也今萬乘大國髦彥不少縱有明哲無由自達東方朔言曰尊之
則爲將卑之則爲虜斯言信矣今當官之人不度德量力既無呂望傅說之能
自負傅巖渭水之氣不慮憂深責重唯畏總領不多安斯寵任輕彼權軸顛沛

致蹶實此之由易曰鼎折足覆公餗其形渥凶言不勝其任也臣聞窮力舉重不能爲用伏願更任賢良分才參掌使各行其力則庶事康哉其四事曰臣聞禮云析言破律亂名改作執左道以亂政者殺孔子曰仍舊貫何必改作伏見比年以來改作者多矣如范威刻漏十載不成趙翊尺秤七年方決公孫濟迂誕醫方費逾巨萬徐道慶迴互子午糜耗飲食常明破律多歷歲時王渥亂名曾無紀極張山居未知星位前已蹂藉太常曹魏祖不識北辰今復轥轢太史莫不用其短見便自夸毗邀射名譽厚相誣罔請今日已後有如此者若其言不驗必加重罰庶令有所畏忌不敢輕奏狂簡其餘文多不載時蘇威權兼數職先嘗隱武功故妥言自負傅巖渭水之氣以此激上書奏威大銜之二年威定考文學妥更相訶詆威勃然曰無何妥不慮無博士妥應聲曰無蘇威亦何憂無執事於是與威有隙其後上令妥考定鍾律妥又上表曰臣聞明則有禮樂幽則有鬼神然則動天地感鬼神莫近於禮樂又云樂至則無怨禮至則不爭揖讓而臨天下者禮樂之謂也臣聞樂有二一曰姦聲二曰正聲夫姦聲感

人而逆氣應之正聲感人而順氣應之順氣成象故樂行而倫清耳目聰明血氣和平移風易俗天下皆寧孔子曰放鄭聲遠佞人故鄭衛宋趙之聲出內則發疾外則傷人是以宮亂則荒其君驕商亂則破其官壞角亂則憂其人怨徵亂則哀其事勤羽亂則危其財匱五者皆亂則國亡無日矣魏文侯問子夏曰吾端冕而聽古樂則欲寐聽鄭衛之音而不倦何也子夏對曰夫古樂者始奏以文復亂以武修身及家平均天下鄭衛之音者姦聲以亂溺而不止優雜子女不知父子今君所問者樂也所愛者音也夫樂之與音相近而不同爲人君者謹審其好惡案聖人之作樂也非止苟悅耳目而已矣欲使在宗廟之內君臣同聽之則莫不和敬在鄉里之內長幼同聽之則莫不和順在閨門之內父子同聽之則莫不和親此先王立樂之方也故知聲而不知音者禽獸是也知音而不知樂者衆庶是也故黃鍾大呂弦歌干戚童子皆能舞之能知樂者其惟君子不知聲者不可與言音不知音者不可與言樂知樂則幾於道矣紂爲無道太師抱樂器以奔周晉君德薄師曠固惜清徵上古之時未有音樂鼓腹

擊壤樂在其間易曰先王作樂崇德殷薦之上帝以配祖考至于黃帝作咸池顓頊作六莖帝嚳作五英堯作大章舜作大韶禹作大夏湯作大濩武王作大武從夏以來年代久遠唯有名字其聲不可得聞自殷至周備于詩頌故自聖賢已下多習樂者至如伏羲減瑟文王足琴仲尼擊磬子路鼓瑟漢高擊筑元帝吹簫漢祖之初叔孫通因秦樂人制宗廟之樂迎神于廟門奏嘉至之樂猶古降神之樂也皇帝入廟門奏永至之樂以爲行步之節猶古采薺肆夏也乾豆上薦奏登歌之樂猶古清廟之歌也登歌再終奏休成之樂美神饗也皇帝就東廂坐定奏永安之樂美禮成也其休成永至二曲叔孫通所制也漢高祖廟奏武德文始五行之舞當春秋時陳公子完奔齊陳是舜後故齊有韶樂孔子在齊聞韶三月不知肉味是也秦始皇滅齊韶樂傳於秦漢高祖滅秦韶樂傳於漢漢高祖改名文始以示不相襲也五行舞者本周大武樂也始皇改曰五行及于孝文復作四時之舞以示天下安和四時順也孝景采武德舞以爲昭德孝宣又采昭德以爲盛德雖變其名大抵皆因秦舊事至於晉魏皆用古

珍倣宋版印

樂魏之三祖並制樂辭自永嘉播越五都傾蕩樂聲南度以是大備江東宋齊
已來至于梁代所行樂事猶皆傳古三雍四始實稱大盛及侯景篡逆樂師分
散其四舞三調悉度僞齊齊氏雖知傳受得曲而不用之於宗廟朝廷也臣少
好音律留意管弦年雖耆老頗皆記憶及東土克定樂人悉反問其逗留果云
是梁人所教今三調四舞並皆有手雖不能精熟亦頗具雅聲若令教習傳授
庶得流傳古樂然後取其會歸撮其指要因循損益更制嘉名歌盛德於當今
傳雅正於來葉豈不美歟謹具錄三調四舞曲名又製歌辭如別其有聲曲流
宕不可以陳於殿庭者亦悉附之於後書奏別敕太常取妥節度於是作清平
瑟三調聲又作八佾鞞鐸巾拂四舞先是太常所傳宗廟雅樂歷數十年唯作
大呂廢黃鍾妥又以深乖古意乃奏請用黃鍾詔下公卿議從之俄而子蔚爲
祕書郎有罪當刑上哀之減死論是後恩禮漸薄六年出爲龍州刺史時有負
笈遊學者妥皆爲講說教授之又爲刺史箴勒于州門外在職三年以疾請還
詔許之復知學事時上方使蘇夔在太常參議鍾律夔有所建議朝士多從之

妥獨不同每言變之失帝下其議羣臣多排妥妥復上封事指陳得失大抵論時政損益幷指斥當世朋黨於是蘇威及吏部尚書盧愷侍郎薛道衡等皆坐得罪除伊州刺史不行尋爲國子祭酒卒官諡曰肅撰周易講疏三卷孝經義疏二卷莊子義疏四卷與沈重等撰三十六科鬼神感應等大義九卷封禪書一卷樂要一卷文集十卷並行於世于時學士之自江南來者蕭該包愷並知名

蕭該蘭陵人梁鄱陽王恢之孫少封攸侯荊州平與何妥同至長安性篤學詩書春秋禮記並通大義尤精漢書甚爲貴遊所禮開皇初賜爵山陰縣公拜國子博士奉詔與妥正定經史然各執所見遞相是非久而不能就上譴而罷之該後撰漢書及文選音義咸爲當時所貴

包愷字和樂東海人其兄愉明五經愷悉傳其業及從王仲通受史記漢書尤稱精究大業中爲國子助教于時漢書學者以蕭包二人爲宗遠近聚徒教授者數千人卒門人起墳立碣焉

房暉遠字崇儒恆山真定人也世傳儒學暉遠幼有志行明三禮春秋三傳詩書周易兼善圖緯恆以教授爲務遠方負笈而從者動以千計齊南陽王綽爲定州刺史聞其名召爲博士周武帝平齊搜訪儒俊暉遠首應辟命授小學下士隋文帝受禪遷太常博士太常卿牛弘每稱爲五經庫吏部尚書韋世康薦之遷太學博士尋與沛公鄭譯修正樂章後復爲太常博士未幾擢爲國子博士會上令國子生通一經者並悉薦舉將擢用之既策問訖博士不能時定臧否祭酒元善怪問之暉遠曰江南河北義例不同博士不能遍涉學生皆持其所短稱己所長博士各各自疑所以久而不決也祭酒因令暉遠考定之暉遠覽筆便下初無疑滯或有不服者暉遠問其所傳義疏輒爲始末誦之然後出其所短自是無敢飾非者所試四五百人數日便決諸儒莫不推其通博皆自以爲不能測也尋奉詔預修令式文帝嘗謂羣臣曰自古天子有女樂乎楊素以下莫知所出遂言無女樂暉遠曰臣聞窈窕淑女鍾鼓樂之此即王者房中之樂著於雅頌不得言無帝大悅仁壽中卒官朝廷嗟惜焉賵賻甚厚贈員外

散騎常侍

馬光字榮伯武安人也少好學從師數十年晝夜不息圖書讖緯莫不畢覽尤明三禮爲儒者所宗隋開皇初徵山東義學之士光與張仲讓孔籠竇仕榮張買奴劉祖仁等俱至並授太學博士時人號爲六儒然皆鄙野無儀範朝廷不之貴也仕榮尋病死仲讓未幾告歸鄉里著書十卷自云此書若奏必爲宰相又數言玄象事州縣列上竟坐誅孔籠張買奴劉祖仁未幾亦被譴亡唯光獨存嘗因釋奠帝親幸國子學王公已下畢集光升坐講禮啓發章門已而諸儒生以次論難者十餘皆當時碩學光剖析疑滯雖辭非俊辯而禮義弘贍論者莫測其淺深咸共推服上嘉而勞焉山東三禮學者自熊安生後唯宗光一人初教授瀛博間門徒千數至是多負笈從入長安後數年丁母憂歸鄉里以疾卒于家

劉焯字士元信都昌亭人也犀額龜背望高視遠聰敏沉深弱不好弄少與河間劉炫結盟爲友同受詩於同郡劉軌思受左傳於廣平郭懋常問禮於阜城

熊安生皆不卒業而去武強交津橋劉智海家素多墳籍焯就之讀書向經十載雖衣食不繼宴如也遂以儒學知名爲州博士隋開皇中刺史趙煚引爲從事舉秀才射策甲科與著作郎王劭同修國史兼參議律歷仍直門下省以待顧問俄除員外將軍後與諸儒於祕書省考定羣言因假還鄉里縣令韋之業引爲功曹尋復入京與左僕射楊素吏部尚書牛弘國子祭酒蘇威元善博士蕭該何妥太學博士房暉遠崔崇德晉王文學崔賾等於國子共論古今滯義前賢所不通者每升坐論難鋒起皆不能屈楊素等莫不服其精博六年運洛陽石經至京師文字磨滅莫能知者奉敕與劉炫二人論義深挫諸儒咸懷妬恨遂爲飛章所謗除名於是優游鄉里專以教授著述爲務孜孜不倦賈馬王鄭所傳章句多所是非九章算術周髀七曜歷書十餘部推步日月之經量度山海之術莫不覈其根本窮其祕奧著稽極十卷歷書十卷五經述議並行於世劉炫聰明博學名亞於焯故時人稱二劉焉天下名儒後進質疑受業不遠千里而至者不可勝數論者以爲數百年已來博學通儒無能出其右者然懷

抱不曠又嗇於財不行束脩者未嘗有所教誨時人以此少之廢太子勇聞而召之未及進謁詔令事蜀王非其好也久之不至王聞而大怒遣人枷送於蜀配之軍防其後典校書籍王以罪廢焯又與諸儒脩定禮律除雲騎尉煬帝即位遷太學博士俄以品卑去職數年復被徵以待顧問因上所著歷書與太史令張胄玄多不同被駁不用卒劉炫爲之請謚朝廷不許

劉炫字光伯河間景城人也少以聰敏見稱與信都劉焯閉戶讀書十年不出炫眸子精明視日不眩強記默識莫與爲儔左畫圓右畫方口誦目數耳聽五事同舉無所遺失周武帝平齊瀛州刺史宇文亢召爲戶曹從事後刺史李繪署禮曹從事以吏幹知名隋開皇中奉敕與著作郎王劭同修國史俄直門下省以待顧問又詔諸術者修天文律歷兼於內史省考定羣言內史令博陵李德林甚禮之炫雖遍直三省竟不得官爲縣司責其賦役炫自陳於內史內史送詣吏部尚書韋世康問其所能炫自爲狀曰周禮禮記毛詩尚書公羊左傳孝經論語孔鄭王何服杜等注凡十三家雖義有精粗並堪講授周易儀禮穀

梁用功差少史子文集嘉言故事咸誦於心天文律歷窮覈微妙至於公私文翰未嘗假手吏部竟不詳試然在朝知名之士十餘人保明炫所除不謬於是除殿內將軍時牛弘奏購求天下遺逸之書炫遂僞造書百餘卷題爲連山易魯史記等錄上送官取賞而去後有人訟之經赦免死坐除名歸于家以教授爲務廢太子勇聞而召之既至京師敕令事蜀王秀遷延不往秀大怒枷送益州既而配爲帳內每使執仗爲門衞俄而釋之典校書史炫因擬屈原卜居爲筮塗以自寄及秀廢與諸儒修定五禮授旅騎尉吏部尚書牛弘建議以爲禮諸侯絕傍期大夫降一等今之上柱國雖不同古諸侯比大夫可也官在第二品宜降傍親一等議者多以爲然炫駮之曰古之仕者宗一人而已庶子不得進由是先王重嫡其宗子有分祿之義族人與宗子雖疎遠猶服衰三月良由受其恩也今之仕者位以才升不限嫡庶與古既異何降之有今之貴者多忽近親若或降之人道之疎自此始矣遂寢其事開皇二十年廢國子四門及州縣學唯置太學博士二人學生七十二人炫上表言學校不宜廢情理甚切帝

不納時國家殷盛皆以遼東爲意炫以爲遼東不可伐作撫夷論以諷焉當時
莫有悟者及大業之季三征不剋炫言方驗煬帝卽位牛弘引炫修律令始文
帝時以刀筆吏類多小人年久長姦勢使然也又以風俗陵遲婦人無節於是
立格州縣佐吏三年而代之九品妻無得再醮炫著論以爲不可弘竟從之諸
郡置學官及流外給稟皆發於炫弘嘗問炫案周禮士多而府史少今令史百
陪於前判官減則不濟其故何也炫曰古人委任責成歲終考其殿最案不重
校文不繁悉府史之任掌要目而已今之文簿恆慮勘覆鍛鍊若其不密萬里
追證百年舊案故諺云老吏抱案死今古不同若此之相懸也事煩政弊職此
之由弘又問魏齊之時令史從容而已今則不遑寧舍其事何由炫曰齊氏立
州不過數十三府行臺遞相統領文書行下不過十條今州三百其繁一也往
者州唯置綱紀郡置守丞縣唯令而已其所具僚則長官自辟受詔赴任每州
不過數十今則不然大小之官悉由吏部纖介之迹皆屬考功其繁二也省官
不如省事省事不如清心官事不省而望從容其可得乎弘甚善其言而不能

用納言楊達舉炫博學有文章射策高第除太學博士歲餘以品卑去任還至長平奉敕追詣行在所或言其無行帝遂罷之歸于河間時盜賊蜂起穀食踊貴經籍道息教授不行炫與妻子相去百里聲聞斷絕鬱鬱不得志乃自爲贊曰通人司馬相如揚子雲馬季長鄭康成等皆自敘徽美傳芳來葉余豈敢仰均先進貽笑後昆徒以日迫桑榆大命將近故友飄零門徒兩散溘死朝露魂埋朔野親故莫照其心後人不見其迹殆及餘喘薄言胸臆貽及行邁傳之州里使夫將來俊哲知余鄙志耳余從綰髮以來迄於白首嬰孩爲慈親所恕捶撻未嘗加從學爲明師所矜榎楚弗之及暨乎敦敘邦族交結等夷重物輕身先人後己昔在幼弱樂參長者爰及耆艾數接後生學則服而不厭誨則勞而不倦幽情寡適心事多違內省生平顧循終始其大幸有四深恨有一性本愚蔽家業貧窶爲父兄所饒廁縉紳之末遂得博覽典誥窺涉今古小善著於丘園虛名聞於邦國其幸一也隱顯人間沉浮世俗數忝徒勞之職久執城旦之書名不挂於白簡事不染於丹筆立身立行慚恧實多啓手啓足庶幾可免其

幸二也以此庸虛屢動宸眷以此卑賤每升天府齊鑣驥騄比翼鵷鴻整緗素
於鳳池記言動於麟閣參謁宰輔造請羣公厚禮殊恩增榮改價其幸三也書
漏方盡大耋已嗟退反初服歸骸故里翫文史以怡神閲魚鳥以散慮覯省野
物登臨園沼緩步代車無事爲貴其幸四也仰休明之盛世慨道教之陵遲蹈
先儒之逸軌傷羣言之蕪穢馳騁墳典釐改僻謬修撰始畢事業適成天違人
願途不我與世路未夷學校盡廢道不備於當時業不傳於身後銜恨泉壤實
在茲乎其深恨一也時在郡城糧餉斷絕其門人多隨盜賊哀炫窮乏詣城下
索炫郡宮乃出炫與之炫爲賊所將過城下堡未幾賊爲官軍所破炫飢餓無
所依復投縣官縣官意炫與賊相知恐爲後變遂閉門不納時夜冰寒因此凍
餒而死其後門人謚曰宣德先生炫性躁競頗好俳諧多自矜伐好輕侮當世
爲執政所醜由是宦途不遂著論語述議十卷春秋攻昧十卷五經正名十二
卷孝經述議五卷春秋述議四十卷尚書述議二十卷毛詩述議四十卷注詩
序一卷算術一卷幷所著文集並行於世時儒學之士又有褚暉顧彪魯世達

張沖王孝籍並知名

褚暉字高明吳郡人以三禮學稱於江南煬帝時徵天下儒術之士悉集內史省相次講論暉辯博無能屈者由是擢爲太學博士撰疏一百卷

顧彪字仲文餘杭人明尚書春秋煬帝時爲祕書學士撰古文尙書義疏二十卷行於世

魯世達餘杭人煬帝時爲國子助教撰毛詩章句義疏四十二卷行於世

張沖字叔玄吳郡人仕陳爲左中郎將非其好也乃覃思經典撰春秋義略異於杜氏七十餘事喪服義三卷孝經義三卷論語義十卷前漢音義十二卷官至漢王侍讀

王孝籍平原人少好學博覽羣言遍習五經頗有文翰與河閒劉炫同志友善開皇中召入祕書助王劭修國史劭不之禮在省多年不免輸稅鬱鬱不得志奏記於吏部尙書牛弘曰竊以毒螫憯膚則申旦不寐飢寒切體亦卒歲無聊何則痛苦難以安貧窮易爲感況懷抱之內冰火鑠脂膏腠理之間風霜侵骨

髓安可齰舌緘唇吞聲飲氣惡呻吟之響忍酸辛之酷哉伏惟明尚書公動哀矜之色開寬裕之懷咳唾足以活涸鱗吹噓可用飛窮羽芬椒蘭之氣暖布帛之詞許小人之請聞大君之德雖復山川綿遠鬼神在茲信而有徵言無不履猶恐拯溺遲於援手救跌緩於扶足待越人之舟檝求魯將之雲梯則必懸於喬樹之枝沒於深泉之底夫以一介貧人七年直省課役不免慶賞不霑賣貢禹之田供釋之之費有弱子之累乏強兄之產加以慈母在堂光陰遲暮寒暑違闕關山超遠齧臂爲期前途逾邈倚閭之望朝夕傾對謝相如之病無官可以免發梅福之狂非仙所能避愁疾甚乎厲鬼人生異夫金石營魂且散恐筮予無徵齎恨入冥則虛緣恩顧此乃王稽所以致言應侯爲之不樂也潛鬢髮之內居眉睫之閒子野未曾聞離朱所未見久淪東觀留滯南史終無薦引永同埋殯三世不移雖由寂寞十年不調實乏知己夫不世出者聖明之君也不萬一者誠賢之臣也以夫不世出而逢不萬一小人所以爲明尚書幸也坐人物之源運銓衡之柄反被狐白不好緇衣此小人爲明尚書不取也昔荆玉未

珍倣宋版印

剖刖卞和之足百里未用碎禽息之首居得言之地有能用之資憎耳目之明無首足之戚憚而不爲孰知其解夫官或不稱其能士或未申其屈一夫竊議語流天下勞不見圖安能無望黨病未及死狂還克念汗窮愁之簡屬離憂之詞託志於前脩通心於來哲使千載之下哀其不遇追咎執事有玷清塵則不肖之軀死生爲累小人之罪方且未刊願少加憐愍留心無忽弘亦知其學業而竟不得調後歸鄉里以教授爲業終于家注尙書及詩遭亂零落

論曰古語云容體不足觀勇力不足恃族姓不足道先祖不足稱然而顯聞四方流聲復胤者其惟學乎信哉斯言也梁越之徒篤志不倦自求諸己遂能聞道下風稱珍席上或聚徒千百或服冕飛軒咸稽古之力也然遠惟漢魏碩學多清通逮乎近古巨儒多鄙俗文武不墜弘之在人豈獨愚蔽於當今而皆明哲於往昔在乎用與不用知與不知耳然曩之弼諧庶績必舉德於鴻儒近代左右邦家咸取士於刀筆縱有學優入室勤踰刺股名高海內擢第甲科若命偶時來未有望於青紫或數將運舛必見棄於草澤然則古之學者祿在其中

今之學者困於貧賤明達之人志識之士安肯滯於所習以求貧賤者哉此所以儒罕通人學多鄙俗者也至若劉焯德冠搢紳數窮天象既精且博洞究幽微鉤深致遠源流不測數百年來斯一人而已劉炫學實通儒才堪成務九流七略無不該覽雖探賾索隱不逮於焯裁成義說文雅過之並時不我與餒棄溝壑斯乃子夏所謂死生有命富貴在天天之所與者聰明所不與者貴仕上聖且猶不免焯炫其如命何孝籍徒離騷其立尚何救也

北史卷八十二

珍倣宋版印

北史卷八十二考證

沈重傳梁武帝欲高置學官以崇儒教○梁閣本誤詔今改從周書

桑門進士○桑監本訛乘今改從周書

樊深傳負書從師於河西○河西周書作三河

天平二年○平周書作和

黎景熙傳河閒鄚人○鄚當係鄭字之訛

趙文深傳父遐○遐周書作遐

辛彥之傳父靈補○補隋書作輔

何妥傳父細脚胡通商入蜀○隋書無脚字

必加重罰庶令有所畏忌○畏監本訛思今改從南本

魏文侯問子夏曰○問監本訛何今改正

馬光傳光與張仲讓孔籠竇仕榮張買奴劉和仁等○隋書仕作士買作黑

劉炫傳後有人訟之經赦免死○有人監本訛人有今改從周書

整細素於鳳池記言動于麟閣○細監本訛紬今改從周書

炫爲賊所將過城下壘○城下監本作下城今改從隋書

王孝籍傳倚閭之望朝夕傾對○傾對隋書作已勤

北史卷八十二考證

珍倣宋版印

北史卷八十三

唐　李　延　壽　撰

列傳第七十一

文苑

易曰觀乎天文以察時變觀乎人文以化成天下然則文之爲用其大矣哉遂聽三古彌綸百代若乃墳素所紀靡得而云典謨已降遺風可述至於制禮作樂騰實飛聲善乎言之不文行之豈能遠也是以曲阜之多才多藝鑒二代以

正其源闕里之性與天道修六經以維其末用能窮神知化稱首於千古經邦
緯俗藏用於百代至哉斯固聖人之述作也逮乎兩周道喪七十義乖淹中稷
下八儒三墨之異漆園黍谷名法兵農之別雖雅誥奧義或未盡善考其遺跡
亦賢達之流乎其離讒放逐之臣塗窮後門之士道轗軻而未遇志鬱抑而不
申憤激委約之中飛文魏闕之下奮迅泥滓自致青雲振沉溺於一朝流風聲
於千載者往往而有矣漢自孝武之後雅尚斯文揚葩振藻者如林而二馬王
楊爲之傑東京之朝茲道逾扇咀徵含商者成市而班傅張蔡爲之雄當塗受
命尤好蟲篆金行勃與無替前烈曹王陳阮負宏衍之思挺桂幹於鄧林潘陸
張左擅俊麗之才飾羽儀於鳳穴斯並高視當世連衡孔門雖時運推移質文
屢變譬猶六代並奏易俗之用無爽九源競逐一致之理同歸歷選前英於斯
爲盛既而中州板蕩戎狄交侵僭僞相屬生靈塗炭故文章黜焉其能潛思於
戰爭之間揮翰於鋒鏑之下亦有時而間出矣若乃魯徽杜廣徐光尹弼之儔
知名於二趙宋該封奕朱彤梁讜之屬見重於燕秦然皆迫於倉卒牽於戰陣

章奏符檄則粲然可觀體物緣情則寂寥於世非其才有優劣時運然也至於
朔方之地蕞爾夷俗胡義周之頌國都足稱宏麗區區河右而學者將於中原
劉延明之銘酒泉可謂清典子曰十室之邑必有忠信豈徒言哉洎乎有魏定
鼎沙朔南包河淮西吞關隴當時之士有許謙崔宏宏子浩高允高閭游雅等
先後之間聲實俱茂詞義典正有永嘉之遺烈焉及太和在運銳情文學因以
頡頏漢徹跨躡曹丕氣韻高遠豔藻獨構衣冠仰止咸慕新風律調頗殊曲度
遂改辭罕泉源言多胸臆潤古彫今有所未遇是故雅言麗則之奇綺合繡聯
之美眇歷歲年未聞獨得既而陳郡袁翻河內常景晚拔疇類稍革其風及明
皇御歷文雅大盛學者如牛毛成者如麟角孔子曰才難不其然也于時陳郡
袁翻翻弟躍河東裴敬憲弟莊伯莊伯族弟伯茂范陽盧觀弟仲宣頓丘李諧
渤海高肅河間邢臧趙國李騫彫琢瓊瑤刻削杞梓並爲龍光俱稱鴻翼樂安
孫彥舉濟陰溫子昇並自孤寒鬱然特起咸能綜採繁縟與屬清華比於建安
之徐陳應劉元元之潘張左束各一時也有齊自霸業云啓廣延髦俊開四門

以賓之頻八紘以掩之鄴都之下煙霏霧集河間邢子才鉅鹿魏伯起范陽盧元明鉅鹿魏季景清河崔長儒河間邢子明范陽祖孝徵中山杜輔玄北平陽子烈並其流也復有范陽祖鴻勳亦參文士之列及天保中李愔陸卬崔瞻陸元規並在中書參掌綸誥其李廣樊遜李德林盧詢祖盧思道始以文章著名皇建之朝常侍王晞獨擅其美河清天統之辰杜臺卿劉逖魏騫亦參詔勑自李愔已下在省唯撰述除官詔旨其關涉軍國文翰多是魏收作之及在武平李若荀士遜李德林薛道衡並爲中書侍郎典司綸綍後主雖溺於羣小然頗好詠詩幼時嘗讀詩賦語人云終有解作此理不初因畫屏風勑通直郎蕭放及晉陵王孝式錄古賢烈士及近代輕豔諸詩以充圖畫帝彌重之後復追齊州錄事參軍蕭慤趙州功曹參軍顏之推同入撰錄猶依霸朝謂之館客放及之推意欲更廣其事又因祖珽輔政愛重之推又託鄧長顒漸說後主屬意斯文三年祖珽奏立文林館於是更召引文學士謂之待詔文林館焉珽又奏撰御覽詔珽及特進魏收太子太師徐之才中書令崔劼散騎常侍張彫中書監

陽休之監撰珽等奏追通直散騎侍郎韋道遜陸乂太子舍人王劭衞尉丞李孝基殿中侍御史魏澹中散大夫劉仲威袁奭國子博士朱才奉車都尉陸道閑考功郎中崔子樞左外兵郎薛道衡幷省主客郎中盧思道司空東閤祭酒崔德立太傅行參軍崔儦太學博士諸葛漢奉朝請鄭公超殿中侍御史鄭子信等入館撰書幷敕放愨之推等同入撰例復命散騎常侍封孝琰前樂陵太守鄭元禮衞尉少卿杜臺卿通直散騎常侍楊訓前南兗州長史羊肅通直散騎侍郎馬元熙幷省三公郎中劉珉開府行參軍李師上溫君悠入館亦令撰書後復命特進崔季舒前仁州刺史劉逖散騎常侍李孝貞中書侍郎李德林續入待詔尋又詔諸人各舉所知又有前濟州長史李翥前廣武太守魏謇前西兗州司馬蕭溉前幽州長史陸仁惠鄭州司馬江旰前通直散騎侍郎辛德源陸開明通直郎封孝騫太尉掾張德沖幷省右戶郎元行恭司徒戶曹參軍古道子前司空功曹參軍劉顗獲嘉令崔德儒給事中李元楷晉州中從事陽師孝太尉中兵參軍劉儒行司空祭酒陽辟疆司空士曹參軍盧公順司空中

兵參軍周子深開府行參軍王友伯崔君洽魏師謇並入館待詔又勑僕射殷
孝言亦入焉御覽成後所撰錄人亦有不得待詔付所司處分者凡此諸人亦
有文學膚淺附會親識妄相推薦者十三四焉雖然當時操筆之徒搜求略盡
其外如廣平宋孝王信都劉善經輩三數人論其才性入館諸賢亦十三四不
逮之周氏創業運屬陵夷纂遺文於既喪聘奇士如弗及是以蘇亮蘇綽盧柔
唐瑾元偉李昶之徒咸奮鱗翼自致青紫然綽之建言務存質朴遂糠粃魏晉
憲章虞夏雖屬辭有師古之美矯枉非適時之用故莫能常行焉既而革車電
邁渚宮雲撤梁荊之風扇於關右狂簡之徒斐然成俗流宕忘反無所取裁夫
人有六情禀五常之秀情感六氣順四時之序蓋文之所起情發於中而自漢
魏以來迄乎晉宋其體屢變前哲論之詳矣暨永明天監之際太和天保之間
洛陽江左文雅尤盛彼此好尚雅有異同江左宮商發越貴於清綺河朔詞義
貞剛重乎氣質氣質則理勝其詞清綺則文過其意理深者便於時用文華者
宜於詠歌此其南北詞人得失之大較也若能掇彼清音簡茲累句各去所短

合其兩長則文質彬彬盡美盡善矣梁自大同之後雅道淪缺漸乖典則爭馳新巧簡文湘東啓其淫放徐陵庾信分路揚鑣其意淺而繁其文匿而彩詞尚輕險情多哀思格以延陵之聽蓋亦亡國之音也隋文初統萬機每念斲彫爲樸發號施令咸去浮華然時俗詞藻猶多淫麗故憲臺執法屢飛霜簡煬帝初習藝文有非輕側暨乎即位一變其體與越公書建東都詔冬至受朝詩及擬飲馬長城窟並存雅體歸於典制雖意在驕淫而詞無浮蕩故當時綴文之士遂得依而取正焉所謂能言者未必能行蓋亦君子不以人廢言也爰自東帝歸秦逮乎青蓋入洛四隩咸臮九州攸同江漢英靈燕趙奇俊並該天網之中俱爲大國之寶言刈其楚片善無遺潤水圓流不能十數才之難也不其然乎時之文人見稱當世者則齊人范陽盧思道安平李德林河東薛道衡趙郡李元操鉅鹿魏澹陳人會稽虞世基河東柳䛒高陽許善心等或鷹揚河朔或獨步漢南俱騁龍光並驅雲路矣魏書序袁躍裴敬憲盧觀封肅邢臧裴伯茂邢昕溫子昇爲文苑傳今唯取子昇其餘並各附其家傳齊書敍祖鴻勳李廣樊

遜劉逖荀士遜顏之推爲文苑傳今唯取祖李樊荀其餘亦各附其家傳周書不立此傳今取王褒庾信列於此篇顏之推竟從齊入周故列在王庾之下顏之儀既之推之弟故列在之推之末隋書序劉臻崔儦王頍諸葛穎王貞孫萬壽虞綽王胄庾自直潘徽爲文學傳今檢崔儦王頍孫萬壽各從其家傳其餘編之此篇幷取虞世基許善心柳䛒明克讓冠之於此以備文苑傳云

温子昇字鵬舉自云太原人晉大將軍嶠之後也世居江左祖恭之宋彭城王義康戶曹避難歸魏家于濟陰冤句因爲其郡縣人焉父暉兗州左將軍長史行濟陰郡事子昇初受學於崔靈恩劉蘭精懃以夜繼書晝夜不倦長乃博覽百家文章清婉爲廣陽王深賤客在馬坊教諸奴子書作侯山祠堂碑文常景見而善之故詣深謝之景曰頃見温生深恠問之景曰温生是大才士深由是稍知之熙平初中尉東平王匡博召辭人以充御史同時射策者八百餘人子昇與盧仲宣孫搴等二十四人爲高第於是預選者爭相引決匡使子昇當之皆受屈而去搴謂人曰朝來靡旗亂轍者皆子昇逐北遂補御史時年二十二

珍倣宋版印

臺中彈文皆委焉以憂去任服闋還爲朝請後李神儁行荊州事引兼錄事參軍被徵赴省神儁表留不遣吏部郞中李奬退表不許曰昔伯瑜之不應留王朗所以發歎宜速遣赴無踵彥雲前失於是還員及廣陽王深以東北道行臺召爲郞中黃門郞徐紇受四方表啓答之敏速於深獨沉思曰彼有溫郞中才藻可畏高車破走珍寶盈滿子昇取絹四十疋深軍敗子昇爲葛榮所得榮下都督和洛興與子昇舊識以數十騎潛送子昇得達冀州還京李楷執其手曰卿今得免足使夷甫慚德自是無復宦情閉門讀書厲精不已及孝莊卽位以子昇爲南主客郞中修起居注曾一日不直上黨王天穆時錄尚書事將加捶撻子昇遂逃遁天穆甚怒奏人代之莊帝曰當世才子不過數人豈容爲此便相放黜乃寢其奏及天穆將討邢杲召子昇同行子昇未敢應天穆謂人曰吾欲收其才用豈懷前忿也今復不來便須南走越北走胡耳子昇不得已而見之加伏波將軍爲行臺郞中天穆深知賞之元顥入洛天穆召子昇問曰卽欲向京師爲隨我北度對曰主上以武牢失守致此狼狽元顥新入人情未安今

往討之必有征無戰王若剋復京師奉迎大駕桓文之舉也捨此北度竊爲大王惜之天穆善之而不能用遣子昇還洛顥以爲中書舍人莊帝還宮爲顥任使者多被廢黜而子昇復爲舍人天穆每謂子昇曰恨不用卿前計除正員郎仍舍人及帝殺尒朱榮也子昇預謀當時赦詔子昇詞也榮入內遇子昇把詔書問是何文字子昇顏色不變曰勑榮不視之尒朱兆入洛子昇懼禍逃匿永熙中爲侍讀兼舍人鎮南將軍金紫光祿大夫遷散騎常侍中軍大將軍後領本州大中正梁使張皐寫子昇文筆傳於江外梁武稱之曰曹植陸機復生於北土恨我辭人數窮百六陽夏守傅摽使吐谷渾見其國主牀頭有書數卷乃是子昇文也濟陰王暉業嘗云江左文人宋有顏延之謝靈運梁有沈約任昉我子昇足以陵顏轢謝含任吐沈楊遵彥作文德論以爲古今辭人皆負才遺行澆薄險忌唯邢子才王元景溫子昇彬彬有德素齊文襄引子昇爲大將軍諮議子昇前爲中書郎嘗詣梁客館受國書自以不修容止謂人曰詩章易作逋峭難爲文襄館客元僅曰諸人當賀推子昇合陳辭子昇久忸怩乃推陸操

焉及元僅劉思逸荀濟等作亂文襄疑子昇知其謀方使之作神武碑文既成乃餓諸晉陽獄食弊襦而死棄屍路隅沒其家口太尉長史宋游道收葬之又爲集其文筆爲三十五卷子昇外恬靜與物無競言有準的不妄毀譽而內深險事故之際好豫其間所以終致禍敗又撰永安記三卷無子弟子威州主簿有文才年二十餘卒

荀濟字子通其先潁川人世居江左濟初與梁武帝布衣交知梁武當王然負氣不服謂人曰會楯上磨墨作檄文或稱其才於梁武梁武曰此人好亂者也濟又上書譏佛法言營費太甚梁武將誅之遂奔魏館于崔㥄家及是見執楊愔謂曰遲暮何爲然濟曰叱叱氣耳何關遲暮乃下辯曰自傷年幾摧頹恐功名不立舍兒女之情起風雲之事故挾天子誅權臣齊文襄惜其才將不殺親謂曰荀公何意反濟曰奉詔誅將軍高澄何爲反於是燔殺之鄴下士大夫多傳濟音韻

祖鴻勳涿郡范陽人也父慎仕魏歷鴈門咸陽二郡太守政有能名卒於金紫

光祿大夫贈中書監幽州刺史諡惠侯鴻勳弱冠與同郡盧文符並爲州主簿僕射臨淮王彧表薦其文學除奉朝請人曰臨淮舉卿竟不相謝恐非其宜鴻勳曰爲國舉才臨淮之務祖鴻勳何事從而識之彧聞而喜曰吾得其人矣後咸陽王徽奏鴻勳爲司徒法曹參軍事及赴洛徽謂曰臨淮相舉竟不到門今來何也鴻勳曰今來赴職非爲謝恩轉廷尉正去官歸鄉里齊神武嘗徵至幷州作晉祠記好事者翫其文位至高陽太守在官清素妻子不免寒餒時議高之齊天保初卒官

李廣字弘基范陽人也其先自遼東徙焉廣博涉羣書有才思少與趙郡李謇齊名爲邢魏之亞而訥於言敏於行中尉崔暹精選御史皆是世冑廣獨以才學兼侍御史修國史南臺文奏多其辭也齊文宣初嗣霸業命掌書記天保初欲以爲中書郎遇其病篤而止廣嘗欲早朝假寐忽驚覺謂其妻曰吾向似睡非睡忽見一人出吾身中語云君用心過苦非精神所堪今辭君去因而怳忽不樂數日便遇疾積年不起廣雅有鑒識度量弘遠坦率無私爲士流所愛時

共贍遺之賴以自給竟以疾終嘗薦畢義雲於崔暹廣卒後義雲集其文筆七卷託魏收爲之序

樊遜字孝謙河東北猗氏人也祖琰父衡並無官宦而衡性至孝喪父負土成墳植柏方數十畝朝夕號慕遜少好學其兄仲以造氈爲業亦常優饒之遜自責曰爲人弟獨愛安逸可不愧於心乎欲同勤事業母馮氏謂曰汝欲謹小行耶遜感母言遂專心典籍恆書壁作見賢思齊四字以自勸遜貌醜陋有才氣屬本州淪陷寓居鄴中爲臨漳小吏縣令裴鑒蒞官清苦致白雀等瑞遜上清德頌十首鑒大加賞重擢爲主簿仍薦之於右僕射崔暹與遼東李廣勃海封孝琰等爲暹賓客人有譏其靜默不能趨時者遜常服東方朔之言陸沉世俗避世金馬遂借陸沉公子爲主人擬客難制客誨以自廣後崔暹大會客大司馬襄城王旭時亦在坐欲命府僚暹指遜曰此人學富才高兼之佳行可爲王參軍也旭目之曰豈能就耶遜曰家無蔭第不敢當此武定七年齊文襄崩暹爲文宣徙於邊賓客咸散遜遂徙居陳留梁州刺史劉殺鬼以遜兼錄事參軍

事遜仍舉秀才尚書案舊令下州三載一舉秀才爲三年已貢開封人鄭祖獻
計至此年未合兼別駕王聰抗辭爭議右丞陽斐不能却尚書令高隆之曰雖
遜才學優異待明年非遠遜竟還本州天保元年本州復召舉秀才三年春會
朝堂對策策罷中書郎張子融奏入至四年五月遜與定州秀才李子宣等以
對策三年不調被付外上書請從罷詔不報梁州重舉遜爲秀才五年正月制
詔問焉尚書擢第以遜爲當時第一十二月清河王岳爲大行臺率衆南討以
遜從軍明年文宣納梁貞陽侯蕭明爲梁主岳假遜大行臺郎中使于江南與
蕭修侯瑱和解遜往還五日得修等報書岳因與修盟於江上大軍還鄴遜仍
被都官尚書崔昂舉薦詔付尚書考爲清平勤幹送吏部七年詔令校定羣書
供皇太子遜與冀州秀才高乾和瀛州秀才馬敬德許散愁韓同寶洛州秀才
傅懷德懷州秀才古道子廣平郡孝廉李漢子勃海郡孝廉鮑長暄陽平郡孝
廉景孫前梁州府主簿王九元前開府水曹參軍周子深等十一人同被尚書
詔共刊定時祕府書籍紕繆者多遜乃議曰案漢中壘校尉劉向受詔校書每

一書竟表上輒言臣向書長水校尉臣參書太常博士書中外書合若干本以相比校然後殺青今所讎校供擬極重出自蘭臺御諸甲館向之故事見存府閣卽欲刊定必藉衆本太常卿邢子才太子少傅魏收吏部尚書辛術司農少卿穆子容前黃門郎司馬子瑞故國子祭酒李業興並是多書之家請牒借本參校祕書監尉瑾移尚書都坐凡所得別本三千餘卷五經諸史殆無遺闕于時魏收作庫狄干碑序令孝謙爲之銘陸卬不知以爲收合作也陸操伏渾卒楊愔使孝謙代己作書以告晉陽朝士令魏潤色之收不能改一字八年減東西二省官更定選員不過三百參者二三千人楊愔言於衆曰後生清俊莫過盧思道文章成就莫過樊孝謙几案斷割莫過崔成之遂以思道長兼員外郎三人並員外將軍孝謙辭曰門族寒陋訪第必不成乞補員外司馬督愔曰才高不依常例特奏用之清河初爲主書參典詔策天統元年加員外郎居七八日行遇轜車嚬眉下淚指方相曰何日更相煩君一到數日而卒雇方相送葬仍前所逢者孝謙死後定州秀才荀士遜繼爲主書才名相亞茹瞻字孝博東

安人南州舉秀才清朗剛直楊愔將用之曰今日之選不可無茹生卒於侍御史

荀士遜廣平人也好學有思理爲文清典見賞知音武定末舉司州秀才迄齊天保十年不調皇建中馬敬德薦爲主書轉中書舍人狀貌甚醜以文辭見重嘗有專須奏遇武成在後庭因左右傳通傳通者不得士遜姓名乃云醜舍人帝曰必士遜也看封題果是內人莫不歡笑累遷中書侍郎號爲稱職與李若等撰典言行於世齊亡年卒

王褒字子深琅邪臨沂人也曾祖儉祖騫父規並南史有傳褒識量淹通志懷沉靜美威儀善談笑博覽史傳七歲能屬文外祖梁司空袁昂愛之謂賓客曰此兒當成吾宅相弱冠舉秀才除祕書郎太子舍人梁國子祭酒蕭子雲褒之姑夫也特善草隸褒少以姻戚去來其家遂相模範而名亞子雲並見重於時武帝嘉其才藝遂以弟鄱陽王恢女妻之襲爵南昌縣侯歷位祕書丞宣城王文學安城內史及侯景陷建鄴褒輯寧所部見稱於時轉南平內史梁元帝嗣

珍倣宋版印

位褒有舊召拜吏部尚書右僕射仍遷左丞兼參掌褒既名家文學優贍當時咸共推挹故位望隆重寵遇日甚而愈自謙損不以位地矜物時論稱之初元帝平侯景及禽武陵王紀後以建鄴凋殘時江陵殷盛便欲安之又其政府臣僚皆楚人也並願卽都鄢郢嘗召羣臣議之鎮軍將軍胡僧祐吏部尚書宗懍大府卿黃羅漢御史中丞劉瑴等曰建鄴王氣已盡又荊南地又有天子氣遷徙非宜元帝深以爲然褒性謹慎知元帝多猜忌弗敢公言其非後因清閑密諫言辭甚切元帝意好荊楚已從僧祐等策竟不用及魏征江陵元帝授褒都督城西諸軍事柵破從元帝入金城俄而元帝出降褒遂與衆俱出見柱國于謹甚禮之褒曾作燕歌妙盡塞北寒苦之狀元帝及諸文士並和之而競爲悽切之辭至此方驗焉褒與王克劉瑴宗懍殷不害等數十人俱至長安周文喜曰昔平吳之利二陸而已今定楚之功羣賢畢至可謂過之矣又謂褒及王克曰吾卽王氏甥也卿等並吾之舅氏當以親戚爲情勿以去鄉介意於是授褒及殷不害等車騎大將軍儀同三司常從容上席資餼甚厚褒等亦並荷恩眄

忘羈旅焉周孝閔帝踐阼封石泉縣子明帝卽位篤好文學時褒與庾信才名最高特加親待帝每遊宴命褒賦詩談論恆在左右尋加開府儀同三司保定中除內史中大夫武帝作象經令褒注之引據該洽甚見稱賞褒有器局雅識政體既累世在江東爲宰輔帝亦以此重之建德以後頗參朝議凡大詔冊皆令褒具草東宮既建授太子少保遷少司空仍掌綸誥乘輿行幸褒常侍從初褒與梁處士汝南周弘讓相善及讓兄弘正自陳來聘帝許褒等通親知音問褒贈弘讓詩幷書焉尋出爲宜州刺史卒於位子鼒

庾信字子山南陽新野人祖易父肩吾並南史有傳信幼而俊邁聰敏絕倫博覽羣書尤善春秋左氏傳身長八尺腰帶十圍容止頹然有過人者父肩吾爲梁太子中庶子掌管記東海徐摛爲右衞率摛子陵及信並爲抄撰學士父子東宮出入禁闥恩禮莫與比隆既文並綺豔故世號爲徐庾體焉當時後進競相模範每有一文都下莫不傳誦累遷通直散騎常侍聘于東魏文章辭令盛爲鄴下所稱還爲東宮學士領建康令侯景作亂梁簡文帝命信率宮中文武

珍倣宋版印

千餘人營於朱雀航及景至信以衆先退臺城陷後信奔於江陵梁元帝承制除御史中丞及即位轉右衛將軍封武康縣侯加散騎侍郎聘于西魏屬大軍南討遂留長安江陵平累遷儀同三司周孝閔帝踐阼封臨清縣子除司水下大夫出爲弘農郡守遷驃騎大將軍開府儀同三司司憲中大夫進爵義城縣侯俄拜洛州刺史信爲政簡靜吏人安之時陳氏與周通好南北流寓之士各許還其舊國陳氏乃請王襃及信等十數人武帝唯放王克殷不害等信及襃並惜而不遣尋徵爲司宗中大夫明帝武帝並雅好文學信特蒙恩禮至於趙滕諸王周旋款至有若布衣之交羣公碑誌多相託焉唯王襃頗與信埒自餘文人莫有逮者信雖位望通顯常作鄉關之思乃作哀江南賦以致其意大象初以疾去職隋開皇元年卒有文集二十卷文帝悼之贈本官加荆雍二州刺史子立嗣

顏之推字介琅邪臨沂人也祖見遠父協並以義烈稱世善周官左氏學俱南史有傳之推年十二遇梁湘東王自講莊老之推便預門徒虛談非其所好還

習禮傳博覽書史無不該洽辭情典麗甚爲西府所稱湘東王以爲其國右常
侍加鎮西墨曹參軍好飲酒多任縱不修邊幅時論以此少之湘東遣世子方
諸鎮郢州以之推爲中撫軍府外兵參軍掌管記遇侯景陷郢州頻欲殺之賴
其行臺郎中王則以免景平還江陵時湘東即位以之推爲散騎侍郎奏舍人
事後爲周軍所破大將軍李穆重之送往弘農令掌其兄陽平公遠書翰遇河
水暴長具船將妻子奔齊經砥柱之險時人稱其勇決文宣見悅之即除奉朝
請引於內館中侍從左右頗被顧眄後從至天泉池以爲中書舍人令中書郎
段孝信將勑示之推之推營外飲酒孝信還以狀言文宣乃曰且停由是遂寢
後待詔文林館除司徒錄事參軍之推聰穎機悟博識有才辯工尺牘應對閑
明大爲祖珽所重令掌知館事判署文書遷通直散騎常侍俄領中書舍人帝
時有取索恆令中使傳旨之推稟承宣告館中皆受進止所進文書皆是其封
署於進賢門奏之待報方出兼善於文字監校繕寫處事勤敏號爲稱職帝甚
加恩接爲勳要者所嫉常欲害之崔季舒等將諫也之推取急還宅故不連署

及召集諫人之推亦被喚入勘無名得免尋除黃門侍郎及周兵陷晉陽帝輕騎還鄴窘急計無所從之推因宦者侍中鄧長顒進奔陳策仍勸募吳士千餘人以爲左右取靑徐路共投陳國帝納之以告丞相高阿那肱等阿那肱不願入陳乃云吳士難信勸帝送珍寶累重向靑州且守三齊地若不可保徐浮海南度雖不從之推策然猶以爲平原太守令守河津齊亡入周大象末爲御史上士隋開皇中太子召爲文學深見禮重尋以疾終有文集三十卷撰家訓二十篇並行於世之推在齊有二子長曰思魯次曰敏楚蓋不忘本也之推集思魯自爲序

弟之儀字升幼穎悟三歲能讀孝經及長博涉羣書好爲詞賦嘗獻梁元帝荆州頌辭致雅贍帝手敕曰枚乘二葉俱得游梁應貞兩世並稱文學我求才子鯁慰良深江陵平之儀隨例遷長安周明帝以爲麟趾學士稍遷司書上士武帝初建東宮盛選師傅以之儀爲侍讀太子後征吐谷渾在軍有過行鄭譯等並以不能匡弼坐譴唯之儀以累諫獲賞卽拜小宮尹封平陽縣男宣帝卽位

遷上儀同大將軍御正中大夫進爵爲公帝後刑政乖僻昏縱日甚之儀犯顏驟諫雖不見納終亦不止深爲帝所忌然以恩舊每優容之及帝殺王軌之儀固諫帝怒欲并致之於法後以其諒直無私乃舍之宣帝崩劉昉鄭譯等矯遺詔以隋文帝爲丞相輔少主之儀知非帝旨拒而弗從昉等草詔署訖逼之儀署之儀厲聲謂昉等曰主上升遐嗣子幼沖阿衡之任宜在宗英方今賢戚之內趙王最長以親以德合膺重寄公等備受朝恩當盡忠報國奈何一旦欲以神器假人之儀有死而已不能誣罔先帝於是昉等知不可屈乃代之儀署而行之隋文帝後索符璽之儀又正色曰此天子之物自有主者宰相何故索之於是文帝大怒命引出將戮之然以其人望乃止出爲西疆郡守及踐極詔徵還京師進爵新野郡公開皇五年拜集州刺史在州清靜夷夏悅之明年代還遂優游不仕十年正月之儀例入朝文帝望而識之命引至御坐謂之曰見危受命臨大節而不可奪古人所難何以加卿乃賜錢十萬米一百石十一年卒有文集十卷行於世

虞世基字懋世會稽餘姚人也父荔南史有傳世基幼恬靜喜慍不形於色博學有高才兼善草隸陳中書令孔奐見而歎曰南金之貴屬在斯人少傅徐陵聞其名召之世基不往後因公會陵一見而奇之顧朝士曰當今潘陸也因以弟女妻焉仕陳累遷尚書左丞陳主嘗於莫府山校獵令世基爲講武賦於坐奏之陳主嘉之賜馬一匹及陳滅入隋爲通直郎直內史省貧無產業每傭書養親怏怏不平嘗爲五言詩以見情文理悽切世以爲工作者無不吟詠未幾拜內史舍人煬帝即位顧遇彌隆祕書監河東柳顧言博學有才罕所推謝至是與世基相見歎曰海內當共推此一人非吾儕所及也俄遷內史侍郎以母憂去職哀毀骨立有詔起令視事拜見之日殆不能起令左右扶之哀其羸瘠詔令進肉世基食輒悲哽不能下箸帝使謂曰方相委任宜爲國惜身前後敦勸者數矣帝重其才親禮逾厚專典機密與納言蘇威左翊衛大將軍宇文述黃門侍郎裴矩御史大夫裴蘊等參掌朝政時天下多事四方表奏日有百數帝方凝重事不廷決入閤之後始召世基口授節度世基至省方爲敕書日且

百紙無所遺繆遼東之役進位金紫光祿大夫後從幸鴈門爲突厥所圍戰士多敗世基勸帝爲賞格親自撫循乃下詔停遼東事帝從之師乃復振及圍解勳格不行又下伐遼之詔由是言其詐衆朝野離心帝幸江都次鞏縣世基以盜賊日盛請發兵屯洛口倉以備不虞帝不從但答云卿是書生定猶恇怯于時天下大亂世基知帝不可諫正又以高熲張衡等相繼誅戮懼禍及己雖居近侍唯諂取容不敢忤意盜賊日甚郡縣多沒世基知帝惡數聞之後有告敗者乃抑損表狀不以實聞是後外間有變帝弗之知也常遣太僕卿楊義臣捕盜河北降賊數十萬列狀上聞帝歎曰我初不聞賊頓如此義臣列降賊何多也世基曰鼠竊雖多未足爲慮義臣剋之擁兵不少久在閫外此最非宜帝曰卿言是也遽追義臣放其兵散又越王侗遣太常丞元善達間行賊中詣江都奏事稱李密有衆數萬圍逼京都賊據洛口倉城內無食若陛下速還烏合必散不然者東都決沒因歔欷嗚咽帝爲改容世基見帝色憂進曰越王年小此輩誑之若如所言善達何緣得至帝勃然怒曰善達小人敢廷辱我因使經賊

中向東陽催運善達遂爲羣盜所殺此後外人杜口莫敢以賊聞奏世基氣貌沉審言多合意是以特見親愛朝臣無與爲比其繼室孫氏性驕淫世基惑之恣意奢靡彫飾器服無復素士之風孫復攜前夫子夏侯儼入世基舍而頑鄙無賴爲其聚斂鬻官賣獄賄賂公行其門如市金寶盈積其弟世南素國士而清貧不立未曾有所贍由是爲論者所譏朝野咸共疾怨宇文化及之弒逆也世基乃見害長子肅好學才藝時人稱有家風弱冠早沒肅弟熙大業末爲符璽郎次子柔晦並宣義郎化及將亂之夕宗人虞伋知而告熙曰事勢已然吾將濟卿南度且得免禍同死何益熙曰棄父背君求生何地感尊之懷自此訣矣及難作兄弟競請先死行刑人先世基殺之

柳䛒字顧言河東人也世仕江南居襄陽祖惔南史有傳䛒少聰敏解屬文好讀書所覽將萬卷仕梁爲著作佐郎後蕭詧據荊州以爲侍中領國子祭酒吏部尚書及梁國廢拜開府爲內史侍郎以無吏幹轉晉王諮議參軍王好文雅招引才學之士諸葛頴虞世南王胄朱瑒等百餘人以充學士而䛒爲之冠王

以師友處之每有文什必令其潤色然後示人嘗朝京還作歸藩賦命晉爲序
詞甚典麗初王屬文斆庾信體及見晉後文體遂變仁壽初引爲東宮學士加
通直散騎常侍檢校洗馬甚見親重每召入臥內與之宴謔晉尤俊辯多在侍
從有所顧問應答如響性嗜酒言雜誹諧由是彌爲太子所親狎以其好內典
令撰法華玄宗爲二十卷上之太子大悅賞賜優洽儕輩莫比煬帝嗣位拜祕
書監封漢南縣公帝退朝後便命入閤言宴諷讀終日而罷帝每與嬪后對酒
時逢興會輒遣命之至與同榻共席恩比友朋常猶恨不能夜召乃命匠刻木
爲偶人施機關能坐起拜伏以像晉帝每月下對飲酒輒令宮人置於座與相
酬酢而爲歡笑從幸揚州卒帝傷惜者久之贈大將軍謚曰康晉撰晉王北伐
記十五卷有集十卷行於世

許善心字務本高陽北新城人也祖茂父亨並南史有傳善心九歲而孤爲母
范氏所鞠養幼聰明有思理所聞輒能記多聞默識爲當世所稱家有舊書萬
餘卷皆徧通涉十五解屬文爲牋上父友徐陵陵大奇之謂人曰此神童也太

子儋事江總舉秀才對策高第授度支郎中補撰史學士貞明二年加通直散騎常侍聘隋遇文帝伐陳禮成而不獲反命累表請辭上不許留縶賓館及陳亡上遣使告之善心素服號哭於西階下藉草東向經三日敕書唁焉明日有詔就館拜通直散騎常侍賜衣一襲善心哭盡哀入房改服復出北面立垂涕再拜受詔明日乃朝服泣於殿下悲不能興上顧左右曰我平陳國唯獲此人既能懷其舊君卽我誠臣也敕以本官直門下省賜物千段草馬二十匹從幸太山還授虞部侍郎十六年有神雀降於含章闥上召百官賜宴告以此瑞善心於坐請紙筆製神雀頌奏之上甚悅曰我見神雀共皇后觀之今且召公等入適述此事善心於坐始知卽能成頌文不加點筆不停毫常聞此言今見其事因賜物二百段十七年除祕書丞時祕藏圖籍尚多淆亂善心效阮孝緒七錄更制七林各總敘冠於篇首又於部錄之下明作者之意區分類例焉又奏追李文博陸從典等學者十許人正定經史錯謬仁壽元年攝黃門侍郎二年加攝太常少卿與牛弘等議定禮樂祕書丞黃門並如故四年留守京師帝崩

于仁壽宮煬帝祕不發喪先易留宮人出除巖州刺史逢漢王諒反不之任大
業元年轉禮部侍郎奏薦儒者徐文遠爲國子博士包愷陸德明褚徽魯世達
之輩並加品秩授爲學官其年副納言楊達爲冀州道大使以稱旨賜物五百
段左衛大將軍宇文述每日借本部兵數十人以供私役常半日而罷御史大
夫梁毗奏劾之上方以腹心委述初付法官推千餘人皆稱被役經二十餘日
法官候伺上旨乃言役不滿日其數雖多不合通計縱令有實亦無罪諸兵士
聞之更云初不被役上欲釋之付議虛實百寮咸議爲虛善心以爲述於仗衛
之所抽兵私役雖不滿日闕於宿衛與常役所部情狀乃殊又兵多下番散還
本府分道追至不謀同辭今殆一月方始翻覆姦狀分明此何可捨蘇威楊汪
等二十餘人同善心議其餘皆議免罪煬帝可免者之奏後數月述譖善心曰
陳叔寶卒善心共周羅睺虞世基袁充蔡徵等同往送葬善心爲祭文謂爲陛
下敢於今日加叔寶尊號召問有實自援古例事得釋而甚惡之又太史奏帝
即位年與堯時符合善心議以國哀甫爾不宜稱賀述諷御史劾之左遷給事

郎降品三等四年撰方物志奏之七年從至涿郡帝方自御戎以東討善心上
封事忤旨免官其年復徵守給事郎帝嘗言及文帝受命之符因問鬼神之事
敕善心與崔祖濬撰靈異記十卷初善心父撰著梁史未就而歿善心述成父
志修續家書其序傳末述制作之意曰謹按太素將萌洪荒初判乾儀資始辰
象所以正時坤載厚生品物於焉播氣參三才而育德肖二統而降靈有黎人
焉爲之君長有貴賤矣爲其宗極保上天之睠命膺下土之樂推莫不執大方
振長策感召風雲驅馳英俊干戈揖讓取之也殊功鼎玉龜符成之也一致革
命掫制竹素之道稍彰紀事記言筆墨之官漸著炎農以往存其名而漏其迹
黃軒以來晦其文而顯其質登丘納麓具訓誥及典謨貫昴入房傳夏正與殷
祀洎辨方正位論時計功南北左右兼四名之別檮杌乘車擅一家之稱國惡
雖諱君舉必書故賊子亂臣天下大懼元龜明鏡昭然可察及三郊遞襲五勝
相沿俱稱百谷之王並以四海自任重光累德何世無哉逮有梁之與君臨天
下江左建國莫斯爲盛受命在於一君繼統傳乎四主克昌四十八載餘祚五

十六年武皇帝出自諸生爰升寶歷拯百王之弊救萬姓之危反澆季之末流登上皇之獨道朝多君子野無遺賢禮樂必備憲章咸舉弘深慈於不殺濟大忍於無刑蕩蕩巍巍可爲稱首屬陰戎入頼羯胡侵洛沸騰墋黷三季之所未聞掃地滔天一元之所巨厄廊廟有序翦成狐兔之場珪帛有儀碎夫犬羊之手福善積而身禍仁義存而國亡豈天道歟豈人事歟常別論之在於序論之卷先君昔在前代早懷述作凡撰齊書爲五十卷梁書記傳隨事勒成及闕而未就者目錄注爲一百八卷梁室交喪墳籍銷盡冢壁皆殘不準無所盜帷囊同毀陳農何以求秦儒既坑先王之道將墜漢臣徒請口授之文亦絕所撰之書一時亡散有陳初建詔爲史官補闕拾遺心識口誦依舊目錄更加修撰且成百卷已有六帙五十八卷上祕閣訖善心早嬰荼蓼弗克荷薪太建之末頻抗表聞至德之初蒙授史任方願緗素採訪門庭記錄俯勵弱才仰成先志而單宗少強近虛室類原顏退屏無所交游棲遲不求進益假班嗣之書徒聞其語給王隱之筆未見其人加以庸瑣涼能孤陋末學參職郎署兼撰陳史致此

書延時未即成續禎明二年以臺郎入聘屬本邑淪覆他鄉播遷行人失時將命不復望都亭而長慟還別館而懸壺家史舊書在後蕩盡今止有六卷獲存又並缺落失次自入京邑以求隨見補葺略成七十卷四帝紀八卷后妃一卷三太子錄一卷爲一帙十卷宗室王侯列傳一帙十卷具臣列傳二帙二十卷外戚傳一卷孝德傳一卷誠臣傳一卷文苑傳二卷儒林傳二卷逸人傳一卷數術傳一卷藩臣傳一卷合一帙十卷止足傳一卷列女傳一卷權幸傳一卷羯賊傳二卷逆臣傳二卷叛臣傳二卷敘傳論述一卷合一帙十卷凡稱史臣者皆先君所言下稱名案者皆善心補闕別爲敘論一篇託于敘傳之末十年又從至懷遠鎮加授朝散大夫突厥圍鴈門攝左親侍武賁郎將領江南兵宿衞殿省駕幸江南追敘前勳授通議大夫詔還本品行給事郎十四年化及弒逆之日隋官盡詣朝堂謁賀善心獨不至許弘仁馳告曰天子已崩宇文將軍攝政合朝文武莫不咸集天道人事自有代終何預叔而低佪若此善心怒之不肯隨去弘仁返走上馬泣而言曰將軍於叔全無惡意忽自求死豈不痛哉

還告唐奉議以狀白化及遣人就宅執至朝堂化及令釋之善心不舞蹈而出化及目送之曰此大負氣命捉來罵云我好欲放你敢如此不遜其黨輒牽曳遂害之及越王稱制贈左光祿大夫封高陽縣公諡曰文節善心母范氏梁太子中舍人孝才之女也少寡養孤博學有高節隋文帝知之敕尚食每獻時新常遣分賜嘗詔范入內侍皇后講讀封永樂郡君及善心遇禍范氏九十有二臨喪不哭撫柩曰能死國難我有兒矣因臥不食後十餘日亦終

李文博博陵人性貞介鯁直好學不倦至於教義名理特所留心每讀書至安危得失忠臣烈士未嘗不反覆吟翫開皇中爲羽騎尉特爲吏部侍郎薛道衡所知恆令在聽事帷中披檢書史并察己行事若遇政教善事卽抄撰記錄如選用疎謬卽委之臧否道衡每得其語莫不忻然從之後直祕書內省典校羣籍守道居貧晏如也雖衣食乏絕而清操愈厲不妄通賓客恆以禮法自處儕輩莫不敬焉道衡知其貧每延于家給以資費文博商略古今政教得失如指諸掌然無吏幹稍遷校書郎出爲縣丞遂得下考數歲不調道衡爲司隸大夫

珍倣宋版印

遇之東都尚書省甚嗟慜之奏爲從事因謂齊王司馬李綱曰今日遂遇文博得奏用之以爲歡笑其見賞知音如此在洛下曾詣房玄齡相送出衢路玄齡謂曰公生平志尚唯在正直今既得爲從事故應有會素心比來激濁揚清所爲多少文博遂奮臂厲聲曰夫清其流者必潔其源正其末者須端其本今政源混亂雖日免十貪郡守亦何所益其率直疾惡不知忌諱皆如此類時朝政浸壞人多贓賄唯文博不改其操論者以此貴之遭亂播遷不知所終初文博在內省校書虞世基子亦在其內盛飾容服而未有所知文博因從容問之年紀答云十八文博乃謂曰昔賈誼當此之年議論何事君今徒事儀容欲何爲者又秦孝王妃生男文帝大嘉頒賜羣官各有差文博家道屢空人謂其悅賞乃云賞罰之設功過所歸今王妃生男於羣官何事乃妄受賞也其循名責實錄過計功必使賞罰不濫功過無隱皆爾文博本爲經學後讀史書於諸子及論尤所該洽性長議論亦善屬文著政道集十卷大行於世開皇中又有魏郡侯白字君素好學有捷才性滑稽尤辯俊舉秀才爲儒林郎通侻不持威儀好

珍倣宋版印

為俳諧雜說人多愛狎之所在處觀者如市楊素甚狎之素嘗與牛弘退朝白謂素曰日之夕矣素大笑曰以我為牛羊下來邪文帝聞其名召與語悅之令於祕書修國史每將擢用輒曰白不勝官而止後給五品食月餘而死時人傷其薄命著旌異記十五卷行於世

明克讓字弘道平原鬲人也世仕江左祖僧紹父山賓並南史有傳克讓少儒雅善談論博涉書史所覽將萬卷三禮論語尤所研精龜策歷象咸得其要年十四釋褐湘東王法曹參軍時舍人朱异在儀賢堂講老子克讓預焉堂邊有修竹异令克讓詠之克讓覽筆輒成卒章曰非君多愛賞誰貴此貞心异甚奇之仕梁位中書侍郎梁滅歸長安引為麟趾殿學士周武帝即位為露門學士令與太史官屬正定新歷累遷司調大夫賜爵歷城縣伯隋文帝受禪位率更令進爵為侯太子以師道處之恩禮甚厚每有四方珍味輒以賜之時東宮盛徵天下才學士至於博物洽聞皆出其下詔與太常牛弘等修禮議樂當朝典故多所裁正以疾去官加通直散騎常侍卒上甚惜之二宮贈賻甚厚所著孝

經義疏一部古今帝代記一卷文類四卷續名僧記一卷集二十卷子餘慶位司門郎越王侗稱制爲國子祭酒克讓叔少遐博涉羣書有詞藻仕梁位都官尙書入齊甚爲名流王元景陽休之等所禮皇建中拜中庶子卒贈中書令揚州司馬

劉臻字宣摯沛國相人也父顯南史有傳臻年十八舉秀才爲邵陵王東閤祭酒元帝時遷中書舍人江陵平歸魏爲中書侍郞周冢宰宇文護辟爲中外府記室軍書羽檄多成其手後爲露門學士授大都督封饒陽縣子歷藍田令畿伯下大夫隋文帝受禪進位儀同三司左僕射高熲之伐陳也以臻隨軍主文翰進爵爲伯皇太子勇引爲學士甚親狎之臻無吏幹又性惚怳躭經覃思至於世事多所遺忘有劉訥者亦任儀同俱爲太子學士情好甚密臻住城南訥住城東臻嘗欲尋訥謂從者曰汝知劉儀同家乎從者不知尋訥謂臻還家因答曰知於是引之而去既扣門臻尙未悟謂至訥家乃據鞍大呼曰劉儀同可出矣其子迎門臻驚曰汝亦來邪其子答曰此是大人家於是顧眄久之乃悟

叱從者汝大無意吾欲造劉訥耳性好啗蜆以音同父諱呼爲扁螺其疎放多此類也精於兩漢書時人稱爲漢聖開皇十八年卒有集十卷行於世

諸葛潁字漢丹陽建康人也祖銓梁零陵太守父規義陽太守潁年十八能屬文起家邵陵王參軍事轉記室侯景之亂奔齊歷學士太子舍人周氏平齊不得調杜門不出者十餘年習易圖緯蒼雅莊老頗得其要清辯有俊才晉王廣素聞其名引爲參軍事轉記室及王爲太子除藥藏郎煬帝卽位遷著作郎甚見親倖出入臥內帝每賜之曲宴輒與皇后嬪御連席共榻潁因間隙多所譖毀是以時人謂之冶葛後錄恩舊授朝散大夫帝嘗賜潁詩其卒章曰參翰長洲苑侍講肅成門名理窮研覈英華恣討論實錄資平允傳芳導後昆其待遇如此從征吐谷渾加正議大夫從駕北巡卒於道潁性褊急與柳䛒每相忿鬩帝屢責怒之而猶不止於後帝亦薄之有集二十卷撰鑾駕北巡記三卷幸江都道里記一卷洛陽古今記一卷馬名錄二卷竝行於世有子嘉會

王貞字孝逸梁郡陳留人也少聰敏七歲好學善毛詩禮記左氏傳周易諸史

百家無不畢覽善屬文不事產業每以諷讀爲娛開皇初汴州刺史樊叔略引爲主簿後舉秀才授縣尉非其好也謝病于家煬帝卽位齊王暕鎭江都聞其名以書召之及至以客禮待之索其文集貞上三十三卷爲啓陳謝齊王覽集甚善之賜良馬四匹貞復上江都賦王賜錢十萬貫良馬二匹未幾以疾甚還鄉終於家

虞綽字士裕會稽餘姚人也父孝曾陳始興王諮議綽身長八尺姿儀甚偉博學有俊才尤工草隸陳左衞將軍傅縡有盛名於世見綽詞賦歎美之仕陳爲太學博士遷永陽王記室及陳亡晉王廣引爲學士大業初轉爲祕書學士奉詔與祕書郎虞世南著作佐郎庾自直等撰長洲玉鏡等書十餘部綽所筆削帝未嘗不稱善而官竟不遷初爲校書郎以藩邸左右授宣惠尉遷著作佐郎與虞世南庾自直蔡允恭等四人常直禁中以文翰待詔恩眄隆洽從征遼東帝舍臨海頻見大鳥異之詔綽爲銘帝覽而善之命有司勒於海上以度遼功授建節尉綽恃才任氣無所降下著作郎諸葛穎以學業倖於帝綽每輕侮之

由是有隙帝嘗問綽於頵頵曰虞綽麤疎人也帝頷之時禮部尚書楊玄感稱其貴踞虛己禮之與結布衣之友綽數從之遊其族人虞世南誡之曰上性猜忌而君過厚玄感若與絕交者帝知君改悔可以無咎不然終當見禍綽不從尋有告綽以禁內兵書借玄感帝甚銜之及玄感敗其妓妾並入宮帝因問之曰玄感平常時與何人交往其妾以虞綽對帝令大理卿鄭善果窮理其事綽曰羈旅薄游與玄感文酒談款實無他謀帝怒不解徙綽于邊綽至長安而亡吏逮之急於是潛度江變姓名自稱吳卓游東陽抵信安令天水辛大德舍歲餘綽與人爭田相訟因有識綽者而告之竟爲吏所執坐斬江都所有詞賦並行於世大德爲令誅翦羣盜甚得人和與綽俱爲使者所執其妻泣曰每諫君無匿學士今日之事豈不哀哉大德笑曰我本圖脫長者乃爲人告之吾罪也當死以謝綽會有詔死罪得以擊賊自効信安吏人詣使者叩頭曰辛君人命所懸不然亦無信安矣使者留之以討賊帝怒斬使者大德獲全

王冑字承基琅邪臨沂人也祖珣父祥並南史有傳冑少有逸才仕陳歷太子

舍人東陽王文學及陳滅晉王廣引爲博士仁壽末從劉方擊林邑以功授帥都督大業初爲著作佐郎以文詞爲煬帝所重帝嘗自東宮還京師賜天下大酺四日爲五言詩詔臺官詩成者奏之帝覽胄詩而善之因謂侍臣曰氣高致遠歸之於胄詞清體潤其在世基意密理新惟庾自直過此者未可以言詩也帝所有篇什多令繼和與虞綽齊名同志友善于時後進之士咸以二人爲準的從征遼東進授朝散大夫胄性疎率不倫自恃才伐鬱鬱於官每負氣陵傲忽略時人爲諸葛頴所嫉屢譖之於帝帝愛其才而不罪禮部尚書楊玄感虛襟與交數游其第及玄感敗與虞綽徙邊胄遂亡匿潛還江左爲吏所捕坐誅所著詞賦多行於世

兄眘字元恭博學多通少有盛名於江左仕陳歷太子洗馬中舍人陳亡與胄俱爲學士煬帝卽位授祕書郎卒於官

庾自直頴川人父持南史有傳少好學沉靜寡欲仕陳歷豫章王府外兵參軍記室陳亡入關不得調晉王廣聞之引爲學士大業初授著作佐郎自直解屬

文於五言詩尤善性恭慎不妄交游特爲帝所愛有篇章必先示自直令其詆訶自直所難帝輒改之或至於再三俟其稱善然後方出其見親禮如此後以本官知起居舍人事化及作逆與之北上自載露車中感激發病卒有文集十卷行於世

潘徽字伯彥吳郡人也性聰敏少受禮於鄭灼受毛詩於施公受書於張沖講莊老於張譏並通大義尤精三史善屬文能持論中書令江總引致文儒之士徽一詣總甚敬之釋褐新蔡王國侍郎選爲客館令隋遣魏澹聘于陳陳人使徽接對之澹將反命爲啓於陳主曰敬奉弘慈曲垂餞送徽以餞送爲重敬奉爲輕却其啓而不奏澹曰曲禮云主敬客詩曰維桑與梓必恭敬止孝經宗廟致敬又云不敬其親謂之悖禮孔子敬天之怒成湯聖敬日躋宗廟極重上天極高父極尊君極貴四者咸同一敬五經未有異文不知以敬爲輕竟何所據徽難之曰向所論敬字本不全以爲輕但施用處殊義成通別禮主於敬此是通言猶如男子冠而字之注云成人敬其名也春秋有冀缺夫妻亦云相敬於

珍倣宋版印

子則有敬名之義在夫亦有敬妻之說此可復並謂極高極尊乎至若敬謝諸公固非尊地公子敬愛止施賓友敬問敬報彌見雷同敬聽敬酬何關貴隔當知敬之爲義雖是不輕但敬之於語則有時混漫今云敬奉所以成疑聊舉一隅未爲深據澹不能對遂從而改焉及陳滅爲州博士秦王俊聞其名召爲學士嘗從俊朝京師在途令徽於馬上爲賦行一驛而成其名曰述恩賦俊覽而善之復令爲萬字文又遣撰集字書名爲韻纂徽爲之序俊薨晉王廣復引爲揚州博士令與諸儒撰江都集禮一部復令徽爲序煬帝嗣位徽與著作郎陸從典太常博士褚亮歐陽詢等助越公楊素撰魏書會素薨而止授京兆郡博士楊玄感兄弟重之數相往來及玄感敗凡所交關多罹其患徽以玄感故人爲帝所不悅有司希旨出徽爲西海郡威定縣主簿意甚不平行至隴頭發病而卒隋時有常得志尹式劉善經祖君彥孔德紹劉斌並有才名事多遺逸常得志京兆人隋秦王記室及王薨過故第爲五言詩辭理悲壯甚爲時人所重復爲兄弟論義理可稱

尹式河間人仁壽中官至漢王記室漢王阻兵式自殺其族人正卿彥卿亦俱有儁才名顯於世

劉善經河間人歷著作佐郎太子舍人著酬德傳三十卷諸劉譜三十卷四聲指歸一卷行於世

祖君彥見其父珽傳

孔德紹會稽人有清才官至京城縣丞竇建德署爲中書令專典書檄及建德敗伏誅

劉斌南陽人祖之遴南史有傳斌頗有詞藻官至信都同功書佐竇建德署爲中書舍人建德敗復爲劉黑闥中書侍郞與黑闥亡歸突厥不知所終

論曰古人之所貴名不朽者蓋重言之尚存王褒庾信顏之推虞世基柳䛒許善心明克讓劉臻王貞虞綽王冑等並極南士譽望又加之以才名其爲貴顯固其宜也自餘或位下人微居常亦何能自達及其靈虵可握天網俱頓並編緗素咸貫辭林雖其位可下其身可殺千載之外貴賤一焉非此道也孰云能

致凡百士子可不務乎

北史卷八十三

珍倣宋版印

北史卷八十三考證

文苑傳敘宋該封弈朱彤梁讜之屬○弈監本訛奕今改從南本

比於建安之徐陳應劉元元之潘張左束各一時也○元元當係元康之訛今

各本俱同仍之

通直散騎常侍楊訓○齊書楊作王又下文李師上作李師正魏謇作魏騫封

孝騫作封孝謇

祖鴻勳傳臨淮舉卿竟不相謝恐非所宜○恐監本訛不今改從閣本

樊遜傳遜常服東方朔之言○遜監本誤遊今改從南本

大司馬襄城王旭○城監本訛成今改從齊書

王褒傳宣城王文學安城內史○宣城周書作宣成考列傳宣成王名大器簡

文帝子也又安城內史作安成郡守

褒曾作燕歌妙盡塞北寒苦之狀○燕歌下周書有行字又狀監本訛言今從

周書改正

庾信傳父子東宮出入禁闥○周書東宮上有在字
顏之推傳父協○協齊書作勰
後從至天泉池○天監本訛大今從南本改正又齊書無泉字
虞世基傳字懋世○懋隋書作茂
日旦百紙無所遺繆○旦隋書作且
許善心傳先昜留宮人出除嚴州刺史○留字下隋書有守字蓋承上文善心
留守京師而言也
三季之所未聞○此與下文一元之所巨厄句隋書本無兩所字
權幸傳一卷○幸監本作宰今從隋書及南本
李文博傳相送出衢路○出隋書作於
劉臻傳臻驚曰汝亦來耶○驚監本訛警今改從隋書
虞綽傳陳左衛將軍傅縡○傅監本訛傳今改從隋書
王胄傳從征遼東進授朝散大夫○從監本訛徙今改從隋書

潘徽傳令徽於馬上爲賦行一驛而成○行一驛而四字監本作闕三字南本作一行賦三字皆訛也今從隋書增入

常得志傳過故第爲五言詩○第隋書作宮監本誤弟今改從南本

北史卷八十三考證

北史卷八十四

唐　李　延　壽　撰

列傳第七十二

孝行

長孫慮　乞伏保　孫益德　董洛生
楊引　閻元明　吳悉達　王續生
李顯達　倉跋　張昇　王崇
郭文恭　荆可　秦族　皇甫遐
張元　王頒弟頍　楊慶　田翼
紐因　劉仕儁　翟普林　華秋
徐孝肅

孝經云夫孝天之經也地之義也人之行也論語云君子務本本立而道生孝悌也者其爲仁之本歟呂覽云夫孝三皇五帝之本務萬事之綱紀也執一術

而百善至百邪去天下順者其唯孝乎然則孝之爲德至矣其爲道遠矣其化人深矣故聖帝明王行之於四海則與天地合其德與日月齊其明諸侯卿大夫行之於國家則永保其宗社長守其祿位匹夫匹婦行之於閭閻則播徽烈於當年揚休名於千載是以堯舜湯武居帝王之位垂至德以敦其風孔墨荀孟稟聖賢之資弘正道以勵其俗觀其所由在此而已矣然而淳源既往澆風愈扇禮義不樹廉讓莫脩若乃綰銀黃列鐘鼎立於朝廷之間非一族也積龜貝實倉廩居於閭巷之內非一家也其於愛敬之道則有未能備焉哀思之節罕有得其中焉斯乃詩人所以思素冠孔門有以責衣錦也且生盡色養之方終極哀思之地厥迹多緒其心一焉若乃誠達泉魚感通鳥獸事匪常倫斯蓋希矣至如溫牀扇席灌樹負土苟或加人咸爲疾俗斯固仁人君子所以興歎哲后賢宰所宜屬心如令明教化以救其弊優爵賞以勸其心存懇誠以誘其進積歲月以求其終則今之所謂少者可以爲多矣古之所謂難者可以爲易矣長孫慮等闕稽古之學無俊偉之才或任其自然情無矯飾或篤於天性勤

其四體並竭股肱之力咸盡愛敬之心自足膝下之歡忘懷軒冕之貴不言而化人神通感雖或位登台輔爵列王侯祿積萬鍾馬跡千駟死之日曾不得與斯人之徒隸齒孝之大也不其然乎案魏書列趙琰長孫慮乞伏保孫益德董洛生楊引閻元明吳悉達王續生李顯達倉跋張昇王崇郭文恭爲孝感傳周書列李棠柳檜杜叔毗荊可秦族皇甫遐張元爲孝義傳隋書列陸彥師田德懋薛濬王頒田翼楊慶郭世俊紐因劉仕儁郎方貴翟普林李德饒華秋徐孝肅爲孝義傳今趙琰李棠柳檜杜叔毗陸彥師李德饒入別傳及其家傳其餘並從此編緝以備孝行傳云

長孫慮代人也母因飲酒其父真呵叱之誤以杖擊便卽致死真爲縣囚執處以重坐慮列辭尚書云父母忿爭本無餘惡直以謬誤一朝橫禍今母喪未殯父命旦夕慮兄弟五人並沖幼慮身居長今年十五有一女弟向始四歲更相鞠養不能保全父若就刑交墜溝壑乞以身代老父命使嬰弱衆孤得蒙存立尚書奏云慮於父爲孝子於弟爲仁兄尋情究狀特可矜感孝文帝詔特恕其

父死罪以從遠流

乞伏保高車部人也父居獻文時爲散騎常侍領牧曹尚書賜爵寧國侯以忠謹愼密常在左右出內詔命賜宮人河南宗氏亡後賜以宮人申氏宋太子左率申坦兄女也歲餘居卒申撫養伏保性嚴肅捶罵切至而伏保奉事孝謹初無恨色襲父侯爵例降爲伯稍遷左中郎將每請祿賜在外公私尺丈所用無不白知出爲無害鎭將申年踰八十伏保手製馬輿親自扶接申欣然隨之申亡伏保解官奉喪還洛復爲長兼南中郎將卒

孫益德樂安人也其母爲人所害益德童幼爲母復仇還家哭於殯以待縣官孝文文明太后以其幼而孝決又不逃罪特免之

董洛生代人也居父喪過禮詔遣祕書中散温紹伯奉璽書慰之令自抑割以全孝道又詔其宗親使相喻獎勿令有滅性之譏

楊引鄉郡襄人也三歲喪父爲叔所養母年九十二終引年七十五哀毀過禮三年服畢恨不識父追服斬衰食粥麤服誓終身命經十三年哀慕不改爲郡

縣鄉閭三百餘人上狀稱美有司奏宜旌賞復其一門樹其純孝詔別勑集書標揚引至行又可假以散員之名

閻元明河東安邑人也少而至孝行著鄉閭太和五年除北隨郡太守元明以違離親養與言悲慕母亦慈念泣淚喪明悲號上訴許歸奉養一見其母母目便開刺史呂壽恩列狀上聞詔下州郡表爲孝門復其租調兵役令終母年母亡服終心喪積載每忌日悲動傍鄰昆弟雍和尊卑諧穆安貧樂道白首同歸

又猗氏縣人令狐仕兄弟四人早喪父泣慕十載奉養其母孝著鄉邑而力田積粟博施不已又河東郡人楊風等七百五十人列稱樂戶皇甫奴兄弟雖沉屈兵伍而操尚彌高奉養繼親甚著恭孝之稱又東郡小黃縣人董吐渾兄養事親至孝三世同居閨門有禮景明初畿內大使王凝奏請標異詔從之

吳悉達河東聞喜人也兄弟三人年並幼小父母爲人所殺四時號慕悲感鄉隣及長報仇避地永安昆弟同居四十餘載閨門和睦讓逸競勞雖於儉年糊饘不繼賓客經過必傾所有每守宰殯喪私辦車牛送終葬所鄰人孤貧窘困

者莫不解衣輟糧以相賑恤鄉閭五百餘人詣州稱頌焉刺史以悉達兄弟行著鄉里板贈悉達父勃海太守悉達後欲改葬亡失墳墓推尋弗獲號哭之聲晝夜不止叫訴神祇忽於悉達足下地陷得父銘記因遷葬曾祖已下三世九喪傾盡資業不假於人哀感毀悴有過初喪有司奏聞標閭復役以彰孝義時有齊州人崔承宗其父於宋世仕漢中母喪因殯彼後青徐歸魏遂爲隔絶承宗性至孝萬里投險偷路負喪還京師黄門侍郎孫惠蔚聞之曰吾於斯人見廉范之情矣於是弔贈盡禮如舊相識

王續生滎陽京縣人也遭繼母憂居喪杖而後起及終禮制鬢髮盡落有司奏聞宣武詔標旌門閭甄其徭役

李顯達穎川陽翟人也父喪水漿不入口七日鬢髮墮落形體枯悴六年廬於墓側哭不絶聲殆於滅性州牧高陽王雍以狀奏靈太后詔表其門閭

倉跋滎陽京縣人也喪母水漿不入口五日吐血數升居憂毀瘠見稱州里有司奏聞孝武帝詔標門閭

珍倣宋版印

張昇榮陽京縣人也喪父飲水絶鹽哀毀過度形骸枯悴骨立而已髮落殆盡聲聞鄉里盜賊不侵其閭州表以聞標其門閭

王崇字乾邕陽夏雍丘人也兄弟並以孝稱身勤稼穡以養二親仕梁州鎮南府主簿母亡杖而後起鬢髮墮落未及葬權殯宅西崇廬於殯所晝夜哭泣鳩鴿羣至有一小鳥素質黑眸形大於雀栖於崇廬朝夕不去母喪闋復丁父憂哀毀過禮是年夏風雹所經處禽獸暴死草木摧折至崇田畔風雹便止禾麥十頃竟無損落及過崇地風雹如初咸稱至行所感崇雖除服仍居墓側於其室前生草一根莖葉甚茂人莫能識至冬中復有鳥巢崇屋乳養三子毛羽成長馴而不驚守令聞之親自臨視州以聞奏標其門閭

郭文恭太原平遙人也仕爲太平縣令年踰七十父母喪亡文恭孝慕罔極乃居祖父墓次晨夕拜跪跣足負土培祖父二墓寒暑竭力積年不已見者莫不哀歎尚書聞奏標其門閭

荆可河東猗氏人也性質朴容止有異於人能苦身勤力供養其母隨時甘旨

終無饘乏母喪水漿不入口三日悲號擗踴絶而後蘇者數四葬母之後遂廬
於墓側晝夜悲哭負土成墳蓬髮不櫛菜食飲水而已然可家舊墓塋域極大
榛蕪至深去家十餘里而可獨宿其中與禽獸雜處哀感遠近邑里稱之大統
中可鄉人以可孝行足以勸勵風俗乃上言焉周文令州縣表異之及服終之
後猶若居喪大冢宰晉公護聞可孝行特引見焉與可言論時有會於護意而
護亦至孝其母閻氏没於敵境不測存亡每見可自傷久乖膝下而重可至性
可卒後護猶思其純孝收可妻子於京城恆給其衣食
秦族上郡洛川人也祖白父雚並有至性聞於閭里魏太和中板白潁州刺史
大統中板雚鄜城郡守族性至孝事親竭力及父喪哀毁過禮每一慟哭酸感
行路既以母在恆抑割哀情以慰其母意四時珍羞未嘗匱乏與弟榮先復相
友愛閨門之中怡怡如也尋而其母又没哭泣無時唯飲水食菜而已終喪之
後猶蔬食不入房室二十許年鄉里咸歎異之其邑人王元達等七十餘人上
其狀有詔表其門閭榮先亦至孝遭父喪哀慕不已遂以毁卒邑里化其孝行

周文嘉之乃下詔褒美其行贈滄州刺史以旌厥異

皇甫遐字永賢河東汾陰人也累世寒微而鄉里稱其和睦遐性純至少喪父事母以孝聞後遭母喪乃廬於墓側負土爲墳復於墓南作一禪窟陰雨則穿窟晴霽則營墓曉夕勤力未嘗暫停積以歲年墳高數丈周迴五十餘步禪窟重臺兩匝總成十有二室中間行道可容百人遐食粥枕土櫛風沐雨形容枯悴家人不識當其營墓之初乃有鴟烏各一徘徊悲鳴不離墓側若助遐者經月餘日乃去遠近聞其至孝競以米麪遺之遐皆受而不食悉以營佛齋焉郡縣表上其狀有詔旌異之

張元字孝始河北芮城人也祖成假平陽郡守父延儁仕州郡累爲功曹主簿並以純至爲鄉里所推元性謙謹有孝行微涉經史然精釋典年六歲其祖以其夏中熱欲將元就井浴元固不肯從謂其貪戲乃以杖擊其頭曰汝何爲不肯浴元對曰衣以蓋形爲覆其褻元不能褻露其體於白日之下祖異而捨之南鄰有二杏樹杏熟多落元園中諸小兒競取而食之元所得者送還其主村

陌有狗子爲人所棄者元卽收而養之其叔父怒曰何用此爲將欲更棄之元對曰有生之類莫不重其性命若天生天殺自然之理今爲人所棄而死非其道也若見而不收養無仁心也是以收而養之叔父感其言遂許焉未幾乃有狗母銜一死兎置元前而去及元年十六其祖喪明三年元恆憂泣晝夜讀佛經禮拜以祈福佑後讀藥師經見盲者得視之言遂請七僧然七燈七日七夜轉藥師經行道每言天人師乎元爲孫不孝使祖喪明今以燈光普施法界願祖目見明元求代闇如此經七日其夜夢見一老翁以金鎞療其祖目於夢中喜躍遂卽驚覺乃徧告家人三日祖目果明其後祖臥疾再周元恆隨祖所食多少衣冠不解旦夕扶侍及祖沒號踴絕而後蘇隨其父水漿不入口三日鄉里咸歎異之縣博士楊軌等二百餘人上其狀有詔表其門閭

王頒字景彥太原祁人也父僧辯南史有傳頒少倜儻有文武幹局僧辯平侯景留頒荊州遇梁元帝爲周師所陷頒因入關聞其父爲陳武帝所殺號慟而絕食頃乃蘇哭不絕聲毁瘠骨立至服闋常布衣蔬食藉藁而臥周明帝嘉之

召授右侍上士累遷漢中太守尋拜儀同三司隋開皇初以平蠻功加開府封虵丘縣公獻取陳之策上覽而異之召見言畢歔欷上爲之改容及大舉伐陳頒自請行率兵數百人從韓擒虎先鋒夜濟力戰被傷恐不堪復鬬悲感嗚咽夜中睡夢有人授藥比寤而瘡不痛時人以爲孝感及陳滅頒密召父在時士卒得千餘人對之涕泣其間壯士或問曰郎君讎恥已雪而悲哀不止者將不爲霸先早死不得手刃之邪請發其丘隴斲櫬焚骨亦可申孝心矣頒頓顙陳謝額盡流血答曰其爲墳塋甚大恐一宵發掘不及其屍更至明朝事乃彰露諸人請具鍬鍤於是夜發其陵剖棺見陳武帝鬚皆不落其本皆出自骨中頒遂焚骨取灰投水飲之既而自縛歸罪晉王表其狀文帝曰朕以義平陳王頒所爲亦孝義之道何忍罪之舍而不問有司錄其戰功將加柱國賜物五千段頒固辭曰臣緣國威靈得雪怨恥本心狥私非是爲國所加官賞終不敢當帝從之拜代州刺史甚有惠政卒於齊州刺史

弟頍字景文年數歲而江陵亡同諸兄入關少好游俠年二十尚不知書爲其

兄顒所責怒於是感激始讀孝經論語晝夜不倦遂讀左傳禮易詩書乃歎曰
書無不可讀者勤學累載遂徧通五經究其旨趣大爲儒者所稱解綴文善談
話年三十周武帝引爲露門學士每有議決多頍所爲性識甄明精力不倦好
讀諸子徧記異書以博物稱又曉兵法益有從横之志每歎不逢時常以將相
自許開皇五年授著作佐郎尋令於國子講授會帝親臨釋奠國子祭酒元善
講孝經頍與相論難詞義蜂起善往往見屈帝大奇之超授國子博士後坐事
解職配防嶺南數載授漢王諒府咨議參軍王甚禮之時諒見房陵及秦蜀二
王相次廢黜潛有異志頍陰勸諒繕甲兵及文帝崩諒遂舉兵反多頍之計也
頍後數進奇策諒不能用楊素至蒿澤將戰頍謂其子曰氣候殊不佳兵必敗
汝可隨從我既而兵敗頍將歸突厥至山中徑路斷絕知必不免謂其子曰吾
之計謀不減楊素但爲言不見從遂至於此不能坐受禽執以成豎子之名也
吾死後汝愼勿過親故於是自殺瘞之石窟中其子數日不得食遂過其故人
竟爲所禽楊素求頍屍得之斬首梟於太原所撰五經大義三十卷有集二十

卷並因兵亂無復存焉

楊慶字伯悅河間人也祖玄父剛並以至孝知名慶美容止性辯慧年十六齊國子博士徐遵明見而異之及長頗涉書記年二十五郡察孝廉以侍養不赴母有疾不解襟帶者七旬及居母憂哀毀骨立負土成墳齊文宣表其門閭賜帛及綿粟各有差隋文帝受禪屢加褒賞擢授儀同三司板平陽太守卒於家

田翼不知何許人也養母以孝聞其後母臥疾歲餘翼親易燥濕母食則食母不食則不食隋開皇中母患暴痢翼謂中毒藥遂親嘗穢惡母終翼一慟而絕妻亦不勝哀而死鄉人厚共葬之

紐因字孝政河東安邑人也性至孝周武成中父母喪廬於墓側負土成墳廬前生麻一株高丈許圍之合拱枝葉鬱茂冬夏恆青有烏棲上因舉聲哭烏即悲鳴時人異之周武帝表其閭擢授甘棠令隋開皇初卒子士雄少質直孝友喪父復廬於墓側負土成墳其庭前有一槐樹先甚鬱茂及士雄居喪樹遂枯死服闋還宅死槐復榮隋文帝聞之歎其父子至孝下詔褒揚號其里爲累德

里

劉仕儁彭城人也性至孝丁母喪絶而復蘇者數矣勺飲不入口者七日廬於
墓側負土成墳列植松柏虎狼馴擾爲之取食隋文帝受禪表其門閭

翟普林楚丘人也事親以孝聞州郡辟皆不就躬耕色養鄉閭謂爲楚丘先生
後父母疾親易燥濕不解衣者七旬大業初父母俱終哀毁殆將滅性廬於墓
側負土成墳盛冬不衣繒絮唯著單縗而已家有烏犬隨其在墓若普林哀臨
犬亦悲號見者嗟異有二鵲巢其廬前柏樹入廬馴狎無所驚懼司隸巡察奏
其孝感擢授孝陽令

華秋汲郡臨河人也幼喪父事母以孝聞家貧傭賃爲養其母患疾秋容貌毁
悴鬢鬚盡改母終遂絶櫛沐髮盡秃落廬於墓側負土成墳有人欲助之者秋
輒拜而止之隋大業初調狐皮郡縣大獵有一兎逐之奔入秋廬中匿秋膝下
獵人至廬所異而免之自爾此兎常宿廬中馴其左右郡縣嘉其孝感具以狀
聞降使勞問而表其門閭後羣盜起常往來廬之左右咸相誡曰勿犯孝子鄉

賴秋全者甚衆

徐孝肅汲郡人也宗族數十家多以豪侈相尚唯孝肅儉約事親以孝聞雖在幼小宗黨間每有爭訟皆至孝肅所平論短者無不引咎而退孝肅早孤不識父及長問其母父狀因畫工圖其形構廟置之而定省焉朔望享祭養母至孝數十年家人未見其忿恚色母老疾孝肅親易燥濕憂悴數年見者莫不悲悼母終孝肅茹蔬飲水盛冬單縗毁瘠骨立祖父母父母墓皆負土成墳廬于墓所四十餘載被髮徒跣遂以終身其弟德備終子處默又廬於墓側奕世稱孝焉

論曰塞天地而横四海者唯孝而已矣然則孝始愛敬之方終極哀思之道厥亦多緒其心一焉若上智禀自然之質中庸有企及之義及其成名其美一也長孫慮等或出公卿之緒藉禮教之資或出茆簷之下非獎勸所得並因心乘理不踰禮教感通所致貫之神明乃有負土成墳致毁滅性雖乖先王之典制亦觀過而知仁矣

北史卷八十四

北史卷八十四考證

孝行傳敘匹夫匹婦行之於閭閻○匹監本訛疋今改正

長孫慮傳更相鞠養不能保全○鞠監本誤鞫今改從南本

閻元明傳三世同居閨門有禮○監本缺居閨門三字今從南本增入

吳悉達傳隣人孤貧窘困者○困監本訛因今改正

荊可傳塋域極大榛蕪至深○榛監本訛榛今改正

王頒傳以平鑾功加開府封蛇丘縣公○蛇監本訛地今改從隋書

翟普林傳家有烏犬隨其在墓○犬監本訛大今改從南本

弟頍傳○頍並無孝行可稱乃因頒而並附於傳後殊不可解

北史卷八十四考證

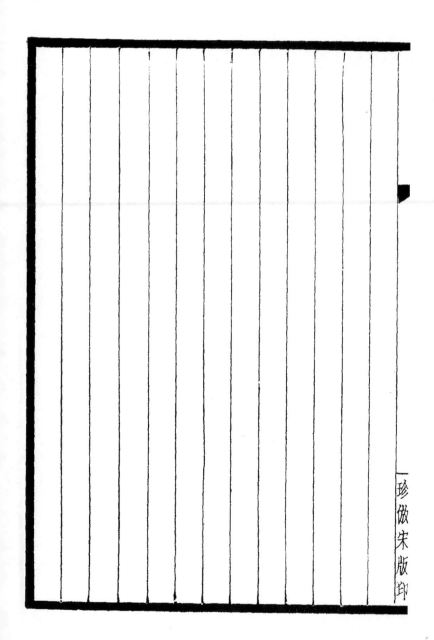

北史卷八十五

唐　李延壽　撰

列傳第七十三

節義

郭世儁　郎方貴

易稱立人之道曰仁與義蓋士之成名在斯二者故古人以天下爲大方身則輕生爲重矣比義則輕然則死有重於太山貴其理全也生有輕於鴻毛重其義全也故生無再得死不可追而仁道不遠則殺身以徇義重於生則捐軀而踐龍逢殞命於夏癸比干竭節於商辛申蒯斷臂於齊莊弘演納肝於衛懿漢之紀信欒布晉之向雄嵇紹並不憚於危亡以蹈忠貞之節雖功未存於社稷力無救於顛墜然視彼苟免之徒貫三光而洞九泉矣凡在立名之士莫不度幾焉然至臨難忘身見危授命雖斯文不墜而行之蓋寡固知士之所重信在兹乎非夫內懷鐵石之心外負陵霜之節孰能行之若命赴蹈如歸者乎自魏訖隋年餘二百若迺歲寒見松柏疾風知勁草千載之後懍懍猶生豈獨聞彼伯夷懦夫立志亦冀將來君子有所度幾魏書序于什門段進石文德汲固王玄威婁提劉渴侯朱長生馬八龍門文愛晁清劉侯仁石祖興邵洪哲王榮世胡小彪孫道登李几張安祖王閭以爲節義傳今又檢得郭琰沓龍超乙速孤

珍倣宋版印

佛保及周書孝節傳李棠杜叔毗附之又案齊書不立此篇而隋書序劉弘皇誕游元馮慈明張須陁楊善會獨孤盛元文都盧楚劉子翊堯君素爲誠節傳今馮慈明獨孤盛元文都各附其家傳其餘並附此篇又檢取隋書孝義傳郎方貴郭世儁亦附之以備節義傳云

于什門代人也魏明元時爲謁者使喻馮跋及至和龍住外不入使謂跋曰大魏皇帝有詔須馮主出受然後敢入跋使人牽逼令入見跋不拜跋令人案其項什門曰馮主拜受詔吾自以賓主致敬何須苦見逼也與跋往復聲氣厲然初不撓屈既而跋止什門什門於羣衆中回身背跋披袴後襠以辱之既而拘留隨身衣裳敗壞略盡蟣虱被體跋遺以衣服拒而不受歷二十四年後馮弘上表稱臣乃送什門歸拜書侍御史大武下詔褒美比之蘇武賜羊千口帛千匹進爲上大夫策告宗廟班示天下

段進不知何許人也大武初爲白道守將蠕蠕大檀入塞圍之力屈被執進抗聲大罵遂爲賊殺帝愍之追贈安北將軍賜爵顯美侯諡曰壯

石文德中山蒲陰人也有行義眞君初縣令黃宣在任喪亡宣單貧無期親文德祖父苗以家財殯葬持服三年奉養宣妻三十餘載及亡又衰絰斂祔率禮無闕自苗逮文德刺史守令卒官者制服送之五世同居閨門雍睦又梁州上言天水白石縣人趙令安孟蘭強等四世同居行著州里詔並標牓門閭

汲固東郡梁城人也爲兗州從事刺史李式坐事被收吏人皆送至河上時式子憲生始滿月式大言於衆曰程嬰杵臼何如人也固曰今古豈殊遂便潛還不顧徑來入城於式婦閨抱憲歸藏及捕者收憲屬有一婢產男母以婢兒授之事尋泄固乃攜憲逃遁遇赦始歸憲卽爲固長育至十餘歲恆呼固夫婦爲郞婆後高祐爲兗州刺史嘉固節義以爲主簿

王玄威恆農北陝人也獻文崩玄威立草廬於州城門外衰裳蔬粥哭踴無時刺史苟頹以事表聞詔令問狀云先帝澤被蒼生玄威不勝悲慕戀心如此不知禮式詔問玄威欲有所訴聽爲表列玄威云聞諱悲號竊謂臣子同例無所求謁及至百日乃自竭家財設四百人齋會忌日又設百僧供至大除日詔送

白紬袴褶一具與玄威釋服下州令表異焉

婁提代人也獻文時爲內三郎獻文暴崩提謂人曰聖主昇遐安用活爲遂引佩刀自刺幾死文明太后詔賜帛二百匹時有敕勒部人蛭拔寅兄地于坐盜食官馬依制命死拔寅自誣己殺兄又云實非弟殺兄弟爭死辭不能定孝文詔原之

劉渴侯不知何許人也稟性剛烈大和中爲徐州後軍以力死戰衆寡不敵遂禽瞋目大罵終不降屈爲賊所殺孝文贈立忠將軍平州刺史上庸侯賜絹千匹穀千斛有嚴季者亦爲軍校尉與渴侯同殿勢窮被執終不降屈後得逃還除立節將軍賜爵五等男

朱長生于提者並代人也孝文時長生爲員外散騎常侍與提俱使高車既至高車王阿伏至羅責長生等拜長生拒之阿伏至羅乃不以禮待長生以金銀寶器奉之至羅既受獻長生曰爲臣內附宜盡臣禮何得口云再拜而實不拜呼出帳命衆中拜阿伏至羅慚其臣下大怒曰帳中何不教我拜而辱我於大

衆奪長生等獻物內之叢石兵脅之曰爲我臣則活不降則殺汝長生與于提
瞋目厲聲責之曰我爲鬼不爲汝臣阿伏至羅大怒絕其飲食從者三十人皆
求阿伏至羅乃給以肉酪長生與提又不從乃各分徙之三歲乃放還孝文以
長生等守節遠同蘇武拜長生河內太守提隴西太守並賜爵五等男從者皆
爲令長

馬八龍武邑武強人也輕財重義友人武遂縣尹靈哲在軍喪亡八龍聞即奔
赴負屍而歸以家財殯葬爲制緦麻撫其孤遺恩如所生州郡表列詔表門閭

門文愛汲郡山陽人也早孤供養伯父母以孝謹聞伯父亡服未終伯母又亡
文愛居喪持服六年哀毀骨立鄉人魏仲賢等相與標其孝義

晁清遼東人也祖暉濟州刺史頴川公清襲祖爵例降爲尉爲梁城戍將梁師
攻圍糧盡城陷清抗節不屈爲賊所殺宣武褒美贈樂陵太守謚曰忠子榮賓
襲

劉侯仁豫州人也城人白早生殺刺史司馬悅據城南叛悅息朏走投侯仁賊

雖重加購募又嚴其捶撻侯仁終無漏泄朏遂免禍事寧有司奏其操行請免府籍敘一小縣詔可

石祖興常山九門人也太守田文彪縣令和真等喪亡祖興自出家絹二百餘匹營護喪事州郡表列孝文嘉之賜爵二級爲上造後拜寧陵令卒吏部尚書李韶奏其節義請加贈諡以奬來者靈太后令如所奏有司諡曰恭

邵洪哲上谷沮陽人也縣令范道榮先自眴城歸款以除縣令道榮鄉人徐孔明妄經公府訟道榮非勳道榮坐除名羇旅孤貧不能自理洪哲不勝義憤遂代道榮詣京師明申曲直經歷寒暑不憚劬勞道榮卒得復雪又北鎮反亂道榮孤單無所歸附洪哲兄伯川復率鄉人來相迎接送達幽州道榮感其誠節訴省申聞詔下州郡標其里閭

王榮世陽平館陶人也爲三城戍主方城縣子梁師攻圍力窮知不可全乃先焚府庫後殺妻妾及賊陷城與戍副鄧元興等俱以不屈被害明帝下詔褒美忠節進榮世爵爲伯贈齊州刺史元興開國子贈洛州刺史

胡小彪河南河陰人也少有武氣正光末爲統軍於晉壽孝昌中梁將樊文熾等寇邊益州刺史邴虬遣長史和安固守小劍文熾圍之虬命小彪與統軍崔珍寶同往防拒文熾掩襲小彪珍寶並禽之文熾攻小劍未陷乃將珍寶至城下使謂和安曰南軍強盛北救不來豈若歸款取其富貴和安命射之乃退復逼小彪與和安交言小彪乃慷慨謂安曰我柵不防爲賊所虜觀其兵士勢不足言努力堅守魏行臺傅梁州遣將已至賊以刀毆擊言不得終遂害之三軍無不歎其壯節哀其死亡賊尋奔敗禽其次將蕭世澄陳文緒等一十一人行臺魏子建狀其氣槩啓以世澄購其屍柩乃獲骸骨歸葬之

孫道登彭城呂縣人也永安初爲梁將韋休等所虜面縛臨刃巡遠村塢令其招降鄉曲道登厲聲唱呼但當努力賊無所能賊遂屠戮之又荆州被圍行臺宗靈恩遣使宗女等四人入城曉喻爲賊將所獲執女等巡城令其改辭女等大言天軍垂至堅守莫降賊忿各刳其腹然後斬首二州表其節義道登等並賜五品郡五等子爵聽子弟承襲遣使詣所在弔祭

李几博陵安平人也七世共居同財家有二十二房一百九十八口長幼濟濟風禮著聞至於作役卑幼競集鄉里嗟美標其門閭

張安祖河陽人也襲世爵山北侯時有元承貴曾爲河陽令家貧且赴尚書求選逢天寒甚遂凍死路側一子年幼停屍門巷棺殮無託安祖悲哭盡禮買木爲棺手自營作殮殯周給朝野嘉歎尚書聞奏標其門閭

王閭北海密人也數世同居有百口又太山劉業與四世同居魯郡蓋儁六世同居並共財產家門雍睦鄉里敬異有司申奏皆標門閭

郭琰字神寶京兆人也少喪父事母以孝聞孝武帝之居藩邸琰以通俠被知及即位封新豐縣公除洛州刺史孝武西入改封馮翊郡公授行臺尚書潼關大都督大統中齊神武遣大都督竇泰襲恆農時琰爲行臺衆少戰敗乃奔洛州至刺史泉企城守力窮城將陷乃仰天哭曰天乎天乎何由縱此長蛇而不助順也言發涕流不能自止兵士見之咸自厲憤竟爲東魏將高敖曹所禽復謂敖曹曰天子之臣乃爲賊所執敖曹素聞其名義不殺之送於幷州見齊神

武言色不屈見害
沓龍超晉壽人也性倘義俠少爲鄉里所重永熙中梁將樊文熾來寇益州刺史傅和孤城固守龍超每出戰輒破之時攻圍既久糧矢方盡刺史遣龍超夜出請援於漢中遂爲文熾所得許以封爵使告城中曰外無援軍宜早降乃置龍超於攻樓上龍超乃告刺史曰援軍數萬近在大寒文熾大怒火炙殺之至死辭氣不撓大統二年詔贈龍驤將軍巴州刺史
乙速孤佛保北秀容胡酋也少驍武善射孝武帝時爲直閤將軍從入關封蒲子縣公幷賜弓矢大統初梁將蘭欽來寇遂陷漢中佛保時爲都督統兵力戰知將敗乃先城未陷仰天大哭曰此馬吾常所乘此弓矢天恩賜我豈可令賊得吾弓馬乎遂斬馬及弓自刎而死三軍莫不壯之黄門郎趙僧慶時使漢中聞乃收運其屍致長安天子歎感詔著作錄之
李棠字長卿勃海蓨人也祖伯貴魏宣武時官至魯郡守有孝行居父喪哀戚過禮遂以毀卒宣武嘉之贈勃海相父元胄員外散騎侍郎棠幼孤好學有志
珍做宋版印

操高仲密爲北豫州刺史請棠爲掾仲密將圖西附時東魏又遣鎮城奚壽與
典兵事仲密遂與棠謀殺壽與率其衆據城遣棠詣關中歸款周文嘉之封廣
宗縣公位給事黃門侍郎加車騎大將軍儀同三司散騎常侍從魏安公尉遲
迥伐蜀棠乃應募喻之既入成都蕭撝問迥軍中委曲棠不對撝乃苦辱之棠
曰我王者忠臣有死而已義不爲爾移志也遂害之子敞嗣

杜叔毗字子弼其先京兆杜陵人也徙居襄陽父漸梁邊城太守叔毗早歲而
孤事母以孝聞仕梁爲宜豐侯蕭循府中直兵參軍周文令大將軍達奚武圍
循於南鄭循令叔毗詣闕請和周文見而禮之使未及還而循中直兵曹策參
軍劉曉謀以城降武時叔毗兄君錫爲循中記室參軍從子映錄事參軍映弟
晰中直兵參軍各領部曲策等忌之懼不同己遂誣以謀叛擅加害焉尋討策
等禽之城降策至長安叔毗朝夕號泣具申冤狀朝議以事在歸附之前不可
追罪叔毗志在復讎然恐坐及其母母曰汝兄橫罹禍酷痛切骨髓若曹策朝
死吾以夕歿亦所甘心汝何疑焉叔毗拜受母言後遂白日手刃策於京城斷

首刳腹解其支體然後面縛請就戮焉周文嘉其志氣特命舍之遭母憂哀毀
骨立殆不勝喪服闋晉公護辟爲中外府樂曹參軍累遷陝州刺史後從衞國
公直南討軍敗爲陳人所禽陳人將降之叔毗辭色不撓遂被害子廉卿
劉弘字仲遠彭城叢亭里人也少好學有羈檢重節概仕齊位西楚州刺史齊
亡周武帝以爲本郡太守及隋文帝平陳以行軍長史從總管吐萬緒度江加
上儀同封濩澤縣公拜泉州刺史會高智慧亂以兵攻州弘城守糧盡煑犀甲
腰帶及剝樹皮食之一無離叛賊欲降之弘抗節彌厲城陷爲賊所害文帝聞
而嘉歎者久之賜物二千段子長信襲其官爵
游元字楚客廣平任城人也父寶藏位至郡守元少聰敏仕周歷壽春令譙周
司馬俱有能名開皇中爲殿內侍御史煬帝嗣位遷尚書度支郎遼東之役領
左驍衞長史爲蓋牟道監軍拜朝請大夫兼書侍御史宇文述等九軍敗績帝
令元主其獄述時貴倖勢傾期廷遣家僮造元有所請屬元不見之他日案述
逾急仍以屬請狀劾之帝嘉其公正賜朝服一襲後奉使黎陽督運楊玄感作

逆告以情元引正義責之遂見困竟不屈節見害帝甚嘉之贈銀青光祿大夫

拜其子仁宗爲正議大夫弋陽郡通守

張須陁弘農閿鄉人也性剛烈有勇略弱冠從史萬歲討西爨以功授儀同後從楊素擊平漢王諒加開府大業中爲齊郡贊務會與遼東之役歲飢須陁將開倉賑給官屬咸曰須待詔敕須陁曰如待報至當委溝壑吾若以此獲罪死無所恨先開倉而後狀帝嘉而不責天下既承平日久多不習兵須陁獨勇決善戰又長撫馭得士卒心號爲名將時賊帥王薄北連豆子䴚賊孫宣雅石祇闍郝孝德等衆十餘萬攻章丘須陁大破之露布以聞帝大悅優詔褒揚令使者圖畫其形容奏之其年賊裴長才石子河等奄至城下須陁與戰長才敗走後數旬賊帥秦君弘郭方預等圍北海須陁倍道而進大敗之司隸刺史裴操之上狀帝遣使勞問之十年賊左孝友屯蹲狗山須陁列八營以逼之孝友窘迫面縛來降其黨解象王良鄭大彪李脘等衆各萬計須陁悉平之威振東夏以功遷齊郡通守領河南道十二郡黜陟討捕大使俄而賊盧明月衆十餘萬

將寇河北次祝阿須陁邀擊殺數千人賊呂明星師仁泰霍小漢等衆各萬餘擾濟北須陁擊走之尋將兵拒東郡賊翟讓前後三十餘戰每破走之轉滎陽通守時李密說讓取洛口倉遂逼滎陽須陁拒之讓懼而退須陁乘之密先伏數千人邀擊之須陁敗被圍潰輒出左右不能盡出復入救之往來數四衆皆敗乃仰天曰兵敗如此何面見天子乎乃下馬戰死其所部兵晝夜號哭數日不止帝令其子元備總父兵元備時在齊郡遇賊竟不果行

楊善會字敬仁弘農華陰人也其父位毗陵太守善會大業中爲鄃令以清正聞俄而百姓聚起爲盜善會討之往皆剋捷後賊帥張金稱屯於縣界善會每挫其鋒煬帝遣將軍段達討金稱善會進計於達達不能用軍竟敗後進止一以謀之乃大剋金稱復引勃海賊孫宣雅高士雅等破黎陽而還善會邀破之擢拜朝請大夫清河郡丞於時山東郡縣陷沒相繼能抗賊者唯善會而已前後七百餘陣未嘗負敗會太僕楊義臣討金稱見敗取善會定策與金稱戰賊乃退走善會捕斬之傳首行在所帝賜以尚方甲稍弓劍進拜清河通守復從

楊義臣斬漳南賊帥高士達傳首江都宮帝下詔褒揚之後爲竇建德所陷建德釋而禮之用爲貝州刺史善會肆罵臨之以兵辭氣不撓乃害之清河士庶莫不傷痛

盧楚涿郡范陽人也祖景祚魏司空掾楚少有才學性鯁急口吃言語澀難大業中爲尚書左司郎當朝正色甚爲公卿所憚及帝幸江都東都官寮多不奉法楚每存糾舉無所回避越王侗稱尊號以楚爲內史令左備身將軍尚書左丞右光祿大夫封涿郡公與元文都等同心戮力以輔侗及王世充作亂兵犯太陽門武衛將軍皇甫無逸斬關逃難呼楚同去楚曰僕與元公有約若社稷有難誓以俱死今捨去不義及世充入楚匿太官署執之世充奮袂令斬於是鋒刃交下支體糜碎

劉子翊彭城叢亭里人也父遍齊徐州司馬子翊少好學頗解屬文性剛謇有吏幹開皇中爲秦州司法參軍因入考楊素奏爲侍御史時永寧縣令李公孝四歲喪母九歲外繼其後父更別娶後妻至是而亡河間劉炫以爲無撫育之

恩議不解任子翊駮之曰傳云繼母同母也當以配父之尊居母之位齊杖之
制皆如親母又爲人後者爲其父母期服者自以本生非殊親之與繼也父雖
自處傍尊之地於子之情猶須隆其本重是以令云爲人後者其父母並解官
申其心喪父卒母嫁爲父後者雖不服亦申心喪其繼母嫁不解官此專據嫁
者生文耳將知繼母在父之室則制同親母若謂非有撫育之恩同之行路何
服之有乎服既有之心喪焉可獨異三省令旨其義甚明今言令許不解何其
甚謬且後人者爲其父母期未有變隔以親繼親既等故心喪不得有殊服問
云母出則爲繼母之黨服豈不以出母族絕推而遠之繼母配父引而親之乎
子思曰爲伋也妻是爲白也母不爲伋也妻是不爲白也母定知服以名重情
以父親所以聖人敦之以孝慈弘之以名義是使子以名服同之親母繼母以
義報等之己生如謂繼母之來在子出之後制有淺深者考之經傳未見其文
譬出後之人所後者初亡後之者至此後可以無撫育之恩而不服重乎昔長
沙人王毖漢末爲上計詣京師既而吳魏隔絕毖在內國更娶生子昌毖死後

爲東平相始知吳之母亡便情繫居重不攝職事於時議者不以爲非然則繼之與前於情無別若要以撫育始生服制王昌復何足云乎又晉鎮南將軍羊祜無子取弟子伊爲子祜薨伊不服重祜妻表聞伊辭曰伯生存養己伊不敢違然無父命故還本生尙書彭權議子之出養必由父命無命而出是爲叛子於是下詔從之然則心服之制不得緣恩而生也論云禮者稱情而立文杖義而設教還以此義論彼之情稱情者如母之情杖義者爲子之義分定然後能尊父順名崇禮篤敬苟以姆養之恩始成母子則恩由彼至服自己來則慈母如母何待父令又云繼母慈母本實路人臨己養己同之骨血若如斯言子不由父縱有恩育得如母乎其慈繼雖在三年之下而居齊期之上禮有倫例服以稱情繼母本以名服豈籍恩之厚薄也至於兄弟之子猶子也私昵之心實殊禮服之制無二彼言以輕如重因以不同此謂如重之辭卽同重法若使輕重不等何得爲如律云准枉法者但准其罪以枉法論者卽同眞法律以弊刑禮以設教准者准擬之名以者卽眞之稱如以二字義用不殊禮律兩文所防

是一將此明彼足見其義取譬伐柯何遠之有論云取子爲後者將以供承祧
廟奉養己身不得使宗子歸其故宅以子道事本父之後妻也然本父後妻因
父而得母稱若如來旨本父亦可無心喪乎何直父之後妻也論又云禮言舊
君其尊豈後君乎已去其位非復純臣須言舊以殊之別有所重非復純孝故
言其已見之日以其父之文是名異也此又非通論何以言之其舊訓殊所用
亦別舊者易新之稱其者因彼之辭安得以相類哉至如禮云其父析薪其子
不克負荷傳云衞雖小其君在焉若其父而有異其君復有異乎斯不然矣今
炫敢違禮乖令侮聖干法使出後之子無情於本生名義之分有虧於風俗徇
飾非於明世強媒蘗於禮經雖欲揚己露才不覺言之傷理事奏竟從子翊之
議歷新豐令大理正並有能名擢授書侍御史每朝廷疑議子翊爲之辯析多
出衆人意表從幸江東屬天下大亂帝猶不悟子翊因侍切諫由是忤旨令子
翊爲丹陽留守尋遣於上江督運爲賊吳棊子所虜子翊說之因以衆降復遣
首領賊渡江遇煬帝被殺知而告之子翊弗信斬所言者賊又請以爲主不從

因執至臨川城下使告城中云帝崩子翊乃易其言於是見害

堯君素魏郡湯陰人也煬帝爲晉王時君素爲左右帝嗣位累遷鷹揚郎將大業末從驍衛大將軍屈突通拒義師於河東俄而通引兵南遁署君素領河東通守義師遣將呂紹宗韋義節等攻之不及通軍敗至城下呼之君素見通歔欷流涕悲不自勝左右皆哽咽通亦泣下霑襟因說君素早降以取富貴君素以名義責之曰公縱不能遠慚主上公所乘馬卽代王所賜也公何面目乘之哉通曰吁君素我力屈而來君素曰方今力猶未屈何用多言通慚而退時圍甚急行李斷絶君素乃爲木鵝置表於頸具論事勢浮之黃河泝流而下河陽守者得之達於東都越王侗見而歎息乃承制拜君素爲金紫光祿大夫密遣行人勞之監門直閤龐玉武衛將軍皇甫無逸前後自東都歸義俱造城下爲陳利害朝廷又賜金券待以不死君素卒無降心其妻又至城下謂曰隋室已亡何苦取禍君素曰天下事非婦人所知引弓射之應弦而倒君素亦知事必不濟每言及隋國未嘗不歔欷常謂將士曰吾是藩邸舊臣至於大義不得不

死今穀支數年食盡足知天下之事必隋室傾敗天命有歸吾當斷頭以付諸君後頗得江都傾覆消息又糧盡男女相食衆心離駭白虹降於府門兵器之端夜皆光見月餘君素爲左右所害

陳孝意張季珣杜松贇竝以誠節顯孝意河東人大業初爲魯郡司法書佐郡內號爲廉平太守蘇威嘗欲殺一囚孝意固諫不許孝意因解衣請先受死良久威意乃解謝而遣之漸加禮敬及威爲納言奏孝意爲侍御史後以父憂去職居喪過禮有白鹿馴擾其廬時人以爲孝感尋起授鴈門郡丞在郡菜食齋居朝夕哀臨每一發聲未嘗不絕倒柴毀骨立見者哀之時長吏多贓污孝意清節彌厲發姦摘伏動若有神吏人稱之煬帝幸江都馬邑劉武周殺太守王仁恭作亂前郡丞楊長仁鴈門令王確等謀應賊孝意知之族滅其家郡中慄俄而武周來攻孝意拒之每致剋捷但孤城無援而孝意誓以必死亦知帝必不反每旦夕向詔敕庫俯伏涕流悲動左右糧盡爲校尉張世倫所殺以歸武周

張季珣京兆人父祥少爲隋文帝所知引爲丞相參軍累遷并州司馬及漢王諒反遣其將劉建攻之縱火燒其郭下祥見百姓驚駭其城西有王母廟登城望之再拜號泣曰百姓何罪致此焚燒神其有靈可降雨相救言訖廟上雲起雨降而火遂滅士卒感其至誠莫不用命援軍至賊退以功授開府後卒於都水監季珣少慷慨有志節大業末爲鷹揚郎將所居據箕山爲固與洛口接及李密陷倉城遣兵呼之季珣大罵密怒攻之連年不能剋經三年資用盡無薪徹居而爨人皆穴處季珣撫之一無離叛後士卒飢羸爲密所陷季珣坐聽事顏色自若密遣兵禽送之羣賊曳令拜密季珣曰吾雖敗軍將猶是天子爪牙臣何容拜賊密壯而釋之翟讓從求金不得殺之其弟仲琰爲上洛令及義兵起城守部下殺之以歸義仲琰弟幼琮爲千牛左右宇文化及亂遇害季珣世忠烈兄弟俱死國難論者賢之

杜松贇北海人也性剛烈重名義爲石門府隊正大業末楊厚來攻北海縣松贇覘賊被執使謂城中云郡兵已破宜早歸降松贇僞許之既至城下大呼曰

我邂逅被執非力屈也官軍大來賊旦暮禽翦賊以刀築其口引之去松賊罵厚曰老賊何敢辱賢良言未卒賊斷其腰城中望之莫不流涕扼腕銳氣益倍北海卒完優贈朝請大夫本郡通守

郭世儁字弘乂太原文水人也家門雍睦七世同居犬豕同乳烏鵲同巢時人以爲義感之應州縣上其事隋文帝遣平昌公宇文弼詣其家勞問尚書侍御史柳彧巡省河北表其門閭漢王諒爲幷州總管聞而嘉歎賜其兄弟二十餘人衣各一襲

郎方貴淮南人也少有志尚與從父弟雙貴同居隋開皇中方貴常於淮水津所寄渡舟人怒之撾方貴臂折至家雙貴問知之恚恨遂向津毆殺船人津者執送之縣以方貴爲首當死雙貴從坐當流兄弟爭爲首坐縣司不能斷送詣州兄弟各引死州不能定二人爭欲赴水死州以狀聞上聞異之特原其罪表其門閭賜物百段後爲州主簿

論曰于什門等或臨危不撓視死如歸或赴險如夷唯義有所在其大則光國

珍倣宋版印

隆家其小則損己利物故其盛烈所著與河海而爭流峻節所標共竹柏而俱茂並蹈履之所致身沒名立豈徒然也

北史卷八十五

北史卷八十五考證

節義傳敘又檢取隋書孝義傳○監本缺書字今增入

于什門傳馮弘上表稱臣○馮監本訛馬今改從魏書

石文德傳中山蒲陰人也○魏書作河中蒲坂人

汲固傳程嬰杵臼何如人也○臼監本訛舅今改正

門文愛傳○門文愛各本俱訛文門愛今據下文文愛居喪持服六年改正

劉弘傳及隋文帝平陳○監本缺文字今從隋書增入

游元傳述時貴倖○貴監本訛責今改從隋書

北史卷八十五考證

北史卷八十六

唐　李延壽撰

列傳第七十四

循吏

張膺　路邕　閻慶胤　明亮　杜纂
竇瑗　蘇淑　張華原　孟業　蘇瓊
路去病　梁彥光　樊叔略　公孫景茂　辛公義
柳儉 郭絢 敬肅　劉曠　王伽　魏德深

先王疆理天下司牧黎元刑法以禁其姦禮教以防其欲雖爲政以德理實殊塗百慮一致在斯而已書云知人則哲又云無曠庶官言非其人爲空官也叡哲之后必致清明之臣昏亂之朝多有貪殘之吏嗜欲所召影響從之故五帝三王不易人而化皆在所由化之而已蓋有無能之吏無不可御之人焉自罷侯置守歷年永久統以方牧仍世相循所以寬猛爲用庇人調俗但廉平常迹

聲有難高適時應務招響必速是故搏擊爲侯起不旋踵懦弱貽咎錄用無時此則已然於前世矣後之爲吏與世沉浮叔季澆漓姦巧多緒居官蒞職道各不同故往籍述其賢能以彰懲勸之道案魏立良吏傳有張恂鹿生張膺宋世景路邕閻慶胤明亮杜纂裴他竇瑗羊敦蘇淑齊立循吏傳有張華原宋世良郎基孟業崔伯謙蘇瓊房豹路去病周書不立此篇隋循吏傳有梁彥光樊叔略趙軌房恭懿公孫景茂辛公義柳儉劉曠王伽魏德深其張恂鹿生宋世景裴他羊敦宋世良郎基崔伯謙房豹趙軌房恭懿各附其家傳其餘皆依時代編輯以備循吏篇云

張膺不知何許人也延興中爲魯郡太守履行貞素妻女樵採以自供孝文深嘉之還京兆太守清白著稱得吏人之忻心焉

路邕陽平人也宣武時除東魏郡太守蒞政清勤經年儉日出家粟賑賜貧窘靈太后下詔褒美賜龍廄馬一匹衣一襲被褥一具稍遷南青州刺史卒

閻慶胤不知何許人也爲東秦州敷城太守頻年饑儉慶胤歲常以家粟千石

賑恤貧窮人賴以濟部人陽寶龍一千餘人申頌美政有司以聞靈太后卒無褒賞

明亮字文德平原高昌人也有識幹歷員外常侍延昌中宣武臨朝堂親自黜陟授亮勇武將軍亮進曰臣本官常侍是第三清今授臣勇武其號至濁且文武又殊請更改授帝曰九流之內人咸君子卿獨欲乖衆妄相清濁所請未可亮曰今江左未賓書軌宜一方爲陛下投命前驅拓定吳會官爵陛下之所輕賤命微臣之所重陛下方收所重何惜所輕因請改授平遠將軍帝曰運籌用武然後遠人始平卿但用武平之何患不得平遠乎亮乃陳謝而退除陽平太守清白愛人甚有惠政轉汲郡太守爲政如前舉宣遠近卒二郡人吏迄今追思之

杜纂字榮孫常山九門人也少以清苦自立時縣令齊羅喪亡無親屬收殯纂以私財殯葬由是郡縣標其門閭後居父喪盡禮郡舉孝廉稍除積弩將軍從征新野及南陽平以功賜爵井陘男賞帛五百匹數日之中散之知友時人稱

之歷武都漢陽二郡太守並以清白爲名明帝初拜清河內史性儉約尤愛貧老問人疾苦至有對之泣涕勸督農桑親自檢視勤者賞以物帛墯者加以罪譴弔死問生甚有恩紀除東益州刺史無御邊威略羣氐反叛以失人和徵還遷太中大夫正光末清河人房通等三百人頌纂德政乞重臨郡詔許之孝昌中爲葛榮圍逼以郡降榮以爲常山太守榮滅卒於家纂所歷任好行小惠蔬食弊衣多涉誣矯而輕財潔己終無受納爲百姓所思號爲良守天平中贈定州刺史

竇瑗字世珍遼西陽洛人也自言本出扶風平陵漢大將軍武曾孫崇爲遼西太守遂家焉曾祖堪慕容氏漁陽太守祖表馮弘成周太守入魏父冏舉秀才早卒普泰初瑗啓以身階級爲父請贈詔贈平州刺史瑗年十七便荷帙從師遊學十載始爲御史後兼太常博士拜太原王尒朱榮官榮留爲北道大行臺左丞以拜榮官賞新昌男從榮東平葛榮封容城縣伯瑗乞以容城伯讓兄叔珍詔聽以新昌男轉授之叔珍由是位至太山太守尒朱世隆等立長廣王曄

爲主南赴洛陽至東郭外世隆等遣瑗奏廢之瑗執鞭獨入禁內奏願行堯舜事曄遂禪廣陵由是除給事黄門侍郎孝武帝時爲廷尉卿及釋奠開講瑗與温子昇魏季景李業興並爲摘句天平中除廣宗太守政有清白之稱廣宗人情凶戾累政咸見告訟唯瑗一人終始全潔轉中山太守聲譽甚美爲吏人所懷及齊神武班書州郡稱瑗政績以爲勸勵後授平州刺史在州政如臨郡又爲神武丞相府右長史瑗無軍府斷割才不甚稱職又行晉州事及還鄴上表曰臣伏讀麟趾新制至三公曹第六十六條母殺其父子不得告告者死三反覆之未得其門何者案律子孫告父母祖父母者死又漢宣云子匿大父母皆勿論蓋謂父母祖父母小者攘羊甚者殺害之類恩須相隱律抑不言法理如是足見其直未必指母殺父止子不言也今母殺父而子不告便是知母而不知父識比野人義近禽獸且母之於父作合移天既殺己之天復殺子之天二天頓毀豈容頓默此母之罪義在不赦下手之日母恩卽離仍以母道不告鄙臣所以致惑如或有之可臨時議罪何用豫制斯條用爲訓誡恐千載之下談

者誼譁以明明大朝有尊母卑父之論以臣管見實所不取詔付尚書三公郎
封君義立判云母殺其父子復告母母由告死便是子殺天下未有無母之國
不知此子將欲何之旣於法無違於事非害宣布有司謂不宜改瑗復難云局
判云母由告死便是子殺天下未有無母之國不知此子將欲何之瑗案典律
未聞母殺其父而子有隱母之義旣不告母便是與殺父同天下可有無父之
國此子獨得有所之乎事雖停寢除大宗正卿宗室以其寒士相與輕之瑗案
法推正甚見雠疾官雖通顯貧窘如初清尚之操爲時所重領本州大中正兼
廷尉卿卒官贈太僕卿濟州刺史謚曰明
蘇淑字仲和武邑人也兄壽與坐事爲閹官後拜河間太守賜爵晉陽男及壽
興將卒遂冒養淑爲子淑熙平中襲其爵後除樂陵內史在郡綏撫甚有人譽
後謝病乞解有詔聽之人吏老幼訴乞淑者甚衆後歷滎陽中山二郡太守卒
淑清心愛下所歷三郡皆爲吏人所思當時稱爲良二千石武定初贈衞大將
軍都官尚書瀛州刺史謚曰懿齊神武追美清操與羊敦同見優賞

張華原字國滿代郡人也少明敏有器度初爲齊神武驃騎府法曹參軍賜爵新城伯累遷大丞相府屬深被親待每號令三軍恆令宣諭意旨尋除散騎常侍周文始據雍州神武使華原入關說焉周文謂曰若能屈驥足於此當共享富貴不爾命懸今日華原曰殞首而已不敢聞命周文嘉其亮正乃使東還尋悔遣追不及神武以華原久而不返每歎惜之及聞其來喜見於色後除相府右長史遷驃騎大將軍特進進爵爲公仍徙封新安後爲兗州刺史華原有幹略達政體至州乃廣布耳目以威禁境內大賊及隣州亡命三百餘人皆詣華原歸款咸撫以恩信放歸田里於是人懷感附寇盜寢息州獄先有繫囚千餘人華原科簡輕重隨事決遣至年暮唯有重罪者數十人華原各給假五日曰期盡速還也囚等曰有君如是何忍背之依期畢至先是州境數有猛獸爲暴自華原臨政州東北七十里甑山中忽有六駮食猛獸咸以爲化感所致卒官州人大小莫不號慕爲樹碑立祠四時祭焉贈司空公尚書左僕射子宰均嗣

孟業字敬業鉅鹿安國人也家本寒微少爲州吏性廉謹同僚諸人侵盜官絹

分三十四與業拒而不受行臺郎中郭秀相禮接方欲薦之會秀卒魏彭城王韶齊神武之壻也拜定州刺史除業爲典籤長史劉仁之謂業曰我處其外君居其內同心戮力庶有濟乎未幾仁之入爲中書令臨路啓韶云殿下左右可信任者唯有孟業願專任之餘人不可信也又與業別執手曰令我出都君便失援恐君在後不自保全唯正與直願君自勉業唯有一馬瘦死韶以業貧令州府官人同食馬肉欲令厚相酬償業固辭不敢韶乃戲業曰卿邀名人也對曰業爲典籤州中要職諸人欲相賄贍止患無方便耳令喚食肉恐致聚斂有損聲名所以仰違明教後未旬日韶左右王四德董惟金並以馬死託肉爲長史裴英密啓神武有書與韶大致誚讓業尋被譖出外行縣事後神武書責韶云典籤姓孟者極能用心何乃令出外也及韶代下業亦隨還贈送一無所受仁之後爲西兗州臨別謂吏部郎中崔暹曰貴州人士唯有孟業銓舉之次不可忘也暹問業曰君往在定州有何政使劉西兗如此欽歎業答曰唯知自脩也韶爲幷州刺史業復爲典籤仍兼長史齊天保初清河王岳拜司州牧召爲

法曹業形貌短小及謁見岳心鄙其眇小笑而不言後尋業斷決處謂曰卿斷決之明可謂有過軀貌之用補河閒王國郎中令清貧自守未曾有失文宣謂侍中裴英起曰卿識河閒王郎中孟業不一昨見其國司文案似是好人對曰昔與臣同事魏彭城王元韶其人清忠正直世所希有帝曰如公言者比來便是大屈除中書舍人文宣初唯得姓名及因奏事見其羸老又質性敦厚無升降之容加之平緩寡於方便有一道士由吾道榮以術藝被迎將入內業爲通名忽於衆中抗聲奏云由吾道士不食五穀帝命推而下之又令點檢百官數奏失所帝遣人以馬鞭擊業頭至於流血然亦體其衰老非力所堪皇建二年累遷東郡太守以寬惠著名其年夏五官張凝因出使得麥一莖五穗其餘或三穗四穗共一莖者合郡咸以政化所感因即申上至秋復有東燕縣人班映祖送嘉禾一莖九穗河清三年敕人閒養驢催買甚切業曰吾既爲人父母豈可坐看此急令宜權出庫錢貸人取辦後日有罪吾自當之後爲憲司所劾被攝之日郡人皆泣而隨之迭相弔慰送業度關者有數百人至黎陽郡西方得

辭決攀援號哭悲動行路詣闕訴寃者非一人敕乃放還郡中父老扣河迎接
武成親戎自洛還鄴道由東郡業具牛酒率人吏拜謁路旁自稱糞土臣孟業
伏惟聖駕親行有征無戰謹上微禮便與人吏俱唱萬歲導引前入帝大嘉之
後除廣平太守年既老理政不如在東郡時武平九年爲太中大夫加衞將軍
尋卒業志守質素不尚浮華爲子結婚爲朝肨腑吒羅氏其子以蔭得爲平原
王段孝先相府行參軍乃令作今世服飾綺襦紈袴吒羅家又恃姻婭炫曜矜
誇業知而不禁素望頗貶
蘇瓊字珍之長樂武強人也父備仕魏至衞尉少卿瓊幼時隨父在邊嘗謁東
荊州刺史曹芝芝戲問曰卿欲官不對曰設官求人非人求官芝異其對署爲
府長流參軍齊文襄以儀同開府引爲刑獄參軍每加勉勞幷州嘗有強盜長
流參軍張龍推其事所疑賊徒並已拷伏失物家並識認唯不獲盜贓文襄付
瓊更令窮審乃別推得元景融等十餘人幷獲贓驗文襄大笑語前妄引賊者
曰爾輩若不遇我好參軍幾致枉死除南清河太守郡多盜賊及瓊至姦盜止

息或外境姦非輒從界中行過者無不捉送零陵縣人魏雙成住處與畿內武城交錯失牛疑其村人魏子賓列送至郡一經窮問知賓非盜而便放之雙成云府君放賊去百姓牛何處可得瓊不理其語密遣訪獲盜者從此畜牧不收云但存府君其隣郡富家將財物寄置界內以避盜冀州繹幕縣人成氏大富爲賊攻急告曰我物已寄蘇公矣賊遂去平原郡有祅賊劉黑苟構結徒侶通於滄海瓊所部人連接村居無相染累隣邑於此伏其德績郡中舊賊一百餘人悉充左右人間善惡及長吏飲人一盃酒無不即知瓊性清愼不發私書道人道硏爲濟州沙門統資產巨富在郡多出息常得郡縣爲徵及欲求謁度知其意每見則談問玄理硏雖爲債數來無由啓口其弟子問其故硏曰每見府君徑將我入青雲閒何由得論地上事師徒還歸遂焚責券郡人趙穎官至樂陵太守年餘八十致事歸五月中得新瓜一雙自來奉穎恃年老苦請遂便爲留乃致於聽事梁上竟不割人聞受趙穎餉瓜欲貢新果至門間知穎瓜猶在相顧而去有百姓乙普明兄弟爭田積年不斷各相援據乃至百人瓊召普明

兄弟對衆人諭之曰天下難得者兄弟易求者田地假令得地失兄弟心如何因而下淚諸證人莫不灑泣普明兄弟叩頭乞外更思分異十年遂還同住每年春總集大儒衞覬隆田元鳳等講於郡學朝吏文案之暇悉令受書時人指吏曹爲學生屋禁斷淫祠婚姻喪葬皆教令儉而衷禮又蠶月預下綿絹度樣於部內其兵賦次第並立明式至於調役事必先辦郡縣吏長恆無十杖稽失當時州郡無不遣人至境訪其政術天保中郡界大水人災絕食者千餘家瓊普集郡中有粟家自從貸粟悉以給付飢者州計戶徵租復欲推其貸粟綱紀謂瓊曰雖矜飢餒恐罪累府君瓊曰一身獲罪且活千室何所怨乎遂上表陳狀使檢皆免人戶保安此等相撫兒子咸言府君生汝在郡六年人庶懷之遂無一人經州前後四表列爲尤最遭憂解職故人贈遺一無所受尋起爲司直廷尉正朝士嗟其屈尚書辛術曰既直且正名以定體不慮不申初瓊任清河太守裴獻伯爲濟州刺史獻伯酷於用法瓊恩於養人房延祐爲樂陵郡過濟州裴問其外聲延祐云唯聞太守善刺史惡裴云得人譽者非至公答云若爾

黃霸龔遂君之罪人也後有敕州各舉清能裴以前言恐爲瓊陷瓊申其枉滯議者尙其公平畢義雲爲御史中丞以猛暴任職理官忌憚莫敢有違瓊推察務在得情雪者甚衆寺署臺案始自於瓊遷三公郞中趙州及清河南中有人頻告謀反前後皆付瓊推檢事多申雪尙書崔昂謂瓊曰若欲立功名當更思餘理仍數雪反逆身命何輕瓊正色曰所雪者寃枉不放反逆昂大慚京師爲之語曰斷決無疑蘇珍之皇建中賜爵安定縣男徐州行臺左丞行徐州事徐州城中五級寺忽被盜銅像一百軀有司徵檢四鄰防宿及蹤跡所疑逮繫數十人瓊一時放遣寺僧怨訴不爲推賊瓊遣僧謝曰但且還寺得像自送爾後十日抄賊姓名及贓處所徑收掩悉獲實驗賊徒款引道俗歎伏舊制以淮禁不聽商販輒度淮南歲儉啓聽淮北取糴後淮北人飢復請通糴淮南遂得商估往還彼此兼濟水陸之利通於河北後爲大理卿而齊亡仕周爲博陵太守隋開皇初卒

路去病陽平人也風神疎朗儀表瓌異齊河清初爲殿中侍御史彈劾不避貴

戚以正直知名敕用士人為縣宰以去病為定州饒陽縣令去病明閑時務性頗嚴毅人不敢欺然至廉平為吏人歎伏武平四年為成安縣令都下有鄴臨漳成安三縣輦轂之下舊號難為重以政亂時艱綱紀不立近臣內戚請屬百端去病消息事宜以理抗答勢要之徒雖厮養小人莫不憚其風格亦不至嫌恨自遷鄴以還三縣令政術去病獨為稱首周武平齊重其能官與濟陰郡守公孫景茂二人不被替代發詔褒揚去病後以尉遲迥事隋大業初卒於冀氏縣令

梁彥光字脩芝安定烏氏人也祖茂魏秦華二州刺史父顯周荊州刺史彥光少岐嶷有至性其父每謂所親曰此兒有風骨當興吾宗七歲時父遇篤疾醫云餌五石可愈時求紫石英不得彥光憂瘁不知所為忽於園中見一物彥光所不識怪而持歸即紫石英也親屬咸異之以為至孝所感魏大統末入學略涉經史有規檢造次必以禮解褐祕書郎周受禪遷舍人上士武帝時累遷小馭下大夫母憂去職毀瘠過禮未幾起令視事帝見其毀甚嗟歎久之後為御

正下大夫從帝平齊以功授開府陽城縣公宣帝卽位拜華州刺史進封華陽郡公以陽城公轉封一子後拜柱國青州刺史屬帝崩不之官隋文帝受禪以爲岐州刺史兼領宮監甚有惠政嘉禾連理出於州境上嘉其能下詔褒美賜粟五百斛物三百段御傘一枚以厲清正後轉相州刺史彥光前在岐州其俗頗質以靜鎭之合境大安奏課連最爲天下第一及居相部如岐州法鄴都雜俗人多變詐爲之作歌稱其不能理政上聞而譴之竟坐免歲餘拜趙州刺史彥光曰臣前待罪相州百姓呼爲戴帽餳臣自分廢黜無復衣冠之望不謂天恩復垂收採請復爲相州改絃易調庶有以變其風俗上從之復爲相州刺史豪猾者聞彥光自請來莫不嗤笑彥光下車發擿姦隱有若神明狡猾莫不潛竄合境大駭初齊亡後衣冠士人多遷關內唯技巧商販及樂戶之家移實州郭由是人情險詖妄起風謠訴訟官人萬端千變彥光欲革其弊乃用秩俸之物招致山東大儒每鄉立學非聖哲之書不得教授常以季月召集之親臨策試有勤學異等聰令有聞者升堂設饌其餘並坐廊下有好諍訟惰業無成者

坐之庭中設以草具及大成當舉行賓貢之禮又於郊外祖道并以財物資之
於是人皆尅勵風俗大改有滏陽人焦通性酗酒事親禮闕為從弟所訟彥光
弗之罪將至州學令觀孔子廟中韓伯瑜母杖不痛哀母力衰對母悲泣之像
通遂感悟悲愧若無容者彥光訓喻而遣之後改過勵行卒為善士吏人感悅
略無諍訟卒官贈冀定瀛青四州刺史諡曰襄子文謙嗣弘雅有父風以上柱
國世子例授儀同歷上饒二州刺史遷鄱陽太守稱為天下之最徵拜戶部侍
郎遼東之役領武賁郎將為盧龍道軍副會楊玄感作亂其弟武賁郎將玄縱
先隸文謙玄感反問未至而玄縱逃走文謙不之覺坐是配防桂林而卒少子
文讓初封陽城縣公後為鷹揚郎將從衛玄擊楊玄感於東都力戰而死贈通
議大夫
樊叔略陳留人也父觀仕魏為南兗州刺史河陽侯為高氏所誅叔略被腐刑
給使殿省身長九尺有志氣頗見忌內不自安遂奔關西周文器之引置左右
授都督襲爵為侯大冢宰宇文護執政引為中尉漸被委信兼督內外位開府

儀同三司護誅齊王憲引爲園苑監數進兵謀憲甚奇之從武帝平齊以功加上開府封清鄉縣公拜汴州刺史號爲明決宣帝營建東都以叔略有巧思拜營構監宮室制度皆叔略所定尉遲迥之亂鎭大梁以軍功拜大將軍復爲汴州刺史隋文帝受禪加位上大將軍進爵安定郡公在州數年甚有聲稱遷相州刺史政爲當時第一上降璽書褒美之賜以粟帛班示天下百姓爲之語曰智無窮清鄉公上下正樊安定徵拜司農卿吏人莫不流涕相與立碑頌德自爲司農凡所種植叔略別有條制皆出人意表朝廷有疑滯公卿所未能決叔略輒爲評理雖無學術有所依據然師心獨見闇與理合甚爲上所親委高熲楊素禮遇之叔略雖爲司農往往參督九卿事性頗豪侈每食方丈備水陸十四年從祠太山至洛陽上令錄囚徒將奏晨至獄門於馬上暴卒上嗟悼久之贈亳州刺史謚曰襄

公孫景茂字元蔚河間阜城人也容貌魁梧少好學博涉經史在魏察孝廉射策甲科稍遷太常博士多所損益時人稱爲書庫歷高唐令大理正俱有能名

齊滅周武帝聞而召見與語器之授濟北太守以母憂去職開皇初召拜汝南太守郡廢爲曹州司馬遷息州刺史法令清靜德化大行屬平陳之役征人在路病者景茂減俸祿爲饘粥湯藥多方振濟之賴全活者千數上聞嘉之詔宣示天下十五年上幸洛陽景茂謁見時七十七上命升殿坐問其年哀其老嗟嘆久之景茂再拜曰呂望八十而遇文王臣踰七十而逢陛下上甚悅下詔褒美之加上儀同三司伊州刺史明年以疾徵吏人號泣於道及疾愈復乞骸骨又不許轉道州刺史悉以秩俸買牛犢雞猪散惠孤弱不自存者好單騎巡人家至戶入閤視百姓產業有修理者於都會時乃褒揚稱述如有過惡隨即訓導而不彰也由是人行義讓有無均通男子相助耕耘婦女相從紡績大村或數百戶皆如一家之務其後請致仕上優詔聽之仁壽中上明公楊紀出使河北見景茂神力不衰還以狀奏於是就拜淄州刺史賜以馬輿便道之官前後歷職皆有德政論者稱爲良牧大業初卒官年八十七諡曰康身死之日諸州人吏赴喪者數千人或不及葬皆望墳慟哭野祭而去

辛公義隴西狄道人也祖徽魏徐州刺史父季慶青州刺史公義早孤爲母氏所養親授書傳周天和中選良家子任太學生武帝時召入露門學令受道義每月集御前令與大儒講論上數嗟異時輩慕之建德初授宣納中士從平齊累遷掌治上士掃寇將軍隋文帝作相授內史上士參掌機要開皇元年除主客侍郎攝內史舍人賜爵安陽縣男轉駕部侍郎使勾檢諸馬牧所獲十餘萬匹上喜曰唯我公義奉國罄心從軍平陳以功除岷州刺史土俗畏病若一人有疾卽合家避之父子夫妻不相看養孝義道絕由是病者多死公義患之欲變其俗因分遣官人巡檢部內凡有疾病皆以牀輿來安置聽事暑月疫時病人或至數百聽廊悉滿公義親設一榻獨坐其間終日連夕對之理事所得秩俸盡用市藥迎醫療之躬勸其飲食於是悉瘥方召其親戚而諭之曰死生由命不關相著前汝棄之所以死耳今我聚病者坐臥其間若言相染那得不死病兒復瘥汝等勿復信之諸病家子孫慚謝而去後人有遇疾者爭就使君其家親屬固留養之始相慈愛此風遂革合境之內呼爲慈母後遷幷州刺史下

車先至獄中因露坐牢側親自驗問十餘日間決斷咸盡方還大聽受領新訟皆不立文案遣當直佐寮一人側坐訊問事若不盡應須禁者公義即宿聽事終不還閤人或諫之曰此事有程使君何自苦也答曰刺史無德可以導人尚令百姓係於囹圄豈有禁人在獄而心自安乎罪人聞之咸自款服後有欲諍訟者鄉閭父老遽相曉曰此蓋小事何忍勤勞使君訟者多兩讓而止時山東霖雨自陳汝至於滄海皆苦水災境內犬牙獨無所損山出黃銀獲之以獻詔水部郎婁崱就公義禱焉乃聞空中有金石絲竹之響仁壽元年追充揚州道黜陟大使豫章王暕恐其部內官寮犯法未入州境豫令使屬之公義答曰不敢有私及至揚州皆無所縱捨暕銜之及煬帝即位揚州長史王弘入爲黃門郎因言公義之短竟去官吏人守闕訴冤相繼不絕後數歲帝悟除內史侍郎丁母憂未幾起爲司隸大夫檢校右禦衛武賁郎將從征至柳城郡卒子融

柳儉字道約河東解人也祖元璋魏司州大中正相華二州刺史父裕周聞喜令儉有局量立行清苦爲州里所敬雖至親昵無敢狎侮仕周歷宣納上士畿

珍倣宋版印

伯大夫及隋文帝受禪擢拜水部侍郎封率道縣伯未幾出爲廣漢太守甚有能名俄而郡廢時帝勵精思政妙簡良能出爲牧宰儉以仁明著稱擢拜蓬州刺史獄訟者庭決遣之佐吏從容而已獄無繫囚蜀王秀時鎮益州列上其事遷邛州刺史在職十餘年人吏悅服蜀王秀之得罪也儉坐與交通免職及還鄉妻子衣食不贍見者咸嘆伏焉煬帝嗣位徵之於時多以功臣任職牧州領郡者並帶戎資唯儉起自良吏帝嘉其績特授朝散大夫拜弘化太守儉清節愈勵大業五年入朝郡國畢集帝謂納言蘇威吏部尚書牛弘曰其中清名天下第一者爲誰威等以儉對帝又問其次威以涿郡贊務郭絢穎川贊務敬肅等二人對帝賜儉帛二百匹絢肅各一百匹令天下朝集使送至郡邸以旌異焉論者美之及大業末盜賊蜂起數被攻逼儉撫結人吏卒無離叛竟以保全及義兵至長安尊立恭帝儉與留守李粲縞素於州南向慟哭既而歸京師相國賜儉物三百段就拜上大將軍歲餘卒於家時年八十九郭絢河東安邑人家世寒微初爲尚書令史後以軍功拜儀同歷數州司馬長史皆有能名大業

初刑部尚書宇文㢸巡省河北引絢爲副煬帝將有事遼東以涿郡爲衝要訪可任者聞絢有幹局拜涿郡贊務吏人悅服數載遷爲通守兼領留守及山東盜起絢逐捕之多所尅獲時諸郡無復完者唯涿郡獨全後將兵擊竇建德於河間戰死人吏哭之數月不息敬肅字敬儉河東蒲坂人少以貞介知名釋褐州主簿開皇初爲安陵令有能名擢拜秦州司馬轉幽州長史仁壽中爲衞州司馬俱有異績煬帝嗣位遷潁川郡贊務大業五年朝東都帝令司隸大夫薛道衡爲天下郡官之狀稱肅曰心如鐵石老而彌篤時左翊衞大將軍宇文述當塗用事其邑在潁州每有書屬肅肅未嘗開封輒令使者持去述賓客有放縱者以法繩之無所寬貸由是述銜之八年朝於涿郡帝以其年老有能名將擢爲太守者數矣輒爲述所毀不行大業末乞骸骨優詔許之去官之日家無餘財歲餘終於家

劉曠不知何許人也性謹厚每以誠恕應物開皇初爲平鄉令單騎之官人有諍訟者輒丁寧曉以義理不加繩劾各自引咎而去所得俸祿賑施窮乏百姓

感其德化更相篤勵曰有君如此何得爲非在職七年風教大洽獄中無繫囚諍訟絕息囹圄皆生草庭可張羅及去官吏人無少長號泣巡路將送數百里不絕遷爲臨潁令清名善政爲天下第一尙書左僕射高熲言狀上召之及引見勞之曰天下縣令固多矣卿能獨異於衆良足美也顧謂侍臣曰若不殊獎何以勸人於是下優詔擢拜莒州刺史

王伽河間章武人也開皇末爲齊州參軍初無足稱後被州使送流囚李參等七十餘人詣京師時制流人並枷鎖傳送次滎陽憫其辛苦悉呼而謂之曰卿輩既犯國刑虧損名教身嬰縲紲此其職也今復重勞援卒豈獨不媿於心哉參等辭謝伽曰汝等雖犯憲法枷鎖亦大苦辛吾欲與汝等脫去行至京師總集能不違期不皆拜謝曰必不敢違伽於是悉脫枷停援卒與期曰某日當至京師如致前却吾當爲汝受死舍之而去流人感悅依期而至一無離叛上聞而驚異召見與語稱善久之於是悉召流人幷令攜負妻子俱入賜宴於殿庭而赦之乃下詔曰凡在有生含靈稟性咸知好惡並識是非若臨以至誠明加

勸導則俗必從化人皆遷善往以海內亂離德教廢絶官人無慈愛之心兆庶懷奸詐之意所以獄訟不息澆薄難理朕受命上天安養萬姓思導聖法以德化人朝夕孜孜意本如此而伽深識朕意誠心宣導參等感悟自赴憲司明率土之人非爲難教良是官人不加示曉致令陷罪無由自新若使官盡王伽之儔人皆李參之輩刑措不用其何遠哉於是擢伽爲雍令政有能名

魏德深本鉅鹿人也祖沖仕周爲刑部大夫建州刺史因家弘農父毗鬱林令德深初爲隋文帝挽郎後歷馮翊郡書佐武陽郡司戶書佐以能遷貴鄉長爲政清靜不嚴而肅會興遼東之役徵稅百端使人往來責成郡縣於時王綱弛紊吏多贓賄所在徵斂人不堪命唯德深一縣有無相通不竭其力所求皆給而百姓不擾於時盜賊羣起武陽諸城多被淪陷唯貴鄉獨全郡丞元寶藏受詔逐捕盜賊每戰不利則器械必盡輒徵發於人動以軍法從事如此者數矣其隣城營造皆聚於聽事吏人遞相督責晝夜喧囂猶不能濟德深各問其所欲任隨便修營官府寂然恆若無事唯約束長吏所修不須過勝餘縣使百姓

勞苦然在下各自竭心常爲諸縣之最尋轉館陶長貴鄉吏人聞之相與言及其事皆歔欷流涕語不成聲及將赴任傾城送之號泣之聲道路不絕既至館陶闔境老幼皆如見其父母有猾人員外郎趙君實與郡丞元寶藏深相交結前後令長未有不受其指麾者自德深至縣君實屏處於室未嘗輒敢出門逃竄之徒歸來如市貴鄉父老冒涉艱險詣闕請留德深有詔許之館陶父老復詣郡相訟以貴鄉文書爲詐郡不能決會持節使者韋霽杜整等至兩縣詣使訟之乃斷從貴鄉貴鄉吏人歌呼滿道互相稱慶館陶衆庶合境悲泣因從而居住者數百家寶藏深害其能會越王侗徵兵於郡寶藏遂令德深率兵千人赴東都俄而寶藏以武陽歸李密德深所領皆武陽人也以本土從賊念其親戚輒出都門東向慟哭而反人或謂之曰李密兵馬近在金墉去此二十餘里汝必欲歸誰能相禁何爲自苦如此其人皆垂泣曰我與魏明府同來不忍棄去豈以道路艱難乎其得人心如此後與賊戰沒於陣貴鄉館陶人庶至今懷之

論曰爲政之道寬猛相濟猶寒暑迭代俱成歲功者也然存夫簡久必藉寬平大則致鼓腹之歡小則有息肩之惠故詩曰雖無德與汝式歌且舞張膺等皆有寬仁之心至誠待物化行所屬愛結人心故得所去見思所居而化詩所謂愷悌君子人之父母豈徒然哉

北史卷八十六

北史卷八十六考證

張膺傳○膺魏書作應

竇瑗傳祖表馮弘成周太守○監本缺成字今從南本增入

瑗與溫子昇魏季景李業興並爲擿句○李監本訛季今改從南本

事雖停寢○雖魏書作遂言因其所奏而停寢也

孟業傳令喚食肉恐致聚斂○令南本作今

梁彥光傳祖茂魏秦華二州刺史○秦監本訛奏今改從南本

魏德深傳郡丞元寶藏○寶監本訛實今從下文改正

北史卷八十六考證

北史卷八十七

唐　李延壽　撰

列傳第七十五

酷吏

于洛侯　胡泥　李洪之子神　張赦提趙霸　崔暹　邸珍

田式　燕榮　元弘嗣　王文同

夫爲國之體有四焉一曰仁義二曰禮制三曰法令四曰刑罰仁義禮制教之本也法令刑罰教之末也無本不立無末不成然教化遠而刑罰近可以助化而不可以專行可以立威而不可以繁用老子曰其政察察其人缺缺又曰法令滋章盜賊多有然則令之煩苛吏之嚴酷不可致化百世可知考覽前載有時而用之矣昔秦任獄吏赭衣滿道漢革其風矯枉過正禁網疏闊遂漏吞舟故大姦巨猾犯義悖禮郅都甯成之倫猛氣奮發摧拉凶邪一切以救時弊雖乖教義或有所取焉于洛侯之徒前書編之酷吏或因餘緒或以微功遭遇時

來忝竊高位肆其褊性多行無禮君子小人咸懼其毒凡所莅職莫不懍然居其下者視之如虵虺過其境者逃之如寇讎與人之恩心非好善加人之罪事非疾惡其所笞辱多在無辜察其所爲豺狼之不若也其禁姦除猾殆與郅甯之倫異乎君子賤之故編於酷吏魏有于洛侯胡泥李洪之高遵張赦提羊祉崔暹酈道元谷楷齊有邸珍宋游道盧斐畢義雲周書不立此篇隋書有庫狄士文田式燕榮趙仲卿崔弘度元弘嗣王文同今檢高遵羊祉酈道元谷楷宋游道盧斐畢義雲庫狄士文趙仲卿崔弘度各從其家傳其餘並列於此云

于洛侯代人也爲秦州刺史貪酷安忍部人富熾奪人呂勝脛纏一具洛侯輒鞭富熾一百截其右腕百姓王隴客刺殺人王羌奴王愈二人依律罪死而洛侯生拔隴客舌刺其本幷刺胸腹二十餘瘡隴客不堪苦痛隨刀戰動乃立四柱磔其手足命將絕始斬其首支解四體分懸道路見者無不傷楚歎愕百姓王元壽等一時反叛有司糾劾孝文詔使者於州曹刑人處宣告兵人然後斬洛侯以謝百姓

珍倣宋版印

胡泥代人也歷官至司衞監賜爵永成侯泥率勒禁中不憚豪貴殿中尚書叔孫侯頭應內直而闕於一時泥以法繩之侯頭恃寵遂與口諍孝文聞而嘉焉賜泥衣服一襲出爲幽州刺史假范陽以北平陽尾碩學遂表薦之轉爲定州刺史以暴虐刑罰酷濫受納貨賄徵還戮之將就法孝文臨太華殿引見遣侍臣宣詔責之遂就家賜盡

李洪之本名文通恆農人也少爲沙門晚乃還俗真君中爲狄道護軍賜爵安陽男會永昌王仁隨太武南征得元后姊妹二人洪之潛相餉遺結爲兄弟遂便如親頗得元后在南兄弟名字乃改名洪之及仁坐事誅元后入宮得幸於文成生獻文元后臨崩太后問其親因言洪之爲兄與相訣經日具條列南方諸兄珍之等手以付洪之遂號爲獻文親舅大安中珍之等兄弟至都與洪之相見敘元后平生故事計長幼爲昆季以外戚爲河內太守進爵任城侯威儀一同刺史河內北連上黨南接武牢地險人悍數爲劫害長吏不能禁洪之至郡嚴設科防募斬賊者便加重賞勸勸務本盜賊止息誅鋤姦黨過爲酷虐後

爲懷州刺史封汲郡公徵拜內都大官河西羌胡領部落反叛獻文親征命洪之與侍中東郡王陸定總統諸軍輿駕至并州詔洪之爲河西都將討山胡皆保險距戰洪之築壘於石樓南白雞原以對之時諸將悉欲進攻洪之乃開以大信聽其復業胡人遂降獻文嘉之遷拜尙書外都大官後爲使持節安南將軍秦益二州刺史至任設禁姦之制有帶刃行者罪與劫同輕重品格各有條章於是大饗州中豪傑長老示之法制乃夜密遣騎分部覆諸要路有犯禁者輒捉送州宣告斬決其中枉見殺害者至有百數赤葩渴郎羌深居山谷雖相羈縻王人罕到洪之芟山爲道廣十餘步示以軍行之勢乃興軍臨其境山人驚駭洪之將數十騎至其里閭撫其妻子問所疾苦因資遺之衆羌喜悅求編課調所入十倍於常洪之善御戎夷頗有威惠而刻害之聲聞於朝野初洪之微時妻張氏亦聰強婦人自貧賤至富貴多所補益有男女幾十人洪之後得劉芳從姊重之疎張氏亦多所產育爲兩宅別居偏厚劉室由是二妻妬競兩宅母子往來如讎及蒞西州以劉自隨洪之素非廉清每有受納時孝文始建

祿制法禁嚴峻遂鎖洪之赴京親臨太華庭集羣臣數之以其大臣聽在家自裁洪之志性慷慨多所堪忍疹病灸療艾炷圍將二寸首足十餘處一時俱下言笑自若接賓不輟及臨盡沐浴衣幍防卒扶持出入遍巡家庭如是再三泣歎良久乃臥而引藥始洪之託爲元后兄公私自同外戚至此罪後孝文乃稍對百官辯其誣假而諸李猶善相視恩紀如親洪之始見元后計年爲兄及珍之等至洪之以元后素定長幼其呼拜坐皆如家人暮年數延攜之宴飲醉酣之後時或言及本末洪之則起而加敬笑語自若富貴赫奕舅戚之家遂棄宗專附珍之等後頗存振本屬而猶不顯然劉氏四子長子神少有膽略以氣尙爲名以軍功封長樂縣男累遷平東將軍太中大夫孝昌中行相州事尋正加撫軍葛榮盡銳攻之久不能剋會葛榮見禽以功進爵爲公元顥入洛莊帝北巡以神爲侍中又除殿中尙書仍行相州事車駕還宮改封安康郡公普泰元年進驃騎大將軍儀同三司相州大中正薨贈司徒公冀州刺史子士欽齊受禪例降

張赦提中山安喜人也性雄武有規畫初爲武賁中郎時京畿盜魁首稱豹子彪子並善弓馬於靈丘應門間聚爲劫害至乃斬人首射其口刺人臍引腸遶樹而共射之以爲戲笑其暴酷如此軍騎掩捕久弗能獲行者患焉赦提爲逐賊軍將未幾而獲彪子豹子及其黨與盡送京師斬於闕下自是清靜其靈丘羅思祖宗門豪溢家處隘險多止亡命與之爲劫獻文怒之孥戮其家而思祖家黨相率寇盜赦提募求捕逐以赦提爲遊徼軍將前後擒獲殺之略盡因此濫有屠害尤爲忍酷既資前稱又藉此功除幽州刺史假安喜侯赦提克己厲約遂有清稱後頗縱妻段氏多有受納命僧尼因事通請貪虐流聞中散李真香出使幽州採訪牧守政績真香驗案其罪赦提懼死欲逃其妻姑爲太尉東陽王丕妻恃丕親貴自許詣丕申訴求助謂赦提曰當爲訴理幸得申雪願寬憂不爲異計赦提以此差自解慰段乃陳列真香昔嘗因假而過幽州知赦提有好牛從索不果令臺使止挾前事故威逼部下栲楚過極橫以無辜證成誣罪執事恐有不盡使駕部令趙秦州重往究訊事狀如前處赦提大辟孝文詔

珍倣宋版印

賜死於第將就盡命妻而責之曰貪濁穢吾者卿也又安吾而不得免禍九泉之下當爲仇讎矣又有華山太守趙霸酷暴非理大使崔光奏霸云不遵憲度威虐任情至乃手擊吏人寮屬奔走不可以君人字下納之軌物輒禁止在州詔免所居官

崔暹字元欽本云清河東武城人也世家于滎陽潁川之間性猛酷少仁恕姦猾好利能事勢家初以秀才累遷南兗州刺史盜用官瓦贓污狼籍爲御史中尉李平所糾免官後行豫州事尋卽真遣子析戶分隸三縣廣占田宅藏匿官奴障恡陂葦侵盜公私爲御史中尉王顯所彈免官後累遷瀛州刺史貪暴安忍人庶患之嘗出獵州北單騎至人村有汲水婦人暹令飲馬因問曰崔瀛州何如婦人不知是暹答曰百姓何罪得如此癩兒刺史暹默然而去以不稱職被解還京武川鎮反詔暹爲都督李崇討之違崇節度爲賊所敗單騎潛還禁於廷尉以女妓園田貨元义獲免建義初遇害於河陰贈司徒公冀州刺史追封武津縣公子瓚字結珍位兼尚書左丞卒瓚妻莊帝姊也後封襄城長公主

故特贈瓚冀州刺史子茂字祖昂襲祖爵

邸珍字安寶本中山上曲陽人也魏太和中徙居武州鎮孝昌中六鎮兵起珍遂從杜洛周賊洛周爲葛榮所吞珍入榮軍榮爲尒朱榮所破珍與其餘黨俱徙幷州從齊神武出山東神武起義信都拜珍長史封上曲縣侯除殷州刺史珍求取無厭大爲州人所疾苦後兼尚書右僕射大行臺節度諸軍事擊梁州將成景攜等解東行圍回軍彭城珍御下殘酷士衆離心至於土人豪族遇之無禮遂爲州人所害後贈定州刺史司空公

田式字顯摽馮翊下邽人也祖安與父長樂仕魏俱爲本郡太守式性剛果多武藝拳勇絶人仕周位渭南太守政尚嚴猛吏人重足而立無敢違法遷本郡太守親故屏跡請託不行周武帝聞而善之進位儀同三司賜爵信都縣公擢拜延州刺史從平齊以功授上開府徙爲建州刺史改封梁泉縣公後從韋孝寬討尉遲迥以功拜大將軍進爵武平郡公及隋文帝受禪拜襄州總管專以立威爲務每視事於外必盛氣以待之其下官屬股慄無敢仰視有犯禁者雖

至親昵無所容貸其女壻京兆杜寧自長安省之式誡寧無出外寧久之不得還竊上北樓以暢羈思式知之杖寧五十其所愛奴嘗詣式白事有蝨上其衣衿揮袖拂去之式以爲慢己立棒殺之或寮吏姦贓部內刼盜者無問輕重悉禁地穽中寢處糞穢令受苦毒自非身死終不得出每赦書到州式未暇省讀先召獄卒殺重囚然後宣示百姓其刻暴如此由是爲上所譴除名式慚恚不食妻子至其所輒怒唯侍僮二人給使左右從家中索椒欲自殺家人不與陰遣侍僮詣市買毒藥妻子又奪棄之式恚臥其子信時爲儀同至式前流涕曰大人旣是朝廷重臣又無大過比見公卿放辱者多矣旋復升用大人何能久乎乃至於此式欻起抽刀斫信信避之刃中於門上知之以式爲罪己之深復其官爵尋拜廣州總管卒官

燕榮字貴公華陰弘農人也父偘周大將軍榮性剛嚴有武藝仕周爲內侍上士從武帝伐齊以功授開府儀同三司封高邑縣公隋文帝受禪進位大將軍進封落叢郡公拜晉州刺史尋從河間王弘擊突厥以功拜上柱國遷青州總

管在州選絶有力者爲伍伯吏人過之者必加詰問輒楚撻之創多見骨姦盜屛跡境內肅然他州縣人經其界者畏若寇讎不敢休息後因入朝覲特加恩遇榮以母老請每歲入朝上許之伐陳之役以爲行軍總管率水軍自東萊傍海入太湖取吳郡既破丹陽吳人共立蕭瓛爲宇文述所敗退保包山榮率精甲躡之瓛敗走爲榮所執事平檢校揚州總管尋徵爲武候將軍後除幽州總管榮性嚴酷有威容長吏見者莫不惶懼自失范陽盧氏世爲著姓榮皆署爲吏卒以屈辱之鞭笞左右動至千數流血盈前飲噉自若嘗按部道次見叢荊堪爲笞箠命取之輒以試人人或自陳無咎榮曰後有罪當免及後犯細過將檛之人曰前日被杖許有罪宥之榮曰無過尙爾況有過邪榜捶如舊榮每巡省管內聞人吏妻有美色輒舍其室而淫之貪暴放縱日甚時元弘嗣除幽州長史懼辱固辭上知之勑榮曰弘嗣杖十已上罪皆奏聞榮忿曰豎子何敢弄我及遣弘嗣監納倉粟颺得一糠一粃罰之每笞不滿十然一日中或至三數如是歷年怨隙日搆榮遂收付獄禁絶其糧弘嗣饑抽衣絮雜水咽之其妻詣

珍倣宋版印

闕稱寃上遣考功侍郎劉士龍馳驛鞫問奏榮毒虐又贓穢狼籍遂徵還京賜死先是榮家寢室無故有蛆數斛從地墳出未幾榮死於蛆出之處有子詢

元弘嗣河南洛陽人也祖剛魏漁陽王父經周漁陽郡公弘嗣少襲爵十八爲左親衞開皇元年從晉王平陳以功授上儀同後除觀州長史以嚴峻任事州人多怨之轉幽州時總管燕榮肆虐於弘嗣每笞辱弘嗣心不伏遂被禁及榮誅弘嗣爲政酷又甚之每鞫因多以酢灌鼻或椓弋其下竅無敢隱情姦僞屏息仁壽末授木工監修營東都大業初煬帝潛有遼東意遣弘嗣於東萊海口監造船諸州役丁苦其捶楚官人當作晝夜立水中略不敢息自腰已下無不蛆生死者十三四尋遷黃門侍郎轉殿中少監遼東之役進位金紫光祿大夫後奴賊寇隴西詔弘嗣擊之及玄感反弘嗣屯兵安定或告之謀應玄感代王侑遣執送行在所以無反釋帝疑之除名徙日南道死有子仁觀

王文同京兆頻陽人也性明辯有幹用開皇中以軍功拜儀同授桂州司馬煬帝嗣位爲光祿少卿以忤旨出爲恆山郡贊務有一人豪猾每持長吏長短前

後守令咸憚之文同下車聞其名而數之因令㓨木為大枷埋之於庭出尺餘四面各埋小枷令其人踣心於木枷上縛四支於小枷以棒打其背應時潰爛郡中大駭吏人懾氣及帝征遼東令文同巡察河北諸郡文同見沙門齋戒菜食者以為訞妄皆收繫之北至河間召郡官人小有遲違者輒覆面於地而捶殺之求沙門相聚講論及長老共為佛會者數百人文同以為聚結惑眾盡斬之又悉裸僧尼驗有淫狀非童男女者數千人復將殺之郡中士女號哭於路諸郡驚駭各奏其事帝聞大怒遣使者達奚善意馳鎖之斬於河間以謝百姓讎人剖其棺臠其肉噉之斯須咸盡

論曰士之立名其途不一或以循良進或以嚴酷顯故寬猛相資德刑并設然不嚴而化君子所先于洛侯等為惡不同同歸於酷肆其毒螫多行殘忍賤人肌膚同諸木石輕人性命甚於芻狗長惡不悛鮮有不及故或身嬰罪戮或憂恚俱殞異術皆斃多其宜焉凡百君子以為有天道矣

北史卷八十七

北史卷八十七考證

胡泥傳遂表薦之○薦監本訛廌今改正

崔暹傳詔暹爲都督李崇討之○爲當係從字之訛

邸珍傳擊梁州將成景儁等○儁一本作㒞

田式傳徙爲建州刺史○建隋書作庭當以此爲正

燕榮傳榮曰無過倘爾○爾監本訛尒今改正

王文同傳京兆頻陽人也○頻隋書作頻誤

北史卷八十七考證

北史卷八十八

唐　　李　延　壽　撰

列傳第七十六

隱逸

眭夸　馮亮　鄭脩　崔廓子賾　徐則　張文詡

蓋兼濟獨善顯晦之殊其事不同由來久矣昔夷齊獲全於周武華矞不容於太公何哉求其心者許以激貪之用督其迹者矯以教義之風而肥遯不歸代有其人矣故易稱遯世無悶不事王侯詩云皎皎白駒在彼空谷禮云儒有上不臣天子下不事諸侯語曰舉逸民天下之人歸心焉雖出處殊塗語默異用各言其志皆君子之道也洪崖兆其始箕山扇其風七人作乎周年四皓光乎漢日魏晉以降其流逾廣其大者則輕天下細萬物其小者則安苦節甘貧賤或與世同塵隨波瀾以俱逝或違時矯俗望江湖而獨往狎玩魚鳥左右琴書拾遺粒而織落毛飲石泉而庇松柏放情宇宙之外自足懷抱之中然皆欣欣

於獨善鮮汲汲於兼濟夷情得喪忘懷累有比夫邁德弘道匡俗庇人可得而小不可得而忽也而受命哲王守文令主莫不束帛交馳蒲輪結轍奔走巖谷唯恐不逮者何哉以其道雖未弘志不可奪縱無舟楫之功終有堅貞之操足以立懦夫之志息貪競之風與苟得之徒不可同年共日所謂無用以爲用無爲而無不爲也自叔世澆浮淳風殆盡錐刀之末競入成羣而能冥心物表介然離俗望古獨適求友千齡亦異人矣何必御霞乘雲而追日月窮極天地始爲超遠哉案魏書列眭夸馮亮李謐鄭修爲逸士傳隋書列李士謙崔廓廓子賾徐則張文詡爲隱逸傳今以李謐士謙附其家傳其餘並編附篇以備逸傳云

眭夸一名旭趙郡高邑人也祖邁晉東海王越軍謀掾後沒石勒爲徐州刺史父邃字懷道慕容寶中書令夸少有大度不拘小節耽好書傳未曾以世務經心好飲酒浩然物表年三十遭父喪鬚鬢致白每一悲哭聞者爲之流涕高尚不仕寄情丘壑同郡李順願與之交夸拒而不許邦國少長莫不憚之少與崔

一珍倣宋版印

浩爲莫逆之交浩爲司徒奏徵爲中郎辭疾不赴州郡逼遣不得已入京都與浩相見經留數日唯飲酒談敘平生不及世利浩每欲論屈之竟不能發言其見敬憚如此浩後遂投詔書於夸懷亦不開口夸曰桃簡卿已爲司徒何足以此勞國士也吾便將别桃簡浩小名浩慮夸即還時乘一騾更無兼騎乃以夸騾內之廐中冀相維縶夸遂託鄉人輸租者謬爲御車乃得出關浩知而歎曰眭夸獨行士本不應以小職辱之又使其人杖策復路吾當何辭以謝也時朝法甚峻夸既私還將有私歸之咎浩仍相左右始得無坐經年送夸本騾兼遺以所乘馬爲書謝之夸更不受其騾馬亦不復書及浩沒爲之素服受鄉人弔唁經一時乃止歎曰崔公既死誰能更容眭夸婦父鉅鹿魏攀當時名達之士未嘗備壻之禮情同朋好或人謂夸曰吾聞有大才者必居貴仕子何獨在桑榆乎遂著知命論以釋之及卒葬日赴會者如市無子

馮亮字靈通南陽人梁平北將軍蔡道恭之甥也少博覽諸書又篤好佛理隨道恭至義陽會中山王英平義陽獲焉英素聞其名以禮待接亮性清靜後隱

居嵩山感英之德以時展覲英亡亮奔赴盡其哀慟宣武嘗召以爲羽林監領
中書舍人將令侍講十地諸經固辭不許又欲使衣幘入見苦求以幅巾就朝
遂不強逼還山數年與僧禮誦爲業蔬食飲水有終焉之志會逆人王敞事發
連山中沙門法而亮被執赴尚書省十餘日詔特免雪亮不敢還山遂寓居景
明寺敕給衣食及其從者數人後思其舊居復還山室亮既雅愛山水又兼工
思結架巖林甚得栖遊之適頗以此聞宣武給其工力令與沙門統僧暹河南
尹甄深等同視嵩山形勝之處遂造閑居佛寺林泉既奇營製又美曲盡山居
之妙亮時出京師延昌二年冬因遇篤疾宣武敕以馬輿送令還山居嵩高道
場寺數日卒詔贈帛二百匹以供凶事遺誡兄子綜殮以衣帢左手持板右手
執孝經一卷置尸盤石上去人數里外積十餘日乃焚於山灰燼處起佛塔經
藏初亮以盛冬喪連日驟雪窮山荒澗鳥獸飢窘僵尸山野無所防護時有壽
春道人惠需每旦往看其屍拂去塵霰禽蟲之迹交橫左右而初無侵毀衣服
如本唯風帢巾又以亮識舊南方法師信大栗十枚言朞之將來十地果報開

珍倣宋版印

亮手以置把中經宿乃爲蟲鳥盜食皮殼在地而亦不傷肌體焚燎之日有素霧蓊鬱回繞其傍自地屬天彌朝不絕山中道俗營助者百餘人莫不異焉

鄭脩北海人也少隱於岐南凡谷中依巖結宇不交世俗雅好經史專意玄門前後州將每徵不至岐州刺史魏蘭根頻遣致命脩不得已暫出見蘭根尋還山舍蘭根申表薦脩明帝詔付雍州刺史蕭寶夤訪實以聞會寶夤作逆事不行

崔廓字士玄博陵安平人也父子元齊燕州司馬廓少孤貧母賤由是不爲邦族所齒初爲里佐屢逢屈辱於是感激逃入山中遂博覽書籍多所通涉山東學者皆宗之既還鄉不應辟命與趙郡李士謙爲忘言友時稱崔李士謙死廓哭之慟爲之作傳輸之祕府士謙妻盧氏寡居每家事輒令人諮廓取定廓嘗著論言刑名之理其義甚精文多不載隋大業中終於家子賾字祖濬七歲能屬文容貌短小有口辯開皇初秦孝王薦之射策高第詔與諸儒定樂授校書郎轉協律郎太常卿蘇威雅重之母憂去職性至孝水漿不入口者五日後徵

爲河南豫章二王侍讀每更日來往二王之第及河南爲晉王轉記室參軍自此去豫章王重之不已遺牘書曰昔漢氏西京梁王建國平臺東苑慕義如林馬卿辭武騎之官枚乘罷弘農之守每覽史傳嘗竊怪之何乃脫略官榮棲遲藩邸以今望古方知雅志彼二子者豈徒然哉足下博聞強記鉤深致遠視漢臣之三篋似陟蒙山對梁相之五車若吞雲夢吾兄欽賢重士敬愛忘疲先築郭隗之宮常置穆生之醴今者重開土宇更誓山河地方七百牢籠曲阜城兼七十包舉臨淄大啓南陽方開東閣想得奉飛蓋曳長裾藉玳筵躡珠履歌山桂之偃蹇賦池竹之檀欒其崇貴也如彼其風流也如此幸甚幸甚何樂如之高視上京有懷德祖才謝天人多慚子建書不盡意寧俟繁辭牘答曰一昨伏奉教書榮貺非恆心靈自失若乃理高象繫管輅思而不解事富山海郭璞注而未詳至於五色相宣八音繁會鳳鳴不足喻龍章莫之比吳札之論周頌詎盡揄揚郢客之奏陽春誰能赴節伏惟令王殿下稟潤天潢承輝日觀雅道邁於東平文藝高於北海漢則馬遷蕭望晉則裴楷張華雞樹騰聲鵷池播美望

珍倣宋版印

我清塵悠然路絶祖濬燕南贅客河朔情游本無意於希顏豈有心於慕藺未嘗聚螢映雪懸頭刺股讀論唯取一篇披莊不過盈尺況復桑榆漸暮藜藿屢空舉燭無成穿楊盡棄但以燕求馬首薛養雞鳴謬齒鴻儀虛班驥阜挾太山而超海比報德而非難堙崑崙以爲池匹酬恩而反易忽屬周桐錫瑞唐水承家門有將相樹宣桃李真龍將下誰好有名濫吹先逃何須別聽但慈旨抑揚損上益下江海所以稱王丘陵爲之不逮曹植儻豫聞高論則不殞令名楊脩若竊在下風亦詎虧淳德無任荷戴之至謹奉啓以聞豫章得書賚米五十石并衣服錢帛時晉邸文翰多成其手王入東宮除太子齋帥俄兼舍人及元德太子薨以疾歸於家後徵起居舍人大業四年從駕汾陽宮次河陽鎮藍田令王曇於藍田山得一玉人長三四寸著大領衣冠幘奏之詔問羣臣莫有識者蹟答曰謹案漢文帝已前未有冠幘即是文帝以來所製也臣見魏大司農盧元明撰嵩高山廟記云有神人以玉爲形像長數寸或出或隱出則令世延長伏惟陛下應天順人定鼎嵩雒岳神自見臣敢稱慶因再拜百官畢賀天子大

悅賜縑二百匹從駕往太山詔問賾曰何處有羊腸坂賾答曰臣案漢書地理志上黨壺關縣有羊腸坂帝曰不是又答曰臣案皇甫士安撰地書云太原北九十里有羊腸坂帝曰是也因謂牛弘曰崔祖濬所謂問一知二五年受詔與諸儒撰區宇圖志二百五十卷奏之帝不善之更令虞世基許善心演為六百卷以父憂去職尋起令視事遼東之役授鷹揚長史置遼東郡縣名皆賾之議也奉詔作東征記九年除越王長史於時山東盜賊蜂起帝令撫慰高陽襄國歸首者八百餘人十二年從駕江都宇文化及之弒帝也引為著作郎稱疾不起在路發疾卒於彭城年六十九賾與河南元善河東柳䛒太原王劭吳興姚察琅琊諸葛潁信都劉焯河間劉炫相善每因休假清談竟日所著詞賦碑志十餘萬言撰洽聞志七卷八代四科志三十卷未及施行江都傾覆咸為煨燼

徐則東海郯人也幼沉靜寡嗜欲受業於周弘正善三玄精於論議聲擅都邑則歎曰名者實之賓吾其為賓乎遂懷栖隱之操杖策入縉雲山後學者數百人苦請教授則謝而遣之不娶妻常服巾褐陳大建中應召來憩於至真觀朞

月又辭入天台山因絶粒養性所資唯松水而已雖隆冬沍寒不服綿絮太傅徐陵爲之刊山立頌初在縉雲山太極真人徐君降之曰汝年出八十當爲王者師然後得道也晉王廣鎮揚州聞其名手書召之曰夫道得衆妙法體自然包涵二儀混成萬物人能弘道道不虛行先生履德養空宗玄齊物深曉義理頗味法門悅性沖玄恬神虛白飡松餌朮棲息煙霞望赤城而待風雲游玉堂而駕龍鳳雖復藏名台嶽猶且騰實江淮藉甚嘉猷有勞寤寐欽承素道久積虛襟側席幽人夢想巖穴霜風已冷海氣將寒偃息茂林道體休悆昔商山四皓輕舉漢庭淮南八公來儀藩邸古今雖異山谷不殊市朝之隱前賢已說導凡述聖非先生而誰故遣使人往彼延請想無勞束帛賁然來思不待蒲輪去彼空谷希能屈己佇望披雲則謂門人曰吾今年八十一王來召我徐君之旨信而有徵於是遂詣揚州晉王將請受道法則辭以時日不便其後夕中命侍者取香火如平常朝禮之儀至於五更而死支體柔弱如生停留數旬顏色不變晉王下書曰天台真隱東海徐先生虛確居宗沖玄成德齊物處外檢行安

身草褐蒲衣飧松餌朮栖隱靈岳五十餘年卓矣仙才飄然騰氣千尋萬頃莫測其涯寡人欽承道風久餐德素頻遣使乎遠此延屈冀得虔受上法式建良緣至止甫爾未淹旬日厭塵羽化反真靈府身體柔軟顏色不變經方所謂屍解地仙者哉誠復師禮未申而心許有在雖忘怛化猶愴於懷喪事所資隨須供給霓裳羽蓋既且騰雲空槨餘衣詎藉墳隴但杖舄在爾可同俗法宜遣使人送還天台定葬是時自江都至天台在道多見則徒步云得放還至其舊居取經書道法分遣弟子仍令淨掃一房曰若有客至宜延之於此然後跨石梁而去不知所之須臾屍柩至知其靈化時年八十二晉王聞而益異之賜物千段遣畫工圖其狀令柳䛒爲之讚時有建安宋玉泉會稽孔道茂丹陽王遠知等亦行辟穀道以松水自給皆爲煬帝所重

張文詡河東人也父琚開皇中爲洹水令以清正聞文詡博覽羣書特精三禮隋文帝方引天下名儒碩學之士文詡時游太學博士房暉遠等莫不推伏之書侍御史皇甫誕一時朝彥恆執弟子之禮以所乘馬就學邀屈文詡遂每牽

珍倣宋版印

馬步進意在不因人自致也右僕射蘇威聞而召之與語大悅勸令從官文詡固辭仁壽末學廢文詡策杖而歸灌園爲業州郡頻舉皆不應命事母以孝聞每以德化人鄉黨頗移風俗嘗有人夜中竊刈其麥者見而避之盜因感悟棄麥而謝文詡慰諭之自誓不言固令持去經數年盜者向鄉人說之始爲遠近所悉鄰家築牆心有不直文詡因毀舊堵以應之文詡常有腰疾會醫者自言善禁文詡令禁之遂爲刀所傷至於頓伏牀枕醫者叩頭請罪文詡遽遣之因爲隱謂妻子曰吾昨風眩落坑所致其掩人短皆此類也州縣以其貧素將加賑恤輒辭不受嘗閑居無事從容歎曰老冉冉而將至恐脩名之不立以如意擊几自樂皆有處所時人方之閔子騫原憲焉終於家鄉人爲立碑頌號曰張先生

論曰古之所謂隱逸者非伏其身而不見也非閉其言而不出也非藏其智而不發也蓋以恬淡爲心不皦不昧安時處順與物無私者也眭夸忘懷纓冕畢志丘園或隱不違親真不絕俗或不教而勸虛往實歸非有自然純德其孰能

至此然文詡見傷無慍徐則志在沉冥不可親疏莫能貴賤皆可謂抱樸之士矣崔鄜感於屈辱遂以肥遁見稱祖濬文籍之美足以克隆堂構父子雖動靜殊方其於成名一也美哉

北史卷八十八

北史卷八十八考證

馮亮傳會逆人王敞事發連山中沙門法而亮被執赴尚書省十餘日詔特免

雪○法南本作既

唯風帢巾○風字下魏書有吹字

鄭脩傳尋還山舍○舍監本訛合今改從南本

崔廓傳上黨壺關縣有羊腸坂○壺監本訛壼今改正

徐則傳夢想巖穴○穴監本訛冗今改正

北史卷八十八考證

珍做朱版邽

北史卷八十九

唐　李　延　壽　撰

列傳第七十七

藝術上

晁崇　張深　殷紹　王早　耿玄

劉靈助沙門靈遠　李順興檀特師　由吾道榮張遠游

顏惡頭　王春　信都芳　宋景業　許遵𨺚紹

吳遵世　趙輔和　皇甫玉　解法選　魏寧

綦母懷文　張子信　陸法和　蔣昇　強練

庾季才子質　盧太翼　耿詢　來和

蕭吉　楊伯醜　臨孝恭　劉祐　張胄玄

夫陰陽所以正時日順氣序者也卜筮所以決嫌疑定猶豫者也醫巫所以禦祆邪養性命者也音律所以和人神節哀樂者也相術所以辯貴賤明分理者

也技巧所以利器用濟艱難者也此皆聖人無心因人設教救恤災患禁止淫邪自三五哲王其所由來久矣昔之言陰陽者則有箕子裨竈梓慎子韋曉音律者則師曠師摯伯牙杜夔敘卜筮則史扁史蘇嚴君平司馬季主論相術則內史叔服姑布子卿唐舉許負語醫巫則文摯扁鵲季咸華佗其巧思則奚仲墨翟張平子馬德衡凡此諸君莫不探靈入妙理洞精微或弘道以濟時或隱身以利物深不可測固無得而稱矣近古涉乎斯術者鮮有存夫貞一多肆其淫僻厚誣天道或變亂陰陽曲成君欲或假託神怪熒惑人心遂令時俗妖訛不獲返其真性身罹災毒莫得壽終而死藝成而下意在茲乎歷觀經史百家之言無不存夫藝術或敘其玄妙或記其迂誕非徒用廣異聞將以明乎勸戒是以後來作者咸相祖述自魏至隋年移四代至於遊心藝術亦爲多矣在魏則敘晁崇張深殷紹王早耿玄劉靈助江式周澹李脩徐謇王顯崔彧蔣少遊以爲術藝傳在齊則有由吾道榮王春信都芳宋景業許遵吳遵世趙輔和皇甫玉解法選魏寧綦母懷文張子信馬嗣明爲方伎傳在周則有冀儁蔣昇姚

僧垣黎景熙趙文深褚該强練以爲藝術傳在隋則有庾季才盧太翼耿詢韋鼎來和蕭吉張胄玄許智藏萬寶常爲藝術傳今檢江式崔彧蔣少游黎景熙趙文深各編別傳又檢得沙門靈遠李順興檀特師顏惡頭并以陸法和徐之才何稠附此篇以備術藝傳前代著述皆混而書之但道苟不同則其流異今各因其事以類區分先載天文數術次載醫方伎巧云

晁崇字子業遼東襄平人也善天文術數爲慕容垂太史郎從慕容寶敗於參合爲道武所獲從平中原拜太史令詔崇造渾儀還中書侍郎令如故天興五年月暈左角崇奏占爲角蟲將死帝既剋姚平於柴壁以崇言之徵遂命諸軍焚車而反牛果大疫輿駕所乘巨犗數百頭亦同日斃於路側自餘首尾相繼是歲天下牛死者十七八麋鹿亦多死崇弟懿明辯而才不及崇以善北人語爲黃門侍郎懿好矜容儀被服僭度言音類帝左右每聞其聲莫不警悚帝知而惡之後其家奴告崇懿叛招引姚興及興寇平陽帝以奴言爲實執崇兄弟並賜死

張深不知何許人也明占候自云嘗事符堅堅欲征晉深勸不行堅不從果敗
又仕姚興爲靈臺令姚泓滅入赫連昌昌復以深及徐辯對爲太史令統萬平
深辯俱見獲以深爲太史令神䴥二年將討蠕蠕深辯皆謂不宜行與崔浩爭
於太武前深專守常占而不能鉤深賾遠故不及浩後爲驃騎軍謀祭酒著觀
象賦其言星文甚備文多不載又明元時有容城令徐路善占候坐繫冀州獄
別駕崔隆宗就禁慰問之路曰昨夜驛馬星流計赦須臾應至隆宗先信之遂
遣人出城候焉俄而赦至又道武明元時太史令王亮蘇坦太武時破和龍得
馮弘太史令閔盛孝文時太史趙樊生並知天文後太史令趙勝趙翼趙洪慶
胡世榮胡法通等二族世業天文又永安中詔以恆州人高崇祖善天文每占
吉凶有驗特除中散大夫永熙中詔通直散騎常侍孫僧化與太史胡世榮太
史令張寵趙洪慶及中書舍人孫子良等在門下外省校比天文書集甘石二
家星經及漢魏以來二十三家經占集五十五卷後集諸家撮要前後所上雜
占以類相從日月五星二十八宿中外官及圖合爲七十五卷僧化東莞人也

珍倣宋版印

識星分案文占以言災異時有所中普泰中尒朱兆惡其多言遂繫於廷尉免官永熙中孝武帝召僧化與中散大夫孫安都共撰兵法未就而帝入關遂罷元象中死於晉陽

殷紹長樂人也達九章七曜太武時爲筭生博士給事東宮西曹太安四年上四序堪輿表言以姚氏之時行學伊川遇遊遁大儒成公興從求九章要術興字廣明自云膠東人也山居隱跡希在人間興將臣到陽翟九崖巖沙門釋曇影間與卽北還臣獨留住依止影所求請九章影復將臣向長廣東山就道人法穆法穆時共影爲臣開述九章數家雜要復以先師和公所注黃帝四序經文三十六卷合有三百二十四章專說天地陰陽之本其第一孟序九卷八十一章說陰陽配合之原第二仲序九卷八十一章解四時氣王休殺吉凶第三叔序九卷八十一章明日月辰宿交會相生爲表裏第四季序九卷八十一章具釋六甲刑禍福德以此經文傳授於臣山神禁嚴不得齎出尋究經年粗舉綱要山居嶮難無以自供不堪窘迫心生懈怠以甲寅之年日維鶉火感物懷

歸自爾至今二十五載臣前在東宮以狀奏聞奉被景穆皇帝聖詔敕臣撰錄
集其要最仰奉明旨謹審先所見四序經文抄撮要略當世所須吉凶舉動集
成一卷上至天子下及庶人貴賤等級尊卑差別吉凶所用罔不畢備未及內
呈先帝晏駕依先撰錄謹以上聞其四序堪輿遂大行於世其從子玖亦以學
術著名

王早勃海南皮人也明陰陽九宮及兵法善風角明元時喪亂之後有人詣早
求問勝術早爲設法令各無咎由是州里稱之時有東莞鄭氏執得讎人趙氏
剋明晨會宗族當就墓所刑之趙氏求救於早早爲占候并授以一符曰君今
且還選取七人令一人爲行主者佩此符於雞鳴時伏在仇家宅東南二里平
旦當有十人相隨向西北行中有二人乘黑牛一黑牛最在前一黑牛應第七
但捉取第七者將還事必無他趙氏從之果如其言乃是鄭氏男五父也諸子
並爲其族所宗敬故和解二家趙氏竟免後早與客清晨立於門內遇有卒風
振樹早語客曰依法當有千里外急使日中時有兩匹馬一白一赤從西南來

至即取我逼我不聽與妻子別語訖便入召家人隣里辭別仍沐浴帶書囊曰中出門候使如期果有馬一白一赤從州而至即捉早上馬遂詣行宮時太武圍涼州未拔故許彥薦之早彥師也及至詔問何時當剋此城早對曰陛下但移據西北角三日內必剋帝從之如期而剋輿駕還都久不雨帝問早早曰今日申時必大雨比至未猶無片雲帝召早詰之早曰願更少時至申時雲四合遂大雨滂沲早苦以疾辭乞歸鄉里詔許之遂終於家或言許彥以其術勝恐終妨己譖令歸之耳

耿玄鉅鹿宋子人也善卜占有客叩門玄在室已知其姓字并所賫持及來問之意其所卜筮十中八九別有林占時或傳之而性不和俗時有王公欲求其筮者玄則拒而不許每云今既貴矣何所求而復卜也欲望意外乎代京法禁嚴切王公聞之莫不驚悚而退故玄多見憎忿不爲貴勝所親官止鉅鹿太守

劉靈助燕郡人也師事范陽劉弁而麤疎無賴或時負販或復劫盜賣術於市後事尒朱榮榮信卜筮靈助所占屢中遂被親待爲榮府功曹參軍建義初榮

於河陰害王公卿士時奉車都尉盧道虔兄弟亦相率朝行宮靈助以其州里
衞護之由是朝士與諸盧相隨免害者數十人榮入京師超拜光祿大夫封長
子縣公從上黨王元天穆討邢杲元顥入洛天穆度河會尒朱榮於太行及將
攻河內令靈助筮之靈助曰未時必剋時已向中士衆疲怠靈助曰時將至矣
榮鼓之即便剋陷及至北中榮攻城不獲以時盛暑議欲且還以待秋涼莊帝
詔靈助筮之靈助曰必破十八九間果如言車駕還宮進爵燕郡公贈其父僧
安爲幽州刺史尋兼尚書左僕射慰勞幽州流人北還與都督侯深等討葛榮
餘黨韓婁滅之於薊仍麾州務又爲幽并營安四州行臺及尒朱榮死莊帝幽
崩靈助本寒微一朝至此自謂方術堪能動衆又以尒朱有誅滅之兆遂自號
燕王大行臺爲莊帝舉義兵馴養大鳥稱爲己瑞妄說圖讖言劉氏當王又云
欲知避世入鳥村遂刻氈爲人象書桃木爲符書作詭道厭祝法人多信之時
西河人紇豆陵步藩舉兵逼晉陽尒朱兆頻戰不利故靈助唱言尒朱自然當
滅不須我兵由是幽瀛滄冀人悉從之從之者夜舉火爲號不舉火者諸村共

珍做宋版印

暑之普泰元年率衆至博陵之安國城與叱列延慶侯深尒朱羽生等戰戰敗被禽斬於定州傳首洛陽支分其體初靈助每云三月末我必入定州尒朱亦必滅及將戰靈助自筮卦不吉以手折蓍棄之地云此何知尋見禽果以三月入定州而齊神武以明年閏三月滅兆等於韓陵山永熙二年贈尚書左僕射開府儀同三司幽州刺史謚曰恭時又有沙門靈遠者不知何許人有道術嘗言尒朱榮成敗預知其時又言代魏者齊葛榮聞之故自號齊及齊神武至信都靈遠與勃海李嵩來謁神武待靈遠以殊禮問其天文人事對曰齊當與東海出天子今王據勃海是齊地又太白與月並宜速用兵遲則不吉靈遠後罷道姓荊字次德求之不知所在

李順與京兆杜陵人也年十餘乍愚乍智時莫識之其言未來事時有中者盛冬單布衣跣行冰上及入洗浴略不患寒家嘗爲齋方食器用不周順與言昆明池中有大荷葉可取盛餅食其所居去池十數里日不移影順與負荷葉而歸脚猶泥舉坐驚異後稍出城市常冠道士冠人有憶者不過數日輒至其家

號爲李練好飲酒但不至醉貴賤並敬之得人所施輒散乞貧人蕭寶夤反召順與問曰朕王可幾年對曰爲天子自有百年者十年者一年者百日者事由可知及寶夤敗裁百日也有侯終德者寶夤之黨寶夤敗後收集反者順與稱其必敗德乃棒殺順與置城隍中頃之起活如初後賀拔岳北征順與與魏收書上爲毛鴻賓等九人姓名者悉放貴還順與從後提一河東酒甌以繩繫之於城巷牽行俄而蒲坂降又無何至太傅梁覽家庭中臥以布衫倒覆身上後覽於趙崔反通使東魏事泄被誅覽以衣到覆果如順與之形周文嘗至温泉順與求乞温泉東閒驪山下二畝地周文曰李練用此何爲對曰有用未幾至温湯遇患卒於其地初大統十三年順與謂周文曰可於沙苑北作一老君象面向北作笑狀周文曰何爲答曰令笑破蠕蠕時甚惑未解其意及蠕蠕國滅周文憶語遂作順與象於老君側

檀特師者名惠豐身爲比丘不知何處人飲酒噉肉語嘿無常逆論來事後皆如言居於涼州宇文仲和爲刺史請之至州內歷觀廐庫乃云何意畜他官馬

官物仲和怒不聽住涼州未幾仲和拒不受代朝廷令獨孤信禽之仲和身死資財沒官周文遣書召之檀特發至岐州會齊神武來寇玉壁檀特曰狗豈能至龍門也神武果不至龍門而還侯景未叛東魏之前忽捉一杖杖頭刻爲獼猴令其面常向西日夜弄之又索一角弓牽挽之俄而景啓降尋復背叛人皆以爲驗至大統十七年春初忽著一布帽周文左右驚問之檀特曰汝亦著王亦著也至三月而魏文帝崩復取一白絹帽著之左右復問之檀特云汝亦著王亦著也未幾丞相夫人薨後又著白絹帽左右復問之云汝亦著王亦著也尋而丞相第二兒武邑公薨其事驗多如此也俄而疾死

由吾道榮琅琊沭陽人也少爲道士入長白山太山又遊燕趙間聞晉陽有人大明法術乃尋之是人爲人家傭力無名者久求訪始得其人道家符水禁呪陰陽歷數天文藥性無不通解以道榮好尚乃悉授之歲餘是人謂榮云我本恆岳仙人有少罪過爲天官所謫今限滿將歸卿宜送吾至汾水及至汾河遇水暴長橋壞船渡艱難是人乃臨水禹步以一符投水中流便絕俄頃水積將

至天是人徐自沙石上渡唯道榮見其如是傍人咸云水如此長此人遂能浮過共驚異之如此法道榮所不得也道榮仍歸本郡隱於琅邪山中辟穀餌松朮茯苓求長生之祕又善洞視蕭軌等之敗於江南其日道榮言之如目見其後鄉人從役得歸者勘問敗時形勢與道榮所說符同尋爲文宣追往晉陽道榮恆野宿不入逆旅至遼陽山中夜初馬驚有猛獸去馬止十餘步所追人及防援者並驚怖將走道榮徐以杖畫地成火坑猛獸遽走道榮至晉陽文宣見之甚悅後歸鄉里隋開皇初備禮徵辟授上儀同三司諫議大夫沐陽縣公從晉王平陳還苦辭歸至鄉卒年八十五又有張遠遊者文宣時令與諸術士合九轉金丹及成帝置之玉匣云我貪人間作樂不能飛上天待臨死時取服耳

顏惡頭章武郡人也妙於易筮遊州市觀卜有婦人負囊粟來卜歷七人皆不中而強索其粟惡頭尤之卜者曰君若能中何不爲卜惡頭因筮之曰登高臨下水洞洞唯聞人聲不見形婦人曰姙身已七月矣向井上汲水忽聞胎聲故卜惡頭曰吉十月三十日有一男子詰卜者乃驚服曰是顏生邪相與具羊酒

謝焉有人以三月十三日詣惡頭求卜遇兌之履惡頭占曰君卜父父已亡當上天聞哭聲忽復蘇而有言其人曰父臥疾三年矣昨日雞鳴時氣盡舉家大哭父忽驚寤云我死有三尺人來迎欲升天聞哭聲遂墮地惡頭曰更三日當永去果如言人問其故惡頭曰兌上天下土是今日庚辛本宮火故知卜父今三月土入墓又見宗廟爻發故知死變見生氣故知蘇兌爲口主音聲故知哭兌變爲乾乾天也故升天兌爲言故父言故知有言未化入戌爲土三月土墓戌又是本宮鬼墓未後三日至戌故知三日復死惡頭又語人曰長樂王某年某月某日當爲天子有人姓張聞其言數以寶物獻之豫乞東益州刺史及期果爲天子擢張用之惡頭自言厄在彭城後遊東都逢彭城王尒朱仲遠將伐齊神武於鄴召惡頭令筮惡頭野生不知避忌高聲言大惡仲遠怒其沮衆斬之

王春河東安邑人也少精易占明陰陽風角齊神武引爲館客韓陵之戰四面受敵從寅至午三合三離將士皆懼神武將退軍春叩馬諫曰比至未時必當

大捷遽縛其子詣軍門爲質若不勝請斬之賊果大敗後從征討恆令占卜其言多中位東徐州刺史賜爵安夷縣公卒贈秦州刺史

信都芳字玉琳河間人也少明算術兼有巧思每精心研究或墜坑坎常語人云算歷玄妙機巧精微我每一沉思不聞雷霆之聲也其用心如此後爲安豐王延明召入賓館有江南人祖暅者先於邊境被獲在延明家舊明算歷而不爲王所待方諫王禮遇之暅後還留諸法授芳由是彌復精密延明家有羣書欲抄集五經算事爲五經宗及古今樂事爲樂書又聚渾天欹器地動銅烏漏刻候風諸巧事并圖畫爲器準並令芳算之會延明南奔芳乃自撰注後隱於并州樂平之東山太守慕容保樂聞而召之芳不得已而見焉於是保樂弟紹宗薦之於齊神武爲館客授中外府田曹參軍芳性清儉質直不與物和紹宗給其羸馬不肯乘騎夜遣婢侍以試之芳忿呼毆擊不聽近己狷介自守無求於物後亦注重差勾股復撰史宗芳精專不已又多所闚涉丞相倉曹祖珽謂芳曰律管吹灰術甚微妙絕來既久吾思所不至卿試思之芳留意十數日便

報珽云吾得之矣然終須河內葭莩灰祖對試之無驗後得河內灰用術應節便飛餘灰卽不動也爲時所重竟不行用故此法遂絕又著樂書遁甲經四術周髀宗其序曰漢成帝時學者問蓋天揚雄曰蓋哉未幾也問渾天曰洛下閎爲之鮮于妄人度之耿中丞象之幾乎莫之息矣此言蓋差而渾密也蓋器測影而造用之日久不同於祖故云未幾也渾器量天而作乾坤大象隱見難變故云幾乎是時太史令尹咸窮研晷蓋易古周法雄乃見之以爲難也自昔周公定影王城至漢朝蓋器一改焉渾天覆觀以靈憲爲文蓋天仰觀以周髀爲法覆仰雖殊大歸是一古之人制者所表天効玄象芳以渾算精微術機萬首故約本爲之省要凡述二篇合六法名四術周髀宗又上黨李業興撰新歷自以爲長於趙𢾾何承天祖沖之三家芳難業興五闕又私撰曆書名曰靈憲曆算月頻大頻小食必以朔證據甚甄明每云何承天亦爲此法而不能精靈憲若成必當百代無異議者書未成而卒

宋景業廣宗人也明周易爲陰陽緯候之學兼明歷數魏武定初任北平太守

齊文宣作相在晉陽景業因高德政上言易稽覽圖曰鼎五月聖人君天與延
年齒東北水中庶人王高得之謹案東北水謂勃海也高得之明高氏得天下
也時魏武定八年三月也高德政徐之才並勸文宣應天受禪乃之鄴至平城
都諸大臣沮計將還賀拔仁等又云宋景業誤王宜斬之以謝天下帝曰宋景
業當爲帝王師何可殺也還至幷州文宣令景業筮遇乾之鼎景業曰乾君也
天也易曰時乘六龍以御天鼎五月卦也宜以仲夏吉辰順天受禪或曰陰陽
書五月不可入官犯之卒於其位景業曰此乃大吉王爲天子無復下期豈得
不終於其位帝大悅天保初封長城縣子受詔撰天保歷李廣爲之序
許遵高陽新城人也明易善筮兼曉天文風角占相逆刺其驗若神齊神武引
爲館客自言祿命不富貴不橫死是以任情疎誕多所犯忤神武常容借之芒
陰之役遵謂李業興曰賊爲水陣我爲火陣水勝火我必敗果如其言清河王
岳以遵爲開府記室岳後將救江陵遵曰此行必致後凶直辭疾勿去岳曰勢
不免去正當與君同行遵曰遵好與生人相隨不欲與死人同路岳彊給其馬

以行至都尋喪三臺初成文宣宴會尚書以上三日不出許遵妻季氏憂之以問遵遵曰明日當得三百匹絹季氏曰若然當奉三束遵曰不滿十匹既而皆如言文宣無道日甚遵語人曰多折算來吾筮此狂夫何時得死於是布算滿床大言曰不出冬初我乃不見文宣以十月崩遵果以九月死子暉亦學術數遵謂曰汝聰明不及我不勞多學唯授以婦人產法豫言男女及產日無不中武成時以此數獲賞焉又有滎陽麴紹者亦善占侯景欲試之使與郭生俱卜二伏牛何者先起卜得火兆郭生曰赤牛先起紹曰青牛先起景問其故郭生曰火色赤故知赤牛先起紹曰火將然煙先起煙上色青故知青牛起既而如紹言

吳遵世字季緒勃海人也少學易入恆山忽見一老翁授之開心符遵世跪水吞之遂明占卜後出遊京洛以卜筮知名魏孝武帝之將卽位使之筮遇否之萃曰先否後喜帝曰喜在何時遵世曰剛決柔則春末夏初也又筮遇明夷之賁曰初登於天後入於地若能敬始慎終不失法度無憂入地矣終如其言後

齊文襄引爲大將軍府墨曹參軍從遊東山有雲起恐雨廢射戲使筮遇剝李業興云坤上艮下剝艮爲山山出雲故知有雨遵世云坤爲地土制水故知無雨文襄使崔暹書之云遵世若著賞絹十匹不著罰杖十業興若著無賞不著罰杖十業興曰同是著何獨無賞文襄曰遵世著會我意故賞也須臾雲散二人各受賞罰皇建中武成以丞相在鄴下居守自致猜疑甚懷憂懼謀起兵每宿輒令遵世筮遵世云自有大慶由是不決俄而趙郡王等奉太后令以遺詔追武成更令筮之遵世云比已作十餘卦其占自然有天下之徵及卽位除中書舍人固辭老疾授中散大夫和士開封王妻元氏無子以側室長孫爲妃令遵世筮遵世云此卦偶與占同乃出其占書云元氏無子長孫爲妃士開喜於妙中於是起叫而舞遵世著易林雜占百餘卷後預尉遲迥亂死焉

趙輔和清都臨漳人也少以明易善筮爲齊神武館客神武崩於晉陽葬有日矣文襄令文宣與吳遵世等擇地頻卜不吉又至一所筮遇革咸云凶輔和少年最在衆人後進云革卦於天下人皆凶唯王家用之大吉革彖辭云湯武革

命應天順人文宣遽登車顧云以此地爲定卽義平陵也有人父爲刺史得書
云疾是人詣館別託相知者筮遇泰筮者云此卦甚吉是人出後輔和謂筮者
云泰乾下坤上則父入土矣豈得言吉果凶問至有人父疾託輔和筮遇乾之
晉尉諭令去後告人云乾之遊魂乾爲天爲父父變爲魂而升於天能無死乎
亦如其言大寧武平中筮後宮誕男女及時日多中遂至通直常侍入周亦爲
儀同隨開皇中卒

皇甫玉不知何許人也善相人齊文襄之自潁川歸文宣從後玉於傍縱觀謂
人曰大將軍不作物指文宣曰會道北垂鼻涕者及文宣卽位試玉相術故以
帛巾袜其眼使歷摸諸人至文宣曰此最大達官於任城王曰當至丞相於常
山長廣二王并曰亦貴至石動桶曰此弄癡人至二供膳曰正得好飲食而已
玉嘗爲高歸彥相曰位極人臣但莫反歸彥曰我何爲反玉曰公有反骨孝昭
賜趙郡王十死不問王喜曰皇甫玉相臣云當惡死今復何慮帝以玉輒爲諸
王相心不平之玉謂其妻曰殿上者不過二年妻以告舍人斛斯洪慶妻洪慶

以啓帝怒曰向婦女小兒評論萬乘主敕召玉玉每照鏡自言兵死及被召謂妻曰我今去不迴若過日午時當得活既至正中遂斬之文襄時有吳士雙盲妙於聲文襄歷試之聞劉桃枝聲曰有所繫屬然當大富貴王侯將相多死其手譬如鷹犬爲人所使聞趙道德聲曰亦繫屬人富貴翕赫不及前人聞侯呂芬聲與道德相似聞太原公聲曰當爲人主聞文襄聲不動崔暹私掐之乃謬言亦國主也文襄以爲我家羣奴猶極貴況吾身也又時有御史賈子儒亦能相人崔暹嘗將子儒私視文襄子儒曰人有七尺之形不如一尺之面一尺之面不如一寸之眼大將軍臉薄眄速非帝王相也竟如言齊代善相者有館客趙瓊其婦叔奇弓弓已轉在人處盡知之時人疑其別有假託不然則姑布子卿不如也初魏正始前有沙門學相遊懷朔舉目見人皆有富貴之表以爲必無此理燔其書而後皆如言乃知相法不虛也

解法選河內人也少明相術又受易於權會竝亦頗工陳郡袁叔德以太子 闕 行博陵太守不願之官以親老言於執政楊愔愔語云既非正除尋當遣代叔

德意欲留尊累在京令法選占云不踰三年得代終不還也勸其盡家而行又爲叔德相云公邑邑終爲吏部尚書鑒照人物後皆如言又頻爲和士開相中士開牒爲開府行參軍

魏寧鉅鹿人也以善推祿命徵爲館客武成以己生年月託爲異人問之寧曰極富貴今年入墓武成驚曰是我寧變辭曰若帝王自有法又有陽子術語人曰謠言盧十六雉十四犍子拍頭三十三且四八天之大數太上之祚恐不過此旣而武成崩年三十二

綦母懷文不知何許人也以道術事齊神武武定初齊軍戰芒山時齊軍旗幟盡赤西軍盡黑懷文曰赤火色黑水色水能滅火不宜以赤對黑土勝水宜改爲黃神武遂改爲赭黃所謂河陽幡者也懷文造宿鐵刀其法燒生鐵精以重柔鋌數宿則成剛以柔鐵爲刀脊浴以五牲之溺淬以五牲之脂斬甲過三十札今襄國治家所鑄宿柔鋌是其遺法作刀猶甚快利但不能頓截三十札也懷文又云廣平郡南幹子城是干將鑄劍處其土可瑩刀每云昔在晉陽爲監

館館中有一蠕蠕客同館胡沙門指語懷文云此人別有異算術仍指庭中一
棗樹云令其布算子即知其實數乃試之并辯若干純赤若干赤白相半於是
剝數之唯少一子算者曰必不少但更撼之果落一實懷文位信州刺史又有
孫正言謂人曰我昔聞曹普演有言高王諸兒阿保當爲天子至高德之承之
當滅阿保謂天保也德之謂德昌也滅年號承光即承之矣
張子信河內人也頗涉文學少以醫術知名恆隱白鹿山時出遊京邑甚爲魏
收崔李舒所重大寧中徵爲尙藥典御武平初又以大中大夫徵之聽其所志
還山又善易筮及風角之術武衞奚永洛與子信對坐有鵲鳴庭樹鬬而墮焉
子信曰不善向夕當有風從西南來歷此樹拂堂角則有口舌事今夜有人喚
必不可往雖敕亦以病辭子信去後果有風如其言是夜琅琊王五使切召永
洛且云敕喚永洛欲起其妻苦留之稱墜馬腰折不堪動詰朝而難作子信齊
亡卒
陸法和不知何許人也隱於江陵百里洲衣食居處一與戒行沙門同耆老自

幼見之容色常定人莫能測也或謂世自嵩高遍遊遐邇旣入荆州汶陽郡高要縣之紫石山無故捨所居山俄有蠻賊文道期之亂時人以爲預見萌兆及侯景始告降於梁法和謂南郡朱元英曰貧道共檀越擊侯景去元英曰侯景爲國立効師云擊之何也法和曰正是如此及景渡江法和時在青谿山元英往問曰景今圍城其事云何法和曰凡人取果宜待熟時固問之曰亦剋亦不剋景遣將任約擊梁湘東王於江陵法和乃詣湘東乞征約召諸蠻弟子八百人在江津二日便發湘東遣胡僧祐領千餘人與同行法和登艦大笑曰無量兵馬江陵多神祠人俗恆所祈禱自法和軍出無復一驗人以爲神皆從行故也至赤沙湖與約相對法和乘輕船不介冑泝流而下去約軍一里乃還謂將士曰聊觀彼龍睡不動吾軍之龍甚自踊躍卽攻之若得彼明日當不損客主一人而破賊然有惡處遂縱火船而逆風不便法和執白羽扇麾風風卽返約衆皆見梁兵步於水上於是大潰皆投水約逃竄不知所之法和曰明日午時當得及期而未得人問之法和曰吾前於此洲水乾時建一剎語檀越等此雖

爲刹實是賊標今何不向標下求賊也如其言果於水中見約抱刹仰頭裁出
鼻遂禽之約言求就師目前死法和曰檀越有相必不兵死且於王有緣決無
他慮王於後當得檀越力耳湘東果釋用爲郡守及魏圍江陵約以兵赴救力
戰焉法和既平約往進見王僧辯於巴陵謂曰貧道已却侯景一臂其更何能
爲檀越宜即逐取乃請還湘東王曰侯景自然平矣無足可慮蜀賊將至法和
請守巫峽待之乃總諸軍而往親運石以填江三日水遂不流橫之以鐵鎖武
陵王紀果遣蜀兵來度峽口勢蹙進退不可王琳與法和經略一戰而殄之軍
次白帝謂人曰諸葛孔明可謂爲名將吾自見之此城旁有其埋弩箭鏃一斛
許因插表令掘之如其言又嘗至襄陽城北大樹下畫地方二尺令弟子掘之
得一龜長尺半以杖叩之曰汝欲出不能得已數百歲不逢我者豈見天日乎
爲授三歸龜乃入草初八疊山多惡疾人法和爲采藥療之不過三服皆差即
求爲弟子山中多毒蟲猛獸法和授其禁戒不復噬螫所泊江湖必於峯側結
表云此處放生漁者皆無所得才或少獲輒有大風雷船人懼而放之風雨乃

定晚雖將兵猶禁諸軍漁捕有竊違者中夜猛獸必來欲噬之或亡其船纜有小弟子戲截蛇頭來詣法和法和曰汝何意殺因指以示之弟子乃見蛇頭齚袴襠而不落法和使懺悔爲蛇作功德又有人以牛試刀一下而頭斷來詣法和法和曰有一斷頭牛就卿徵命殊急若不爲作功德一月內報至其人弗信少日果死法和又爲人置宅圖墓以避禍求福嘗謂人曰勿繫馬於碓其人行過鄉曲門側有碓因繫馬於其柱入門中憶法和戒走出將解之馬已斃矣梁元帝以法和爲都督郢州刺史封江乘縣公法和不稱臣其啓文朱印名上自稱居士後稱司徒梁元帝謂其僕射王褒曰我未嘗有意用陸爲三公而自稱何也褒曰彼既以道術自命容是先知梁元帝以法和功業稍重遂就加司徒都督刺史如故部曲數千人通呼爲弟子唯以道術爲化不以法獄加人又列肆之所不立市丞牧佐之法無人領受但以空檻籥在道間上開一孔以受錢賈客店人隨貨多少計其估限自委檻中所掌之司夕方開取條其孔目輸之於庫又法和平常言若不出口時有所論則雄辯無敵然猶帶蠻音善爲攻戰

具在江夏大聚兵艦欲襲襄陽而入武關梁元帝使止之法和曰法和是求佛
之人尚不希釋梵天王坐處豈規王位但於空王佛所與主上有香火因緣且
主上應有報至故救援耳今既被疑是業定不可改也於是設供食具大𩜹薄
餅及魏舉兵法和自郢入漢口將赴江陵梁元帝使人逆之曰此自能破賊師
但鎮郢州不須動也法和乃還州堊其城門著麤白布衫袴布邪巾大繩束腰
坐葦席終日乃脫之及聞梁元敗滅復取前凶服著之哭泣受弔梁人入魏果
見𩜹餅焉法和始於百里洲造壽王寺既架佛殿更截梁柱曰後四十許年佛
法當遭雷雹此寺幽僻可以免難及魏平荊州宮室焚燼總管欲發取壽王佛
殿嫌其材短乃停後周氏滅佛法此寺隔在陳境故不及難天保六年春清河
王岳進平臨江法和舉州入齊文宣以法和爲大都督十州諸軍事太尉公西
南大都督五州諸軍事荊州刺史安湘郡公宋莅爲郢州刺史官爵如故莅弟
簉爲散騎常侍儀同三司湘州刺史義興縣公梁將侯瑱來逼江夏齊軍棄城
而退法和與宋莅兄弟入朝文宣聞其有奇術虛心想見之備三公鹵薄於城

南十二里供帳以待之法和遙見鄴城下馬禹步辛術謂曰公既萬里歸誠主上虛心相待何作此術法和手持香鑪步從路車至於館明日引見給通幰油絡網車仗身百人詣闕通名不稱官爵不稱臣但云荊山居士文宣宴法和及其徒屬於昭陽殿賜法和錢百萬物萬段甲第一區田一百頃奴婢二百人生資什物稱是宋莅千段其餘儀同刺史以下各有差法和所得奴婢盡免之曰各隨緣去錢帛散施一日便盡以官所賜宅營佛寺自居一房與凡人無異三年間再爲太尉世猶謂之居士無疾而告弟子死期至時燒香禮佛坐繩牀而終浴訖將殮屍小縮止三尺許文宣命開棺而視之空棺而已法和書其所居屋壁而塗之及剝落有文曰十年天子爲尙可百日天子急如火周年天子遞代坐又曰一母生三天兩天共五年說者以爲婁太后生三天子自孝昭卽位至武成傳位後主共五年焉法和在荊郢有少姬年可二十餘自稱越姥身披法服不肯嫁娶恆隨法和東西或與其私通十有餘年今者賜棄別更他淫有司考驗並實越姥因爾改適生子數人

蔣昇字鳳起楚國平河人也少好天文玄象之學周文雅信待之大統三年東魏竇泰頓軍潼關周文出師馬牧澤時西南有黃紫氣抱日從未至酉周文謂昇曰此何祥也昇曰西南未地主土土王四季秦分今大軍既出喜氣下臨必有大慶於是與泰戰擒之自後遂降河東剋弘農破沙苑由此愈被親禮九年高仲密以北豫州來附周文欲遣兵援之昇曰春王在東熒惑又在井鬼分行軍非便周文不從軍至芒山不利而還太師賀拔勝怒曰蔣昇罪合萬死周文曰蔣昇固諫曰師出不利此敗也孤自取之恭帝元年以前後功授車騎大將軍儀同三司封高城縣子後除大中大夫以年老請致事詔許之加定州刺史卒於家

強練不知何許人也亦不知其名字先是李順與語默不恆好言未然之事當時號爲李練世人以強類之故亦呼爲練焉容貌長壯有異於人神情敞怳莫之能測意欲有所說逢人輒言若値其不欲言縱苦加祈請不相酬答初聞其言略不可解事過後往往有驗恆寄住諸佛寺好行人家兼歷造王公邸第所

至人皆敬信之晉公護未誅前練曾手持一瓠到護第門外抵破曰瓠破子苦時柱國平高公侯伏龍恩深被任委強練至龍恩宅呼其妻元氏及其妾媵并婢僕等並令連席而坐諸人以逼夫人苦辭不肯強練曰汝等一例人耳何有貴賤遂逼就坐未幾而護誅諸子並死龍恩亦伏法仍籍沒其家建德中每夜上街衢邊樹大哭釋迦牟尼佛或至申旦如此者累月聲甚哀苦俄而廢佛道二教大象末又以一無底囊歷長安市肆告乞市人爭以米麥遺之強練張囊受之隨即漏之於地人或問之強練曰但欲使諸人見盛空耳至隋開皇初果移都於龍首山城遂空廢後莫知其所終又有蜀郡衞元嵩者亦好言將來事蓋江左寶誌之流天和中遂著詩預論周隋廢興及皇家受命并有徵驗尤不信釋教嘗上疏極論之

庾季才字叔奕新野人也八世祖滔隨晉元帝過江官至散騎常侍封遂昌侯因家於南郡江陵縣祖詵南史有傳父曼倩光祿卿季才幼穎悟八歲誦尚書十二通易好占玄象居喪以孝聞梁湘東王繹引授外兵參軍西臺建累遷中

書郎領太史封宜昌縣伯季才固辭太史梁元帝曰漢司馬遷歷世居掌魏高
堂隆猶領此職卿何憚焉帝亦頗明星歷謂曰朕猶慮禍起蕭牆季才曰秦將
入郢陛下宜留重臣作鎭荊陝還郢以避其患帝初然之後與吏部尚書宗懍
等議乃止俄而江陵覆滅周文帝一見深加優禮令參掌太史曰卿宜盡誠事
孤當以富貴相答初荊覆亡衣冠士人多沒爲賤季才散所賜物購求親故周
文問何能若此季才曰郢都覆敗君信有罪搢紳何咎皆爲賤隸誠竊哀之故
贖購耳周文乃悟曰微君遂失天下之望因出令免梁俘爲奴婢者數千口武
定二年與王褒庾信同補麟趾學士累遷稍伯大夫後宇文護執政問以天道
徵祥對曰頃上台有變不利宰輔公宜歸政天子請老私門護沈吟久之曰吾
本意如此但辭未獲免自是漸疏及護夷滅閱其書記有假託符命妄造異端
者皆誅唯得季才兩紙盛言緯候宜免政歸權帝謂少宗伯斛斯徵曰季才甚
得人臣之禮因賜粟帛遷太史中大夫詔撰靈臺祕苑封臨穎縣伯宣帝嗣位
加驃騎大將軍開府儀同三司及隋文帝爲丞相嘗夜召問天時人事季才曰

天道精微難可悉察竊以人事卜之符兆已定季才縱言不可公得爲箕潁事乎帝默然久之曰吾今譬騎虎誠不得下矣因賜以綵帛曰愧公此意大定元年正月季才上言今月戊戌平旦青氣如樓闕見國城上俄而變紫逆風西行氣經云天不能無雲而雨皇王不能無氣而立今王氣已見須即應之二月日出卯入酉居天之正位謂之二八之門日者人君之象人君正位宜用二月其月十三日甲子甲爲六甲之始子爲十二辰之初甲數九子數又九九爲天數其日即是驚蟄陽氣壯發之時昔周武王以二月甲子定天下享年八百漢高帝以二月甲午即帝位享年四百故知甲子甲午爲得天數今月甲子宜應天受命上從之開皇元年授通直散騎常侍帝將遷都夜與高熲蘇威二人定議季才旦奏臣仰觀玄象俯察圖記龜兆允襲必有遷都且漢營此城經今將八百歲水皆鹹鹵不甚宜人願爲遷徙計帝愕然謂熲等曰是何神也遂發詔施行賜季才絹布及進爵爲公謂曰朕自今以後信有大道於是令季才與其子質撰垂象地形等志謂曰天道祕奧推測多途執見不同不欲令外人干預此

事故令公父子共爲之及書成奏之賜米帛甚優九年出爲均州刺史時議以
季才術藝精通有詔還委舊任以年老頻求去職優旨每不許會張胄玄歷行
及袁充言日景長上以問季才因言充謬上大怒由是免職給半祿歸第所有
祥異常令人就家訪焉仁壽三年卒季才局量寬弘術業優博篤於信義志好
賓遊常吉日良辰與琅邪王褒彭城劉瑴河東裴政及宗人言等爲文酒之會
次有劉臻明克讓柳䛒之徒雖後進亦申遊款撰靈臺祕苑一百二十卷垂象
志一百四十二卷地形志八十七卷並行於世
子質字行脩早有志尚八歲誦梁元帝玄覽言志等十賦拜童子郎仕隋累遷
隴州司馬大業初授太史令操履貞慤立言忠鯁每有災異必指事面陳煬帝
多忌刻齊王暕亦被猜嫌質子儉時爲齊王屬帝謂質曰汝不能一心事我乃
使兒事齊王由是出爲合水令八年帝親伐遼東徵至臨渝問東伐尅不對曰
伐之可尅不願陛下親行帝作色曰朕今總兵至此豈可未見賊而自退質曰
願安駕住此命將授規事宜在速緩必無功帝不悅曰汝既難行可住此也及

珍倣宋版印

師還授太史令九年復征高麗又問今段何如對猶執前見帝怒曰我自行尚不能尅遣人豈有成功帝遂行既而楊玄感反斛斯政奔高麗帝大懼遽歸謂質曰卿前不許我行當爲此耳今玄感成乎質曰今天下一家未易可動帝曰熒惑入斗如何對曰斗楚分玄感之封今火色衰謝終必無成十年帝自西京將往東都質諫宜鎮撫關內使百姓歸農三五年令四海少豐然後巡省帝不悅質辭疾不從帝聞之怒遣馳傳鎖質詣行在所至東都下獄竟死獄中子儉亦傳父業兼有學識仕歷襄武令元德太子學士齊王屬義寧初爲太史令

盧太翼字協昭河間人也本姓章仇氏七歲詣學日誦數千言州里號曰神童及長博綜羣書尤善占候算曆之術隱於白鹿山徙居林慮山茱萸澗受業者自遠而至初無所拒後憚其煩逃於五臺山地多藥物與弟子數人廬於巖下以爲神仙可致隋太子勇聞而召之太翼知太子必不爲嗣謂所親曰吾拘逼而來不知所稅駕也及太子廢坐法當死文帝惜其才配爲官奴久乃釋其後目盲以手摸書而知其字仁壽末帝將避暑仁壽宮太翼固諫曰恐是行鑾輿

不反帝大怒繫之長安獄期還斬之帝至宮寢疾臨崩命皇太子釋之及煬帝即位漢王諒反帝問之答曰何所能爲未幾諒果敗帝從容言天下氏族謂太翼曰卿姓章仇四岳之冑與盧同源於是賜姓盧氏大業九年從駕至遼東太翼言黎陽有兵氣後數日而楊玄感反自是帝甚異之數加賞賜太翼所言天文之事不可稱數關諸祕密時莫能聞後數歲卒於雒陽

耿詢字敦信丹楊人也滑稽辯給伎巧絕人陳後主時以客從東衡州刺史王勇於嶺南勇卒詢不歸會羣俚反叛推詢爲主柱國王世積討禽之罪當誅自言有巧思世積釋之以爲家奴久之見其故人高智寶以玄象直太史詢從之受天文算術詢創意造渾天儀不假人力以水轉之施於闇室中使智寶外候天時動合符契世積知而奏之文帝配詢爲官奴給太史局後賜蜀王秀從往益州秀甚信之及秀廢復當誅何稠言耿詢之巧思若有神上於是特原其罪詢作馬上刻漏世稱其妙煬帝即位進欹器帝善之免其奴歲餘授右尙方署監事七年車駕東征詢上言曰遼東不可討師必無功帝大怒命左右斬之何

稠苦諫得免及平壤之敗帝以詢言爲中以詢守太史丞宇文化及弑逆之後
從至黎陽謂其妻曰近觀人事遠察天文宇文必敗李氏當王吾知所歸矣謀
欲去之爲化及所殺著烏情占一卷行於世

來和字弘順京兆長安人也少好相術所言多驗周大冢宰宇文護引之左右
累遷畿伯下大夫封洹水縣男隋文帝微時詣和曰公當王有四海及爲丞相
拜儀同既受禪進爵爲子開皇末和上表自陳龍潛所言曰昔陛下在周與永
富公竇榮定語臣曰我聞有行聲即識其人臣當時即言公眼如曙星無所不
照當王有天下願忍誅殺建德四年五月周武帝在雲陽宮謂臣曰諸公皆汝
所識隋公相祿何如臣報武帝曰隋公止是守節人可鎭一方若爲將領陣無
不破臣即於宮東南奏聞陛下謂臣此語不忘明年烏丸軌言於武帝曰隋公
非人臣帝尋以問臣臣知帝有疑臣詭報曰是節臣更無異相於時王誼梁彥
光等知臣此語大象二年五月至尊從永巷東門入臣在永巷門東北面立陛
下問臣曰我得無災鄣不臣奏陛下曰公骨法氣色相應天命已有付屬未幾

遂總百揆上覽之大悅進位開府和同郡韓則嘗詣和相和謂之後四五當得大官人初不知所謂則至開皇十五年五月終人問其故和曰十五年爲三五加以五月爲四五大官椁也和言多此類著相經三十卷道士張賓焦子順應門人董子華等此三人當文帝龍潛時並私謂帝曰公當爲天子善自愛及踐位以賓爲華州刺史子順爲開府子華爲上儀同

蕭吉字文休梁武帝兄長沙宣武王懿之孫也博學多通尤精陰陽算術江陵覆亡歸於魏爲儀同周宣帝時吉以朝政日亂上書切諫帝不納及隋受禪進上儀同以本官太常考定古今陰陽書吉性孤峭不與公卿相浮沉又與楊素不協由是擯落鬱鬱不得志見上好徵祥之說欲乾沒自進遂矯其迹爲悅媚焉開皇十四年上書曰今年歲在甲寅十一月朔旦以辛酉爲冬至來年乙卯正月朔旦以庚申爲元日冬至之日卽在朔旦樂汁圖徵云天元十二月朔旦冬至聖王受享祚今聖主在位居天元之首而朔旦冬至此慶一也辛酉之日卽至尊本命辛德在景此十一月建景子酉德在寅正月建寅爲本命與月合

德而居元朔之首此慶二也庚申之日即是行年乙德在庚卯德在申來年乙
卯是行年與歲合德而在元旦之朝此慶三也陰陽書云年命與歲月合德者
必有福慶洪範傳云歲之朝月之朝日之朝主王者經書並謂三長應之者延
年福吉況乃甲寅蔀首十一月陽之始朔旦冬至是聖王上元正月是正陽之
月歲之首月之先朔旦是歲之元月之朝日之先嘉辰之會而本命爲九元之
先行年爲三長之首並與歲月合德所以靈寶經云角音龍精其祚曰強來歲
年命納音俱角歷之與經如合符契又甲寅乙卯天地合也甲寅之年以辛酉
冬至來年乙卯以甲子夏至冬至陽始郊天之日即是至尊本命此慶四也夏
至陰始祀地之辰即是皇后本命此慶五也至尊德並乾之覆育皇后仁同地
之載養所以二儀元氣並會本辰上覽之悅賜物五百段房陵王時爲太子言
東宮多鬼魅鼠妖數見上令吉詣東宮禳邪氣於宣慈殿設神坐有回風從艮
地鬼門來掃太子坐吉以桃湯葦火驅逐之風出宮門而止謝土於未地設壇
爲四門置五帝坐於時寒有蝦蟆從西南來入人門升赤帝坐還從人門而出

行數步忽然不見上大異之賞賜優洽又上言太子當不安位時上陰欲廢立得其言是之由此每被顧問及獻皇后崩上令吉卜擇葬所吉歷筮山原至一處云卜年二千卜世二百具圖而奏之上曰吉凶由人不在於地高緯父葬豈不卜乎國尋滅亡正如我家墓田若云不吉朕不當爲天子若云不凶我弟不當戰沒然竟從吉言表曰去月十六日皇后山陵西北雞未鳴前有黑雲方圓五六百步從地屬天東南又有旌旗車馬帳幕布滿七八里并有人往來檢校部伍甚整日出乃滅同見者十餘人謹案葬書云氣王與姓相生大吉今黑氣當冬至與姓相生是大吉利子孫無疆之候也上大悅其後上將親臨發殯吉復奏曰至尊本命辛酉今歲斗魁及天罡臨卯酉謹案陰陽書不得臨喪上不納退而告族人蕭平仲曰皇太子遣宇文左率深謝余云公前稱我當爲太子竟有驗終不忘也今卜山陵務令我早立我立之後當以富貴相報吾記之曰後四載太子御天下今山陵氣應上又臨喪兆益見矣且太子得政隋其亡乎當有真人出矣吾前紿云卜年二千者是三十字也卜世二百者取世二運也

珍倣宋版印

吾言信矣汝其誌之及煬帝嗣位拜太府少卿加位開府嘗行經華陰見楊素冢上有白氣屬天密言於帝帝問其故吉曰其候素家當有兵禍滅門之象改葬者庶可免乎帝後從容謂楊玄感曰公宜早改葬玄感亦微知其故以爲吉祥託以遼東未滅不遑私門之事未幾而玄感以反族滅帝彌信之後歲餘卒官著金海三十卷相經要錄一卷宅經八卷葬經六卷樂譜二十卷及帝王養生方二卷相手版要決一卷太一立成一卷並行於時

楊伯醜馮翊武鄉人也好讀易隱於華山隋開皇初徵入朝見公卿不爲禮無貴賤皆汝之人不能測也文帝召與語竟無所答賜衣服至朝堂捨之而去於是被髮陽狂游行市里形體垢穢未嘗櫛沐時有張永樂者賣卜京師伯醜每從之遊永樂爲卦有不能決者伯醜輒爲分析爻象尋幽入微永樂嗟服自以爲非所及也伯醜亦開肆賣卜有人嘗失子就伯醜筮者卦成伯醜曰汝子在懷遠坊南門東道北壁上有青裙女子抱之可往取也如言果得或有金數兩夫妻共藏之於後失金其夫意妻有異志將逐之其妻稱寃以詣伯醜伯醜爲

之筮曰金在矣悉呼其家人指一人曰可就取果得之又將軍許知常問吉凶

伯醜曰汝勿東北行必不得已當速還不然者楊素斬汝頭未幾上命知常事

漢王諒俄而上崩諒舉兵反知常逃歸京師知常先與楊素有隙及素平幷州

先訪知常將斬之賴此獲免又有人失馬來詣伯醜卜者時伯醜爲皇太子所

召在途遇之立爲作卦卦成曰我不遑爲卿說且向西市東壁門南第三店爲

我買魚作鱠當得馬矣其人如教須臾有一人牽所失馬而至遂禽之崖州嘗

獻徑寸珠其使者陰易之上心疑焉召伯醜令筮伯醜曰有物出自水中質圓

而色光是大珠也今爲人所隱具言隱者姓名容狀上如言簿責之果得本珠

上奇之賜帛二十匹國子祭酒何妥嘗詣之論易聞妥之言悠爾而笑曰何用

鄭玄王弼之言乎久之微有辯答所說辭義皆異先儒之旨而思理玄妙故論

者以爲天然獨得非常人所及也竟以壽終

臨孝恭京兆人也明天文算術隋文帝甚親遇之每言災祥之事未嘗不中上

因令考定陰陽書官至上儀同著欹器圖三卷地動銅儀經一卷九宮五墓一

珍做宋版印

卷遁甲錄十卷元辰經十卷元辰厄百九卷百怪書十八卷祿命書二十卷九宮龜經一百一十卷太一式經二十卷孔子馬頭易卜書一卷並行於世

劉祐滎陽人也隋開皇初爲大都督封索盧縣公其所占候合如符契文帝甚親之初與張賓劉輝馬顯定歷後奉詔撰兵書十卷名曰金韜上善之復著陰策二十卷觀臺飛候六卷玄象要記五卷律歷術文一卷婚姻志三卷產乳志二卷式經四卷四時立成法一卷安歷志十二卷歸正易十卷並行於世

張胄玄勃海蓨人也博學多通尤精術數冀州刺史趙煚薦之隋文帝徵授雲騎尉直太史參議律歷事時輩多出其下由是太史令劉暉等甚忌之然暉言多不中胄玄所推步甚精密上異之令楊素與術士數人立議六十一事皆舊法久難通者令暉與胄玄等辯折之暉杜口一無所答胄玄通者五十四焉由是擢拜員外散騎侍郎兼太史令賜物千段暉及黨與八人皆斥逐之改定新歷言前歷差一日內史通事顏慜楚上言曰漢時落下閎改顓頊歷作太初歷云後當差一日八百年當有聖者定之計今相去七百一十年術者舉其成數

聖者之謂其在今乎上大悅漸見親用胄玄所謂歷法與古不同者三事其一
宋祖沖之於歲周之末創設差分冬至漸移不循舊軌每四十六年却差一度
至梁虞劆歷法嫌沖之所差太多因以一百八十六年冬至移一度胄玄以此
二術年限縣隔追檢古注所失極多遂折中兩家以爲度法冬至所宿歲別漸
移八十三年却行一度則上合堯時日永星火次符漢歷宿起牛初明其前後
並皆密當其二周馬顯造景寅元歷有陰陽輔法加減章分進退蝕餘乃推定
日創開此數當時術者多不能曉張賓因而用之莫能考正胄玄以爲加時先
後逐氣參差就月爲斷於理未可乃因二十四氣列其盈縮所出實由日行遲
則月逐日易及令合朔加時早日行速則月逐日少遲令合朔加時晚檢前代
加時早晚以爲損益之率日行自秋分已後至春分其勢速計一百八十二日
而行一百八十度自春分已後至秋分日行遲計二百八十一日而行一百七
十六度每氣之至卽其率也其二自古諸歷朔望逢交不問內外交限便蝕張
賓立法創有外限應蝕不蝕猶未能明胄玄以日行黃道歲一周天月行月道

珍倣宋版印

二十七日有餘一周天月道交絡黃道每行黃道內十三日有奇而出又行道外十三日有奇而入終而復始月經黃道謂之交朔望去交前後各五度以下卽爲當蝕若月行內道則在黃道之北蝕多有驗月行黃道在黃道之南也雖遇正人無由掩映蝕多不驗遂因前法別立定限隨交遠近逐氣求差損益蝕分事皆明著其超古獨異者有七事其一古歷五星行度皆守恆率見伏盈縮悉無格準胄玄候之各得真率合見之數與古不同其差多者至加減三十許日卽如熒惑平見在雨水氣卽均加二十九日見在小雪氣則均減二十五日加減平見以爲定見諸見各有盈縮之數皆如此例但差數不同特其積候所知時人不能原其旨其二辰星舊率一終再見凡諸古歷皆以爲然應見不見人未能測胄玄積候知辰星一終之中有時一見及同類感召相隨而出卽如辰星平晨見在雨水者應見卽不見若平晨見在啓蟄者去日十八度外三十六度內晨有木火土金一星者亦相隨見其三古歷步術行有定限自見已後依率而推進退之期莫知多少胄玄積候知五星遲速留退真數皆與古法不

同多者差八十餘日留回所在亦差八十餘度即如熒惑前疾初見在立冬初
則二百五十日行一百七十七度定見夏至初則一百七十日行九十二度追
步天驗今古皆密其四古曆食分依平即用推驗多少實數罕符冑玄積候知
月從木火土金四星行有向背月向四星即速背之則遲皆十五度外及循本
率遂於交分限其多少其五古曆加時朔望同術冑玄積候知日蝕所在隨方
改變傍正高下每處不同交有淺深遲速亦異約時立差皆會天象其六古曆
交分即爲蝕數去交十四度者食一分去交十三度食二分去交十度食三分
每近一度食益一分當交即蝕既有應多少自古諸歷未悉其原冑玄積候知
當交之中月掩日不能畢盡故其蝕反少去交五六時月在日內掩日便盡故
其蝕乃既自此以後更遠者其蝕又少交之前後在冬至皆爾若近夏至其率
又差冑玄所玄蝕分最爲詳密其七古歷二分晝夜皆等冑玄積候知其有差
春秋二分晝多夜漏半刻皆由日行遲疾盈縮使其然也凡此冑玄獨得於心
論者服其精密大業中卒于官

北史卷八十九

珍倣宋版印

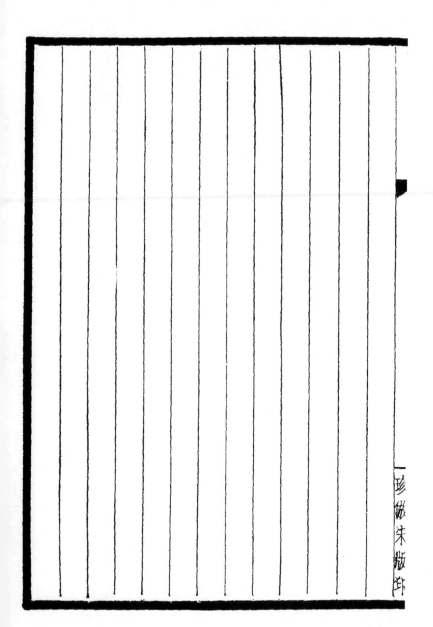

北史卷八十九考證

張深傳識星分案文占○文魏書作天

王早傳乃是鄭氏男五父也○男五魏書作五男

庾季才傳漢司馬遷歷世居掌○居隋書作尸

信有大道○大隋書作天

與瑯邪王褒彭城劉瑴河東裴政及宗人言等○隋書瑴作瑴言作信

子質傳操履貞懿○懿隋書作慤

今玄感成乎○成乎隋書作其成事乎

盧太翼傳鄉姓章仇四岳之胄○胄監本訛胃今改從隋書

耿詢傳帝善之免其奴○免其奴隋書作放為良民

北史卷八十九考證

北史卷九十

唐　李　延　壽　撰

列傳第七十八

藝術下

周澹　李脩　徐謇從孫之才　王顯　馬嗣明　姚僧垣

褚該　許智藏　萬寶常　蔣少游　何稠

周澹京兆鄠人也多方術尤善醫藥遂爲太醫令明元嘗苦風頭眩澹療得愈由此位特進賜爵成德侯神瑞二年京師饑朝議遷都於鄴澹與博士祭酒崔浩進計言不可明元曰唯此二人與朕意同詔賜澹浩妾各一人卒謚曰恭

李脩字思祖本陽平館陶人也父亮少學醫術未能精究太武時奔宋又就沙門僧坦略盡其術針灸授藥罔不有效徐兗閒多所救恤亮大爲聽事以舍病人死者則就而棺殯親往弔視其仁厚若此累遷府參軍督護本郡士門宿官咸相交昵車馬金帛酬賚無貲脩兄元孫隨畢衆敬赴平陽亦遵父業而不及

以功拜奉朝請脩略與兄同晚入代京歷位中散令以功賜爵下蔡子遷給事
中太和中常在禁內文明太后時有不豫脩侍針藥多効賞賜累加車服第宅
號爲鮮麗集諸學士及工書者百餘人在東宮撰諸藥方百卷皆行於世先是
咸陽公高允雖年且百歲而氣力尚康孝文文明太后時令脩診視之一旦奏
言允脈竭氣微大命無遠未幾果亡後卒於太醫令贈青州刺史
徐謇字成伯丹陽人也家本東莞與兄文伯等皆善醫藥謇因至青州慕容白
曜平東陽獲之送京師獻文欲驗其能置病人於幕中使謇隔而脈之深得病
形兼知色候遂被寵遇爲中散稍遷內侍長文明太后時問經方而不及李脩
之見任用謇合和藥劑攻療之驗精妙於脩而性祕忌承奉不得其意雖貴爲
王公不爲措療也孝文還洛稍加眷待體小不平及所寵馮昭儀有病皆令處
療又除中散大夫轉侍御師謇欲爲孝文合金丹致延年法乃入居嵩高採營
其物歷歲無所成遂罷二年上幸縣瓠有疾大漸乃馳驛召謇令水路赴行所
一日一夜行數百里至診省有大驗九月車駕次於汝濱乃大爲謇設太官珍

膳因集百官特坐謇於上席遍陳餚觴於前命左右宣謇救攝危篤振濟之功宜加酬賚乃下詔褒美以謇爲大鴻臚卿金鄉縣伯又賜錢絹雜物奴婢牛馬事出豐厚皆經内呈諸親王咸陽王禧等各有別賚並至千匹從行至鄴上猶自發動謇日夕左右明年從詣馬圈上疾勢遂甚蹙蹙不怡每加切誚又欲加之鞭捶幸而獲免帝崩後謇隨梓宮還洛謇常有將餌及吞服道年垂八十而鬢髮不白力未多衰正始元年以老爲光祿大夫卒贈安東將軍齊州刺史謚曰靖子踐字景昇襲爵位建興太守文伯仕南齊位東莞太山蘭陵三郡太守子雄員外散騎侍郎醫術爲江左所稱事並見南史雄子之才幼而儁發五歲誦孝經八歲略通義旨曾與從兄康造梁太子詹事汝南周捨宅聽老子捨爲設食乃戲之曰徐郎不用心思義而但事食乎之才答曰蓋聞聖人虛其心而實其腹捨嗟賞之年十三召爲太學生粗通禮易彭城劉孝綽河東裴子野吳郡張嵊等每共論周易及喪服儀酬應如響咸共歎曰此神童也孝綽又云徐郎燕頷有班定遠之相陳郡袁昂領丹陽尹辟爲主簿人務事宜皆被顧訪郡

廨遭火之才起望夜中不著衣披紅眠帕出房映光爲昂所見功曹白請免職
昂重其才術仍特原之豫章王綜出鎮江都復除豫章王國左常侍又轉綜鎮
北主簿及綜入魏三軍散走之才退至呂梁橋斷路絕遂爲魏統軍石茂孫所
止綜入魏旬月位至司空魏聽綜收斂僚屬乃訪知之才在彭泗啓魏帝云之
才大善醫術兼有機辯詔徵之才孝昌二年至洛敕居南館禮遇甚優饗子踐
啓求之才還宅之才藥石多效又闚涉經史發言辯捷朝賢競相要引爲之延
譽武帝時封昌安縣侯天平中齊神武徵赴晉陽常在內館禮遇稍厚武定四
年自散騎常侍轉祕書監文宣作相普加黜陟楊愔以其南士不堪典掌功程
且多陪從全廢曹務轉授金紫光祿大夫以魏收代之才甚怏怏不平之才少
解天文兼圖讖之學共館客宋景業參校吉凶知午年必有革易因高德正啓
之文宣聞而大悅時自婁太后及勳貴臣咸云關西既是勍敵恐其有挾天子
令諸侯之辭不可先行禪代事之才獨云千人逐兔一人得之諸人咸息須定
大業何容翻欲學人又援引證據備有條目帝從之登阼後彌見親密之才非

惟醫術自進亦爲首唱禪代又戲謔滑稽言無不至於是大被狎昵尋除侍中封池陽縣伯見文宣政令轉嚴求出除趙州刺史竟不獲述職猶爲弄臣皇建二年除西兗州刺史未之官武明皇太后不豫之才療之應手便愈孝昭賜綵帛千段錦四百匹之才既善醫術雖有外授頃卽徵還既博識多聞由是於方術尤妙大寧二年春武明太后又病之才弟之範爲尚藥典御敕令診候內史皆令呼太后爲石婆蓋有俗忌故改名以厭制之之範出告之才曰童謠云周里䟦求伽豹祠嫁石婆斬冢作媒人唯得一量紫綖靴今太后忽改名私所致怪之才曰䟦求伽胡言去已豹祠嫁石婆豈有好事斬冢作媒人勿令合葬自斬冢唯得紫綖靴者得至四月何者紫之爲字此下糸綖者熟當在四月之中之範問靴是何義之才曰靴者革旁化寧是久物至四月一日后果崩有人患脚跟腫痛諸醫莫能識之才曰蛤精疾也由乘船入海垂脚水中疾者曰實曾如此之才爲剖得蛤子二大如榆莢又有以骨爲刀子把者五色斑爛之才曰此人瘤也問得處云於古冢見髑髏額骨長數寸試削視有文理故用之其明

悟多通如此天統四年累遷尙書左僕射俄除兗州刺史特給鐃吹一部之才
醫術最高偏被命召武成酒色過度恍忽不恆曾病發自云初見空中有五色
物稍近變成一美婦人去地數丈亭亭而立食頃變爲觀世音之才云此色欲
多大虛所致卽處湯方服一劑便覺稍遠又服還變成五色物數劑湯疾竟愈
帝每發動暫遣騎追之針藥所加應時必效故頻有端執之舉入秋武成小定
更不發動和士開欲依次轉進以之才附籍兗州卽是本屬遂奏附除刺史以
胡長仁爲左僕射士開爲右僕射及十月帝又病動語士開云湏用之才外任
使我辛苦其月八日敕驛追之才帝以十日崩之才十一日方到旣無所及復
還赴州在職無所侵暴但不甚閑法理頗亦疎慢用捨自由五年冬後主徵之
才尋左僕射闕之才曰自可復禹之績武平元年重除尙書左僕射之才於和
士開陸令萱母子曲盡卑狎二家若疾救護百端由是遷尙書令封西陽郡王
祖珽執政除之才侍中太子太師之才恨曰子野沙汰我珽目疾故以師曠比
之之才聰辯強識有兼人之敏尤好劇談體語公私言聚多相嘲戲鄭道育常

戲之才爲師公之才曰既爲汝師又爲汝公在三之義頓居其兩又嘲王昕姓云有言則註近犬便狂加頸足而爲馬施角尾而成羊盧元明因戲之才云卿姓是未入人名是子之誤之當爲之也卽答云卿姓在上爲虐在丘爲虛生男則爲虜配馬則爲驢又常與朝士出游遙望羣犬競走諸人試令目之之才卽應聲云爲是宋鵲爲是韓盧爲逐李斯東走爲負帝女南徂李諧於廣坐因稱其父名曰卿者熊白生不之才曰平平耳又曰卿此言於理平不諧遽出避之道逢其甥高德正德正曰舅顏色何不悅諧告之故德正徑送坐席連索熊白之才謂坐者曰箇人諱底衆莫之應之才曰生不爲人所知死不爲人所諱此何足問唐邕白建方貴時人言云并州赫赫唐與白之才蔑之元日對邕爲諸令史祝曰卿等位當作唐白又以小史好嚼筆故常執管就元文遙口曰借君齒其不遜如此歷事諸帝以戲狎得寵武成生齻牙問諸醫尚藥典御鄧宣文以實對武成怒而撻之後以問之才拜賀曰此是智牙生智牙者聰明長壽武成悅而賞之爲僕射時語人曰我在江東見徐勉作僕射朝士莫不佞之今我

亦是徐僕射無一人佞我何由可活之才妻魏廣陽王妹之才從文襄求得爲
妻和陽士開知之乃淫其妻之才遇見而避之退曰妨少年戲笑其縱之如此
年八十卒贈司徒公錄尚書事謚曰文明長子林字少卿太尉司馬次子同卿
太子庶子之才以其無學術每歎曰終恐同廣陵散矣弟之範亦醫術見知位
太常卿特聽襲之才爵西陽王入周授儀同大將軍開皇中卒

王顯字世榮陽平樂平人也自言本東海郯人王朗之後也父安上少與李亮
同師俱受醫藥而不及亮顯少歷本州從事雖以醫術自通而明敏有決斷才
用初文昭太后之懷宣武夢爲日所逐化而爲龍而繞后后寤而驚悸遂成心
疾文明太后敕徐謇及顯等爲后診脈謇云是微風入藏宜進湯加針顯言案
三部脈非有心疾將是懷孕生男之象果如顯言久之補侍御師宣武自幼有
微疾顯攝療有效因稍蒙眄識又罷六輔之初顯爲領軍于烈間通規策頗有
密功累遷廷尉卿仍在侍御營進御藥出入禁內累遷御史中尉顯前後居職
所在著稱糾折庶獄究其姦回出內惜慎憂國如家及領憲臺多所彈劾百寮

肅然又以中尉屬官不悉稱職諷求改革詔委改選務盡才能而顯所舉或有
請屬未皆得人於是衆議喧譁聲望致損後宣武詔顯撰藥方三十五卷班布
天下以療諸疾東宮建上爲太子詹事委任甚厚上每幸東宮顯常近侍出入
禁中仍奉醫藥賞賜累加爲立館宇寵振當時以營療功封魏國縣伯及宣武
崩明帝踐阼顯參奉璽策隨從臨哭微爲憂懼顯既蒙任遇兼爲法官恃勢使
威爲時所疾朝宰託以侍療無效執之禁中詔削爵位徙朔州臨執呼寃直閤
伊盆生以刀鐶撞其腋下傷中吐血至右衞府一宿死子瞱尙書儀曹郎中懼
走後被獲拷掠百餘宅沒於官初顯搆會元景就刑南臺及顯之死在右衞府
唯隔一巷相去數十步世以爲有報應之驗始顯布衣爲諸生有沙門相顯後
當富貴誡其勿爲吏爲吏必敗由是宣武時或欲令其兼攝吏部每殷勤辭避
及宣武崩帝夜卽位受璽策於儀須兼太尉及吏部倉卒百官不具以顯兼吏
部行事又顯未敗之前有嫗卜相於市者言人吉凶頗驗時子瞱已爲郞聞之
微服就嫗問己終至何官嫗言君今既有位矣不復更進當受父寃並如其語

馬嗣明河內野王人也少博綜經方爲人診脈一年前知其生死邢邵唯一子大寶甚聰慧年十七八患傷寒嗣明爲其診脈退告楊愔云邢公子傷寒不療自差然脈候不出一年便死覺之少晚不可復療數日後楊邢並侍宴內殿文宣云邢子才兒大不惡我欲乞其隨近一郡楊以年少未合剖符宴罷奏云馬嗣明稱大寶脈惡一年內恐死若其出郡醫藥難求遂寢大寶未期而卒楊愔患背腫嗣明以練石塗之便差因此大爲楊愔所重作練石法以麤黃色石如鵝鴨卵大猛火燒令赤內淳醋中自有石屑落醋裏頻燒至石盡取石屑曝乾擣下簁和醋以塗腫上無不愈武平中爲通直散騎常侍針灸孔穴往往與明堂不同嘗有一家二奴俱患身體遍青漸虛羸不能食訪諸醫無識者嗣明爲灸兩足趺上各三七壯便愈武平末從駕往晉陽至遼陽山中數處見牓云有人家女病若能差之者購錢十萬又諸名醫多尋牓至是人家問疾狀俱不下手唯嗣明爲之療問其病由云曾以手持一麥穗即見一赤物長二尺許似蛇入其手指中因驚倒地即覺手臂疼腫月餘日漸及半身肢節俱腫痛不可忍

呻吟晝夜不絕嗣明卽爲處方令馳馬往都市藥示其節度前後服十劑湯一劑散比嗣明明年從駕還此女平復如故嗣明藝術精妙多如是隋開皇中卒於太子藥藏監然性自矜大輕諸醫人自徐之才崔叔鸞以還俱爲其所輕
姚僧垣字法衞吳興武康人吳太常信之八世孫也父菩提梁高平令嘗嬰疾疹歷年乃留心醫藥梁武帝召與討論方術言多會意由是頗禮之僧垣幼通洽居喪盡禮年二十四卽傳家業仕梁爲太醫正加文德主帥梁武帝嘗因發熱服大黃僧垣曰大黃快藥至尊年高不宜輕用帝弗從遂至危篤太淸元年轉鎭西湘東王府中記室參軍僧垣少好文史爲學者所稱及梁簡文嗣位僧垣兼中書舍人梁元帝平侯景召僧垣赴荆州改授晉安王府諮議梁元帝嘗有心腹病諸醫皆請用平藥僧垣曰脈洪實宜用大黃元帝從之進湯訖果下宿食因而疾愈時初鑄錢一當十乃賜十萬貫實百萬也及魏軍剋荆州僧垣猶侍梁元不離左右爲軍人所止方泣涕而去尋而周文遣使馳驛徵僧垣燕公于謹固留不遣謂使人曰五年衰暮疾病嬰沉今得此人望與之偕老周文

以謹勳德隆重乃止明年隨謹至長安武成元年授小畿伯下大夫金州刺史伊婁穆以疾還京請僧垣省疾乃云自腰至臍似有三縛兩腳緩縱不復自持僧垣即爲處湯三劑穆初服一劑上縛即解次服一劑中縛復解又服一劑三縛悉除而兩腳疼痹猶自攣弱更爲合散一劑稍得屈申僧垣曰終待霜降此患當愈及至九月遂能起行大將軍襄樂公賀蘭隆先有氣疾加以水腫喘息奔急坐臥不安或有勸其服決命大散者其家疑未能決乃問僧垣僧垣曰意謂此患不與大散相當即爲處方勸急使服便即氣通更服一劑諸患悉愈大將軍樂平公竇集暴感風疾精神瞀亂無所覺知醫先視者皆云已不可救僧垣後至曰困矣終當不死爲合湯散所患即療大將軍永世公叱伏列椿苦痢積時而不損廢朝謁燕公謹嘗問僧垣曰樂平永世俱有痼疾意永世差輕對曰夫患有深淺時有危殺樂平雖困終當保全永世雖輕必不免死謹曰當在何時對曰不出四月果如其言謹歎異之天和六年遷遂伯中大夫建德三年文宣太后寢疾醫巫雜說各有同異武帝引僧垣坐問之對曰臣準之常人竊

珍倣宋版印

以憂懼帝泣曰公既決之矣知復何言尋而太后崩其後復因召見乃授驃騎大將軍開府儀同三司敕停朝謁若非別敕不勞入見四年帝親戎東討至河陰遇疾口不能言瞼垂覆目不得視一足短縮又不得行僧垣以爲諸藏俱病不可並療軍中之要莫過於語乃處方進藥帝遂得言次又療目目疾便愈末及足足疾亦瘳比至華州帝已痊復即除華州刺史仍詔隨駕入京不令在鎮宣政元年表請致仕優詔許之是歲帝幸雲陽遂寢疾乃召僧垣赴行在所內史柳昂私問曰至尊脈候何如對曰天子上應天心或當非愚所及若凡庶如此萬無一全尋而帝崩宣帝初在東宮常苦心痛乃令僧垣療之其疾即愈及即位恩禮彌隆謂曰嘗聞先帝呼公爲姚公有之對曰臣曲荷殊私實如聖旨帝曰此是尚齒之辭非爲貴爵之號朕當爲公建國開家爲子孫永業乃封長壽縣公冊命之日又賜以金帶及衣服等大象二年除太醫下大夫帝尋有疾至於大漸僧垣宿直侍疾帝謂隋公曰今日性命唯委此人僧垣知帝必不全濟乃對曰臣但恐庸短不逮敢不盡心帝頷之及靜帝嗣位遷上開府儀同大

將軍隋開皇初進爵北絳郡公三年卒年八十五遺誡衣帢入棺朝服勿斂靈
上唯置香奩每日設清水而已贈本官加荊湖二州刺史僧垣醫術高妙爲當
時所推前後效驗不可勝紀聲譽既盛遠聞邊服至於諸蕃外域咸請託之僧
垣乃參校徵効者爲集驗方十二卷又撰行記三卷行於世長子察南史有傳
次子最字士會博通經史尤好著述年十九隨僧垣入關明帝盛聚學徒校書
於麟趾殿最亦預爲學士俄授齊王憲府水曹參軍掌記室事特爲憲所禮接
最幼在江左迄於入關未習醫術天和中齊王憲奏遣最習之憲又謂最曰博
學高才何如王襃庾信王庾名重兩國吾視之蔑如接待資給非爾家比也勿
不存心且天子有敕彌須勉勵最於是始受家業十許年中略盡其妙每有人
告請効驗甚多隋文帝踐極除太子門大夫以父憂去官哀毀骨立既免喪襲
爵北絳郡公復爲太子門大夫俄轉蜀王秀友秀鎮益州遷秀府司馬及平陳
察至最自以非嫡讓封於察隋文帝許之秀後陰有異謀隋文帝令公卿窮其
事開府慶整郝瑋等並推過於秀最獨曰凡有不法皆最所爲王實不知也榜

訊數百卒無異辭竟坐誅論者義之撰梁後略十卷行於世

褚該字孝通河南陽翟人也父義昌梁鄱陽王中記室該幼而謹厚尤善醫術仕梁歷武陵王府參軍隨府西上後與蕭撝同歸周自許奭死後該稍爲時人所重賓客迎候亞於姚僧垣天和初位縣伯下大夫進授車騎大將軍儀同三司該性淹和不自矜尙但有請之者皆爲盡其藝術時論稱其長者後以疾卒子則亦傳其家業

許智藏高陽人也祖道幼常以母疾遂覽醫方因而究極時號名醫誡諸子曰爲人子者嘗膳視藥不知方術豈謂孝乎由是遂世相傳授仕梁位員外散騎侍郎父景武陵王諮議參軍智藏少以醫術自達仕陳爲散騎常侍陳滅隋文帝以爲員外散騎侍郎使詣揚州會秦王俊有疾上馳召之俊夜夢其亡妃崔氏泣曰本來相迎如聞許智藏將至其人若到當必相苦爲之奈何明夜俊又夢崔氏曰妾得計矣當入靈府中以避之及智藏至爲俊診脈曰疾已入心卽當發癎不可救也果如言俊數日而薨上奇其妙賚物百段煬帝卽位智藏時

致仕帝每有苦輒令中使就宅詢訪或以轝迎入殿扶登御牀智藏爲方奏之
用無不効卒於家年八十宗人許澄亦以醫術顯澄父奭仕梁爲中軍長史隨
柳仲禮入長安與姚僧垣齊名拜王儀同三司澄有學識傳父業尤盡其妙歷
位尚藥典御諫議大夫封賀川縣伯父子俱以藝術名重於周隋二代史失其
事故附云

萬寶常不知何許人也父大通從梁將王琳歸齊後謀還江南事泄伏誅由是
寶常被配爲樂戸因妙達鐘律遍工八音與人方食論及聲調時無樂器寶常
因取前食器及雜物以箸扣之品其高下宮商畢備諧於絲竹大爲時人所賞
然歷周隋俱不得調開皇初沛國公鄭譯等定樂初爲黃鐘調寶常雖爲伶人
譯等每召與議然言多不用後譯樂成奏之上召寶常問其可不寶常曰此亡
國之音豈陛下所宜聞上不悅寶常因極言樂聲哀怨淫放非雅正之音請以
水尺爲律以調樂器其聲率下鄭譯調二律并撰樂譜六十四卷且論八音旋
相爲宮法改弦移柱之變爲八十四調一百四十律變化終於一千八百聲時

珍倣宋版印

以周禮有旋宮之義自漢以來知音不能通見寶常特創其事皆哂之至是試令爲之應手成曲無所疑滯見者莫不嗟異於是損益樂器不可勝紀其聲雅淡不爲時人所好太常善聲者多排毀之又太子洗馬蘇夔以鐘律自命尤忌寶常夔父威方用事凡言樂者附之而短寶常數詣公卿怨望蘇威因詰寶常所爲何所傳受有一沙門謂寶常曰上雅好符瑞有言徵祥者上皆悅之先生當言從胡僧受學云是佛家菩薩所傳音律則上必悅先生當言所爲可以行矣寶常遂如其言以答威威怒曰胡僧所傳乃四夷之樂非中國宜行其事竟寢寶常聽太常所奏樂泫然泣曰樂聲淫厲而哀天下不久將盡時四海全盛聞言者皆謂不然大業之末其言卒驗寶常貧而無子其妻因其臥疾遂竊其資物而逃寶常竟餓死將死取其所著書焚之曰何用此爲見者於火中探得數卷見行於世開皇中鄭譯何妥盧賁蘇夔蕭吉並討論墳籍撰著樂書皆爲當時所用至於天然識樂不及寶常遠矣安馬駒曹妙達王長通郭令樂等能造曲爲一時之妙又習鄭聲而寶常所爲皆歸於雅此輩雖公議不附寶常然

皆心服謂以爲神時樂人王令言亦妙達音律大業末煬帝將幸江都令言之子嘗於戶外彈胡琵琶作翻調安公子曲令言時臥室中聞之驚起曰變變急呼其子曰此曲興自早晚其子曰頃來有之令言遂歔欷流涕謂其子曰汝慎無從行帝必不反子問其故令言曰此曲宮聲往而不反宮君也吾所以知之

帝竟被弒於江都

蔣少游樂安博昌人也魏慕容白曜之平東陽見俘入於平城充平齊戶後配雲中爲兵性機巧頗能畫刻有文思吟詠之際時有短篇遂留寄平城以傭寫書爲業而名猶在鎮後被召爲中書寫書生與高聰俱依高允允並薦之與聰俱補中書博士自在中書恆庇於李沖兄弟子姪之門始北方不悉青州蔣族或謂少游本非人士又少游微因工藝自達是以公私人望不至相重唯高允李沖曲爲體練孝文文明太后嘗因密宴謂百官曰本謂少游作師耳高允老公乃言其人士然猶驟被引命以規矩刻繢爲務因此大蒙恩賜而位亦不還陟也及詔尚書李沖與馮誕游明根高閭等議定衣冠於禁中少游巧思令主

其事亦訪於劉昶二意相乖時致諍競積六載乃成始班賜百官冠服之成少游有効焉後於平城將營太廟太極殿遣少游乘傳詣洛量準魏晉基趾後爲散騎侍郎副李彪使江南孝文脩船乘以其多有思力除都水使者遷兼將作大匠仍領水池湖泛戲舟檝之具及華林殿詔脩舊增新改作金墉門樓皆所措意號爲妍美雖有文藻而不得申其才用恆以剞劂繩尺碎劇怱怱徙倚園湖城殿之側識者爲之歎慨而乃坦爾爲己任不告疲恥又兼太常少卿都水如故卒贈龍驤將軍青州刺史諡曰質有文集十卷餘少游又爲太極立模範與董爾王遇等參建之皆未成而卒初文成時郭善明甚機巧北京宮殿多其製作孝文時青州刺史候文和亦以巧聞爲要舟水中立射滑稽多智辭說無端尤善淺俗委巷之語至可翫笑位樂陵濟南二郡太守宣武明帝時豫州人柳儉殿中將軍關文備郭安興並機巧洛中製永寧寺九層佛圖安興爲匠也始孝文時有范寧兒者善圍棋曾與李彪使齊齊令江南上品王抗與寧兒制勝而還又有浮陽高光宗善樗蒲趙國李幼序洛陽丘何奴並工握槊此蓋胡

戲近入中國云胡王有弟一人遇罪將殺之弟從獄中爲此戲以上之意言孤
則易死也宣武以後大盛於時
何稠字桂林國子祭酒妥之兄子也父通善琢玉稠年十餘遇江陵平隨妥入
長安仕周御飾下士及隋文帝爲丞相召補參軍兼掌細作署開皇中累遷太
府丞稠博覽古圖多識舊物波斯嘗獻金線錦袍組織殊麗上命稠爲之稠錦
成踰所獻者上甚悅時中國久絕琉璃作匠人無敢措意稠以綠瓷爲之與真
不異尋加員外散騎侍郎開皇末桂州俚李光仕爲亂詔稠募討之師次衡嶺
遣使招其渠帥洞主莫崇解兵降款桂州長史王文同鎖崇詣稠所稠詐宣言
曰州縣不能綏養非崇之罪命釋之引共坐與從者四人爲設酒食遣之大悅
歸洞不設備稠至五更掩及其洞悉發俚兵以臨餘賊象州逆州開府梁昵討
叛夷羅壽羅州刺史馮暄討賊帥杜條遼羅州逆帥龐靖等相繼降款分遣建
帥李大檀並平之承制署首領爲州縣官而還衆皆悅服有欽州刺史甯猛力
帥衆迎軍初猛力欲圖爲逆至是惶懼請身入朝稠以其疾篤示無猜貳放還

州與約八九月詣京師相見稠還奏狀上意不懌其年十月猛力卒上謂稠曰
汝前不將猛力來今竟死矣稠曰猛力共臣約假令身死當遣子入侍越人性
直其子必來初猛力臨終誡其子長眞曰我與大使期不可失信於國士汝葬
我訖卽宜上路長眞如言入朝上大悅曰何稠著信蠻夷乃至於此以勳授開
府仁壽初文獻皇后崩稠與宇文愷參典山陵制度稠性少言善候上旨由是
漸見親昵上疾篤謂稠曰汝旣曾葬皇后今我方死亦宜好安置囑此何益但
不能忘懷耳魂而有知當相見於地下上因攬太子頸曰何稠用心我後事動
靜當共平章大業初煬帝將幸揚州敕稠討閱圖籍造輿服羽儀送至江都其
日拜太府少卿稠於是營黃麾三萬六千人仗及車輿輦輅皇后鹵簿百官儀
服依期而就送於江都所役工十萬餘人用金銀錢物巨億計帝使兵部侍郎
胡雅選部郎薛邁等勾覆數年方竟毫釐無舛稠參會今古多所改創魏晉已
來皮弁有纓而無笄導稠曰此古田獵服也今服以入朝宜變其制故弁施象
牙簪導自稠始也又從省之服初無風綬稠曰此乃晦朔小朝之服安有人臣

謁帝而除去印綬兼無佩玉之節乎乃加獸頭小綬及佩一隻舊制五輅於轅
上起箱天子與參乘同在箱內稠曰君臣同所過爲相逼乃廣爲盤輿别構欄
楯侍臣立於其中於內復起須彌平坐天子獨居其上自餘麾幢文物增損極
多帝復令稠造戎車萬乘鈎陳八百連帝善之以稠守太府卿後兼領少府監
遼東之役攝右屯衛將軍領御營弩手三萬人時工部尚書宇文愷造遼水橋
不成師未得濟左屯衛大將軍麥鐵杖因而遇害帝遣稠造橋二日而就初稠
制行殿及六合成至是帝於遼左與賊相對夜中施之其城周迴八里城及女
垣合高十仞上布甲士立仗建旗四隅置闕面列一觀觀下三門比明而畢高
麗望見謂若神功稍加至右光祿大夫從幸江都遇宇文化及亂以爲工部尚
書及敗陷於竇建德復爲工部尚書舒國公建德敗歸於大唐授少府監卒又
齊時有河間劉龍者性强明有巧思齊後主令修三雀臺稱旨因而歷職通顯
及隋文帝踐阼大見親委位右衛將軍兼將作大匠遷都之始與高熲參掌制
度世號爲能大業中有南郡公黄亘及弟袞俱巧思絶人煬帝每令其兄弟亘

少府將作於時改創多務亘袞每參典其事凡有所爲何稠先令亘袞立樣當時工人莫有所損益亘位朝散大夫袞散騎侍郎

論曰陰陽卜祝之事聖哲之教存焉雖不可以專亦不可得而廢也徇於是者不能無非厚於利者必有其害詩書禮樂所失也淺故先王重其德方術伎巧所失也深故往哲輕其藝夫能通方術而不詭於俗習伎巧而必蹈於禮者幾於大雅君子故昔之通賢所以戒乎妄作晁崇張深殷紹王早耿玄劉靈助李順與檀特師由吾道榮顏惡頭王春信都芳宋景業許遵吳遵世趙輔和皇甫王解法選魏寧綦毋懷文張子信陸法和蔣昇強練庾季才盧大翼耿詢來和蕭吉楊伯醜臨孝恭劉祐張胄玄等皆魏來術藝之士也觀其占候卜筮推步盈虛通幽洞微近知鬼神之情狀其間有不涉用於龜筮而究人事之吉凶如順與檀特之徒法和強練之輩將別稟數術詎可以智識知及江陵失守前巧盡棄還吳無路入周不可因歸事齊厚蒙榮遇雖竊之以叨濫而守之以清虛生靈所資嗜欲咸遣斯亦得道家之致矣信都芳所明解者乃是經國之用乎

周澹李脩徐謇謇兄孫之才王顯馬嗣明姚僧垣褚該許智藏方藥特妙各一時之美也而僧垣診候精審名冠一代其所全濟固亦多焉而弘茲義方皆爲令器故能享眉壽縻好爵老聃云天道無親常與善人於是信矣許氏之運針石百載可稱寶常聲律之奇足以追蹤牙曠各一時之妙也蔣何以剞劂見知沒其學思藝成爲下其近是乎周時有樂茂雅以陰陽顯史元華以相術稱並所闕也

北史卷九十

北史卷九十考證

徐謇傳文明太后時問經方而不及李脩之見任用○明監本訛因今改從南
本
九月車駕次汝濆○濆南本作瀆
王顯傳父安上少與李亮同師○李魏書作季
又罷六輔之初顯爲領軍于烈間通規策頗有密功○監本六訛大于訛於今
據于烈傳改正
嘗有一家二奴○奴監本訛双今改正
許智藏傳如聞許智藏將至○如隋書作比
蔣少游傳詔修舊增新○詔魏書作沼

北史卷九十考證

珍傚宋版珏

北史卷九十一

唐　李　延　壽　撰

列傳第七十九

列女

陸讓母馮氏　劉昶女　鍾士雄母蔣氏

孝婦覃氏　元務光母盧氏　裴倫妻柳氏

趙元楷妻崔氏

蓋婦人之德雖在於温柔立節垂名咸資於貞烈温柔仁之本也貞烈義之資也非温柔無以成其仁非貞烈無以顯其義是以詩書所記風俗所存圖像丹青流聲竹素莫不守約以居正殺身以成仁者也若文伯王陵之母白公杞殖之妻魯之義姑梁之高行衛君靈王之妾夏侯文寧之女或抱信以會真或蹈忠而踐義不以存亡易心不以盛衰改節其佳名彰於既沒徽音傳於不朽不亦休乎或有王公大人之妃偶肆情於淫僻之俗雖衣文衣食珍膳坐金屋乘玉輦不入彤管之書不霑青史之筆將草木以俱落與麋鹿而同死者可勝道哉永言載思實庶姬之恥也魏隋二書並有列女傳齊周並無此篇今又得武功孫道温妻趙氏河北孫神妻陳氏附魏隋二傳以備列女篇云

魏中書侍郎清河崔覽妻封氏者勃海人散騎常侍封愷女也有才識聰辯強

記多所究知時李敷公孫文叔雖已貴重近世故事有所不達者皆就而諮請焉

勃海封卓妻劉氏者彭城人也成婚一夕卓官於京師後以事伏法劉氏在家忽然夢想知卓已死哀泣嫂喻之不止經旬凶問果至遂憤歎而死時人比之秦嘉妻中書令高允念其義高而名不著爲之詩曰兩儀正位人倫肇甄爰制夫婦統業承先雖曰異族氣猶自然生則同室終契黃泉其一 封生令達卓爲時彥內協黃中外兼三變誰能作配克應其選實有華宗挺身淑媛其二 京野勢殊山川乖互乃奉王命載馳在路公務既弘私義獲著因媒致幣遘止一暮其三 率我初冠眷彼弱笄形由禮比情以趣諧忻願難常影跡易乖悠悠言邁戚戚長懷其四 時遇嶮迍橫罹塵網伏質就刑身分土壤千里雖遐應如影響良嬪洞感發於夢想其五 仰惟親命俯尋嘉好誰謂會淺義深情到畢志守窮誓不二醮何以驗之殞身是効其六 人之處世孰不厚生必存於義所重則輕結憤鍾心甘就幽冥永捐堂宇長辭母兄其七 芒芒中野翳翳孤丘葛藟冥蒙荊棘四周理苟不

昧神必俱遊異哉貞婦曠世靡儔其八

鉅鹿魏溥妻房氏者慕容垂貴鄉太守常山房湛女也幼有烈操年十六而溥遇疾且卒顧謂之曰死不足恨但痛母老家貧赤子蒙眇抱怨於黃壚耳房垂泣而對曰幸承先人餘訓出事君子義在偕老有志不從蓋其命也今夫人在堂弱子襁褓顧當以身少相感永深長往之恨俄而溥卒及將大斂房氏操刀割左耳投之棺中仍曰鬼神有知相期泉壤流血滂然助喪者哀懼姑劉氏輟哭而謂曰新婦何至於此對曰新婦少年不幸早寡實慮父母未量至情覬持此自誓耳聞知者莫不感愴於時子緝生未十旬鞠育於後房之內未嘗出門遂終身不聽絲竹不預座席緝年十二房父母仍存於是歸寧父兄尚有異議緝竊聞之以啓其母房命駕紿云他行因而遂歸其家弗之知也行數十里方覺兄弟來追房哀嘆而不反其執意如此訓導一子有母儀法度緝所交遊有名勝者則身具酒饌有不及己者輒屏臥不飧須其悔謝乃食善誘嚴訓類皆如是年六十五而終緝子悅後爲濟陰太守吏民立碑頌德金紫光祿大夫高

閭爲其文曰爰及處士遘疾夙凋伉儷秉志識茂行高殘形顯操誓敦久要溥
未仕而卒故云處士焉
樂部郎胡長命妻張氏者不知何許人也事姑王氏甚謹太安中京師禁酒張
以姑老且患私爲醞之爲有司所糾王氏詣曹自首由己私釀張氏曰姑老抱
患張主家事姑不知釀主司不知所處平原王陸麗以狀奏文成義而赦之
平原鄃縣女子孫氏男玉者夫爲零陵縣人所殺男玉追執讎人欲自殺之其
弟止而不聽男玉曰女人出適以夫爲天當親自復雪云何假人之手遂以杖
毆殺之有司處死以聞獻文詔曰男玉重節輕身以義犯法緣情定罪理在可
原其特恕之
清河房愛親妻崔氏者同郡崔元孫之女也性嚴明有高節歷覽書傳多所聞
知親授子景伯景光九經義學行脩明並當世名士景伯爲清河太守每有疑
獄常先請焉貝丘人列子不孝吏欲案之景伯爲之悲傷入白其母母曰吾聞
聞名不如見面小人未見禮教何足責哉但呼其母來吾與之同居其子置汝

左右令其見汝事吾或應自改景伯遂召其母崔氏處之於榻與之共食景伯
爲之温凊其子侍立堂下未及旬日悔過求還崔氏曰此雖顏慚未知心愧且
可置之凡經二十餘日其子叩頭流血其母涕泣乞還然後聽之終以孝聞其
識度勵物如此竟以壽終
涇州貞女兕氏者許嫁彭老生爲妻娉幣既畢未及成禮兕氏率行貞淑居貧
常自舂汲以養父母老生輒往逼之女曰與君娉命雖畢二門多故未及相見
何由不稟父母擅見陵辱若苟行非禮正可身死耳遂不肯從老生怒而刺殺
之取其衣服女尚能言臨死謂老生曰生身何辜與君相遇我所以執節自固
者寧更有所邀正欲奉給君耳今反爲君所殺若魂靈有知自當相報言終而
絶老生持女衣服珠纓至其叔宅以告叔曰此是汝婦奈何殺之天不祐汝遂
執送官太和七年有司劾以死辜詔曰老生不仁侵陵貞淑原其強暴便可戮
之而女守禮履節沒身不改雖處草莽行合古跡宜賜美名以顯風操其標墓
旌善號曰貞女

姚氏婦楊氏者閹人苻承祖姨也家貧及承祖爲文明太后所寵貴親姻皆求利潤唯楊獨不欲常謂其姊曰姊雖有一時之榮不若妹有無憂之樂姊每遺其衣服多不受強與之則云我夫家世貧好衣美服則使人不安與之奴婢云我家無食不能供給終不肯受常著破衣自執勞事時受其衣服多不著密埋之設有著者汙之而後服承祖每見其寒悴深恨其家謂不供給之乃啓其母曰今承祖一身何所乏少而使姨如是母具以語之承祖乃遣人乘車往迎之則厲志不起遣人強轝於車上則大哭言爾欲殺我也由是苻家內外皆號爲癡姨及承祖敗有司執其二姨至殿庭致法以姚氏婦衣裳弊陋特免其辠其識機雖呂嬃亦不如也

滎陽京縣人張洪祁妻劉氏者年十七夫亡遺腹生一子三歲又沒其舅姑年老朝夕奉養率禮無違兄矜其少寡欲奪嫁之劉自誓不許以終其身

陳留董景起妻張氏者景起早亡張時年十六痛夫少喪哀傷過禮蔬食長齋又無兒息獨守貞操期以闔棺鄉曲高之終見標異

漁陽太守陽尼妻高氏者勃海人也學識有文翰孝文敕令入侍後宮幽后表
啓悉其辭也
滎陽史映周妻耿氏者同郡耿氏女也年十七適於映周太和二十三年映周
卒耿氏恐父母奪其志因葬映周哀哭而殞見者莫不悲嘆屬太使觀風以狀
具上詔標門閭
任城國太妃孟氏者鉅鹿人尚書任城王澄之母也澄爲揚州之日率衆出討
於後賊帥姜慶眞陰結逆黨襲陷羅城長史韋纘倉卒孟乃勒兵登陴激厲文
武喻之逆順於是咸有奮志賊不能克卒以全城靈太后後敕有司樹碑旌美
梓潼太守苟金龍妻劉氏者平原人也廷尉少卿劉叔宗之姊也宣武時金龍
爲郡帶關城戍主梁人攻圍會金龍疾病不堪部分劉遂厲城人脩理戰具夜
悉登城拒戰百有餘日兵士死傷過半戍副高景陰圖叛逆劉與城人斬景及
其黨與數十人自與將士分衣減食勞逸必同莫不畏而懷之井在外城尋爲
賊陷城中絕水渴死者多劉乃集諸長幼喻以忠節遂相率告訴於天俱時號

叫俄而澍雨劉命出公私布絹及至衣服懸之城內絞而取水所有雜器悉儲之於是人心益固會益州刺史傅豎眼將至梁人乃退豎眼嘆異之具狀奏聞宣武嘉之正光中賞其子慶珍平昌縣子又得二子出身

貞孝女宗者趙郡柏人人趙郡太守李叔胤之女范陽盧元禮之妻也性至孝父卒號慟幾絕者數四賴母崔氏慰勉之得全三年之中形骸銷瘠非人不起及歸夫氏與母分隔便飲食日損涕泣不絕日就羸篤盧氏合家慰喻不解因遣歸寧還家乃復故如此者八九焉及元禮卒李追亡撫遺事姑以孝謹著母崔終於洛陽凶問初到舉聲慟絕一宿乃蘇水漿不入口者六日其姑慮其不濟親送奔喪而氣力危殆自范陽向都八旬方達攀櫬號踊遂卒有司以狀聞詔追號貞孝女宗易其里爲孝德里樹李盧二門以惇風俗

河東姚氏女者字女勝少喪父無兄弟母憐而守養年六七歲便有孝性人言其父者聞輒垂泣鄰伍異之正光中母死勝年十五哭泣不絕聲水漿不入口者數日不勝哀遂死太守崔遊申請爲營墓立碑自爲制文表其門閭比之曹

娥改其里曰上虞里墓在都城東六里大道北至今名為孝女冢

滎陽刁思遵妻者魯氏女也始筓為思遵所娉未踰月而思遵亡其家矜其少

寡許嫁已定魯聞之以死自誓父母不違其志遂經郡訴稱刁氏悋護寡女不

使歸寧魯乃與老姑徒步詣司徒府自告情狀普泰初有司聞奏節閔詔本司

依式標榜

西魏武功縣孫道温妻趙氏者安平人也万俟醜奴之反圍岐州久之無援趙

乃謂城中婦女曰今州城方陷義在同憂遂相率負土晝夜培城城竟免賊大

統六年贈夫岐州刺史贈趙安平縣君

河北孫神妻陳氏者河北郡人也神當遠戍主吏配在夏州意難其遠有孤兄

子欲以自代陳曰為國征戍道路遼遠何容身不肯行以孤姪自代天下物議

誰其相許神感其言乃自行在戍未幾便喪櫬柩至陳望而哀慟一哭而卒文

帝詔表其閭

隋蘭陵公主字阿五文帝第五女也美姿容性婉順帝於諸女中特所鍾愛初

嫁儀同王奉孝奉孝卒適河東柳述時年十八諸姊並驕踞主獨折節遵婦道事舅姑甚謹遇疾必親奉湯藥帝聞之大悅由是述漸見寵遇初晉王廣欲以主配其妃弟蕭瑒文帝將許之後遂適述晉王因不悅及述用事彌惡之文帝崩述徙嶺表煬帝令主與述離絕將改嫁之公主以死自誓不復朝謁表求免主號與述同徙帝大怒曰天下豈無男子欲與述同徙邪主曰先帝以妾適柳家今其有辠妾當從坐帝不悅主憂憤卒時年三十二臨終上表生不得從夫死乞葬柳氏帝覽表愈怒竟不哭葬主於洪瀆川資送甚薄朝野傷之

南陽公主者煬帝長女也美風儀有志節十四嫁於許國公宇文述子士及以謹厚聞述病且卒主親調飲食手自奉上世以此稱之及宇文化及弑逆公主隨至聊城而化及爲竇建德所敗士及自濟北西歸大唐時隋代衣冠引見建德莫不惶懼失常唯主神色自若建德與語主自陳國破家亡不能報怨雪恥淚下盈襟聲辭不輟情理切至建德及觀聽者莫不爲之動容隕涕咸敬異焉及建德誅化及時主有一子名禪師年且十歲建德遣武賁郎將於士澄謂主

曰宇文化及躬行弒逆今將族滅其宗公主之子法當從坐若不能割愛亦聽留之主泣曰武賁既是隋室貴臣此事何須見問建德竟殺之公主尋請建德剃髮爲尼及建德敗將歸西京復與士及遇於東都主不與相見士及就之請復爲夫妻主拒曰我與君讐家今恨不能手刃君者以謀逆之際君不預知耳固與告絕士及固請主怒曰必就死可相見也士及知不可屈乃拜辭而去

襄城王恪妃者循州刺史柳旦女也妃姿貌端麗年十餘以良家子合相見娉爲妃未幾而恪被廢妃修婦道事之愈敬煬帝嗣位復徙邊帝令使者殺之於道恪與辭決妃曰若王死妾誓不獨生於是相對慟哭恪死棺斂訖妃謂使者曰妾誓與楊氏同穴若身死得不別埋君之惠也遂撫棺號慟自經而卒見者莫不流涕

華陽王楷妃者黃門侍郎龍涸縣公河南元巖女也巖明敏有器幹煬帝嗣位坐與柳述連事除名徙南海後會赦還長安有人譖巖逃歸收殺之妃有姿色性婉順初以選爲妃未幾而楷被幽廢妃事楷愈謹每見楷有憂懼色輒陳義

理以慰諭之楷甚敬焉及江都之亂楷遇害宇文化及以妃賜其黨元武達初以宗族禮之置之別舍後因醉而逼之妃自誓不屈武達怒撻之百餘詞色彌厲元自毀其面血淚俱下武達釋之妃謂其徒曰我不能早死致命將見侵辱我之辜也因不食而卒

譙國夫人洗氏者高涼人也世爲南越首領部落十餘萬家夫人幼賢明在父母家撫循部衆能行軍用師壓服諸越每勸宗族爲善由是信善結於本鄉越人俗好相攻擊夫人兄南梁州刺史挺恃其富強侵掠傍郡嶺表苦之夫人多所規諫由是怨隙止息海南儋耳歸附者千餘洞梁大同初羅州刺史馮融聞夫人有志行爲其子高涼太守寶娉以爲妻融本北燕苗裔也初馮弘之南投遣融大父業以三百人浮海歸宋因留于新會自業及融三世爲守牧他鄉羈旅號令不行至夫人誡約本宗使從百姓禮每與夫寶參決辭訟首領有犯法者雖是親族無所縱捨自此政令有序人莫敢違後遇侯景反廣州都督蕭勃徵兵援臺高州刺史李遷仕據大皐口遣召寶寶欲往夫人疑其反止之數日

還仕果反遣主帥杜平虜率兵入灨石寶以告夫人曰平虜入灨與官兵相拒
勢未得還遷仕在州無能爲也宜遣使詐之云身未敢出欲遣婦往參彼必無
防慮我將千餘人步擔雜物唱言輸賧得至柵下賊亦可圖從之遷仕果大喜
覘夫人衆皆擔物不設備夫人擊之大捷因總兵與長城侯陳霸先會于灨石
還謂寶曰陳都督極得衆心必能平賊君厚資給之及寶卒嶺表大亂夫人懷
集百越數州晏然陳永定二年其子僕年九歲遣帥諸首領朝于丹陽拜陽春
郡守後廣州刺史歐陽紇謀反召僕至南海誘與爲亂僕遣使歸告夫人夫人
曰我爲忠貞經今兩代不能惜汝負國遂發兵拒境紇徒潰散僕以夫人之功
封信都侯加平越中郎將轉石龍太守詔使持節冊夫人爲高涼郡太夫人賚
繡幰油絡駟馬安車一乘給鼓吹一部幷麾幢旌節一如刺史之儀至德中僕
卒後陳國亡嶺南未有所附數郡共奉夫人號爲聖母隋文帝遣總管韋洸安
撫嶺外陳將徐璒以南康拒守洸不敢進初夫人以扶南犀杖獻陳主至此晉
王廣遣陳主遺夫人書諭以國亡命其歸化幷以犀杖及兵符爲信夫人見杖

驗知陳亡集首領數千人盡日慟哭遣其孫魂帥衆迎洸洸至廣州嶺南悉定表魂爲儀同三司冊夫人爲宋康郡夫人未幾番禺人王仲宣反圍洸進兵屯衡嶺夫人遣其孫暄帥師援洸時暄與逆黨陳佛智素相友故遲留不進夫人大怒遣使執暄繫州獄又遣孫盎討佛智斬之進兵至南海與鹿愿軍會共敗仲宣夫人親被甲乘介馬張錦傘領彀騎衞詔使裴矩巡撫諸州其蒼梧首領陳坦岡州馮岑翁梁化鄧馬頭藤州李光略羅州龐靖等皆來參謁還令統其部落嶺南悉定帝拜盎爲高州刺史仍赦出暄拜羅州刺史追贈寶爲廣州總管封譙國夫人幕府署長史已下官屬給印章聽發部落六州兵馬若有機急便宜行事降敕書褒美賜物五千段皇后以首飾及宴服一襲賜之夫人並盛於金篋幷梁陳賜物各藏于一庫每歲時大會皆陳于庭以示子孫曰汝等宜盡赤心向天子我事三代主唯用一好心今賜物具存此忠孝之報時番州總管趙訥貪虐諸俚獠多有亡叛夫人遣長史張融上封事論安撫之宜幷言訥辠狀上遣推訥得其贓竟致于法敕委夫人招慰亡叛夫人親載詔書自稱使

者歷十餘州宣述上意諭諸俚獠所至皆降文帝賜夫人臨振縣湯沐邑一千五百戶贈僕爲崖州總管平原郡公仁壽初卒諡爲誠敬夫人

鄭善果母崔氏者清河人也年十三適滎陽鄭誠生善果周末誠討尉遲迥力戰死于陳母年二十而寡父彥睦欲奪其志母抱善果曰婦人無再男子之義且鄭君雖死幸有此兒棄兒爲不慈背死夫爲無禮寧當割耳剪髮以明素心違禮滅慈非敢聞命善果以父死王事年數歲拜使持節大將軍襲爵開封縣公開皇初進封武德郡公年十四授沂州刺史轉景州刺史尋爲魯郡太守母性賢明有節操博涉書史通曉政事每善果出聽事母輒坐胡牀於障後察之聞其剖斷合理歸則大悅卽賜之坐相對談笑若行事不允或妄嗔怒母乃還堂蒙袂而泣終日不食善果伏於牀前不敢起母方起謂之曰吾非怒汝乃愧汝家耳吾爲汝家婦獲奉灑掃知汝先君忠勤之士也守官清恪未嘗問私以身狥國繼之以死吾亦望汝副其此心汝既年小而孤吾寡婦耳有慈無威使汝不知禮訓何可負荷忠臣之業乎汝自童子襲茅土汝今位至方岳豈汝身

致之邪不思此事而忘加嗔怒心緣驕樂墮於公政內則墜爾家風或失亡官爵外則虧天下法以取辜戾吾死日何面目見汝先人於地下乎母恆自紡績每自夜分而寢善果曰兒封侯開國位居三品秩俸幸足母何自勤如此答曰吁汝年已長吾謂汝知天下理今聞此言公事何由濟乎今秩俸乃天子報汝先人殉命也當散贍六姻爲先君之惠妻子奈何獨擅其利以爲富貴乎又絲枲紡績婦人之務上自王后下及大夫士妻各有所製若墮業者是爲驕逸吾雖不知禮其可自敗名乎自初寡便不御脂粉常服大練性又節儉非祭祀賓客之事酒肉不妄陳其前靜室端居未嘗輒出門閤內外姻戚有吉凶事但厚加贈遺皆不詣其門非自手作及莊園祿賜所得雖親族禮遺悉不許入門善果歷任州郡內自出饌於衙中食之公廨所供皆不許受悉用修理公宇及分僚佐善果亦由此克己號爲清吏煬帝遣御史大夫張衡勞之考爲天下最徵授光祿卿其母卒後善果爲大理卿漸驕恣公清平允遂不如曩昔焉

孝女王舜者趙郡人也父子春與從兄長忻不協齊亡之際長忻與其妻同謀

殺子春舜時年七歲有二妹粲年五歲璠年二歲並孤苦寄食親戚舜撫育二妹恩義甚篤而舜陰有復讎之心長忻殊不爲備妹俱長親戚欲嫁之輒拒不從乃密謂二妹曰我無兄弟致使父讎不復吾輩雖女子何用生爲我欲共汝報復汝竟何如二妹皆垂泣曰唯姊所命夜中姊妹各持刀踰牆入手殺長忻夫婦以告父墓因詣縣請辠姊妹爭爲謀首州縣不能決文帝聞而嘉歎特原其辠

韓覬妻于氏者河南人也字茂德父實周大左輔于氏年十四適於覬雖生長膏腴家門鼎貴而動遵禮度躬自儉約宗黨敬之年十八覬從軍沒于氏哀毀骨立慟感行路每朝夕奠祭皆手自捧持及免喪其父以其幼少無子欲嫁之誓不許遂以夫孽子世隆爲嗣身自撫育愛同己生訓導有方卒能成立自孀居以後唯時或歸寧至於親族之家絕不來往有尊就省謁者送迎皆不出戶庭蔬食布衣不聽聲樂以此終身隋文帝聞而嘉歎下詔褒美表其門閭長安中號爲節婦門終于家

珍倣宋版印

陸讓母馮氏者上黨人也性仁愛有母儀讓卽其孽子也開皇末爲播州刺史數有聚斂贓貨狼籍爲司馬所奏案覆得實將就刑馮氏蓬頭垢面詣朝堂數讓辠於是流涕嗚咽親持盃粥勸讓食既而上表求哀詞情甚切上愍然爲之改容獻皇后甚奇其意致請於上書侍御史柳彧進曰馮氏母德之至有感行路如或戮之何以爲勸上於是集京城士庶於朱雀門遣舍人宣詔曰馮氏以嫡母之德足爲世範慈愛之道義感人神特宜矜免用奬風俗讓可減死除名復下詔褒美之賜物五百段集命婦與馮相識以旌寵異

劉昶女者河南長孫氏婦昶在周尚公主爲上柱國彭國公位望甚顯與隋文帝有舊及受禪甚見親禮歷左武衞大將軍慶州總管其子居士爲千牛備身不遵法度數得罪上以昶故每原之居士轉恣每大言曰男兒要當辮頭反縛蘧篨上作獠舞取公卿子弟膂力雄健者輒將歸家以車輪括其頸而棒之殆死能不屈者稱爲壯士釋而與之交黨與三百人其趫捷者號爲餓鶻隊武力者號爲蓬轉隊韝鷹紲犬連騎道中毆擊路人多所侵奪長安市里無貴賤見

者辟易至於公卿妃主亦莫敢與校其女則居士姊也每垂泣誨之居士不改至破家產昶年高奉養甚薄其女時寡居哀昶如此每歸寧于家躬勤紡績以致其肥鮮有人告居士與其徒遊長安城登故未央殿基向南坐前後列隊意有不遜每相約曰當作一死耳又時有人言居士遣使引突厥令南寇當於京師應之上謂昶曰今日事當如何昶猶恃舊恩不自引咎直前曰黑白在于至尊上大怒下昶獄捕居士黨與憲司又奏昶事母不孝其女知昶必不免不食者數日每親調飲食手自捧持詣大理餉父見獄卒跪以進之歔欷嗚咽見者傷之居士斬昶賜死于家詔百僚臨視時其女絕而復蘇者數矣公卿慰喻之其女言父無辜坐子及禍詞情哀切人皆不忍聞見遂布衣蔬食以終其身上聞歎曰吾聞衰門之女與門之男固不虛也

鍾士雄母蔣氏者臨賀人也士雄仕陳爲伏波將軍陳主以士雄嶺南酋帥慮其反覆留蔣氏於都下及晉王廣平江南以士雄在嶺表欲以恩義致之遣蔣氏歸臨賀既而同郡虞子茂鍾文華等作亂攻城遣召士雄士雄將應之蔣氏

一 珍倣宋版印

謂曰汝若背德忘義我當自殺於汝前士雄遂止蔣氏復爲書與子茂等諭以禍福子茂不從尋爲官軍所敗上聞蔣氏甚異之封安樂縣君時伊州寡婦胡氏者不知何許人妻甚有志節爲邦族所重江南之亂諷諭宗黨守節不從叛逆封爲密陵郡君

孝婦覃氏者上郡鍾氏婦也與夫相見未幾而夫死時年十八事後姑以孝聞數年間姑及伯叔皆相繼死覃氏家貧無以葬躬自節儉晝夜紡績十年而葬八喪爲州里所敬文帝聞而賜米百石表其門閭

元務光母盧氏者范陽人也少好讀書造次必以禮盛年寡居諸子幼弱家貧不能就學盧氏每親自教授勗以義方漢王諒反遣將綦良往山東略地良以務光爲記室及良敗慈州刺史上官政簿籍務光家見盧氏逼之盧氏以死自誓政凶悍怒甚以燭燒其面盧氏執志彌固竟不屈節

裴倫妻柳氏者河東人也少有風訓大業末倫爲渭源令爲賊薛舉所陷倫遇害柳氏時年四十有二女及兒婦三人皆有美色柳氏謂曰我輩遭逢禍亂汝

父已死我自念不能全汝我門風有素義不受辱于羣賊我將與汝等同死如何女等垂泣曰唯母所命柳氏遂自投於井其女及婦相繼而下皆死井中

趙元楷妻崔氏者清河人也甚有禮度隋末宇文化及之反元楷隨至河北將歸長安至滏口遇盜僅以身免崔氏爲賊所拘請以爲妻崔氏曰我士大夫女爲僕射子妻今日破亡自可即死終不爲賊婦羣賊毀裂其衣縛於牀簀之上將陵之崔氏懼爲所辱詐之曰今力已屈當受處分賊遂釋之崔因取賊刀倚樹而立曰欲殺我任加刀鋸若覓死可來相逼賊大怒亂射殺之元楷後得殺妻者支解以祭崔氏之柩

論曰婦人主織紝中饋之事其德以柔順爲先斯乃舉其中庸未臻其極者也至於明識遠圖貞心峻節志不可奪唯義所高考之圖史亦何代而無之哉魏隋所敘列女凡三十四人自王公妃主下至庶人女妻蓋有質邁寒松心蹈匪石或忠壯誠懇或文采可稱雖子政集之於前元凱締之於後比其美節亦何以尚茲故知蘭玉芳貞蓋乃稟其性矣

北史卷九十一

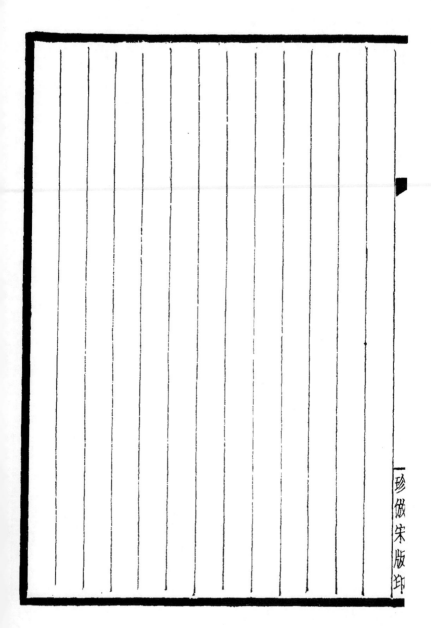

北史卷九十一考證

涇州貞女兒氏傳○兒氏魏書作兕先氏

任城國太妃孟氏傳澄爲揚州之日○揚監本訛楊今改從南本

隋蘭陵公主傳文帝將許之○將隋書作初

襄城王恪妃傳妃曰若王死妾誓不獨生○曰監本訛王今改正

華陽王楷妃傳我不能早死致命將見侵辱○命隋書作令

譙國夫人洗氏傳○洗南本作冼

夫人大怒遣使執暄繫州獄○繫監本訛係今改從南本

鄭善果母崔氏傳每善果出聽事○果出二字監本缺今從南本增入

劉昶女傳韝鷹紲犬連騎道中○犬監本訛大今改從南本

北史卷九十一考證

珍傲宋版玱

北史卷九十二

唐　李　延　壽　撰

列傳第八十

恩幸

夫令色巧言矯情飾貌邀眄睞之利射咳唾之私乃苟進之常道也況乃親由褻狎恩生趨走便僻俯仰當寵擅權斯乃夏桀殷紂所以喪兩代石顯張讓所

以翦二京焉魏世王叡幸於太和之初鄭儼寵於孝昌之季宗愛之弑帝害王
劉騰之廢后戮相此蓋其甚者爾其間盜官賣爵污辱宮闈者多矣亦何可枚
舉哉斯乃王者所宜深誡而齊末又有甚焉乃自書契以降未之有也若乃心
利錐刀居台鼎之任智昏菽麥當機衡之重亦有西域醜胡龜茲雜伎封王開
府接武比肩非直獨守幸臣且復多干朝政賜予之費帑藏以虛杼柚之資剝
掠將盡齊運短促固其宜哉神武文襄情存庶政文武任寄多貞幹之臣唯郭
秀小人有累明德天保五年之後雖罔念作狂所幸有通州刺史梁伯和陸翾
兒之徒唯左右驅馳內外褻狎其朝廷之事一不與聞故不入此傳大寧之後
姦佞浸繁盛業鴻基以之顛覆生靈厄夫左袵非不幸也魏書有恩幸傳及閹
官傳齊書有佞幸傳今用比次以爲恩幸篇云舊書鄭儼在恩幸中今從例附
其家傳其餘並編於此其宦者之徒尤是亡齊之一物醜聲穢跡千端萬緒其
事闕而不書乃略存姓名附之此傳之末其帝家諸奴及胡人樂工叨竊貴幸
者亦附出焉

王叡字洛誠自云太原晉陽人也六世祖横張軌參軍晉亂子孫因居於武威姑臧父橋字法生解天文卜筮涼州平入京家貧以術自給歷位終於侍御中散天安初卒贈平遠將軍涼州刺史顯美侯謚曰敬叡少傳父業而姿貌偉麗景穆之在東宮見而奇之興安初擢爲太卜中散稍遷爲令領太史承明元年文明太后臨朝叡因緣見幸超遷給事中俄爲散騎常侍侍中吏部尚書賜爵太原公於是內參機密外豫政事愛寵日隆朝士懾憚焉太和二年孝文及文明太后率百僚與諸方客臨獸圈有猛獸逸登門閣道幾至御坐左右侍衞皆驚靡叡獨執戟禦之猛獸乃退故親任轉重三年春詔叡與東陽王丕同入八議永受復除四年遷尚書令進爵中山王加鎭東大將軍置王官二十二人中書侍郎鄭義爲傳中郎令以下皆當時名士又拜叡妻丁氏爲妃及沙門法秀謀逆事發多所牽引叡曰與殺不辜寧赦有辠宜梟斬首惡餘從原赦不亦善乎孝文從之得免者千餘人叡出入帷幄太后密賜珍玩繒綵人莫能知率常以夜帷載閹官防致前後鉅萬不可勝數加以田園奴婢牛馬雜畜並盡良美

大臣及左右因是以受賚賜外示不私所費又以萬計及疾病孝文太后每親
視疾侍官省問相望於道及疾篤上疏陳刑政之宜尋薨孝文文明太后親臨
哀慟賜温明祕器宕昌公王遇監護喪事贈衞大將軍太宰幷州牧諡曰宣王
內侍長董醜奴營墳墓將葬於城東孝文登城樓以望之京都文士爲作哀詩
及誄者百餘人乃立叡祀於都南二十里大道右起廟以時祭薦幷立碑銘置
守祀五家又詔褒揚叡圖其捍猛獸狀於諸殿令高允爲之讚京邑士女諂稱
叡美造新聲而絃歌之名曰中山王詔班樂府合樂奏之初叡女妻李沖兄子
𦂳次女又適趙國李恢子華女之將行先入宮中其禮略如公主王女之儀太
后親御太華殿寢其女於帳中叡與張祐侍坐叡所親及兩李家丈夫婦人列
於東西廊及女子登車太后送過中路時人竊謂天子太后嫁女叡之葬也假
親姻義舊衰絰縞冠送喪者千餘人皆舉聲慟泣以要榮利時謂之義孝叡既
貴乃言家本太原晉陽遂移屬焉故其兄弟封爵多以幷州郡縣薨後重贈叡
父橋侍中征西將軍左光祿大夫儀同三司武威王諡曰定追策叡母賈氏爲

妃立碑於墓左父子並葬城東相去里餘遷洛後更徙葬太原晉陽故地子襲字元孫叡薨孝文詔襲代領都曹爲尙書令領吏部曹後襲王爵例降爲公太后崩後襲禮遇稍薄不復關與時事後出爲幷州刺史輿駕諸洛路幸其州人庶多爲立銘置於大路虛相稱美或云襲所教也尙書奏免其官詔唯降號三等卒贈豫州刺史諡曰質襲弟椿字元壽正始中拜太原太守坐事免椿僮僕千餘園宅華廣聲伎自適無乏於時或有勸椿仕者椿笑而不答雅有巧思凡所營製可爲後法由是正光中元叉將營明堂辟雍欲徵爲將作大匠椿聞而固辭孝昌中尒朱榮以汾州胡逆表椿慰勞汾胡汾胡與椿比州服其聲望所至降下事寧授太原太守以預立莊帝功封遼陽縣子尋轉封真定縣永熙中除瀛州刺史時有風雹之變詔書廣訪讜言椿乃上疏言政事之宜椿性嚴察下不容姦所在吏人畏之重足天平末更滿還鄉初椿於宅構起聽事極爲高壯時人忽云此乃太原王宅豈是王太原宅椿往爲本郡世皆呼爲王太原未幾尒朱榮居椿之宅榮封太原王焉至於齊神武之居晉陽霸朝所在人士輻

湊椿禮敬親知多所拯接後以老病辭疾客居趙郡之西鯉魚祠山卒贈尚書左僕射太尉公冀州刺史諡曰文恭及葬齊神武親自吊送椿妻鉅鹿魏悅次女明達有遠操多識往行前言隨夫在華州兄子建在洛遇患聞而馳赴膚容虧損親類歎尚之尒朱榮妻鄉郡長公主深所禮敬永安中詔以爲南和縣君內足於財不以華飾爲意撫兄子牧情同己子存拯親類所在周給椿名位終始魏有力焉卒贈鉅鹿郡君椿無子以兄孫叔明爲後

王仲興趙郡南欒人也父天德起自細微至殿中尚書仲興幼而端謹以父任早給事左右累遷越騎校尉孝文在馬圈自不豫大漸迄於崩仲興頗預侍護宣武卽位轉左中郎將及帝親政與趙脩並見寵任遷光祿大夫領武衛將軍雖與脩並而畏慎自退不若脩倨傲無禮咸陽王禧之出奔也當時上下微爲震駭帝遣仲興先馳入金墉安慰後與領軍于勁參機要因自迴馬圈侍疾及入金墉功遂封上黨郡開國公自拜武衛及受封日車駕每臨饗其宅宣武游幸仲興與常侍不離左右外事得徑以聞百僚亦聳體而承望焉兄可久以仲興

故自散爵爲征虜府長史帶彭城太守仲興世居趙郡自以寒微云舊出京兆霸城故爲雍州大中正尙書後以仲興賞報過優北海王詳嘗以面啓奏請降減事久不決可久在徐州特仲與寵勢輕侮司馬梁郡太守李長壽乃令僮僕邀毆長壽遂折其脅州以表聞北海王詳因百僚朝集厲色大言曰徐州名藩先帝所重朝廷云何簡用上佐遂至此紛紜以徹荒外豈不爲國醜辱仲興是後漸疎宣武乃下詔奪其封邑後卒於幷州刺史宣武時又有上谷寇猛少以姿幹充武賁稍遷至武衞將軍出入禁中無所拘忌自以上谷寇氏得補燕州大中正而不能甄別士庶也卒贈燕州刺史

趙脩字景業趙郡房子人也父謐陽武令脩本給事東宮爲白衣左右頗有膂力宣武踐阼愛遇日隆然天性闇塞不閑書疏宣武親政旬月間頻有轉授每受除設宴帝幸其宅諸王公百僚悉從帝親見其母脩能劇飮至於逼勸觴爵雖北海王詳廣陽王嘉等皆亦不免必致困亂每適郊廟脩常驂陪出入華林恆乘馬至禁內咸陽王禧誅其家財貨多賜高肇及脩脩之葬父百官自王公

已下無不弔祭酒犢祭奠之具塡塞門街於京師爲制碑銘獸石柱皆發人車牛傳致本縣財用之費悉自公家凶吉車乘將百兩道路供給皆出於官時將馬射宣武留脩過之帝如射宮又驂乘輅車旒竿觸東門折脩恐不逮葬日驛赴塋期左右求從及特遣者數十人脩道路嬉戲殆無慼容或與賓客姦掠婦女裸觀從者噂喈喧譁詬詈無節莫不畏而惡之是年又爲脩廣增宅舍多所幷兼洞門高堂房廡周博崇麗擬於諸王其四面鄰居賂入其地者侯天盛兄弟越次出補長史大郡脩起自賤伍暴致富貴奢傲無禮物情所疾因其在外左右或諷糾其皐自其葬父還也舊寵少薄初王顯附脩後因忿鬩密伺其過列脩葬父時路中淫亂不軌又云與長安人趙僧檦謀匿玉印事高肇甄琛等搆成其皐乃密以聞始琛及李憑等曲事脩無所不至懼相連及乃爭共糾擿遂有詔按其皐惡鞭之一百徙敦煌爲兵其家宅作徒卽仰停罷所親在內者悉令出禁是日脩詣領軍于勁第與之樗蒱籌未及畢羽林數人相續而至稱詔呼之脩驚起隨出路中執引脩馬詣領軍府琛與顯監決其皐先具問事有

力者五人更迭鞭之占令必死旨决百鞭其實三百脩素肥壯腰腹博碩堪忍
楚毒了不轉動鞭訖即召驛馬促之令發出城西門不自勝舉縛置鞍中急驅
馳之其母妻追隨不得與語行八十里乃死初于后之入脩之力也脩死後領
軍于勁猶追感舊意經恤其家自餘朝士昔相宗承者悉棄絶之以示己之疎
遠焉
茹皓字禽奇舊吳人也父讓之本名要隨宋巴陵王休若爲將至彭城遂寓居
淮陽上黨年十五六爲縣金曹吏南徐州刺史沈陵見而善之自隨入洛舉充
孝文白衣左右宣武踐阼皓侍直禁中稍被寵接宣武嘗拜山陵路中欲引與
同車黄門侍郎元匡切諫乃止及帝親政皓眷賚日隆時趙脩亦被幸妬之求
出皓皓亦慮見危禍不樂內官遂超授濮陽太守其父因皓訟理舊勳先除兗
州陽平太守賜以子爵父子剖符名邦郡境相接皓忻於去內不以疎外爲戚
及趙脩等敗竟獲全雖起微細爲守乃清簡寡事後授左中郎將領直閤寵待
如前皓既宦達自云本出雁門雁門人諂附者乃因薦皓於司徒請爲肆州大

中正詔特依許還驍騎將軍領華林諸作皓性微工巧多所興立爲山於天泉池西採掘北芒及南山佳石徙竹汝潁羅蒔其間經構樓觀列於上下樹草栽木頗有野致帝心悅之以時臨幸皓貴寵日昇關預政事太傅北海王詳以下咸祇憚之皓娶僕射高肇從妹於帝爲從母迎納之日詳親詣之禮以馬物皓又爲弟聘安豐王延明妹延明恥非舊流不許詳勸之云欲覓官職如何不與茹皓昏姻也延明乃從焉皓頗敏慧折節下人潛自經營陰有納受貨產盈積起宅宮西朝貴弗及時帝雖親萬務皓率常居內留宿不還傳可門下奏事未幾轉光祿少卿意殊不已方欲陳馬圈從先帝勞更希榮舉初僞皓之寵北海王詳皆附之又直閤劉冑本爲詳薦常感恩高肇素嫉諸王常規陷害旣知詳與皓等交關相昵乃構之云皓等將有異謀宣武乃召中尉崔亮令奏皓冑常季賢陳掃靜四人擅勢納賄及私亂諸事卽日執皓等皆詣南臺翌日奏處殺之皓妻被髮出堂哭而迎皓皓徑入哭別食椒而死冑字元孫後位直閤將軍季賢起於主馬宣武初好騎乘因是獲寵位司藥丞仍主廐閑掃靜徐義恭並

彭城舊營人埽靜能爲宣武典櫛梳義恭善執衣服並以巧便旦夕居中愛幸
相侔官敘不異二人皆承晧晧亦接眷而埽靜偏爲親密與晧常在左右略不
歸休晧敗埽靜亦死於家義恭小心謹慎晧等死後彌見幸信宣武不豫義恭
晝夜扶抱崩於懷中義恭諂附元乂乂有淫宴多在其宅位終左光祿大夫
趙邕字令和自云南陽人也潔白美鬚眉司空李冲之貴寵也邕以少年端謹
出入其家頗給按磨奔走之役冲令與諸子游處人有束帶謁冲者時託之以
自通太和中給事左右至殿中監宣武即位及親政猶居本任微與趙脩結爲
宗援然亦不甚相附也邕父怡以邕寵召拜太常少卿尋爲荊州大中正出爲
荊州刺史怡乃致其母喪葬於宛城之南趙氏舊墟後拜金紫光祿大夫卒贈
相州刺史宣武每出入郊廟脩恆以常侍兼侍中陪乘而邕兼奉車都尉執轡
同載時人竊論號爲二趙以趙出南陽徙屬荊州邕轉給事中南陽中正以父
爲荊州大中正罷宣武崩邕兼給事黃門後爲幽州刺史貪與范陽盧氏爲婚
女父早亡其叔許之而母不從母北平陽氏攜女至家藏避規免邕乃考掠陽

叔遂至於死陽氏訴寃邕坐處死會赦免孝昌初卒

侯剛字乾之河南洛陽人也其先代人本出寒微少以善於鼎俎得進膳出入積官至嘗食典御宣武以其質直賜名剛焉稍遷左中郎將領刀劍左右後領太子中庶子宣武崩剛與侍中崔光迎明帝於東宮尋除衞尉卿封武陽縣侯俄爲侍中撫軍將軍恆州大中正進爵爲公熙平中侍中游肇出爲相州剛言於靈太后曰昔高氏擅權游肇抗衡不屈而出牧一藩未盡其美宜還引入以輔聖主太后善之剛寵任既隆江陽王繼尚書長孫承業皆以女妻其子司空任城王澄以其起由膳宰頗竊侮之云此近爲我舉食然公坐對集敬遇不虧後剛坐掠殺試射羽林爲御史中尉元匡所彈處剛大辟尚書令任城王澄爲之言於靈太后令削封三百戶解嘗食典御剛於是頗爲失意剛自太和進食遂爲典御歷兩都三帝二太后將三十年至此始解御史中尉元匡之廢也剛爲太傅清河王懌所舉除車騎將軍領御史中尉及領軍元乂執政剛長子乂之妹夫乃引剛爲侍中左衞將軍還領嘗食典御以爲拔援復領御史中尉剛

啓軍旅稍與國用不足求以己邑俸粟賑給征人比至軍下明帝許之孝昌元年除領軍初元乂之解領軍靈太后以乂腹心尚多恐難卒制故權以剛代之示安其意尋出爲冀州刺史剛在道詔暴其朋黨元乂逼脅內外降爲征虜將軍餘悉削黜終於家永安中贈司徒公剛以上谷先有侯氏於是始家焉

徐紇字武伯樂安博昌人也家世寒微紇少好學頗以文詞見稱宣武初自書生除中書舍人詔附趙脩脩誅坐徙枹罕雖在徒役志氣不撓故事捉逃役流兵五人者聽免紇以此得還久之復除中書舍人太傅清河王懌以文翰待之及元乂害懌出爲鴈門太守稱母老解郡尋飾貌事乂大得乂意靈太后反政以紇曾爲懌所顧待復自母憂中起爲中書舍人曲事鄭儼是以特被信任俄遷給事黃門侍郎仍領舍人總攝中書門下事軍國詔命莫不由之時有急速令數吏執筆或行或臥人別占之造次俱成不失事理雖無雅才咸得濟用時黃門侍郎太原王遵業瑯邪王誦並稱文學亦不免爲紇執筆承其指授紇機辯有智數公當斷決終日不以爲勞長直禁中略無休息時復與沙門講論或

分宵達曙而心力無怠道俗歎服之然性浮動慕權利外似謇正內實謟諛時
豪勝己必相陵駕書生貧士矯意禮之其詭態若此有識鄙焉紇既處腹心參
斷機密勢傾一時遠近填湊與鄭儼李神軌寵任相亞時稱徐鄭焉然無經國
大體好行小數說靈太后以鐵券間尒朱榮左右榮知深以爲憾啓求誅之榮
將入洛旣剋河梁紇矯詔夜開殿中取驊騮御馬十餘匹東走兗州羊侃時爲
太山太守紇往投之說侃令舉兵侃從之遂聚兵反共紇圍兗州孝莊初遣侍
中于暉爲行臺與齊神武討之紇慮不免說侃請乞師於梁侃信之遂奔梁文
筆駮論十卷多有遺落時或存於世焉
宗愛不知其所由來以辠爲閹人歷碎職至中常侍正平元年元正太武大會
於江上班賞羣臣以愛爲秦郡公景穆之監國也每事精察愛天性險暴行多
非法景穆每銜之給事中侯道盛侍郎任平城等任事東宮微爲權勢太武頗
聞之二人與愛並不睦愛懼道盛等案其事遂搆告其辠詔斬道盛等於都街
時太武震怒景穆遂以憂薨是後太武追悼不已愛懼誅遂謀逆二年春太武

暴崩愛所爲也尚書左僕射蘭延侍中吳興公和疋侍中太原公薛提等祕不發喪延疋二人議以文成冲幼欲立長君徵秦王翰置之祕室提以文成有世嫡之重不可廢所宜立而更求君延等猶豫未決愛知其謀始愛負辠於東宮而與吳王余素協乃密迎余自中宮便門入矯皇后令徵延等延等以愛素賤弗之疑皆隨之入愛先使閹豎三十人持仗於宮內及延等入以次收縛斬於殿堂執秦王翰殺之於永巷而立余余以愛爲大司馬大將軍太師都督中外諸軍事領中祕書封馮翊王愛既立余位居元輔錄三省兼總戎禁坐召公卿權恣日甚內外憚之羣情咸以爲愛必有趙高閻樂之禍余疑之遂謀奪其權愛憤怒使小黃門賈周等夜殺余文成立誅愛周等皆具五刑夷三族

仇洛齊中山人也本姓侯氏外祖父仇款始出馮翊重泉款仕石季龍末徙鄴南枋頭仕慕容暐爲烏丸護軍長水校尉生二子長曰嵩小曰騰嵩仕慕容垂還居中山位殿中侍御史嵩有二子長曰廣小曰盆嵩妹子洛齊生而非男嵩養爲子因爲仇姓初嵩長女有姿色充冉閔婦閔破入慕容儁又傳賜盧豚生

子魯元魯元有寵於太武而知外祖嵩已死唯有三舅每言於帝帝爲訪其舅時東方罕有仕者廣益皆不樂入平城洛齊獨請行曰我養子兼人道不全當爲兄弟試禍福也乃乘驢赴京魯元候知將至結從者百餘騎迎於桑乾河見而下拜從者亦同致敬入言於太武太武問其才用所宜魯元曰臣舅不幸生爲閹人唯合與陛下守宮闈耳而不言其養子帝矜焉引見敘用賜爵文安子稍遷給事黃門侍郎魏初禁網疏闊人戶隱匿漏脫者多東州既平綾羅戶人樂葵因是請採漏戶供爲綸緜自後逃戶占爲紬綾羅縠者非一於是雜營戶帥遍於天下不屬守宰發賦輕易人多私附戶口錯亂不可檢括洛齊奏議罷之一屬郡縣從征平涼以功超遷散騎常侍又加中書令進爵零陵公拜侍中冀州刺史內都大官卒諡曰康養子儼襲爵太武時又有段霸以謹敏見知歷中常侍殿中尚書定州刺史

王琚高平人也自云本太原人高祖始晉豫州刺史琚以泰常中被刑入宮禁小心守節久乃見敘用稍遷禮部尚書賜爵廣平公孝文以琚歷奉前朝志存

公正授散騎常侍後歷位冀州刺史假廣平王進爵高平王孝文文明太后東巡冀州親幸其家還京以其年老拜散騎常侍養老於家前後賜以車馬衣物不可稱計又降爵爲公扶老自平城從還洛邑常飲牛乳色如處子卒年九十贈冀州刺史諡靖公

趙默字文靜初名海本涼州隷戸自云其先河內溫人也五世祖術晉末爲西夷校尉因居酒泉安彌縣海生而涼州平沒入而爲閹人因改名默有容貌恭謹小心賜爵睢陽侯累遷選部尚書能自謹勵當官任舉頗得其人加侍中進爵河內公獻文將傳位京兆王子推訪諸羣臣百官唯唯莫敢先言唯源賀等辭義正直不肯奉詔獻文怒變色復以問默默對曰臣以死奉戴皇太子獻文默然良久遂傳位孝文孝文立得幸兩宮祿賜優厚時尚書李訢亦有寵於獻文與默對綰選部訢奏中書侍郎崔鑒爲東徐州北部主書郎公孫處顯爲荊州選部監公孫蘧爲幽州皆曰有能實有私焉默疾其虧亂選體遂爭於殿庭曰以功授官因爵與祿國之常典中書侍郎尚書主書郎諸曹監勳能俱立不

過列郡令訢皆以爲州臣實爲惑於是默與訢遂爲深隙訢竟列默爲監藏因
黜爲門士默廢寢忘食規報前怨踰年還入爲侍御散騎常侍侍中尚書左僕
射復兼選部如昔及訢將獲辠默因搆成以誅之然後食甘寢安志於職事出
爲儀同三司定州刺史進爵爲王克己清儉事濟公私後薨於冀州刺史追贈
司空謚曰康
孫小字茂覩咸陽石安人也父瓚姚泓安定護軍爲赫連屈丐所殺小没入宮
刑會魏平統萬遂圖平城內侍東宮以聰識有智略稱未幾轉西臺中散太武
幸瓜步慮有北寇之虞賜爵泥陽子除留臺將軍車駕還都乃請父瓚贈謚求
更改葬詔贈秦州刺史石安縣子謚曰戴小後拜幷州刺史進爵中都侯州內
四郡百餘人詣闕頌其政化後遷冀州刺史聲稱微少於前然所在清約當時
牧伯無能及也性頗忍酷所養子息驅逐鞭撻視如仇讎小之爲幷州以郭祚
爲主簿重祚文才兼任以書記時人多之
張宗之字益宗河南鞏人也家世寒微父孟舒晉將劉裕西征板假洛陽令初

珍倣宋版印

維氏宗文邕謀反脅孟舒等事發孟舒敗走免宗之被執入京腐刑以忠厚謹慎擢爲侍御中散賜爵鞏縣侯歷儀曹庫部二曹尚書領中祕書進爵彭城公後例降爲侯卒於冀州刺史贈懷州刺史諡曰敬始宗之納南來殷孝祖妻蕭氏宋儀同三司思話弟思度女也多悉婦人儀飾故事太和中初制六宮服章蕭被命在內豫見訪採數蒙賜賚云

劇鵬高陽人也粗覽經史閑曉吏事與王質等俱充宦官性通率不以闇閹爲恥孝文還洛常爲宮官任事幽后之惑薛菩薩也鵬密諫止之不從遂發憤卒

張祐字安福安定石唐人也父成扶風太守太武末坐事誅祐充腐刑積勞至曹監中給事文明太后臨朝中官用事祐寵幸冠諸閹官特遷尚書進爵隴東公仍綰內藏曹未幾監都曹加侍中與王叡等俱入八議太后嘉其忠誠爲造甲第宅成孝文文太后親率文武往宴會焉拜尚書左僕射進爵新平王受職於太華庭備威儀於宮城南觀者以爲榮孝文文太后親幸其宅饗會百官祐性恭密出入機禁二十餘年未嘗有過由是特被恩寵歲月賞賜家累巨萬與王質

等十七人俱賜金券許以不死薨孝文親臨之詔鴻臚典護喪事贈司空謚曰恭葬日車駕親送近郊祐養子顯明後名慶少歷內職有姿貌江陽王繼以女妻之襲爵降爲隴東公又降爲侯

抱嶷字道德安定石唐人也居於直谷自言其先姓杞漢靈帝時杞匡爲安定太守董卓時懼誅易氏卽家焉無得而知也幼時隴東人張乾王反家染其逆及乾王敗父睹生逃免嶷獨與母沒入內宮受刑遂爲宮人小心慎密累遷中常侍中曹侍御尚書賜爵安定公自總納言職當機近諸所奏議必致抗直孝文文明太后嘉之以爲殿中侍御尚書太后既寵之乃徵其父睹生拜大中大夫將還見於皇信堂孝文執手曰老人歸途幾日可達好慎行路其見幸如此睹生卒贈秦州刺史謚曰靖賜黃金八十斤贈綵及絹八百疋以供喪用𢍰別使勞慰加嶷大長秋卿嶷老疾乞外祿乃出爲涇州刺史特加右光祿大夫將之州孝文餞於西郊樂陽殿以御白羽扇賜之十九年以刺史從駕南征以老舊每見勞問數道稱嶷之正直命乘馬出入行禁之間與司徒馮誕同例軍迴

還州自以故老前官爲政多守往法不能遵用新制侮慢士族簡於禮接天性酷薄雖弟姪甥壻略無存潤卒於州先以從弟老壽爲後又養太師馮熙子次興嶷死後二人爭立嶷妻張氏致訟經年得以熙子爲後老壽亦仍陳訴終獲紹爵次興還於本族老壽凡薄酒色肆情御史中尉王顯奏言前洛州刺史陰平子石榮積射將軍抱老壽恣蕩非軌易室而姦臊聲布於朝野醜音被於行路男女三人莫知誰子人理所未聞鳥獸之不若請以見事免官付廷尉正辠詔可之老壽死後其舊奴婢尚六七百人老壽及石榮祖父皆造碑銘就鄉建立言西方直谷出二貴人石榮自被劾後遂廢頓子長宣位南兗州刺史與侯景反伏法

王遇字慶時本名他惡馮翊李潤鎮羌也與雷党不蒙俱爲羌中強族自云其先姓王後改爲鉗耳氏宣武時改爲王焉自晉已來恆爲渠長遇坐事腐刑累遷吏部尚書爵宕昌公出爲華州刺史加散騎常侍幽后之前廢也遇頗言其過及後進幸孝文對李沖等申后無咎而稱遇謗議之辠遂免遇官奪其爵宣

武初爲光祿大夫復舊爵馮氏爲尼也公私罕相供恤遇自以嘗更奉接往來祗謁不替舊敬遇性工巧強於部分北都方山靈泉道俗居宇及文明太后陵廟洛京東郊馬射壇殿修廣文昭太后墓園及東西兩堂內外諸門制度皆遇監作雖年在耆老朝夕不倦又長於人事留意酒食之間每逢寮舊觴膳精豐然競於榮利趍求勢門趙修之寵也遇深附會受敕爲之造宅增於本旨笞擊作人莫不嗟怨卒於官初遇之疾太傅北海王與太妃俱往臨問視其危惙爲之泣下其善奉諸貴致相悲悼如此贈雍州刺史

符承祖略陽氐人也因事爲閹人爲文明太后所寵賜爵略陽公歷吏部尚書加侍中知都曹事初太后以承祖居腹心之任許以不死之詔後承祖坐贓應死孝文原之命削職禁錮在家授悖義將軍佞濁子月餘遂死

王質字紹奴高陽易人也其家坐事幼下蠶室頗解書學爲中曹吏內典監稍遷祕書中散賜爵永昌子領監御遷爲侍御給事又領選部監御二曹事進爵魏昌侯轉選部尚書出爲瀛州刺史風化粗行人庶畏服之而刑政峻刻號爲

威酷孝文頗念其忠勤宿舊每行留大故馮司徒亡廢馮后陸叡穆泰等事皆
賜質以璽書手筆莫不委至同之戚貴質皆寶掌入爲大長秋卿卒
李堅字次壽高陽易人也文成初坐事爲閹人稍遷給事中賜爵魏昌伯小心
謹慎常在左右雖不及王遇王質等而亦見任用宣武初自太僕卿出爲瀛州
刺史本州之榮同於王質所在受納家產巨萬卒於光祿大夫贈相州刺史太
和末又有秦松白整位並長秋卿
劉騰字青龍本原城人也徙屬南兗州之譙郡幼時坐事受刑補小黃門轉中
黃門孝文之在縣瓠問其中事騰具言幽后私隱與陳留公主所告符協由是
進冗從僕射仍中黃門後與茹皓使徐兗采召人女還還中給事靈太后臨朝
以與于忠保護勳除崇訓太僕加侍中封長樂縣公拜其妻魏氏爲鉅鹿郡君
每引入內受賞賚亞於諸主外戚所養二子爲郡守尙書郎騰曾疾篤靈太后
慮或不救遷衞將軍儀同三司後疾瘳騰之拜命孝明當爲臨軒會日大風寒
甚乃遣使持節授之騰幼充宮役手不解書裁知署名而已而姦謀有餘善射

人意靈太后臨朝特蒙進寵多所干託內外碎密棲棲不倦洛北永橋太上公太上君及城東三寺皆主脩營吏部嘗望騰意奏其弟爲郡帶戍人資乖越清河王懌抑而不奏騰以爲恨遂與領軍元乂害懌廢靈太后於宣光殿宮門晝夜長閉內外斷絕騰自執管籥明帝亦不得見裁聽傳食而已太后服膳俱廢不免饑寒又使中常侍賈粲假言持明帝書密令防察乂以騰爲司空表裏擅權共相樹置乂爲外禦騰爲內防迭直禁闥共裁刑賞騰遂與崔光同受詔乘步挽出入殿門四年之中生殺之威決於乂騰之手八坐九卿旦造騰宅參其顏色然後方赴省府亦有歷日不能見者公私屬請唯在財貨舟車之利水陸無遺山澤之饒所在固護剝削六鎮交通底市歲入利息以巨萬計又頗役嬪御時有徵求婦女器物公然受納逼奪鄰居廣開室宇天下咸苦之薨於位中官爲義息衰絰者四十餘人騰之立宅也奉車都尉周特爲之筮不吉深諫止之騰怒而不用特告人曰必困於三月四月之交至是果死廳事甫成陳屍其下追贈太尉冀州刺史葬閹官爲義服杖絰衰縞者以百數朝貴皆從軒蓋填

塞相屬郊野魏初以來權閹存亡之盛莫及焉靈太后反政追奪爵位發其家散露骸骨沒入財產後騰所養一子叛入梁太后大怒悉徙騰餘養於北裔尋遣密使追殺之於汲郡

賈粲字季宣酒泉人也太和中坐事腐刑頗涉書記與元乂劉騰等同其謀謨進光祿勳卿專侍明帝與乂騰等伺帝動靜右衛奚康生之謀殺乂也靈太后明帝同升於宣光殿左右侍臣俱立西階下康生旣被囚執粲紿太后曰侍官懷恐不安陛下宜親安慰太后信之適下殿粲便扶明帝出東序前御顯陽還閉太后於宣光殿粲旣乂黨威福亦震於京邑自云本出武威魏太尉文和之後遂移家屬焉時武威太守韋景承粲意以其兄緒爲功曹緒時年向七十未幾又以緒爲西平太守靈太后反政欲誅粲以乂騰黨與不一恐驚動內外乃止出粲爲濟州刺史未幾遣武衛將軍刁宣馳驛殺之

楊範字法僧長樂廣宗人也文成時坐事宮刑爲王琚所養恩若父子累遷爲中尹靈太后臨朝爲中常侍崇訓太僕領中嘗藥典御賜爵華陰子出爲華州

刺史中官內侍貴者靈太后皆許其方岳以範年長拜跪爲難故遂其請父子納貨爲御史所糾遂廢於家後爲崇訓太僕華州大中正卒

成軌字洪義上谷居庸人也少以辠刑入事宮掖以謹厚稱爲中謁者僕射孝文意有所欲軌候容色時有奏發輒合帝心從駕南征專進御食時孝文不豫常居禁中晝夜無懈延昌末遷中常侍嘗食典御光祿大夫統京染都將孝昌二年以勤舊封始平縣伯明帝所幸潘嬪以軌爲假父頗爲中官之所敬憚後進爵爲侯卒於衞將軍贈雍州刺史謚曰孝惠

王溫字桃湯趙郡欒城人也父冀高邑令坐事誅溫與兄繼叔俱充宦者稍遷中嘗食典御中給事加左中郎將宣武之崩羣官迎明帝於東宮温於臥中起明帝與保母扶抱明帝入踐帝位高陽王雍既居冢宰慮中人朋黨出爲鉅鹿太守靈太后臨朝徵爲中常侍賜爵欒城伯累遷左光祿大夫光祿勳卿侍中進封欒城縣侯温自陳本陽平武陽人改封武陽縣侯建義初於河陰遇害

孟欒字龍兒不知何許人也坐事爲閹人靈太后臨朝爲左中郎將給事中素

一珍倣宋版印

被病面常黯黑於九龍殿下暴疾歸家其夜亡欒初出靈太后聞之曰欒必不濟我爲之憂及奏其死爲之下淚曰其事我如此不見我一日忻樂時也賜帛二百疋黃綾一十疋以供喪用七日靈太后爲設二百僧齊

平季字幼穆燕國薊人也坐事腐刑累遷新興太守明帝崩與尒朱榮等議立莊帝莊帝卽位超拜肆州刺史尋除中侍中以參謀勳封元城縣侯永熙中加驃騎大將軍卒

封津字醜漢勃海蓨人也父令德娶常寶女寶伏誅令德以連坐伏法津受刑給事宮掖累遷奉車都尉中給事中靈太后令津侍明帝書還常山太守津少長宮闈給事左右善候時情號爲機悟天平初除開府儀同三司懷州刺史元象初復爲中侍中大長秋卿仍開府儀同薨贈司徒冀州刺史謚曰孝惠

劉思逸平原人也以罪少充腐刑初爲小史累遷中侍中武定中與元瑾等謀反伏誅又有張景嵩毛暢者咸以閹寺在明帝左右靈太后亦密伏之通傳意計於明帝元乂之出景嵩暢頗有力焉靈太后反政以妹故未卽戮乂時內外

喧喧云乂還欲入知政事暢等恐禍及己乃啓明帝欲詔右衛將軍楊津密往
殺乂詔書已成未及出外乂妻知之告太后景嵩暢與清河王息邵欲廢太后
太后信之責暢暢出詔草以呈太后太后讀之知無廢己狀意小解然乂妻搆
之不已出暢爲頼丘太守景嵩爲魯郡太守尋令捕殺暢景嵩孝靜時位至中
侍中坐事死
郭秀范陽涿人也事齊神武稍遷行臺布水封壽陽伯親寵日隆多受賂遺進
退人物張伯德祁仲彥張華原之徒皆深相附會秀疾神武親視之問所欲官
乃啓爲七兵尙書除書未至而卒家無成人子弟神武自至其宅親使錄知其
家資粟帛多少然後去贈儀同三司恆州刺史命其子孝義與太原公以下同
學讀書初秀忌嫉楊愔誑脅令其逃亡秀死後愔還神武追忿秀卽日斥遣孝
義終身不齒
和士開字彥通淸都臨漳人也其先西域商胡本姓素和氏父安恭敏善事人
稍遷中書舍人魏靜帝嘗夜與朝賢講集命安看斗柄所指安曰臣不識北斗

齊神武聞之以爲淳直由是啓除給事黃門侍郎位儀州刺史士開貴贈司空公尚書左僕射冀州刺史諡文貞公士開幼而聰慧選爲國子學生解悟捷疾爲同業所尙天保初武成封長廣王辟士開開府行參軍武成好握槊士開善此戲由是遂有斯舉加以傾巧便僻又能彈胡琵琶因致親寵嘗謂王曰殿下非天人也是天帝也王曰卿非世人也是世神也其深相愛重如此文宣知其輕薄不欲令王與小人相親善責其戲狎過度徙之馬城乾明元年孝昭誅楊愔等敕追還長廣王請之也武成卽位累遷給事黃門侍郎侍中高元海黃門郎高乾和及御史中丞畢義雲等疾之將言其事士開乃奏元海等交結朋黨欲擅威福乾和因被疎斥義雲反納貨於士開除兗州刺史士開初封定州真定縣子尋進爲伯天統元年加儀同三司尋除侍中加開府及遭母劉氏憂帝聞而悲惋遣武衞將軍侯呂芬詣宅晝夜扶侍幷節哀止哭又遣侍中韓寶業齎手敕慰諭云朕之與卿本同心腹今懷抱痛割與卿無異當深思至理以自開慰成服後呂芬等始還其日遣韓寶業以犢車迎士開入內帝親握手下泣

曉諭然後遣還駕幸晉陽給假聽過七日續發其見重如此幷諸弟四人並起
復本官四年再遷尚書右僕射帝先患氣疾因飲酒輒大發動士開每諫不從
後屬帝氣疾發又欲飲酒士開淚下歔欷而不能言帝曰卿此是不言之諫因
不飲酒及冬公主出降段氏帝幸平原王第始飲酒焉又除尚書左僕射仍兼
侍中武成外朝視事或在內宴賞須臾之間不得不與士開相見或累月不歸
一日數入或放還之後俄頃即追未至之間連騎催喚姦諂日至寵愛彌隆前
後賞賜不可勝紀言辭容止極諸鄙褻以夜繼晝無復君臣之禮至說武成云
自古帝王盡爲灰土堯舜桀紂竟復何異陛下宜及少壯恣意作樂從橫行之
即是一日快活敵千年國事分付大臣何慮不辦無爲自勤約也帝大悅於是
委趙彥深掌東宮帝三四日乃一坐朝書數字而已略無言須臾罷入及帝寢
疾於乾壽殿士開入侍醫藥帝謂士開有伊霍之才殷勤屬以後事臨崩握其
手曰勿負我也仍絕於士開之手後主以武成顧託深委任之又先得幸於胡
太后是以彌見親密趙郡王叡與婁定遠元文遙等謀出士開仍引任城馮翊

珍倣宋版印

二王及段韶安吐根共爲計策屬太后觴朝貴於前殿叡面陳士開辠失云士開先帝弄臣城狐社鼠受納貨賄穢亂宮掖臣等義無杜口冒以死陳太后曰先帝在時王等何意不道今日欲欺孤寡邪但飲酒勿多言叡詞色愈厲安吐根繼進曰臣本商胡得在諸貴行末既受厚恩豈敢惜死不出士開朝野不定太后曰別日論之王等且散叡等或投冠於地或拂衣而起言詞咆勃無所不至明日叡等復於雲龍門令文遙入奏三反太后不聽段韶呼胡長粲傳言於太后曰梓宮在殯事太忽速猶欲王等更思量趙郡王等遂並拜謝長粲復命太后謂曰成妹母子家計者兄之力也厚賜叡等而罷之太后及後主召問士開士開曰先帝羣臣中待臣最重陛下諒陰始爾大臣皆有覬覦今若出臣正是翦陛下羽翼宜謂叡等云文遙與臣同是任用豈得一去一留並可以爲州且依舊出納待過山陵然後發遣叡等謂臣真出心必喜之後主及太后告叡等如其言以士開爲兗州刺史文遙爲西兗州刺史山陵畢叡等促士開就路士開載美女珠簾及諸寶玩以詣婁定遠謝曰諸貴欲殺士開蒙王特賜性命

用作方伯今欲奉別且送二女子一珠簾定遠大喜謂士開曰欲還入不士開曰在內久常不自安不願更入定遠信之送至門士開曰今日遠出願一辭觀二宮定遠許之由是得見後主及太后進說曰先帝一旦登遐臣媿不能自死觀朝貴意勢欲以陛下爲乾明臣出之後必有大變復何面目見先帝於地下因慟哭後主及太后皆泣問計將安出士開曰臣已得入復何所慮正須數行詔書耳於是詔定遠爲青州刺史責趙郡王叡以不臣召入殺之復除士開侍中尚書左僕射定遠歸士開所遺加以餘珍賂之武平元年封淮陽王尋除尚書令還錄尚書事食定州常山郡幹武成時恆令士開與太后握槊又出入臥內遂與太后爲亂及武成崩後彌自放恣琅邪王儼惡之與領軍大將軍庫狄伏連侍中馮子琮書侍御史王子宜武衛大將軍高舍洛等謀誅之伏連發京畿軍士帖神武千秋門外並私約束不聽士開入殿士開雖爲領軍恆姓好內多早下縱當直必須還宅晚始來門禁宿衛略不在意及旦士開依式早參庫狄伏連把士開手曰今有一大好事王子宜便授一函云有敕令王向臺遣軍

聚珍倣宋版印

士防送禁治書侍御廳事儼遣都督馮永洛就臺斬之先是鄴下童謠云和士開當入臺士開謂入上臺至是果驗儼令御史李幼業羊立正將令史就宅簿錄家口自領兵士從殿西北角出斛律明月說後主親自曉告軍士軍士果散即斬伏連及王子宜並支解棄屍殿西街自餘皆辮頭反縛付趙彥深於涼風堂推問死者十餘人帝哀悼不視事數日後追憶不已詔起復其子道盛通直散騎常侍又敕其弟士休入內省參典機密詔贈士開假黃鉞右丞相太宰司徒公錄尚書事諡曰文定士開稟性庸鄙不窺書傳發言吐論唯以諂媚自資自河清天統以後威權轉盛富商大賈朝夕填門聚斂貨財不知紀極雖公府屬掾郡縣守長不拘階次啓牒即成朝士不知廉恥者多相附會甚者爲其假子與市道小人丁鄒嚴興等同在昆季行列又有一人士曾參士開疾患遇醫人云王傷寒極重應服黃龍湯士開有難色是人云此物甚易王不須疑惑請爲王先嘗之一舉便盡士開深感此心爲之強服遂得汗病愈其勢傾朝廷如此雖以左道事之者不隔賢愚無不進擢而正理違忤者亦頗能含容之士開

見人將加刑戮多所營救既得免皐卽令諷諭責其珍寶謂之贖命物雖有全
濟皆非直道安吐根安息胡人曾祖入魏家於酒泉吐根魏末充使蠕蠕因留
塞北天平初蠕蠕主使至晉陽吐根密啓本蕃情狀神武得爲之備蠕蠕果遣
兵入掠無獲而反神武以其忠款厚加賞賚其後與蠕蠕和親結成婚媾皆吐
根爲行人也吐根性和善頗有計策頻使入朝爲神武親待在其本蕃爲人所
譖奔投神武文襄嗣事以爲假節涼州刺史率義侯稍遷儀同三司食永昌郡
幹皇建中加開府齊亡年卒
穆提婆本姓駱漢陽人也父超以謀叛伏法提婆母陸令萱配入掖庭提婆爲
奴後主在襁褓中令其鞠養謂之乾阿嬭呼姊姊遂爲胡太后昵愛令萱姦巧
多機辯取媚百端宮掖之中獨擅威福封爲郡君和士開高那肱皆爲郡君義
子天統初奏引提婆入侍後主朝夕左右大被親狎無所不爲武平元年稍遷
儀同三司又加開府尋授武衛大將軍秦州大中正二年除侍中轉食樂陵郡
幹寵遇彌隆遂至尚書左右僕射領軍大將軍錄尚書封城陽郡王贈其父司

徒公尚書左僕射城陽王令萱又佞媚穆昭儀養之爲女是以提婆改姓穆及穆氏定位號視第一品班在長公主之上自武平三年之後令萱母子勢傾內外賣官鬻獄聚斂無厭每一賜與動傾府藏令萱則自太后以下皆受其指麾提婆則唐邕之徒皆重跡屏氣提婆嘗有辠太姬於帝前罵之曰奴斷我兒兒謂帝奴謂提婆也斛律皇后之廢也太后欲以胡昭儀正位後宮力不能遂乃卑辭厚禮以求令萱令萱亦以胡氏寵幸方睦不得已而白後主立之然意在穆昭儀每私謂後主曰豈有男爲皇太子而身爲婢妾又恐胡后不可以正義離間乃外求左道行厭蠱之術旬朔之間胡氏遂卽精神恍惚言笑無恆後主遂漸相畏惡令萱一旦忽以皇后服御衣被穆昭儀又先別造寶帳爰及枕席器玩莫匪珍奇坐昭儀於帳中謂後主云有一聖女出將大家看之及見昭儀更相媚悅令萱云如此人不作皇后遣何物人作皇后於是立穆氏爲右皇后以胡氏爲左皇后尋復黜胡以穆爲正嫡引祖珽爲宰相殺胡長仁皆令萱所爲也自外殺生與奪不可盡言提婆雖庸品斯濫而性乃和善不甚害物耽聲

色極奢侈晚朝早退全不以公事關懷未嘗毒害士人亦由此稱之晉州軍敗
後主還鄴提婆奔投周軍令萱自殺子孫小大皆棄市籍沒其家周武帝以提
婆爲柱國宜州刺史未幾云將據宜州起兵與後主相應誅死後主及齊氏諸
王並因此非命
高阿那肱無善人也父市貴從神武以軍功封常山郡公位晉州刺史贈太尉
公及阿那肱貴寵贈成皐王阿那肱初爲庫直每從征討以功封直城縣男天
保初除庫直都督四年從破契丹及蠕蠕以蹻捷見知大寧初除假儀同三司
武衞將軍那肱工於騎射便僻善事人每宴射之次大爲武成愛重又諂悅和
士開尤相褻狎士開每見爲之言由是彌見親待河清中除儀同三司食汾州
定陽仵城二郡幹以破突厥封宜君縣伯天統初加開府除侍中驃騎大將軍
領軍別封昌國縣侯後主卽位除幷省右僕射武平元年封淮陽郡王仍遷幷
省尚書左僕射又除幷省尚書令領軍大將軍幷州刺史那肱才技庸劣不涉
文史識用尤在士開下而姦巧計數亦不逮士開既爲武成所幸多令在東宮

侍衛後主所以大寵遇之士開死後後主謂其識度足繼士開遂致位宰輔武
平四年令其錄尚書事又總知外兵及內省機密頗不如和士開駱提婆母賣
獄鬻官韓長鸞憎疾善而那肱少言辭不妄喜怒亦不察人陰私虛相讒搆遂
至司徒公右丞相其錄尚書刺史並如故及周師逼平陽後主於天池校獵晉
州頻遣馳奏從旦至午驛馬三至那肱云大家正作樂邊境小小兵馬自是常
事何急奏聞向暮更有使至云平陽城已陷賊方乃奏知明卽欲引軍淑妃又
請更合圍所以彌致遲緩及軍赴晉州命那肱率前軍先進仍總節度諸軍後
主至平陽城下謂那肱曰戰是邪不戰是邪那肱曰兵雖多堪戰者不過十萬
病傷及繞城火頭三分除一昔攻玉壁援軍來卽退今日將士豈勝神武皇帝
時不如勿戰守高梁橋安吐根曰一把子賊馬上刺取擲汾河中帝未決諸內
參曰彼亦天子我亦天子彼尙能縣軍遠來我何爲守塹示弱帝曰此言是也
於是橋塹進軍使內參讓阿那肱曰爾富貴足惜性命邪後主從穆提婆觀戰
東偏頗有退者提婆怖曰大家去大家去帝與淑妃奔高梁開府奚長樂諫曰

半進半退戰家常體今衆全整未有傷敗陛下舍此安之御馬一動人情驚亂
願速還安慰之武衛張常山自後至亦曰軍尋收訖甚整頓圍城兵亦不動至
尊宜回不信臣言乞將內參往視帝將從之提婆引帝肘曰此言何可信帝遂
北馳有軍士雷相告稱阿那肱遣臣招引西軍行到文侯城恐事不果故還聞
奏後主召侍中斛律孝卿令其檢校孝卿固執云此人自欲投賊行至文侯城
迷不得去畏死妄語耳事遂寢還至晉陽那肱腹心人馬子平告那肱謀反又
以為虛妄斬子平乃顛沛還鄴侍衛逃散唯那肱及閹寺等數十騎從行復除
大丞相後主走度河令那肱以數千人投濟州關仍遣覘候周軍進止日夕馳
報那肱每奏云周軍未至且在青州集兵馬未須南行及周軍且至關首所部
兵馬皆散那肱遂降時人皆云那肱表款周武必仰生致齊主故不速報兵至
使後主被禽那肱至長安授大將軍封郡公尋出為隆州刺史大象末在蜀從
王謙起兵誅死初天保中文宣自晉陽還鄴愚僧禿師於路中大叫呼文宣姓
名云阿那瓌終破你國時蠕蠕主阿那瓌在塞北彊盛帝尤忌之所以每歲討

珍做宋版印

擊後亡齊者遂屬高阿那肱云雖作肱字世人皆稱爲瓌音斯固亡秦者胡蓋縣定於窈冥也

韓鳳字長鸞昌黎人也父永興開府青州刺史高密郡公鳳少聰察有膂力善騎射稍遷烏賀真大賢真正都督後主居東宮年尚幼武成簡都督二十人送令侍衞鳳在其數後主親就衆中牽鳳手曰都督看兒來因此被識數喚共戲襲爵高密郡公位開府儀同三司武平二年和士開爲庫狄伏連等矯害敕咸陽王斛律明月宜陽王趙彥深在涼風堂推問支黨其事祕密皆令鳳口傳然後宣詔敕號令文武禁掖防守悉以委之除侍中領軍總知內省機密祖珽曾與鳳於後主前論事珽語鳳云彊弓長矟容相推謝軍國謀算何由得爭鳳答云各出意見豈在文武優劣後主將誅斛律明月鳳固執不從祖珽因有讒言既誅明月數日後主不與語後尋復舊仍封舊國昌黎郡王又加特進及祖珽除北徐州刺史即令赴任既辭之後遲留不行其省事徐孝遠密告祖珽誅斛律明月後矯稱敕賜其珍寶財物亦有不云敕而徑迴取者敕令領軍將軍侯

呂芬追班還引入侍中省瑣禁其事首尾並鳳約敕責之進位領軍大將軍餘
悉如故息寶行尚公主在晉陽賜甲第一區其公主生男滿月駕幸鳳宅宴會
盡日每旦早參先被敕喚顧訪出後方引奏事官若不視事內省急速者皆附
奏聞軍國要密無不經手東西巡幸及山水游戲射獵獨在御傍與高阿那肱
穆提婆共處衡軸號曰三貴損國害政日月滋甚壽陽陷沒鳳與穆提婆聞告
敗握槊不輟曰他家物從他去後帝使於黎陽臨河築城戍曰急時且守此作
龜茲國子更可憐人生如寄唯當行樂何用愁爲君臣應和若此鳳恆帶刀走
馬未曾安行瞋目張拳有啖人之勢每咤曰恨不得剉漢狗飼馬又曰刀止可
刈賊漢頭不可刈草其弟萬歲及其二子寶行寶信並開府儀同萬歲又拜侍
中亦處機要寶信尚公主駕復幸其宅親戚咸蒙官賞鳳母鮮於段孝言之從
母子姊也爲此偏相參附奏遣監造晉陽宮陳德信馳驛檢行見孝言役官夫
匠自亦遣孝言分工匠爲己造宅德信還具奏聞及幸晉陽鳳又以官馬與他
人乘騎因此發忿與提婆並除名亦不露其罪仍毀其宅公主離婚復被遣向

鄴史部門參及後主晉陽走還被敕喚入內尋詔復王爵及開府領軍大將軍常在左右仍從後主走度河到青州并爲周軍所獲鳳被寵要之中尤嫉人士朝夕讌私唯相譖訴崔季舒等寃酷皆鳳所爲也每一賜與動至千萬恩遇日甚彌自驕恣意色嚴厲未嘗與人相承接朝士諮事莫敢仰視動致呵叱輒詈云狗漢大不可耐唯須殺却若見武職雖廝養末品亦容下之仕隋位終於隴州刺史

宦者韓寶業盧勒叉齊紹秦子徵並神武舊左右唯閤內驅使不被恩遇歷天保皇建之朝亦不至寵幸但漸有職任寶業至長秋卿勒叉等或爲中常侍武成時有曹文摽夏侯通伊長游鄧侍伯郭沙彌鄧長顒及寶業輩亦有至儀同食幹者唯長顒武平中任參宰相干預朝權如寶業及勒叉齊紹子徵後並封王俱自收斂不過侵暴又有陳德信亦參時宰與長顒並開府封王俱爲侍中左右光祿大夫領侍中又有潘師子崔孝禮劉萬通研胥光弁劉通遠王弘遠王子立王玄昌高伯華左君才能純陁宮鍾馗趙野叉徐世凝苟子溢斛子慎

宋元賓康德汪並於後主之朝肆其姦佞敗政虐人古今未有多授開府罕止
儀同亦有加光祿大夫金章紫綬者多帶甲侍中中常侍此二職乃至數十人
恆出入門禁往來園苑趨侍左右通宵累日承候顏色競進諂諛發言動意多
會深旨一戲之賞動踰巨萬丘山之積貪惏無厭猶以波斯狗爲儀同郡君分
其幹祿神獸門外有朝貴憩息之所時人號爲解卸廳諸閹或在內多日暫放
歸休所乘之馬牽至神獸門階然後升騎飛鞭競走十數爲羣馬塵必坌諸貴
爰至唐趙韓駱皆隱聽趨避不敢爲言齊盧陳鄧之徒亦意屬尚書卿尹宰相
既不爲致言時主亦無此命唯以工巧矜功用長顯爲太府卿焉神武時有倉
頭陳山提蓋豐樂俱以驅馳便僻頗蒙恩遇魏末山提通州刺史豐樂嘗食典
御又有劉郁斤趙道德劉桃枝梅勝郎辛洛周高舍洛郭黑面李銅鍉王恩洛
並爲神武驅使天保大寧之朝漸以貴盛至武平時山提等皆以開府封王其
不及武平者則追贈王爵雖賜與無貲顧眄深重乃至陵忽宰輔然皆不得干
預朝政武平時有胡小兒俱是康阿馱穆叔兒等富家子弟簡選黠慧者數十

珍倣宋版印

人以爲左右恩眄出處殆與閹官相埒亦有至開府儀同者其曹僧奴僧奴子妙達以能彈胡琵琶甚被寵遇俱開府封王又有何海及子洪珍開府封王尤爲親要洪珍侮弄權勢鬻獄賣官其何朱弱史醜多之徒十數人咸以能舞工歌及善音樂者亦至儀同開府閹官猶以宮掖驅馳便蕃左右漸因昵狎以至大官倉頭始自家人情寄深密及於後主則是先朝舊人以勤舊之勞致此叨竊至於胡小兒等眼鼻深嶮一無可用非理愛好排突朝貴尤爲人士之所疾惡其以音樂至大官者沈過兒官至開府儀同王長通年十四五便假節通州刺史時又有開府薛榮宗常自云能使鬼及周兵之逼言於後主曰臣已發遣斛律明月將大兵在前去帝信之經古冢榮宗謂舍人行恭是誰冢行恭戲之曰林宗冢復問林宗是誰行恭曰郭元貞父榮宗前奏曰臣向見郭林宗從冢出著大帽吉莫靴插馬鞭問臣我阿貞來不是時羣妄多皆類此

論曰古諺有之人之多幸國之不幸然則寵私爲害自古忌之大則傾國亡身小則傷賢害政率由斯也所宜誡焉詩曰殷鑒不遠近在夏后之世觀夫魏氏

以降亦後來之殷鑒矣爲國家者可無鑒之哉

北史卷九十二

北史卷九十二考證

王叡傳涼州刺史顯菱侯○菱侯二字誤

趙默傳趙默字文靜○默魏書作黑

張宗之傳初維氏宗文邕謀反○維魏書作緱

張祐傳未嘗有過由是特被恩寵○由監本訛田今改從南本

成軌傳成軌字洪義○軌監本軏今改從南本

郭秀傳乃啓爲七兵尙書○七監本訛士今改從齊書

宦者傳然皆不得干預朝政○干監本訛十今改從齊書

臣巳發遣斛律明月將大兵在前去○臣監本訛巨今改從齊書

北史卷九十二考證

珍倣宋版印

北史卷九十三

唐　李延壽撰

列傳第八十一

僭僞附庸

夏赫連氏　燕慕容氏　後秦姚氏　北燕馮氏

西秦乞伏氏　北涼沮渠氏　梁蕭氏

晉自永嘉之亂寓縣瓜分胡羯憑陵積有年代各言膺運咸居大寶竟而自相吞滅終爲魏臣然魏自昭成已前王迹未顯至如劉石之徒時代不接舊書爲傳編之四夷有欺耳目無益緗素且於時五馬浮江正朔未改陽秋記注具存紀錄雖朝政叢脞而年代已多太宗文皇帝爰動天文大存刊勒其時事相接已編之載記今斷自道武已來所吞併者序其行事紀其滅亡其餘不相關涉皆所不取至如晉宋齊梁雖曰偏據年漸三百鼎命相承魏書命曰島夷列之於傳亦所不取故不入今篇蕭詧雖云帝號附庸周室故從此編次爲僭僞附

庫傳云爾

鐵弗劉武南單于苗裔左賢王去卑之孫北部帥劉猛之從子居於新興慮虒之北北人謂胡父爲鮮卑母爲鐵弗因以號爲姓武父誥汁爰世領部落汁爰死武代焉武死子務桓代領部落與魏和通務桓死弟閼陋頭代立密謀反叛後務桓子悉勿祈逐閼陋頭而立悉勿祈死弟衞辰代立衞辰務桓之第三子也旣立遣子朝獻昭成以女妻之衞辰潛通苻堅堅以爲左賢王遣使請堅求田地春去秋來堅許之後乃背堅專心歸魏舉兵伐堅堅遣其將鄧羌討擒之堅自至朔方以衞辰爲夏陽公統其部落衞辰復附於堅昭成討大破之遂走奔苻堅堅送還朔方遣兵戍之昭成末衞辰導苻堅寇魏南境王師敗績堅遂分國人爲二部自河以西屬之衞辰自河以東屬之劉庫仁堅後以衞辰爲單于督攝河西新類屯於代來慕容永據長子拜衞辰使持節都督河西諸軍事大將軍朔州牧朔方王姚萇亦遣使結好拜衞辰使持節都督北朔雜夷諸軍事大將軍大單于河西王幽州牧登國中衞辰遣子直力鞮寇南部其衆八九

萬道武軍五六千人爲其所圍帝乃以車爲方營並戰並前大破之於鐵岐山南直力鞮單騎而走帝乘勝追之自五原金津南渡河徑入其國遂至衞辰所居悅跋城衞辰父子驚遁乃分遣陳留公元虔南至白鹽池虜衞辰家屬將軍伊謂至木根山禽直力鞮衞辰軍騎遁走爲其部下所殺傳首行宮先是河水赤如血衞辰惡之及衞辰之亡誅其族類並投之於河衞辰第三子屈丐奔薛干部帥太悉伏屈丐本名勃勃明元改其名曰屈丐北方言屈丐者卑下也太悉伏逆之姚興興高平公破多羅沒弈干妻之以女屈丐身長八尺五寸興見而奇之拜驍騎將軍加奉車都尉常參軍國大議寵遇踰於勳舊興弟濟南公邕言於興曰屈丐天性不仁難以親育寵之太甚臣竊惑之興曰屈丐有濟世之才吾方收其藝用與之共平天下有何不可乃以屈丐爲安遠將軍封陽川侯使助沒弈干鎭高平邕固諫以爲不可興乃止以屈丐爲持節安北將軍五原公配以三交五部鮮卑二萬餘落鎭朔方道武末屈丐襲殺沒弈干而幷其衆僭稱大夏天王號年龍昇置百官興乃悔之屈丐恥姓鐵弗遂改爲赫連氏

自云徽赫與天連又號其支庶爲鐵伐氏云族剛鋭如鐵皆堪伐人晉將劉裕攻長安屈丏聞而喜曰姚泓豈能拒裕裕必尅之待裕去後吾取之如拾遺耳於是秣馬勵兵休養士卒及劉裕禽泓留子義真守長安屈丏伐之大破義真積人頭爲京觀號曰髑髏臺遂僭皇帝於灞上號年爲昌武定都統萬勒銘城南頌其功德以長安爲南郡性憍虐視人如草蒸土以築城鐵錐刺入一寸卽殺作人而并築之所造兵器匠呈必死射甲不入卽斬弓人如其入便斬鎧匠殺工匠數千人常居城上置弓劍於側有所嫌忿手自殺之羣臣忤視者鑿其目笑者決其脣諫者謂之誹謗先截其舌而後斬之議廢其子璝璝自長安起兵攻屈丏丏遣子太原公昌破璝殺之屈丏以昌爲太子始光二年屈丏死昌僭立昌字還國一名折屈丏之第二子也既僭位改年承光太武聞屈丏死諸子相攻關中大亂於是西伐乃以輕騎一萬八千濟河襲昌時冬至之日昌宴饗王師奄到上下驚擾車駕次於黑水去其城三十餘里昌乃出戰太武馳往擊之昌退走入城未閉門軍士乘勝入其西宮焚其西門夜宿城北明日分軍

珍倣宋版印

四出徙萬餘家而還後昌遣弟定與司空奚斤相持於長安太武乘虛西伐濟君子津輕騎三萬倍道兼行羣臣咸諫曰統萬城堅非一日可拔今輕軍討之進不可剋退無所資不若步軍攻具一時俱往帝曰夫用兵之術攻城最下不得已而用之如其攻具一時俱往賊必懼而堅守若攻不時拔則食盡兵疲外無所掠非上策也朕以輕騎至其城下彼先聞有步軍步從見騎至必當心閑朕且羸師以誘之若得一戰禽之必矣所以然者軍士去家二千里後有黃河之難所謂置之死地而後生也以是決戰則有餘攻城則不足遂行決於黑水分軍伏於谷而以少衆至其城下昌將狄子玉來降說使人追其弟定定曰城堅峻未可攻拔待禽斤等然後徐往內外擊之有何不濟昌以爲然太武惡之退軍城北示昌以弱遣永昌王健及娥清等分騎五千西掠居人會軍士負辠亡入昌城言官軍糧盡士卒食菜輜重在後步兵未至擊之爲便昌信其言引衆出城步騎三萬司徒長孫翰等咸言昌步陣難陷宜避其鋒且待步兵一時奮擊帝曰不然遠來求賊恐其不出今避而不擊彼奮我弱非計也遂收軍僞

北引而疲之昌以爲退鼓譟而前舒陣爲翼行五六里帝衝之賊陣不動稍前
行會有風起方術官趙倪勸帝更待後日崔浩叱之帝乃分騎爲左右以掎之
帝墜馬賊已逼帝騰馬刺殺其尚書斛黎文殺騎賊十餘人流矢中帝帝奮擊
不輟昌軍大潰不及入城奔投上邽遂尅其城初屈丐奢好脩宮室城高十仞
基厚三十步上廣十步宮牆五仞其堅可以礪刀斧臺榭高大飛閣相連皆彫
鏤圖畫被以綺繡飾以丹青窮極文采帝顧謂左右曰蕞爾小國而用人如此
雖欲不亡其可得乎侍御史安頡禽昌帝使侍中古弼迎昌至京師舍之西宮
門內給以乘輿之副又詔昌尚始平公主假會稽公封爲秦王坐謀反伏誅昌
弟定小字直獚屈丐之第五子也凶暴無賴昌敗定奔於平涼自稱尊號改年
勝光定登陰槃山望其本國泣曰先帝以朕承大業者豈有今日之事乎使天
假朕年當與卿諸人建季興之業俄而羣狐百數鳴於其側定命射之無所獲
惡之曰所見亦大不臧咄咄天道復何言哉定與宋連和遙分河北自恆山以
東屬宋恆山以西屬定太武親率輕騎襲平涼定救平涼方陣自固帝四面圍

之斷其水草定不得水引衆下原詔武衞將軍丘眷擊之定衆潰被創單騎遁走收其餘衆乃西保上邽神䴥四年爲吐谷渾慕容璝所襲禽定送京師伏誅

徒河慕容廆字弈洛瓌本出昌黎曾祖莫護跋魏初率諸部落入居遼西從司馬宣王討公孫氏拜率義王始建國於棘城之北祖木延毋丘儉征高麗有功始號左賢王父涉歸以勳進拜鮮卑單于遷邑遼東涉歸死廆代領部落以遼東僻遠遷於徒河之青山穆帝世頗爲東部之患廆死子皝嗣皝字元眞號年爲元年自稱燕王建國二年昭成納皝女爲后四年皝城和龍而都焉征高麗大破之遂入丸都掘高麗王釗父利墓載其屍焚其宮室毀丸都而歸釗後稱臣乃歸其父屍皝死子儁嗣儁字宣英旣襲位號年爲元年聞石氏亂乃礪甲嚴兵將爲進取之計徙都於薊建國十五年儁僭稱皇帝置百官號年天璽國稱大燕十六年自薊遷都於鄴號年光壽儁死第三子暐嗣暐字景茂號年建熙暐政無綱紀有神降於鄴曰湘女有聲與人相接數日而去後苻堅遣將王猛伐鄴禽暐封新興侯道武之七年苻堅敗於淮南暐叔父垂叛堅攻苻丕

於鄴暐弟濟北王泓先爲北地長史聞垂攻鄴亡奔關東還屯華陰自稱雍州牧濟北王推垂爲丞相大司馬吳王堅遣子鉅鹿公叡伐泓泓弟中山王沖先爲平陽太守亦起兵河東奔泓泓衆至十萬遣使謂堅求分王天下堅大怒責暐暐叩頭流血謝堅待之如初命暐以書招垂及泓沖暐密遣使謂泓勉建大業可以吳王爲相國中山王爲太宰領大司馬汝可爲大將軍領司徒承制封拜聽吾死問汝便卽尊位泓進向長安年號燕興泓謀臣高蓋宿勤崇等以泓德望後沖且持法苛峻乃殺泓立沖爲皇太弟承制行事置百官進據阿房初堅之滅燕沖姊淸河公主年十四有殊色堅納之沖年十二亦有龍陽之姿堅又幸之姊弟專寵長安歌之曰一雌一雄雙飛入紫宮王猛切諫乃出沖及其母卒葬之以燕后之禮長安又謠曰鳳凰鳳凰止阿房時以鳳凰非梧桐不棲非竹實不食乃蒔梧竹數千株於阿城以待鳳凰沖小字鳳凰至是阿城終爲堅賊暐入見堅謝因言二子昨婚欲堅幸第堅許之暐出術士王嘉曰椎蘆作蘧篨不成文章會天大雨不得殺羊言暐將殺堅而不果也堅與羣臣莫解是

夜大雨晨不果出事發堅乃誅暐父子及宗族城內鮮卑無少長男女皆殺之
廆弟運運孫永字叔明暐既爲苻堅所并永徙於長安家貧夫妻常賣韡於市
及暐爲堅所殺沖乃自稱尊號以永爲小將軍沖毒暴及堅出如五將山沖入
長安縱兵大掠死者不可勝計初堅之未亂關中忽然無火而煙氣大起方數
十里月餘不滅堅每臨聽訟觀令民有怨者舉煙於城北觀而錄之長安爲之
語曰欲得必存當舉煙關中謠曰長鞘馬鞭擊左股太歲南行當復虜西人呼
徒河爲白虜沖果據長安樂之忘歸且以慕容垂威名夙著跨據山東憚不敢
進衆咸怨之登國元年沖左將軍韓延因人之怨殺沖立沖將段隨爲燕王改
年昌平沖之入長安王嘉謂之曰鳳凰鳳凰何不高飛還故鄉無故在此取滅
亡沖敗其左僕射慕容恆與永潛謀襲殺隨立宜都王子覬爲燕王號年建明
率鮮卑男女三十餘萬口乘輿服御禮樂器物去長安而東以永爲武衞將軍
恆弟護軍將軍韜陰有貳志誘覬殺之於臨晉恆怒去之永與武衞將軍刁雲
率衆攻韜韜遣司馬宿勤黎逆戰永執而戮之韜懼出奔恆營恆立慕容沖子

望爲帝改年建平衆悉去望奔永永執望殺之立慕容泓子忠爲帝改年建武忠以永爲太尉守尚書令封河東公東至聞喜知慕容垂稱尊號託以農要弗進築燕熙城以自固刁雲等又殺忠推永爲大都督大將軍大單于雍秦梁涼四州牧河東王稱藩於垂永進據長子僭稱帝號年中與垂攻丁零翟釗於滑臺釗敗降永永以釗爲車騎大將軍東郡王歲餘謀殺永永誅之垂來攻永永敗爲前驅所獲垂數而戮之幷斬永公卿已下刁雲大逸豆歸等四十餘人永所統新舊人戶服御圖書器樂珍寶垂悉獲之垂字道明晃第五子也甚見寵愛常自謂諸弟子曰此兒闊達好奇終能破人家或能成人家故名霸字道業恩遇踰於儁儁弗能平及卽王位以垂墜馬傷齒改名爲缺外以慕卻缺爲名內實惡之尋以讖記之文乃去夬以垂爲名年十三爲偏將所在征伐勇冠三軍儁平中原垂爲前鋒累戰有大功及儁僭尊號封吳王後以車騎大將軍敗桓溫於枋頭威名大震不容於暐西奔苻堅堅甚重之拜冠軍將軍封賓都侯堅敗淮南入於垂軍子寶勸垂殺之垂以堅遇之厚也不聽行至洛陽請求拜

堅許之遂起兵攻苻丕於鄴垂稱燕王置百官年號燕元登國元年垂僭位號年爲建興繕宗廟社稷於中山盡有幽冀平州之地遣使朝貢三年道武遣九原公儀使於垂垂又遣使朝貢四年道武遣陳公虔使於垂垂又遣使朝貢五年又遣秦王觚使於垂垂留觚不遣遂絕行人垂議討慕容永太史令靳安言於垂曰彗星經尾箕之分燕當有野死之王不出五年其國必亡歲在鶉火必剋長子垂乃止安出而謂人曰此衆既弃終不能久安蓋知道武之興也而不敢言先是丁零翟遼叛垂後遣使謝辠垂不許遼怒遂自號大魏天王屯滑臺與垂相擊死子釗代之及垂征剋滑臺釗奔長子垂議征長子諸將咸諫以永國未有釁請他年垂將從之垂弟司徒范陽王德固勸垂垂曰司徒議與吾同且吾投老叩囊底智足以剋之不復留逆賊以累子孫乃伐永剋之十年垂遣其太子寶來寇始寶之來垂已有疾自到五原道武斷其行路父子問絕帝乃詭其行人之辭臨河告之曰汝父已死何不遽還寶兄弟聞之憂怖以爲信然於是士卒駭動初寶至幽州其所乘車軸無故自折占工靳安以大爲凶固

勸令還寶怒不從至是問安安曰速去可免寶愈恐安退告人曰今將死於他
鄉尸骸委於草野爲烏鳶螻蟻所食不復見家族十月寶燒船夜遁時河冰未
成寶謂帝不能渡不設斥候十一月天暴風寒冰合帝進軍濟河急追之至參
合陂西靳安言於寶曰今日西北風動是軍將至之應宜兼行速去不然必危
其夜帝部分衆軍東西爲掎角之勢約勒士卒束馬口銜枚無聲昧爽衆軍齊
進日出登山下臨其營寶衆晨將東引顧見軍至遂驚擾帝縱騎騰躡皆馬者
蹶倒冰上寶及諸父兄弟軍馬迸散僅以身免寶軍四五萬人一時放仗斂手
就羈禽其王公文武數千垂復欲來寇太史曰太白夕沒西方數日後見東方
此爲躁兵先舉者亡垂不從鑿山開道至寶前敗所見積骸如丘設祭弔之死
者父兄子弟遂皆嗥哭聲震山川垂慚忿嘔血發病而還死於上谷寶僭立寶
字道祐垂之第四子也少輕果無志操好人佞己爲太子砥礪自脩垂妻段氏
謂垂曰寶姿質雍容柔而不斷承平則爲仁明之主處難則非濟世之雄今託
以大業未見克昌之美遼西高陽兒之俊賢者宜擇一以樹之趙王麟姦詐負

珍倣宋版印

氣常有輕寶之心恐難作垂不納寶聞深以爲恨寶既僭位年號永康遣麟逼其母段氏自裁段氏怒曰汝兄弟尚逼殺母安能保社稷吾豈惜死遂自殺寶議以后謀廢嫡稱無母之道不宜成喪羣臣咸以爲然寶中書令眭邃執意抗言寶從之而止皇始元年道武南伐及尅信都寶大懼夜來犯營帝擊破之寶走中山遂奔薊寶子清河王會先守龍城聞寶被圍率衆赴難逢寶於路寶分奪其軍以授弟遼西王農等會怒襲農殺之勒兵攻寶寶走龍城會追圍之侍御郎高雲襲敗會師會奔中山寶命雲爲子封夕陽公會至中山爲慕容普隣所殺寶至龍城垂舅蘭汗拒之寶南走奔薊汗復遣迎寶以汗垂之季舅子盛又汗之婿也必謂無二乃還龍城汗殺之及子策等百餘人汗自稱大都督大單于昌黎王號年青龍以盛子壻哀而宥之盛字道運寶長子也垂封爲長樂公寶僭立進爵爲王蘭汗之殺寶也以盛爲侍中左光祿大夫盛乃間汗兄弟使相疑害李旱衛雙劉志張真等皆盛之舊暱汗太子穆並引爲腹心盛結旱等因汗穆等醉夜襲殺之僭尊號改年爲建平又號年爲長樂盛改稱庶人大

王盛以寶閣而不斷遂峻極威刑於是上下震局前將軍段璣等夜鼓譟攻盛
傷之遂輦昇殿召叔父河間公熙屬以後事熙未至而死熙字道文小字長生
垂之長子也羣臣與盛伯母丁氏議以其家多難宜立長君遂廢盛子定迎熙
立之熙立殺定年號光始築龍騰苑起雲山於苑內又起逍遙宮甘露殿連房
數百觀閣相交鑿天河渠引水入宮又爲妻符氏鑿曲光海清涼池季夏盛暑
不得休息暍死者大半熙遊城南止大柳樹下若有人呼曰大王且止熙惡之
伐其樹下有蛇長丈餘熙盡殺寶諸子改年爲建始又爲其妻起承華殿負土
於北門土與穀同價典軍杜靜載棺詣闕上書極諫熙大怒斬之熙妻當季夏
思凍魚膾仲冬須生地黃切責不得加有司大辟符氏死熙擁其屍僵仆絕息
久而乃蘇悲號擗踊斬衰食粥大斂之後復啓而交接制百官哭臨沙門素服
令有司案檢有淚者爲忠無淚者辠之羣臣莫不含辛以爲淚及葬熙被髮徒
步從轜車毀城門而出長老相謂曰慕容氏自毀其門將不久矣衞中將軍馮
跋兄弟閉門拒熙執而殺之立夕陽公雲爲主雲寶之養子也復姓高氏年號

正始跋又殺雲自立雲之立也熙幽州刺史上庸公慕容懿以遼西歸降道武以懿爲征東大將軍平州牧昌黎王後坐反伏誅晃少子德字玄明雅爲兄垂所重苻堅滅暐以德爲張掖太守垂僭號封范陽王位司徒寶郎位以德鎮鄴大丞相寶既東走羣僚勸德稱尊號德不從皇始二年既拔中山道武遣衞王儀攻鄴德南走滑臺自稱燕王號年燕元置百官德冠軍將軍苻廣叛於乞活壘德留兄子和守滑臺率衆攻廣斬之而和長史李辯殺和以城降魏德無所據用其尚書潘聰計據青齊入都廣固僭稱尊號號年建平女水竭德聞而惡之因而寢疾兄子超請祈女水德曰人君之命豈女水所知乃以超爲太子德死超僭立超字祖明德兄北海王納之子也既僭位號年太上超南郊柴燎焰起而煙不出靈臺令張光告人曰今火盛而煙滅國其亡乎天賜五年晉將劉裕伐超超將公孫五樓勸拒之於大峴不從裕入大峴超戰於臨朐爲裕敗退還廣固圍之廣固鬼夜哭有流星長十餘丈隕於廣固城潰裕執超送建康市斬之

姚萇字景茂出於南安赤亭燒當之後也祖柯迴助魏擠姜維於沓中以功假綏戎校尉西羌都督父弋仲晉永嘉之亂東徙楡眉劉曜以弋仲爲平西將軍平襄公後隨石季龍遷於清河灄頭勒以弋仲爲奮武將軍封襄平公弋仲死子襄代屯於譙城慕容儁以襄爲豫州刺史丹陽公屯淮南自稱大將軍大單于爲晉將桓溫所敗奔河東後爲苻眉所殺弋仲有子四十二人萇第二十四隨兄襄征伐襄甚奇之襄敗降於苻堅從堅征伐頻有功堅伐晉以萇爲龍驤將軍督益守梁州諸軍事謂萇曰朕本以龍驤建業龍驤之號初未假人今特以相授山南之事一以委卿堅左將軍竇衝進曰王者無戲言此亦不臧之徵也惟陛下察之堅默然及慕容泓起兵華澤堅遣子衛大將軍叡討之戰敗爲泓所殺時萇爲叡司馬懼辠奔馬牧聚衆萬餘自稱大將軍大單于萬年秦王號年白雀數月之閒衆至十餘萬與慕容沖連和進屯北地苻堅出五將山萇執而殺之登國元年僭稱皇帝置百官國號大秦年曰建初改長安曰常安以其太子興鎮之自擊苻登於安定敗之萇病夢苻堅將天官使者鬼兵數百突

入營中萇懼走後宮宮人迎萇刺鬼誤中萇陰鬼相謂曰正中死處拔矛出血石餘竊而驚悸遂患陰腫刺之出血如夢萇乃狂言或稱萇殺陛下者臣兄襄非臣之辠願不枉法萇死子興襲位祕不發喪興字子略萇長子也既滅苻登然後發喪行服僭稱皇帝年號皇初天興元年興去皇帝之號降稱天王號年洪始興尅洛陽以其弟東平公紹鎮之三年興遣使來聘道武遣謁者僕射張濟使於興天興五年夏興遣其弟義陽公平率衆四萬侵平陽攻乾壁六十餘日陷之七月車駕親征八月次永安平募遣勇將率精騎二百闚軍爲前鋒將長孫肥所禽匹馬不反平遂退走帝急追及於柴壁圍之興乃悉舉其衆救平帝增築重圍內以防平之出外以距興之入又截汾曲爲南北浮橋乘西岸築圍帝帥師度蒙阬南四十里逆擊興興晨行北引未及安營大軍卒至興衆怖擾帝知興氣挫乃南絕蒙阬之口東杜新坂之隘守天度屯賈山令平水陸路絕將坐甲而禽之又令緣汾帶岡樹柵以衞芻牧者九月興從汾西北下憑壑爲壘以自固興又將數千騎乘西橋官軍鈎取以爲薪蒸興還壘道武度其必

攻西圍乃命脩塹增廣之至夜興果來攻梯短不及棄之壍中而還興又分其
衆臨汾爲壘叩逼水門興平相望帝因截水中興內外隔絕士衆喪氣於是平
糧盡窘急夜悉衆將突西南而出興列兵汾西舉烽鼓譟爲平接援帝簡諸軍
精銳屯汾西固守南絕水口興夜聞聲望平力戰突免平聞外鼓望興攻圍引
接故但叫呼虛相應和莫敢逼圍平不得出窮逼乃將二妾赴水死興安遠將
軍不蒙世楊武將軍雷重等將士四千餘人隨平投水帝令泅水鉤捕無得免
者平衆三千餘人皆斂手受執禽興尚書右僕射狄伯友已下四十餘人興遠
來救自觀其窮力不能免舉軍悲號震動山谷數日不止頻遣使請和帝不許
乃班師興還長安有雀數萬頭鬭於興廟毛羽折落多有死者月餘乃止識者
曰今雀鬭廟上子孫當有爭亂者乎又興殿有聲如牛吼有二狐入長安一登
興殿屋走入宮一入市求之不得永興三年興遣周寶來聘五年興遣使來聘
幷請進女明元許之神瑞元年興遣兼散騎常侍尚書吏部郎嚴康來聘二年
興遣散騎常侍東武侯姚敞尚書姚軌奉其西平公主於明元明元以后禮納

之泰常元年與死長子泓字元子僭位號年永和晉將劉裕伐泓長驅入關泓戰敗請降裕執之於建康斬之

馮跋字文起小名乞直代本出長樂信都慕容永僭號長子以跋父安爲將永爲垂所滅安東徙昌黎家於長谷遂同夷俗跋飲酒至一石不亂諸弟皆不修行業唯跋恭慎慕容熙僭號以跋爲殿中左監稍遷衞中將軍後坐事逃亡既而熙政殘虐人不堪命跋乃與從兄萬泥等二十二人結謀跋與二弟乘車使婦人御潛入龍城匿於孫護之室以誅熙乃立夕陽公高雲爲主雲以跋爲侍中征北大將軍開府儀同三司封武邑公事皆決跋兄弟明元初雲爲左右所殺跋乃自立爲燕王置百官號年太平於時永與元年也跋撫納契丹等諸落頗來附之明元遣謁者於什門喻之爲跋所留太常三年和龍城有赤氣蔽日自寅至申跋太史令張穆以爲兵氣勸跋還魏使奉修職貢跋不從明元詔征東大將軍長孫道生討之跋嬰城固守道生不尅而還神䴥二年跋有疾其長子永先死立次子翼爲世子攝國事勒兵以備非常跋妾宋氏規立其子受居

深忌翼謂之曰主上疾將瘳柰何代父臨國乎翼遂還宋氏矯絕內外遣閹人傳問翼及跋諸子大臣並不得省疾唯中給事胡福獨得出入專掌禁衛跋疾甚福慮宋氏將成其計乃言於跋弟弘勒兵而入跋驚怖而死弘襲位翼勒兵出戰不利遂死跋有子男百餘人悉爲弘所殺弘字文通跋之少弟也跋立爲尚書右僕射封中山公領中領軍內掌禁衛外總朝政歷位司徒及自立乃與宋氏通和延和元年太武親討之弘嬰城固守其營丘遼東成周樂浪帶方玄菟六郡皆降太武徙其人三萬餘家於幽州其尚書郭深勸之歸誠進女乞爲附庸保守宗廟弘曰負釁在前忿形已露附降取死不如守志更圖所適也先是弘廢其元妻王氏黜世子崇令鎮肥如以後妻慕容氏子曰王仁爲世子崇母弟廣平公朗樂陵公邈相謂曰禍將至矣於是遂出奔遼西勸崇來降崇納之會太武使給事中王德陳示成敗崇遣邈入朝太武封崇遼西王錄其國尚書事遼西十郡承制假授文官尚書刺史武官征虜已下弘遣其將封羽率衆圍崇太武詔永昌王健督諸軍救之封羽又以九城降徙其人三千餘家而還

弘遣其尚書高顒請舉乞以季女充掖庭帝許之徵其子王仁入朝弘不遣其散騎常侍劉訓諫弘大怒殺之太武又詔樂平王丕等討之日就蹙削上下危懼弘太常陽𡸣復勸弘請舉乞降令王仁入侍弘不聽乃密求迎於高麗太延二年高麗遣將葛居盧等率衆迎之弘乃擁其城內士女入於高麗先是其國有狼夜繞城羣嘷如是終歲又有鼠集於城西闐滿數里西行至水則在前者銜馬矢迭相齧尾而度宿軍地然一旬而滅觸地生蛆月餘乃止和龍城生白毛一尺二寸弘至遼東高麗遣使勞之曰龍城王馮君爰適野次士馬勞乎弘慚怒稱制答讓之高麗乃處之於平郭尋徙北豐弘素侮高麗政刑賞罰猶如其國高麗乃奪其侍人質任王仁弘忿怨之謀將南奔太武又徵弘於高麗乃殺之於北豐子孫同時死者十餘人弘字朗邈朗子熙在外戚傳

乞伏國仁隴西人也其先弗如自漠北南出五世祖佑隣并兼諸郡衆漸盛父司繁擁部落降苻堅堅以爲南單于又拜鎮西將軍鎮勇士川司繁死國仁爲將軍及堅敗國仁叔步頹叛於隴右堅令國仁討之步頹大悅迎而推之部衆

十餘萬道武時私署大都督大將軍大單于泰河二州牧號年建義署置官屬
分部內爲十一郡築勇士城以都之國仁死弟乾歸統事自署大都督大將軍
大單于河南王改年爲太初置百官登國中遷於金城城門自壞乾歸惡之還
於苑川尋爲姚興所破又奔枹罕遂降姚興拜爲河州刺史封歸義侯尋追還
苑川乾歸乃背姚興私稱秦王置百官號年更始遣使請援元明許之田于五
溪有梟集其手尋爲其兄子公府所殺子熾盤殺公府代統任熾盤自稱大將
軍河南王改年爲永康後襲禿髮傉檀於樂都滅之乃私署秦王置百官改年
爲建弘後遣其尚書郎莫者胡積射將軍乞伏又寅貢金二百觔請伐赫連昌
太武許之及統萬平熾盤乃遣其叔平遠將軍泥頭弟安遠將軍安度質於
京師又使其中書侍郎王愷丞相從事中郎烏訥闐奉表貢其方物熾盤死子
慕末統任慕末字安石跋既立改年爲永弘其尚書隴西辛進嘗隨熾盤遊後
園進彈鳥丸誤傷慕末母面至是誅進五族二十七人慕末弟殊羅蒸熾盤左
夫人禿髮氏慕末知而禁之殊羅與叔父什寅謀殺慕末使禿髮氏盜門籥籥

珍倣宋版印

誤門不開門者以告慕末收其黨盡殺之欲鞭什寅什寅曰我負汝死不負汝鞭慕末怒刳其腹投屍於河什寅母弟白養及去列頗有怨言又殺之政刑酷濫內外崩離部人多叛後爲赫連定所逼遣王愷烏訥闐請迎於太武太武許以安定以西平涼以東封之慕末乃焚城邑毀寶器率戶萬五千至高田谷爲赫連定所拒遂保南安太武遣師迎之慕末衞將軍吉毗固諫以爲不宜內徙慕末從之赫連定遣其北平公韋代率衆萬人攻南安城內大饑人相食神䴥四年慕末及宗族五百餘人出降送於上邽遂爲定滅

大沮渠蒙遜本張掖臨松盧水人也匈奴有左沮渠官蒙遜之先爲此職羌之酋豪曰大故以官爲氏以大冠之世居盧水爲酋豪蒙遜高祖暉仲歸曾祖遮皆雄健有勇名祖祁復延封伏地王父法弘襲爵苻氏以爲中田護軍蒙遜代父領部曲有勇略多計數頗曉天文爲諸胡所推服呂光自王於涼土使蒙遜自領營人配箱直又以蒙遜叔父羅仇爲西平太守後遣其子纂率羅仇代乞伏乾歸於枹罕爲乾歸所敗殺之蒙遜求還葬羅仇因聚衆屯金山與從兄晉昌

太守男成共推建康太守段業爲使持節大都督龍驤大將軍涼州牧建康公稱神璽元年業以蒙遜爲張掖太守封臨池侯男成爲輔國將軍委以軍國之任業又自稱涼王以蒙遜爲尚書左丞忌蒙遜威名微踈遠之天與四年蒙遜內不自安請爲西安太守蒙遜欲激怒其衆乃密誣告男成叛逆業殺之蒙遜泣而告衆陳欲復讎之意男成素有恩信衆情怨憤泣而從之蒙遜因舉兵攻殺業私署使持節大都督大將軍涼州牧張掖公年號永安居張掖是月涼武昭王亦起兵年號庚子永興中蒙遜尅姑臧遷居之改號玄始元年自稱河西王置百官頻遣使朝貢蒙遜寢於新臺閹人王懷祖斫蒙遜傷足蒙遜妻孟氏禽懷祖斬之及聞晉滅姚泓怒甚有校郎言事於蒙遜蒙遜曰汝聞劉裕入關敢研研然也遂殺之尋稱藩於晉泰常中蒙遜尅燉煌改年承玄後又稱藩於宋幷求書宋文帝並給之蒙遜又就宋司徒王弘求搜神記弘與之神䴥中遣尚書郎宗舒左常侍高猛朝貢上表稱臣前後貢使相望後遣子安周內侍太武遣兼太常李順持節拜蒙遜爲假節加侍中都督涼州西域羌戎諸軍事太

傳行征西大將軍涼州牧涼王使崔浩爲冊書以褒賞之蒙遜又改義和元年延和二年四月蒙遜死詔遣使監護喪事私謚武宣王蒙遜性淫忌忍於刑戮閨庭之中略無風禮第三子牧犍統任自稱河西王遣使請朝命幷遣使通宋受宋褒授先是太武遣李順迎蒙遜女爲夫人會蒙遜死牧犍受蒙遜遺意送妹於京師拜爲右昭儀改稱承和元年太武又遣李順拜牧犍爲使持節侍中都督涼沙河三州西域羌戎諸軍事車騎將軍開府儀同三司領護西戎校尉涼州刺史河西王牧犍以無功受賞乃留順上表乞安平一號優詔不許牧犍尚太武妹武威公主遣其相宋繇表謝獻馬五百匹黃金百斤繇又表請公主及牧犍母妃后定號朝議謂禮母以子貴妻從夫爵牧犍母宜稱河西國太后公主於國內可稱王后於京師則稱公主詔從之牧犍遣建節將軍沮渠旁周朝京師太武遣侍中古弼尚書李順賜其侍臣衣服有差幷徵世子封壇入侍牧犍乃遣封壇朝京師太延五年太武遣尚書賀羅使涼州且觀虛實帝以牧犍雖稱藩致貢而內多乖悖於是親征之詔公卿爲書讓之數其𡖉十二官軍

濟河牧犍曰何故爾也用其左丞姚定國計不肯出迎求救於蠕蠕遣大將董
來萬餘人拒軍於城南戰退車駕至姑臧遣使喻牧犍令出牧犍聞蠕蠕內侵
無善幸車駕返旆遂嬰城自守牧犍兄子祖踰城出降具知其情太武乃引諸
軍進攻牧犍兄子萬年率麾下又來降城拔牧犍與左右文武面縛請辠詔釋
其縛徙涼州人三萬餘家於京師初太延中有一老父投書於燉煌城東門忽
然不見其書紙八字文曰涼王三十年若七年又於震電所得石丹書曰河西
河西三十年破帶石樂七年帶石青山名在姑臧南山祀傍泥陷不通牧犍征
南大將軍董來曰祀豈有知乎遂毀祀伐木通道而行牧犍立果七年而滅初
牧犍淫嫂李氏兄弟三人傳嬖之李與牧犍姊共毒公主上遣醫乘傳救公主
得愈上徵李氏牧犍不遣厚送居於酒泉上大怒既尅猶以妹壻待之其母死
以王太妃禮葬焉又為蒙遜置守冢三十家授牧犍征西大將軍王如故初官
軍未入之間牧犍使人研開府庫取金銀珠玉及珍奇器物不更封閉百姓因
之入盜巨細蕩盡有司求賊不得真君八年其所親人及守藏者告之乃窮竟

珍倣宋版印

其事搜其家中悉得所藏器物又告牧犍父子多畜毒藥前後隱竊殺人乃有百數姊妹皆爲左道朋行淫佚曾無愧顏始罽賓沙門曰曇無讖東入鄯善自云能使鬼療病令婦人多子與鄯善王妹曼頭陁林淫通發覺亡奔涼州蒙遜寵之號曰聖人曇無讖以男女交接術教授婦女蒙遜諸女子婦皆往受法太武聞諸行人言曇無讖術乃召之蒙遜不遣遂發露其事栲訊殺之至此帝知之於是賜昭儀沮渠氏死誅其宗族唯萬年及祖以前先降得免是年又人告牧犍猶與故臣交通謀反詔司徒崔浩就公主第賜牧犍死與主決良久乃自裁葬以王禮謚曰哀王及公主薨詔與牧犍合葬公主無男有女以國甥爲襲母爵爲武威公主蒙遜子季義位東雍州刺史真君中與河東薛安都謀逆召至京師付其兄弟扼殺之萬年祖並以先降萬年拜張掖王祖廣武公後坐謀逆俱死初牧犍之敗弟樂都太守安周南奔吐谷渾太武遣鎮南將軍奚眷討之牧犍弟酒泉太守無諱奔晉昌乃使弋陽公元潔守酒泉真君初無諱圍酒泉陷之又圍張掖不能剋退保臨松太武不伐詔諭之時永昌王健鎮涼州無

諱使其中尉梁偉詣健求奉酒泉又送潔及統帥兵出於健軍二年太武遣使
拜無諱爲征西大將軍涼州牧酒泉王尋以無諱復規叛遣南陽王奚眷討酒
泉尅之無諱遂謀度流沙遣安周西擊鄯善鄯善欲降會魏使者勸令拒守安
周不能尅退保東城三年春鄯善王比龍西奔且末其世子乃從安周鄯善大
亂無諱遂度流沙士卒渴死者大半仍據鄯善先是高昌太守闞爽爲李寶舅
唐契所攻聞無諱至鄯善使詐降欲令無諱與唐契相擊留安周住鄯善從焉
耆東北趣高昌會蠕蠕殺唐契爽拒無諱無諱將衞興奴遂屠其城爽奔蠕蠕
無諱因留高昌五年夏無諱病死安周立爲蠕蠕所并

梁帝蕭詧字理孫蘭陵人武帝之孫昭明太子統之第三子也幼好學善屬文
尤長佛義特爲梁武嘉賞梁普通中封曲江縣公及昭明太子薨封詧岳陽郡
王位東揚州刺史領會稽太守初昭明卒梁武捨詧兄弟而立簡文內常愧之
故寵亞諸子以會稽人物殷阜一都之會故有此授以慰其心詧既以其昆季
不得爲嗣常懷不平又以梁武衰老朝多秕政有敗亡之漸遂蓄聚貨財交通

賓客招募輕俠折節下之其勇敢者多歸附焉左右遂至數千人皆厚加資給大同元年除西中郎將雍州刺史都督五州諸軍事寧蠻校尉詧以襄陽形勝之地又梁武創基之所時平足以樹根本時亂足以圖霸功遂務修刑政太清二年梁武以詧兄河東王譽爲湘州刺史徙湘州刺史張纘爲雍州纘恃才輕譽州府迎候有闕譽深銜之遂託疾不與相見後聞侯景作亂頗陵蹙纘纘搆譽及詧於梁元帝元帝令其世子方等及王僧辯相繼攻譽譽告於詧詧聞之大怒及梁元將援建業令所督諸州並發兵赴都詧遣府司馬劉方貴領兵爲前軍出漢口及將發梁元又使諮議參軍劉瑴召詧自行詧不從而方貴潛與梁元相知剋期襲詧未及發會詧以他事召方貴謀泄遂據樊城拒命詧遣軍攻之梁元乃厚資遣張纘若將述職而密援方貴纘次大隄而樊城已陷詧禽方貴兄弟黨與並斬之詧時以譽危急乃留諮議參軍蔡大寶守襄陽率衆伐江陵以救之梁元大懼乃遣參軍庾奐謂詧曰以姪伐叔逆順安在詧曰家兄無辜屢被攻圍七父若顧先恩豈應若是如能退兵湘水吾便旋斾襄陽時攻

柵不剋會大雨暴至平地四尺衆頗離心軍主杜岸岸弟幼安及其兄子龕以其屬降於江陵詧夜遁歸襄陽器械輜重多沒於健水詧恐不能自固乃遣蔡大寶求附庸於西魏時西魏大統十年也周文令丞相東閣祭酒榮權使焉是歲梁元令柳仲禮圖襄陽詧乃遣妃王氏及世子嶚爲質請救周文令榮權報命仍遣開府楊忠爲援十六年忠禽仲禮平漢東西魏命詧發喪嗣位使假散騎常侍鄭孝穆及榮權策命詧爲梁王乃於襄陽置百官承制封拜十七年留尚書僕射蔡大寶守雍部而朝於京師周文謂曰王之來此頗由榮權乃召權見曰權吉士也寡人與之從事未嘗見失信詧曰榮常道二國之言無私故詧今者得歸誠魏闕耳魏恭帝元年周文命柱國于謹伐江陵詧以兵會之及江陵平周文命詧主梁嗣居江陵東城資以江陵一州之地其襄陽所統盡入於周詧乃稱皇帝於其國年號大定追尊其父統爲昭明皇帝廟號高宗統妃蔡氏爲昭德皇后又尊其所生母龔氏皇太后立妻王氏爲皇后子巋爲皇太子其慶賀刑威官方制度並同王者唯上疏則稱臣奉朝廷正朔至於爵命其下

亦依梁氏之舊其戎章勳級則又兼用柱國等官又追贈叔父邵陵王綸太宰
謚曰壯武贈兄河東王譽丞相謚曰武桓周文仍置江陵防主統兵居於西城
名曰武植周文外云助詧備禦內實防詧初江陵滅梁元將王琳據湘州志圖
匡復及詧立琳乃遣其將潘純陁侯方兒來寇詧禦之純陁等退歸夏口詧之
四年詧遣其大將軍王操略取王琳之長沙武陵南平等郡五年王琳又遣其
將雷文柔襲陷監利郡太守大有死之尋而琳與陳人相持稱藩乞師於詧詧
許之師未出而琳軍敗附於齊是歲其太子巋來朝京師六年四月大雨震前
殿崩壓一百餘人七年冬有鵩鳥鳴於寢殿八年二月詧終於前殿時年四十
四是歲周保定二年也八月葬於平陵謚曰宣皇帝廟號中宗詧少有大志不
拘小節雖多猜忌而知人善任使撫將士有恩能得其死力性不飲酒安於儉
素事母以孝聞又不好聲色尤惡見婦人雖相去數步亦云遙聞其臭經御婦
人之衣更不著並皆棄之一幸姬媵病臥累旬又惡見人髮白事之者必方便
避之擔輿者冬月必須裹頭夏月則加蓮葉帽其在東揚州頗放誕省覽簿領

好爲戲弄之言以此獲譏於世及江陵平宿將尹德毅謂詧曰臣聞人主之行與匹夫不同匹夫者飾小行競小廉以取名譽人主者定天下安社稷以成大功今魏虜貪惏罔顧弔伐之義俘因士庶並充軍實然此等戚屬咸在江東悠悠之人可門到戶說既塗炭至此咸謂殿下爲之殿下既殺人父兄孤人子弟人盡讎也又誰與爲國但魏之精銳盡萃於此犒師之禮非無故事若殿下爲設享會固請于謹等爲歡彼無我虞當相率而至預伏武士因而斃之江陵百姓撫而安之文武官僚隨即銓授魏人懾息未敢送死僧辯之徒折簡可致然後朝服濟江入踐皇極纘堯復禹萬世一時詧謂德毅曰卿此策非不善也然魏人待我甚厚未可背德若遽爲卿計則鄧祁侯所謂人將不食吾餘既而闔城長幼被虜入關又失襄陽之地詧恨乃曰不用德毅之言以至於是又見邑居殘毀干戈日用恥其威略不振常懷憂憤乃著愍時賦以見志焉居常怏怏每誦老馬伏櫪志在千里烈士暮年壯心不已未嘗不盱衡抱歎吒者久之遂以憂憤發背而死詧篤好文義所著文集十五卷內典華嚴般若法華金光明

義疏三十六卷並行於世武帝又命其太子巋嗣位年號天保
巋字仁遠詧之第三子也機辯有文學善於撫御能得其下歡心嗣位之元年
尊其祖母龔太后曰太皇太后嫡母王皇后曰皇太后所生曹貴嬪曰皇太妃
其年五月其太皇太后薨諡曰元太后九月其太妃又薨諡曰孝皇太妃二年
其皇太后薨諡曰宣靜皇后五年陳湘州刺史華皎巴州刺史戴僧朔並來附
皎送其子玄響爲質於巋仍請兵伐陳巋上言其狀武帝詔衞公直督荆州總
管權景宣大將軍元定等赴之巋亦遣其柱國王操率水軍二萬會皎於巴陵
旣而與陳將吳明徹等戰於沌口直軍不利元定遂沒巋大將軍李廣等亦爲
陳人所虜長沙巴陵並陷於陳衞公直乃歸舉於巋之柱國殷亮巋雖以退敗
不獨舉亮然不敢違命遂誅之吳明徹乘勝攻剋巋河東郡獲其守將許孝敬
明年明徹進寇江陵引江水灌城巋出頓紀南以避其銳江陵副總管高琳與
其尚書僕射王操拒守巋馬軍主馬武吉徹等擊明徹退保公安巋乃還江陵
巋之八年陳又遣其司空章昭達來寇江陵總管陸騰及巋之將士擊走之昭

之又寇竟陵之青泥巋令其大將軍許世武赴援大爲昭達所破初華皎戴僧
朔從衛公直與陳人戰率其麾下數百人歸於巋巋以皎爲司空封江夏郡公
僧朔爲車騎將軍封吳興縣侯巋之十年皎將來朝至襄陽請衛公直曰梁主
旣江南諸郡人少國貧朝廷興亡繼絶理宜資贍豈使齊桓楚莊獨擅救衛復
陳之美望借數州以裨梁國直然之乃遣使言狀帝許之詔以基平鄀三州歸
達於巋及平齊巋朝於鄴帝雖以禮接之然未之重也巋知之後因宴承間乃
陳其父荷周文拯救之恩并敘二國艱虞脣齒掎角之事辭理辯暢因涕泣交
流帝亦爲之歔欷自是大加賞異禮遇日隆後帝復與之宴齊氏故臣吒列長
乂亦預焉帝指謂巋曰是登陴罵朕者也巋曰長乂未能輔桀翻敢吠堯帝大
笑及酒酣帝又命琵琶自彈之仍謂巋曰當爲梁主盡歡巋乃起請舞帝曰王
乃能爲朕舞乎巋曰陛下旣親撫五絃臣敢不同百獸帝大悅賜雜繒萬段
良馬數十匹并賜齊後主妓妾及帝所乘五百里駿馬以遺之及隋文帝執政
尉遲迥王謙司馬消難等各起兵時巋將帥皆密請興師與迥等爲連衡之勢

進可以盡節於周氏退可以席卷山南蕭以爲不可俄而消難奔陳迥等相次破滅隋文帝既踐極恩禮彌厚遣使賜金五百兩銀千兩布帛萬匹馬五百匹開皇二年隋文帝備禮納蕭女爲晉王妃又欲以其子瑒尙蘭陵公主由是罷江陵總管蕭專制其國四年來朝長安帝甚敬待之詔蕭位在王公之上蕭被服端麗進退閑雅天子矚目百僚傾慕帝賜蕭縑萬匹珍玩稱是及還親執其手謂之曰梁主久滯荆楚未復舊都朕當振旅長江相送旋反蕭拜謝而歸五年五月寢疾薨臨終上表奉辭幷獻所服金裝劍帝覽而嗟悼蕭在位二十三年梁之臣子葬之顯陵諡曰孝明皇帝廟號世宗蕭孝悌慈仁有君人之量四時祭享未嘗不悲慕流涕性尤儉約御下有方境內安之所著文集及孝經周易義記及大小乘幽微並行於世文帝又命其太子琮嗣位

琮字温文性倜儻不羈博學有文義兼善弓馬遣人伏地持帖琮奔馬射之十發十中持帖者亦不懼初封東陽王尋立爲梁太子及嗣位帝賜以璽書敕勉之又賜梁之大臣璽書誡勉之時琮年號廣運有識者曰運之爲字軍走也吾

君將奔走乎其年琮遣大將軍戚昕以舟師襲陳公安不剋而還文帝徵琮叔父岑入朝拜大將軍封懷義公因留不遣復置江陵總管以監之琮所署大將軍許世武密以城召陳將宜黃侯陳紀謀泄琮誅之後二歲上徵琮入朝率臣下二百餘人朝京師江陵父老莫不殞涕曰吾君其不反矣上以琮來朝遣武鄉公崔弘度將兵戍之軍至鄀州琮叔父巖及弟瓛等懼弘度掩襲之遂引陳人至城下虜居人而叛於是廢梁國上遣左僕射高熲安集之曲赦江陵死辠給復十年梁二主各給守墓十戶拜琮柱國賜爵莒國公自詧初卽位歲在乙亥至歲在丁未凡三十三載而亡琮至煬帝嗣位甚見親重拜內史令改封梁公琮之宗族緦麻以上並隨才擢用於是諸蕭昆弟布列朝廷琮性澹雅不以職務自嬰退朝縱酒而已內史令楊約與琮同列帝令約宣旨誡勵約復以私情諭之琮曰琮若復事事則何異公哉約笑而退約兄素時爲尚書令見琮嫁從父妹於鉗耳氏謂曰公帝王之族何乃適妹鉗耳氏琮曰前已嫁妹於侯莫陳氏此復何疑素曰鉗耳羌也侯莫陳虜也何得相比琮曰以羌異虜未之前

珍倣宋版印

聞素慚而止琮雖羈旅見北間豪貴無所降下常與賀若弼深友旣誅復有童謠曰蕭蕭亦復起帝由是忌之遂廢於家卒贈左光祿大夫子鉉位襄城通守復以琮弟子鉅爲梁公鉅小名曰藏煬帝甚昵之以爲千牛與宇文晶出入宮掖伺察內外帝每有遊宴鉅未嘗不從遂於宮中多行淫穢江都之變爲宇文化及所殺督之居帝位百僚追謚孝惠太子巖封安平王岌封東平王岑封河間王後改封吳郡王琮弟瓛義興王璩晉陵王璟臨海王珣南海王瑒義安王以蔡大寶爲股肱王操爲腹心魏益德尹正薛暉許孝敬薛宣爲爪牙甄玄成劉盈岑善方傳准褚珪蔡大業典衆務張綰以舊齒處顯位沈重以儒學蒙厚禮自餘多所獎拔咸盡其器能及巋纂業親賢並用將相則華皎殷亮劉忠義宗室則蕭欣蕭翼人望則蕭確謝温柳洋王湜徐岳外戚則王洋王誦殷璉文章則劉孝勝范迪沈居游君公柳信言政事則袁敞柳莊蔡延壽甄翊皇甫玆故能保其疆土而和其民人焉今載督子巖等及蔡大寶以下尤著者附於左其在梁陳隋已有傳及巋諸子未任職者則不兼錄

賛字道遠晉之長子也母曰宣靜皇后晉之爲梁王立爲世子尋病卒及晉稱
帝追謚焉
巖字義遠晉第五子也性仁厚善撫接歷尚書令太尉太傅入陳授東陽州刺
史及陳亡百姓推巖爲主爲總管宇文述所破伏法於長安
岌晉第六子也性淳和位至侍中中衛將軍巋之五年卒贈司空謚曰孝
岑字智遠晉第八子也位至太尉性簡貴御下嚴整及琮嗣位自以望重屬尊
頗有不法故隋文徵入朝拜大將軍封懷義郡公
瓛字欽文巋第二子也幼有令譽能屬文位荆州刺史頗有能名崔弘度兵至
鄀州瓛懼與其叔父巖奔陳陳主以爲侍中吳州刺史甚得物情三吳父老皆
曰吾君之子陳亡吳人推之爲主吳人見梁武簡文及晉巋等兄弟中並第三
而踐尊位瓛自以巋第三子深自矜負有謝異者頗知廢興梁陳之際言無不
驗江南人甚敬信之及陳主被禽異奔瓛由是益爲衆所歸宇文述之討瓛遣
王褒守吳州自將拒述述遣兵别道襲褒褒衣道士服棄城而遁瓛敗將左右

數人逃於太湖匿於人家被執述送長安斬之璟仕隋尚衣奉御瑒衛尉卿祕
書監陶丘侯瑀內史侍郎河池太守
蔡大寶字敬位濟陽考城人祖履齊尚書祠部郎父黠梁尚書儀曹郎南兗州
別駕大寶少孤而篤學不倦善屬文初以明經對策第一解褐武陵王國左常
侍嘗以書干僕射徐勉勉大賞異乃令與其子遊處所有墳籍盡以給之遂博
覽羣書學無不綜詧初出第勉仍薦大寶爲侍讀兼掌記室尋除尚書儀曹郎
詧出鎮會稽大寶詣選曹求諮議不得以爲記室大寶攘臂而出曰不爲孫秀
非人也詧莅襄陽遷諮議參軍謀謨皆自大寶出及梁元與河東王譽結隙詧
令大寶使江陵以觀之梁元素知大寶見之甚悅乃示所制玄覽賦令注解焉
三日而畢梁元大嗟賞之贈遺甚厚大寶還白詧云湘東必有異圖禍亂將作
不可下援臺城詧納之及詧於江陵稱帝爲侍中尚書令參掌選事進位柱國
軍師將軍封安豐縣侯巋嗣位冊授司空中書監中權大將軍領吏部尚書固
讓司空許之加特進巋之三年卒及葬巋三臨其喪贈司徒進爵爲公諡曰文

凱配食詧廟大寶性嚴整有智謀雅達政事文辭贍速詧之章表書記教令詔
冊並大寶專掌之詧推心委任以爲謀主時人以詧之有大寶猶劉先主之有
孔明焉所著文集三十卷及尚書義疏並行於世有四子次子延壽有器識博
涉經籍尤善當世之務尚詧女宣城公主歷中書郎尚書右丞吏部郎御史中
丞從琮入隋授開府儀同三司祕書丞終於成州刺史大寶弟大業字敬道有
至行位散騎常侍衞尉卿都官尚書太常卿卒贈金紫光祿大夫諡曰簡有三
子允恭最知名位太子舍人梁滅入陳爲尚書庫部郎陳亡仕隋起居舍人
王操字子高其先太原晉陽人詧母龔氏之外弟也性敦厚有籌略初爲詧外
兵參軍親任亞於蔡大寶及詧稱帝歷五兵尚書郢州刺史進位柱國封新康
縣侯巋嗣位授鎮右將軍尚書僕射及吳明徹爲寇巋出頓紀南操撫循將士
莫不用命明徹既退江陵獲全操之力也還侍中中衞將軍尚書令開府儀同
三司領荊州刺史操既位居朝右每自挹損深得當時之譽卒巋舉哀於朝堂
流涕曰天不使吾平蕩江表何奪吾賢相之速也及葬親祖於瓦官門贈司空

進爵爲公諡曰康節有七子次子衡最知名有才學位中書黃門侍郞

魏益德襄陽人也有材幹膽勇過人晉稱帝進位柱國封上黃縣侯卒贈司空諡曰忠壯進爵爲公薨之五年以益德配食晉廟

尹正其先天水人晉莅雍州正爲其府中兵參軍禽張纘獲杜岸皆正之力晉稱帝除護軍將軍位柱國封新野縣侯卒贈開府儀同三司諡曰剛薨之五年以正配食晉廟子德毅多權略位大將軍後以見疑賜死

甄玄成字敬平中山人博達經史善屬文少爲簡文所知以錄事參軍隨晉鎭襄陽轉中記室參軍頗參政事以江陵甲兵殷盛遂懷貳心密書與元帝具申誠款或有得其書送於晉晉深信佛法常願不殺誦法華經人玄成素誦法華經遂以此獲免晉後見之常曰甄公好得法華經力後位吏部尙書有文集二十卷子詡少沉敏閑習政事歷中書舍人尙書右丞從琮入隋授開府儀同三司終於太府少卿

岑善方字思義南陽棘陽人祖惠甫給事中父昶散騎侍郞善方有器局博綜

經史以刑獄參軍隨督至襄陽督初請內附以督方兼記室充使往來凡數十反魏恭帝二年封長寧縣公及督稱帝位散騎侍郎起部尚書督方性清愼有當世幹能故督委以機密卒贈太常卿諡曰敬所著文集十卷有七子並有操行之元之利之象最知名之元太子舍人早卒之利仕隋位零陵郡丞之象仕隋尙書虞部員外侍郎邵陵上宜渭南邯鄲四縣令

宗如周南陽人有才學以府僚隨督後至度支尙書如周面狹長督以法華經云聞經隨喜面不狹長嘗戲之曰卿何爲謗經如周踧踖自陳不謗督又謂之如初如周懼出告蔡大寶大寶知其旨笑謂之曰君當不謗餘經正應不信法華耳如周乃悟又嘗有人訴事於如周謂爲經作如州官也乃曰某有屈滯故來訴如州官如周曰爾何小人敢呼我名其人慚謝曰秪言如周官作如州不知如州官名如周早知如州官名如周則不敢喚如周官作如州如周乃笑曰令卿自責見侮反深衆咸服其寬雅

袁敞陳郡人祖昂司空父仕俊安成內史敞少有識量博涉文史以吏部郎使

詣周時主者以敞班在陳使之後敞固不從命曰昔陳之祖父乃梁諸侯下吏盜有江東今周朝宗萬國招攜以利若使梁之行人在陳之後便恐彝倫失序豈使臣之所望焉主者不能屈遂以狀奏周武帝善之乃詔敞與陳使異日而進使還以稱旨遷侍中轉左戶尚書從琮入隋授開府儀同三司終於譙州刺史

論曰自金行運否中原喪亂元氏唯天所命方一函夏鐵弗徒何之輩雖非行錄所歸觀其遞爲割據亦一時之傑然而卒至夷滅可謂魏之驅除梁主任術好謀愛賢養士蓋有英雄之志霸王之略焉及淮海版蕩骨肉猜貳擁衆自固稱藩內款終能據有全楚中興頹運雖土宇殊於舊邦而位號同於曩日貽厥自遠享國雖短可不謂賢哉嗣子纂業增修遺構賞罰得衷舉厝有方密邇寇讎則威略具舉朝宗上國則聲猷遠振豈非繼世之令主乎琮大去其邦因而不反遂爲外戚不事自持蓋亦守滿之道也

北史卷九十三

北史卷九十三考證

鐵弗傳父誥汁爰世領部落〇汁魏書作升

衛辰第三子屈丐奔薛于部帥太悉伏〇丐魏書作孑

遂僭皇帝於灞上〇僭字下應有稱字

不及入城奔投上邽〇入城上監本誤缺一字今從南本

徒河傳東至聞喜〇喜魏書作嘉

常自謂諸弟子曰〇魏書自作目又無子字

寶即位以德鎮鄴大丞相〇馮夢禎云魏書以德鎮鄴後拜丞相此云鎮鄴大丞相誤

馮跋傳以後妻慕容氏子曰王仁爲世子〇魏書無曰字

乞伏國仁傳田于五溪〇監本缺五字今從南本增入

蕭詧傳周文命柱國于謹伐江陵〇梁書元帝紀于謹上有萬紐二字

琮傳嘗與賀若弼深友〇深友隋書作深相友善

北史卷九十三考證

北史卷九十四

唐　李延壽　撰

列傳第八十二

高麗　百濟　新羅　勿吉　奚　契丹

室韋　豆莫婁　地豆干　烏洛侯　流求　倭

蓋天地之所覆載至大日月之所照臨至廣萬物之內生靈寡而禽獸多兩儀之間中土局而殊俗曠人寓形天地稟氣陰陽愚智本於自然剛柔繫於水土故霜露所會風氣所通九川爲紀五岳作鎮此之謂諸夏生其地者則仁義所出昧谷嵎夷孤竹北戶限以丹徼紫塞隔以滄海交河此之謂荒裔感其氣者則凶德行稟若夫九夷八狄種落繁熾七戎六蠻充牣邊鄙雖風土殊俗嗜慾不同至於貪而無厭狠而好亂強則旅拒弱則稽服其揆一也秦皇鞭笞天下黷武於遐方漢武士馬強盛肆志於遠略匈奴已却其國乃虛天馬既來其人亦困是知鴈海龍堆天所以紀夷夏也炎方朔漢地所以限內外也況乎時非

秦漢志甚羸劉逆天道以求其功殫人力而從所欲顛墜之釁固不旋踵是以先王設教內諸夏而外夷狄往哲垂範美樹德而鄙廣地雖禹迹之東漸西被不過海及流沙王制之自北徂南裁猶穴居交趾豈非道貫三古義高百代者乎自魏至隋市朝屢革其四夷朝享亦各因時今各編次備四夷傳云

高句麗其先出夫餘王嘗得河伯女因閉於室內爲日所照引身避之日影又逐既而有孕生一卵大如五升夫餘王棄之與犬犬不食與豕豕不食棄於路牛馬避之棄於野衆鳥以毛茹之王剖之不能破遂還其母母以物裹置暖處有一男破而出及長字之曰朱蒙其俗言朱蒙者善射也夫餘人以朱蒙非人所生請除之王不聽命之養馬朱蒙私試知有善惡駿者減食令瘦駑者善養令肥夫餘王以肥者自乘以瘦者給朱蒙後狩于田以朱蒙善射給之一矢朱蒙雖一矢殪獸甚多夫餘之臣又謀殺之其母以告朱蒙朱蒙乃與焉違等二人東南走中道遇一大水欲濟無梁夫餘人追之甚急朱蒙告水曰我是日子河伯外孫今追兵垂及如何得濟於是魚鼈爲之成橋朱蒙得度魚鼈乃解追

騎不度朱蒙遂至普述水遇見三人一著麻衣一著納衣一著水藻衣與朱蒙至紇升滑城遂居焉號曰高句麗因以高爲氏其在夫餘妻懷孕朱蒙逃後生子始閭諧及長知朱蒙爲國王卽與母亡歸之名曰閭達委之國事朱蒙死子如栗立如栗死子莫來立乃并夫餘漢武帝元封四年滅朝鮮置玄菟郡以高句麗爲縣以屬之漢昭賜衣幘朝服鼓吹常從玄菟郡受之後稍驕不復詣郡但於東界築小城受之遂名此城爲幘溝漊溝漊者句麗城名也王莽初發高句麗兵以伐胡而不欲行莽強迫遣之皆出塞爲寇盜州郡歸咎於句麗侯騶嚴尤誘而斬之莽大悅更名高句麗高句麗侯光武建武八年高句麗遣使朝貢朝貢至殤安之閒莫來裔孫宮數寇遼東玄菟太守蔡風討之不能禁宮死子伯固立順和之閒復數犯遼東寇抄靈帝建寧二年玄菟太守耿臨討之斬首虜數百級伯固乃降屬遼東公孫度之雄海東也伯固與之通好伯固死子伊夷摸立伊夷摸自伯固時已數寇遼東又受亡胡五百餘戶建安中公孫康出軍擊之破其國焚燒邑落降胡亦叛伊夷摸更作新國其後伊夷摸復擊玄

菟玄菟與遼東合擊大破之伊夷摸死子位宮立始位宮曾祖宮生而目開能
視國人惡之及長凶虐國以殘破及位宮亦生而視人高麗呼相似爲位以爲
似其曾祖宮故名位宮位宮亦有勇力便鞍馬善射獵魏景初二年遣太傅司
馬宣王率衆討公孫文懿位宮遣主簿大加將數千人助軍正始三年位宮寇
遼西安平五年幽州刺史母丘儉將萬人出玄菟討位宮大戰于沸流敗走儉
追至赬峴懸車東馬登丸都山屠其所都位宮單將妻息遠竄六年儉復討之
位宮輕將諸加奔沃沮儉使將軍王頎追之絕沃沮千餘里到肅慎南刻石紀
功又刋丸都山銘不耐城而還其後復通中夏晉永嘉之亂鮮卑慕容廆據昌
黎大棘城元年授北平州刺史位宮玄孫乙弗利頻寇遼東廆不能制弗利死
子釗代立魏建國四年慕容廆子晃伐之入自南陝戰于木底大破釗軍追至
丸都釗單馬奔竄晃掘釗父墓掠其母妻珍寶男女五萬餘口焚其室毀丸都
城而還釗後爲百濟所殺及晉孝武太元十年句麗攻遼東玄菟郡後燕慕容
垂遣其弟農伐句麗復二郡垂子寶以句麗王安爲平州牧封遼東帶方二國

王始置長史司馬參軍官後略有遼東郡太武時釗曾孫璉始遣使者詣安東
奉表貢方物幷請國諱太武嘉其誠款詔下帝系名諱於其國使員外散騎侍
郎李敖拜璉爲都督遼海諸軍事征東將軍領東夷中郎將遼東郡公高句麗
王敖至其所居平壤城訪其方事云去遼東南一千餘里至柵城南至小海北
至舊夫餘人戶參倍於前魏時後貢使相尋歲致黃金二百斤白銀四百斤時
馮弘率衆奔之太武遣散騎常侍封撥詔璉令送弘璉上書稱當與弘俱奉王
化竟不遣太武怒將往討之樂平王丕等議待後舉太武乃止而弘亦尋爲璉
所殺後文明太后以獻文六宮未備敕璉令薦其女璉奉表云女以出求以弟
女應旨朝廷許焉乃遣安樂王真尚書李敷等至境送幣璉惑其左右之說云
朝廷昔與馮氏婚姻未幾而滅其國殷鑒不遠宜以方便辭之璉遂上書妄稱
女死朝廷疑其矯拒又遣假散騎常侍程駿切責之若女審死聽更選宗淑璉
云若天子恕其前愆謹當奉詔會獻文崩乃止至孝文時璉貢獻倍前其報賜
亦稍加焉時光州於海中得璉遣詣齊使餘奴等送闕孝文詔責曰道成親殺

其君竊號江左朕方欲興滅國於舊邦繼絕世於劉氏而卿越境外鄉交通篡
賊豈是藩臣守節之義今不以一過掩舊款卽送還藩其感恕思愆祗承明憲
輯寧所部動靜以聞太和十五年璉死年百餘歲孝文舉哀於東郊遣謁者僕
射李安上策贈車騎大將軍太傅遼東郡公高句麗王諡曰康又遣大鴻臚拜
璉孫雲使持節都督遼海諸軍事征東將軍領護東夷中郎將遼東郡公高句
麗王賜衣冠服物車旗之飾又詔雲遣世子入朝令及郊丘之禮雲上書辭疾
遣其從叔升于隨使詣闕嚴責之自此歲常貢獻正始中宣武於東堂引見其
使芮悉弗進曰高麗係誠天極累葉純誠地產土毛無愆王貢但黃金出夫餘
珂則涉羅所產今夫餘爲勿吉所逐涉羅爲百濟所幷國王臣雲惟繼絕之義
悉遷于境內二品所以不登王府實兩賊之爲宣武曰高麗世荷上將專制海
外九夷黠虜實得征之昔方貢之愆責在連率宜宣朕旨於卿主務盡威懷之
略使二邑還復舊墟土毛無失常貢也神龜中雲死靈太后爲舉哀於東堂遣
使策贈車騎大將軍領護東夷校尉遼東郡公高麗王又拜其世子安爲鎮東

將軍領護東夷校尉遼東郡公高麗王正光初光州又於海中執得梁所授安寧東將軍衣冠劍珮及使人江法盛等送京師安死子延立孝武帝初詔加延使持節散騎常侍車騎大將軍領護東夷校尉遼東郡公高句麗王天平中詔加延侍中車騎大將軍餘悉如故延死子成立訖於武定已來其貢使無歲不至大統十二年遣使至西魏朝貢及齊受東魏禪之歲遣使朝貢於齊齊文宣加成使持節侍中驃騎大將軍領東夷校尉遼東郡公高麗王如故天保三年文宣至營州使博陵崔柳使于高麗求魏末流人敕柳曰若不從者以便宜從事及至不見許柳張目叱之拳擊成墜於牀下成左右雀息不敢動乃謝服柳以五千戶反命成死子湯立乾明元年齊廢帝以湯爲使持節領東夷校尉遼東郡公高麗王周建德六年湯遣使至周武帝以湯爲上開府儀同大將軍遼東郡公遼東王隋文帝受禪湯遣使詣闕進授大將軍改封高麗王自是歲遣使朝貢不絕其國東至新羅西度遼二千里南接百濟北隣靺鞨一千餘里人皆土著隨山谷而居衣布帛及皮土田薄瘠蠶農不足以自供故其人節飲食

其王好修宮室都平壤城亦曰長安城東六里隨山屈曲南臨浿水城內唯積倉儲器備寇賊至日方入固守王別爲宅於其側不常居之其外復有國內城及漢城亦別都也其國中呼爲三京復有遼東玄菟等數十城皆置官司以統攝與新羅每相侵奪戰爭不息官有大對盧太大兄大兄小兄竟侯奢烏拙太大使者大使者小使者褥奢翳屬仙人凡十二等分掌內外事其大對盧則以強弱相陵奪而自爲之不由王署置復有內評五部褥薩人皆頭着折風形如弁士人加插二鳥羽貴者其冠曰蘇骨多用紫羅爲之飾以金銀服大袖衫大口袴素皮帶黃革履婦人裙襦加襈書有五經三史三國志晉陽秋兵器與中國略同及春秋校獵王親臨之稅布五疋穀五石游人則三年一稅十人共細布一疋租戶一石次七斗下五斗其刑法叛及謀逆者縛之柱爇而斬之籍沒其家盜則償十倍若貧不能償者樂及公私債負皆聽評其子女爲奴婢以償之用刑既峻罕有犯者樂有五絃琴箏篳篥橫吹簫鼓之屬吹蘆以和曲每年初聚戲浿水上王乘膂轝列羽儀觀之事畢王以衣入水分爲左右二部以水

石相濺擲諠呼馳逐再三而止俗潔淨自喜尙容止以趨走爲敬拜則曳一脚立多反拱行必插手性多詭伏言辭鄙穢不簡親疎父子同川而浴共室而寢好歌舞常以十月祭天其公會衣服皆錦繡金銀以爲飾好蹲踞食用俎機出三尺馬云本朱蒙所乘馬種卽果下也風俗尙淫不以爲愧俗多游女夫無常人夜則男女羣聚而戲無有貴賤之節有婚嫁取男女相悅卽爲之男家送猪酒而已無財聘之禮或有受財者人共恥之以爲賣婢死者殯在屋內經三年擇吉日而葬居父母及夫喪服皆三年兄弟三月初終哭泣葬則鼓舞作樂以送之埋訖取死者生時服玩車馬置墓側會葬者爭取而去信佛法敬鬼神多淫祠有神廟二所一曰夫餘神刻木作婦人像一曰高登神云是其始祖夫餘神之子並置官司遣人守護蓋河伯女朱蒙云及隋平陳後湯大懼陳兵積穀爲守拒之策開皇十七年上賜璽書責以每遣使人歲常朝貢雖稱藩附誠節未盡驅逼靺鞨禁固契丹昔年潛行貨利招動羣小私將弩手巡竄下國豈非意欲不臧故爲竊盜坐使空館嚴加防守又數遣馬騎殺害邊人恆自猜疑密

覘消息慇懃曉示許其自新湯得書惶恐將表陳謝會病卒子元嗣文帝使拜
元爲上開府儀同三司襲爵遼東公賜服一襲元奉表謝恩幷賀祥瑞因請封
王文帝優冊爲王明年率靺鞨萬餘騎寇遼西營州總管韋世沖擊走之帝大
怒命漢王諒爲元帥總水陸討之下詔黜其爵位時餽運不繼六軍乏食師出
臨渝關復遇疾疫王師不振及次遼水元亦惶懼遣使謝罪上表稱遼東糞土
臣元云云上於是罷兵待之如初元亦歲遣朝貢煬帝嗣位天下全盛高昌王
突厥啓人可汗並親詣闕貢獻於是徵元入朝元懼藩禮頗闕大業七年帝將
討元罪車駕度遼水止營於遼東地分道出師各頓兵於其城下高麗出戰多
不利皆嬰城固守帝令諸軍攻之又敕諸將高麗若降卽宜撫納不得縱兵入
城陷賊輒言諸將奉旨不敢赴機先馳奏比報賊守禦亦備復出拒戰如此者
三年不悟由是食盡師老轉輸不繼諸軍多敗績於是班師是行也唯於遼水
西拔賊武厲邏置遼東郡及通定鎭而還九年帝復親征敕諸軍以便宜從事
諸將分道攻城賊勢日蹙會楊玄感作亂帝大懼卽日六軍並還兵部侍郎斛

一珍倣宋版印

斯政亡入高麗高麗具知事實盡銳來追殿軍多敗十年又發天下兵會盜賊
蜂起所在阻絕軍多失期至遼水高麗亦困弊遣使乞降因送斛斯政贖罪帝
許之頓懷遠鎮受其降仍以俘囚軍實歸至京師以高麗使親告太廟因拘留
之仍徵元入朝元竟不至帝更圖後舉會天下喪亂遂不復行
百濟之國蓋馬韓之屬也出自索離國其王出行其侍兒於後姙娠王還欲殺
之侍兒曰前見天上有氣如大雞子來降感故有娠王捨之後生男王置之豕
牢豕以口氣噓之不死後徙於馬闌亦如之王以爲神命養之名曰東明及長
善射王忌其猛復欲殺之東明乃奔走南至淹滯水以弓擊水魚鼈皆爲橋東
明乘之得度至夫餘而王焉東明之後有仇台篤於仁信始立國於帶方故地
漢遼東太守公孫度以女妻之遂爲東夷強國初以百家濟因號百濟其國東
極新羅句麗西南俱限大海處小海南東西四百五十里南北九百餘里其都
曰居拔城亦曰固麻城其外更有五方中方曰古沙城東方曰得安城南方曰
久知下城西方曰刀先城北方曰熊津城王姓餘氏號於羅瑕百姓呼爲鞬吉

支夏言並王也王妻號於陸夏言妃也官有十六品左平五人一品達率三十
人二品恩率三品德率四品杅率五品奈率六品已上冠飾銀華將德七品紫
帶施德八品皂帶固德九品赤帶季德十品青帶對德十一品文督十二品皆
黄帶武督十三品佐軍十四品振武十五品剋虞十六品皆白帶自恩率以下
官無常員各有部司分掌衆務內官有前內部穀內部內掠部外掠部馬部刀
部功德部藥部木部法部後宮部外官有司軍部司徒部司空部司寇部點口
部客部外舍部綢部日宮部市部長吏三年一交代都下有方分爲五部曰上
部前部中部下部後部部有五巷士庶居焉部統兵五百人五方各有方領一
人以達率爲之方佐貳之方有十郡郡有將三人以德率爲之統兵一千二百
人以下七百人以上城之內外庶及餘小城咸分隸焉其人雜有新羅高麗倭
等亦有中國人其飲食衣服與高麗略同若朝拜祭祀其冠兩廂加翅戎事則
不拜謁之禮以兩手據地爲禮婦人不加粉黛女辮髮垂後已出嫁則分爲兩
道盤於頭上衣似袍而袖微大兵有弓箭刀矟俗重騎射兼愛墳史而秀異者

珍倣宋版印

頗解屬文能吏事又如醫藥蓍龜與相術陰陽五行法有僧尼多寺塔而無道士有鼓角箜篌箏竽箎笛之樂投壺摴蒱弄珠握槊等雜戲尤尚弈棊行宋元嘉曆以建寅月爲歲首賦稅以布絹絲麻及米等量歲豐儉差等輸之其刑罰反叛退軍及殺人者斬盜者流其贓兩倍徵之婦犯姦沒入夫家爲婢婚娶之禮略同華俗父母及夫死者三年居服餘親則葬訖除之土田濕氣候溫暖人皆山居有巨栗其五穀雜果菜蔬及酒醴肴饌之屬多同於內地唯無馳驢騾羊鵝鴨等國中大姓有族沙氏燕氏劦氏解氏真氏國氏木氏苗氏其王每以四仲月祭天及五帝之神立其始祖仇台之廟於國城歲四祠之國西南人島居者十五所皆有城邑魏延興二年其王餘慶始遣其冠軍將軍駙馬都尉弗斯侯長史餘禮龍驤將軍帶方太守司馬張茂等上表自通云臣與高麗源出夫餘先世之時篤崇舊款其祖釗輕廢隣好陵踐臣境臣祖須整旅電邁梟斬釗首自爾以來莫敢南顧自馮氏數終餘燼奔竄醜類漸盛遂見陵逼構怨連禍三十餘載若天慈曲矜遠及無外速遣一將來救臣國當奉送鄙女執掃後

宮弁遣子弟牧圉外庇尺壤疋夫不敢自有去庚辰年後臣西界海中見尸十
餘弁得衣器鞍勒看之非高麗之物後聞乃是王人來降臣國長蛇隔路以阻
于海今上所得鞍一以爲實矯獻文以其僻遠冒險入獻禮遇優厚遣使者邵
安與其使俱還詔曰得表聞之無恙卿與高麗不睦致被陵犯苟能順義守之
以仁亦何憂於寇讎也前所遣使浮海以撫荒外之國從來積年往而不反存
亡達否未能審悉卿所送鞍比較舊乘非中國之物不可以疑似之事以生必
然之過經略權要已具別旨又詔曰高麗稱藩先朝供職日久於彼雖有自昔
之釁於國未有犯令之愆卿使命始通便求致伐尋討事會理亦未周所獻錦
布海物雖不悉達明卿至心今賜雜物如別又詔璉護送安等至高麗璉稱昔
與餘慶有讎不令東過安等於是皆還乃下詔切責之五年使安等從東萊浮
海賜餘慶璽書褒其誠節安等至海濱遇風飄蕩竟不達而還自晉宋齊梁據
江左右亦遣使稱藩兼受拜封亦與魏不絶及齊受東魏禪其王隆亦通使焉
淹死子餘昌亦通使命於齊武平元年齊後主以餘昌爲使持節侍中車騎大
珍倣宋版印

將軍帶方郡公百濟王如故二年又以餘昌爲持節都督東青州諸軍事東青州刺史周建德六年齊滅餘昌始遣使通周宣政元年又遣使來獻隋開皇初餘昌又遣使貢方物拜上開府帶方郡公百濟王平陳之歲戰船漂至海東躭牟羅國其船得還經于百濟昌資送之甚厚幷遣使奉表賀平陳文帝善之下詔曰彼國懸隔來往至難自今以後不須年別入貢使者舞蹈而去八年餘昌使其長史王辯那來獻方物屬與遼東之役遣奉表請爲軍導帝下詔厚其使而遣之高麗頗知其事兵侵其境餘昌死子餘璋立大業三年餘璋遣使燕文進朝貢其年又遣使王孝鄰入獻請討高麗煬帝許之命覘高麗動靜然餘璋內與高麗通和挾詐以窺中國七年帝親征高麗餘璋使其臣國智牟來請軍期帝大悅厚加賞賜遣尚書起部郎席律詣百濟與相知明年六軍度遼餘璋亦嚴兵於境聲言助軍實持兩端尋與新羅有隙每相戰爭十年復遣使朝貢後天下亂使命遂絕其南海行三月有躭牟羅國南北千餘里東西數百里土多麞鹿附庸於百濟西行三日至貊國千餘里云

新羅者其先本辰韓種也地在高麗東南居漢時樂浪地辰韓亦曰秦韓相傳言秦世亡人避役來適馬韓割其東界居之以秦人故名之曰秦韓其言語名物有似中國人名國爲邦弓爲弧賊爲寇行酒爲行觴相呼皆爲徒不與馬韓同又辰韓王常用馬韓人作之世世相傳辰韓不得自立王明其流移之人故也恆爲馬韓所制辰韓之始有六國稍分爲十二新羅則其一也或稱魏將毋丘儉討高麗破之奔沃沮其後復歸故國有留者遂爲新羅亦曰斯盧其人辯有華夏高麗百濟之屬兼有沃沮不耐韓獩之地其王本百濟人自海逃入新羅遂王其國初附庸于百濟百濟征高麗不堪戎役後相率歸之遂致強盛因襲百濟附庸於迦羅國焉傳世三十至真平以隋開皇十四年遣使貢方物文帝拜真平上開府樂浪郡公新羅王其官有十七等一曰伊罰干貴如相國次伊尺干次迎干次破彌干次大阿尺干次阿尺干次乙吉干次沙咄干次及伏干次大奈摩干次奈摩次大舍次小舍次吉士次大烏次小烏次造位外有郡縣其文字甲兵同於中國選人壯健者悉入軍烽戍邏俱有屯管部伍風俗刑

政衣服略與高麗百濟同每月旦相賀王設宴會班賚羣官其日拜日月神主八月十五日設樂令官人射賞以馬布其有大事則聚官詳議定之服色尙畫素婦人辮髮繞頸以雜綵及珠爲飾婚嫁禮唯酒食而已輕重隨貧富新婦之夕女先拜舅姑次卽拜大兄夫死有棺斂葬送起墳陵王及父母妻子喪居服一年田甚良沃水陸兼種其五穀果菜鳥獸物產略與華同大業以來歲遣朝貢新羅地多山險雖與百濟構隙百濟亦不能圖之也

勿吉國在高句麗北一曰靺鞨邑落各自有長不相總一其人勁悍於東夷最強言語獨異常輕豆莫婁等國諸國亦患之去洛陽五千里自和龍北二百餘里有善玉山山北行十三日至祁黎山又北行七日至洛瓌水水廣里餘又北行十五日至太岳魯水又東北行十八日到其國國有大水闊三里餘名速末水其部類凡有七種其一號粟末部與高麗接勝兵數千多驍武每寇高麗其二伯咄部在粟末北勝兵七千其三安車骨部在伯咄東北其四拂涅部在伯咄東其五號室部在拂涅東其六黑水部在安車西北其七白山部在粟末東

南勝兵並不過三千而黑水部尤爲勁自拂涅以東矢皆石鏃卽古肅愼氏也東夷中爲強國所居多依山水渠帥曰大莫弗瞞咄國南有從太山者華言太皇俗甚敬畏之人不得山上溲汙行經山者以物盛去上有熊羆豹狼皆不害人人亦不敢殺地卑濕築土如堤鑿穴以居開口向上以梯出入其國無牛有馬車則步推相與偶耕土多粟麥穄菜則有葵水氣鹹生鹽於木皮之上亦有鹽池其畜多猪無羊嚼米爲酒飲之亦醉婚嫁婦人服布裙男子衣猪皮裘頭插武豹尾俗以溺洗手面於諸夷最爲不潔初婚之夕男就女家執女乳而妬罷其妻外淫人有告其夫夫輒殺妻而後悔必殺告者由是姦淫事終不發人皆善射以射獵爲業角弓長三尺箭長尺二寸常以七八月造毒藥傅矢以射禽獸中者立死煮毒藥氣亦能殺人其父母春夏死立埋之冢上作屋令不雨濕若秋冬死以其尸捕貂貂食其肉多得之延興中遣乙力支朝獻太和初又貢馬五百匹乙力支稱初發其國乘船溯難河西上至太沵河沈船於水南出陸行度洛孤水從契丹西界達和龍自云其國先破高句麗十落密共百濟謀

從水道并力取高麗遣乙力支奉使大國謀其可否詔敕三國同是藩附宜共和順勿相侵擾乙力支乃還從其來道取得本船汎達其國九年復遣使侯尼支朝明年復入貢其傍有大莫盧國覆鍾國莫多回國庫婁國素和國具弗伏國匹黎尒國拔大何國郁羽陵國庫伏真國魯婁國羽真侯國前後各遣使朝獻太和十三年勿吉復遣使貢楛矢方物於京師十七年又遣使人婆非等五百餘人朝貢景明四年復遣使侯力歸朝貢自此迄于正光貢使相尋爾後中國紛擾頗或不至延興二年六月遣石文云等貢方物以至于齊朝貢不絕隋開皇初相率遣使貢獻文帝詔其使曰朕聞彼土人勇今來實副朕懷視爾等如子爾宜敬朕如父對曰臣等僻處一方聞內國有聖人故來朝拜既親奉聖顏願長爲奴僕其國西北與契丹接每相劫掠後因其使來文帝誡之使勿相攻擊使者謝罪文帝因厚勞之令宴飲於前使者與其徒皆起舞曲折多戰鬬容上顧謂侍臣曰天地間乃有此物常作用兵意然其國與隋懸隔唯粟末白山爲近煬帝初與高麗戰頻敗其衆渠帥突地稽率其部降拜右光祿大夫居之

柳城與邊人來往悅中國風俗請被冠帶帝嘉之賜以錦綺而褒寵之及遼東之役突地稽率其徒以從每有戰功賞賜甚厚十三年從幸江都尋放還柳城李密遣兵邀之僅而得免至高陽沒於王須拔未幾遁歸羅藝

奚本曰庫莫奚其先東部胡宇文之別種也初爲慕容晃所破遺落者竄匿松漠之間俗甚不潔淨而善射獵好爲寇抄登國三年道武親自出討至弱水南大破之獲其馬牛羊豕十餘萬帝曰此羣狄諸種不識德義鼠竊狗盜何足爲患今中州大亂吾先平之然後張其威懷則無所不服矣既而車駕南還十數年間諸種與庫莫奚亦皆滋盛及開遼海置戍和龍諸夷震懼各獻方物文成獻文之世庫莫奚歲致名馬文皮孝文初遣使朝貢太和四年輒入塞內辭以畏地豆干抄掠詔書切責之二十年入寇安州時營燕幽三州兵數千人擊走之後復款附每求入塞交易宣武詔曰庫莫奚去太和二十一年以前與安營二州邊人參居交易往來並無欺貳至二十二年叛逆以來遂爾遠竄今雖款附猶在塞表每請入塞與百姓交易若抑而不許乖其歸向之心信而不慮或

珍做宋版印

有萬一之警交市之日州遣士監之自此已後歲常朝獻至武定已來不絕齊受魏禪歲時來朝其後種類漸多分爲五部一曰辱紇主二曰莫賀弗三曰契箇四曰木昆五曰室得每部一千人爲其帥隨逐水草頗同突厥有阿會氏五部中最盛諸部皆歸之每與契丹相攻擊虜獲財畜因遣使貢方物

契丹國在庫莫奚東與庫莫奚異種同類並爲慕容晃所破俱竄於松漠之間登國中魏大破之遂逃迸與庫莫奚分住經數十年稍滋蔓有部落於和龍之北數百里爲寇盜真君以來歲貢名馬獻文時使莫弗紇何辰來獻得班饗於諸國之末歸而相謂言國家之美心皆忻慕於是東北羣狄聞之莫不思服悉萬丹部何大何部伏弗郁部羽陵部曰連部匹潔部黎部吐六千部等各以其名馬文皮獻天府遂求爲常皆得交市於和龍密雲之間貢獻不絕太和三年高句麗竊與蠕蠕謀欲取地豆干以分之契丹舊怨其侵軼其莫賀弗勿干率其部落車三千乘衆萬餘口驅徙雜畜求內附止於白狼水東自此歲常朝貢後告飢孝文聽其入關市糴及宣武孝明時恆遣使貢方物熙平中契丹使人

初真等三十人還靈太后以其俗嫁娶之際以青氈爲上服人給青氈兩匹賞其誠款之心餘依舊式朝貢及齊受東魏禪嘗不斷絶天保四年九月契丹犯塞文帝親戎北討至平州遂西趣長塹詔司徒潘相樂帥精騎五千自東道趣青山復詔安德王韓軌帥精騎四千東趣斷契丹走路帝親踰山嶺奮擊大破之虜十餘萬口雜畜數十萬頭相樂又於青山大破契丹別部所虜生口皆分置諸州其後復爲突厥所逼又以萬家寄於高麗其俗與靺鞨同好爲寇盜父母死而悲哭者以爲不壯但以其屍置於山樹之上經三年後乃收其骨而焚之因酹酒而祝曰冬月時向陽食若我射獵時使我多得豬鹿其無禮頑嚚於諸夷最甚隋開皇四年率莫賀弗來謁五年悉其衆款塞文帝納之聽居其故地責讓之其國遣使詣闕頓顙謝罪其後契丹別部出伏等背高麗率衆內附文帝見來憐之上方與突厥和好重失遠人之心悉令給糧還本部敕突厥撫納之固辭不去部落漸衆遂北徙逐水草當遼西正北二百里依託紇臣水而居東西亘百里分爲十部兵多者三千少者千餘逐寒暑隨水草畜牧有征伐

則酋帥相與議之興兵動衆合如符契突厥沙鉢略可汗遣吐屯潘垤統之契丹殺吐屯而遁大業七年遣使朝貢方物

室韋國在勿吉北千里去洛陽六千里室或爲失韋蓋契丹之類其南者爲契丹在北者號爲失韋路出和龍北千餘里入契丹國又北行十日至啜水又北行三日有善水又北行三日有犢了山其山高大周回三百里又北行三百餘里有大水名屈利又北行三日至刃水又北行五日到其國有大水從北而來廣四里餘名㮈水國土下濕語與庫莫奚契丹豆莫婁國同頗有粟麥及穄夏則城居冬逐水草多略貂皮丈夫索髮用角弓其箭尤長女婦束髮作叉手髻其國少竊盜盜一徵三殺人者責三百匹男女悉衣白鹿皮襦袴有麴釀酒俗愛赤珠爲婦人飾穿掛於頸以多爲貴女不得此乃至不嫁父母死男女衆哭三年尸則置於林樹之上武定二年四月始遣使張烏豆伐等獻其方物迄武定末貢使相尋及齊受東魏禪亦歲時朝聘其後分爲五部不相總一所謂南室韋北室韋鉢室韋深末怛室韋大室韋並無君長人貧弱突厥以三吐屯總領之

南室韋在契丹北三千里土地卑濕至夏則移向北貸勃欠對二山多草木饒禽獸又多蚊蚋人皆巢居以避其患漸分爲二十五部每部有餘莫弗瞞咄猶酋長也死則子弟代之嗣絕則擇賢豪而立之其俗丈夫皆被髮婦女盤髮衣服與契丹同乘牛車以蘧蒢爲屋如突厥氈車之狀度水則束薪爲桴或有以皮爲舟者馬則織草爲韉結繩爲轡匡寢則木屈爲室以蘧蒢覆上移則載行以豬皮爲席編木爲藉婦女皆抱膝坐氣候多寒田收甚薄無羊少馬多猪牛與靺鞨同俗婚嫁之法二家相許竟輒盜婦將去然後送牛馬爲聘更將婦歸家待有孕乃相許隨還舍婦人不再嫁以爲死人之妻難以共居部落共爲大棚人死則置其上居喪三年年唯四哭其國無鐵取給於高麗多貂南室韋北行十一日至北室韋分爲九部落繞吐紇山而居其部落渠帥號乞引莫賀咄每部有莫何弗三人以貳之氣候最寒雪深沒馬冬則入山居土穴牛畜多凍死饒麞鹿射獵爲務食肉衣皮鑿冰沒水中而網取魚鼈地多積雪懼陷阬穽騎木而行偺卽止皆捕貂爲業冠以狐貂衣以魚皮又北行千里至鉢室韋依

胡布山而住人衆多北室韋不知爲幾部落用樺皮蓋屋其餘同北室韋從鉢
室韋西南四日行至深末怛室韋因水爲號也冬月穴居以避太陰之氣又西
北數千里至大室韋徑路險阻言語不通尤多貂及青鼠北室韋時遣使貢獻
餘無至者
豆莫婁國在勿吉北千里舊北夫餘也室韋之東東至於海方二千餘里其人
土著有居室倉庫多山陵廣澤於東夷之城最爲平敞地宜五穀不生五果其
人長大性強勇謹厚不寇抄其君長皆六畜名官邑落有豪帥飲食亦用豆有
麻布衣製類高麗而帽大其國大人以金銀飾之用刑嚴急殺人者死沒其家
人爲奴婢俗淫尤惡妬者殺之尸於國南山上至腐女家始得輸牛馬乃與之
或言穢貊之地也
地豆干國在室韋西千餘里多牛羊出名馬皮爲衣服無五穀唯食肉酪延興
二年八月遣使朝貢至於太和六年貢使不絕十四年頻來犯塞孝文詔征西
大將軍陽平王頤擊走之自後時朝京師迄武定末貢使不絕及齊受禪亦來

朝貢

烏洛侯國在地豆干北去代都四千五百餘里其地下濕多霧氣而寒人冬則穿地爲室夏則隨原阜畜牧多豕有穀麥無大君長部落莫弗皆世爲之其俗繩髮皮服以珠爲飾人尚勇不爲姦竊故慢藏野積而無寇盜好射獵樂有箜篌木槽革面而施九弦其國西北有完水東北流合於難水其小水皆注於難東入海又西北二十日行有于已尼大水所謂北海也太武真君四年朝稱其國西北有魏先帝舊墟石室南北九十步東西四十步高七十尺室有神靈人多祈請太武遣中書侍郎李敞告祭焉刋祝文於石室之壁而還

流求國居海島當建安郡東水行五日而至土多山洞其王姓歡斯氏名渴剌兜不知其由來有國世數也彼土人呼之爲可老羊妻曰多拔荼所居曰波羅檀洞塹柵三重環以流水樹棘爲藩王所居舍其大一十六間彫刻禽獸多鬭鏤樹似橘而葉密條纖如髮之下垂國有四五帥統諸洞洞有小王往往有村村有鳥了帥並以善戰者爲之自相樹立主一村之事男女皆白紵繩纏髮從

項後盤繞至額其男子用鳥羽爲冠裝以珠貝飾以赤毛形製不同婦人以羅紋白布爲帽其形方正織鬬鏤皮弁雜毛以爲衣製裁不一綴毛垂螺爲飾雜色相間下垂小貝其聲如珮綴璫施釧懸珠於頸織藤爲笠飾以毛羽有刀矟弓箭劍鈹之屬其處少鐵刀皆薄小多以骨角輔助之編紵爲甲或用熊豹皮王乘木獸令左右輿之而導從不過十數人小王乘机鏤爲獸形國人好相攻擊人皆驍健善走難死耐創諸洞各爲部隊不相救助兩軍相當勇者三五人出前跳噪交言相罵因相擊射如其不勝一軍皆走遣人致謝即共和解收取鬬死者聚食之仍以髑髏將向王所王則賜之以冠使爲隊帥無賦斂有事則均稅用刑亦無常準皆臨事科決犯罪皆斷於鳥了帥不伏則上請於王王令臣下共議定之獄無枷鏁唯用繩縛決死刑以鐵錐大如筯長尺餘鑽頂殺之輕罪用杖俗無文字望月虧盈以紀時節草木榮枯以爲年歲人深目長鼻類於胡亦有小慧無君臣上下之節拜伏之禮父子同牀而寢男子拔去髭鬚身上有毛處皆除去婦人以墨黥手爲蟲蛇之文嫁娶以酒珠貝爲娉或男女相

悅使相匹偶婦人產乳必食子衣產後以火自炙令汗出五日便平復以木槽
中暴海水爲鹽木汁爲酢米麪爲酒其味甚薄食皆用手遇得異味先進尊者
凡有宴會執酒者必待呼名而後飲上王酒者亦呼王名後銜盃共飲頗同突
厥歌呼蹋蹄一人唱衆皆和音頗哀怨扶女子上膊搖手而舞其死者氣將絕
舉至庭前親賓哭泣相弔浴其屍以布帛纏纏之裹以葦席襯土而殯上不起
墳子爲父者數月不食肉其南境風俗小異人有死者邑里共食之有熊豺狼
尤多豬雞無羊牛驢馬厥田良沃先以火燒而引水灌持一鍤以石爲刃長尺
餘闊數寸而墾之宜稻粱禾黍麻豆赤豆胡黑豆等木有楓栝樟松梗楠杉梓
竹藤果藥同於江表風土氣候與嶺南山類俗事山海之神祭以肴酒戰鬭殺
人便將所殺人祭其神或依茂樹起小屋或懸髑髏於樹上以箭射之或累石
繫幡以爲神主王之所居壁下多聚髑髏以爲佳人間門戶上必安獸頭骨角
隋大業元年海師何蠻等每春秋二時天清風靜東望依稀似有煙霧之氣亦
不知幾千里煬帝令羽騎尉朱寬入海求訪異俗何蠻言之遂與蠻俱往同到

珍倣宋版印

流求國言不通掠一人而反明年復令寬慰撫之不從寬取其布甲而歸時倭國使來朝見之曰此夷邪久國人所用帝遣武賁郎將陳稜朝請大夫張鎮州率兵自義安浮海至高華嶼又東行二日至鼊鼊嶼又一日便至流求流求不從稜擊走之進至其都焚其宮室虜其男女數千人載軍實而還自爾遂絕

倭國在百濟新羅東南水陸三千里於大海中依山島而居魏時譯通中國三十餘國皆稱子夷人不知里數但計以日其國境東西五月行南北三月行各至於海其地勢東高西下居於邪摩堆則魏志所謂邪馬臺者也又云去樂浪郡境及帶方郡並一萬二千里在會稽東與儋耳相近俗皆文身自云太伯之後計從帶方至倭國循海水行歷朝鮮國乍南乍東七千餘里始度一海又南千餘里度一海闊千餘里名瀚海至一支國又度一海千餘里名末盧國又東南陸行五百里至伊都國又東南百里至奴國又東行百里至不彌國又南水行二十日至投馬國又南水行十日陸行一月至邪馬臺國即倭王所都漢光武時遣使入朝自稱大夫安帝時又遣朝貢謂之倭奴國靈帝光和中其國亂

遞相攻伐歷年無主有女子名卑彌呼能以鬼道惑衆國人共立爲王無夫有二男子給王飲食通傳言語其王有宮室樓觀城柵皆持兵守衛爲法甚嚴魏景初五年公孫文懿誅後卑彌呼始遣使朝貢魏主假金印紫綬正始中卑彌呼死更立男王國中不服更相誅殺復立卑彌呼宗女臺與爲王其後復立男王並受中國爵命江左歷晉宋齊梁朝聘不絕及陳平至開皇二十年俀王姓阿每字多利思比孤號阿輩雞彌遣使詣闕上令所司訪其風俗使者言俀王以天爲兄以日爲弟天明時出聽政跏趺坐日出便停理務云委我弟文帝曰此大無義理於是訓令改之王妻姓雞彌後宮有女六七百人名太子爲利歌彌多弗利無城郭內官有十二等一曰大德次小德次大仁次小仁次大義次小義次大禮次小禮次大智次小智次大信次小信員無定數有軍尼一百二十人猶中國牧宰八十戶置一伊尼翼如今里長也十伊尼翼屬一軍尼其服飾男子衣裙襦其袖微小履如屨形漆其上繫之脚人庶多跣足不得用金銀爲飾故時衣橫幅結束相連而無縫頭亦無冠但垂髮於兩耳上至隋其王始

珍倣宋版印

制冠以錦綵爲之以金銀鏤花爲飾婦人束髮於後亦衣裙襦裳皆有襈襵竹聚以爲梳編草爲薦雜皮爲表緣以文皮有弓矢刀矟弩䂍斧漆皮爲甲骨爲矢鏑雖有兵無征戰其王朝會必陳設儀仗其國樂戶可十萬俗殺人強盜及姦皆死盜者計贓酬物無財者沒身爲奴自餘輕重或流或杖每訊冤獄不承引者以木壓膝或張強弓以弦鋸其項或置小石於沸湯中令所競者探之云理曲者卽手爛或置蛇瓮中令取之云曲者卽螫手人頗恬靜罕爭訟少盜賊樂有五弦琴笛男女皆黥臂點面文身沒水捕魚無文字唯刻木結繩敬佛法於百濟求得佛經始有文字知卜筮尤信巫覡每至正月一日必射戲飲酒其餘節略與華同好棊博握槊樗蒱之戲氣候溫暖草木冬青土地膏腴水多陸少以小環掛鸕鷀項令入水捕魚日得百餘頭俗無盤俎藉以槲葉食用手餔之性質直有雅風女多男少婚嫁不取同姓男女相悅者卽爲婚婦入夫家必先跨火乃與夫相見婦人不淫妒死者斂以棺槨親賓就屍歌舞妻子兄弟以白布制服貴人三年殯庶人卜日而瘞及葬置屍船上陸地牽之或以小輿有

阿蘇山其石無故火起接天者俗以爲異因行祭禱有如意寶珠其色青大如
雞卵夜則有光云魚眼睛也新羅百濟皆以倭爲大國多珍物並仰之恆通使
往來大業三年其王多利思比孤遣朝貢使者曰聞海西菩薩天子重興佛法
故遣朝拜兼沙門數十人來學佛法國書曰日出處天子致書日沒處天子無
恙云云帝覽不悅謂鴻臚卿曰蠻夷書有無禮者勿復以聞明年上遣文林郎
裴世清使倭國度百濟行至竹島南望耽羅國經都斯麻國逈在大海中又東
至一支國又至竹斯國又東至秦王國其人同於華夏以爲夷洲疑不能明也
又經十餘國達於海岸自竹斯國以東皆附庸於俀俀王遣小德何輩臺從數
百人設儀仗鳴鼓角來迎後十日又遣大禮哥多毗從二百餘騎郊勞既至彼
都其王與世清來貢方物此後遂絶
論曰廣谷大川異制人生其間異俗嗜欲不同言語不通聖人因時設教所以
達其志而通其俗也九夷所居與中夏懸隔然天性柔順無橫暴之風雖綿邈
山海而易以道御夏殷之世時或來王暨箕子避地朝鮮始有八條之禁踈而

珍倣宋版印

不漏、簡而可久、化之所感、千載不絕。今遼東諸國或衣服參冠冕之容、或飲食有俎豆之器、好尚經術、愛樂文史、游學於京都者、往來繼路、或沒世不歸、非先哲之遺風、其孰能致於斯也。故孔子曰：「言忠信、行篤敬、雖蠻貊之邦、行矣。」誠哉斯言。其俗之可採者、豈楛矢之貢而已乎。自魏迄隋、年移四代、時方爭競、未遑外略。洎開皇之末、方征遼左、天時不利、師遂無功。二代承基、志苞宇宙、頻踐三韓之地、屢發千鈞之弩。小國懼亡、敢同困獸、兵不載捷、四海騷然、遂以土崩、喪身滅國。兵志有之曰：「務廣德者昌、務廣地者亡。」然遼東之地、不列於郡縣久矣。諸國朝正奉貢、無闕於歲時、二代震而矜之、以爲人莫己若、不能懷以文德、遽動干戈。內恃富強、外思廣地、以驕取怨、以怒興師、若此而不亡、自古未聞也。然四夷之戒、安可不深念哉。其豆莫婁、地豆干、烏洛侯、歷齊、周及隋、朝貢遂絕、其事故莫顯云。

北史卷九十四

北史卷九十四考證

高句麗傳有一男破而出○隋書男字下有子字破字下有㲉字

莽大悅更名高句麗高句麗侯○梁書更名高句驪爲下句驪當此時爲侯矣

正始三年位宮冠遼西安平五年○梁書遼西作安西安平作嘉平

儉追至賴峴○梁書脫賴字

元年授北平州刺史○年梁書作帝

子釗代立○釗梁書作劉

復有內評五部○內評下隋書有外評二字

百濟傳其都曰居拔城亦曰固麻城○梁書號所治城曰固麻隋書其都曰居拔城此兩存之與彼各異

長蛇隔路以阻于海今上所得鞍一以爲實矯○魏書阻作沉矯作驗

新羅傳或稱魏將毋丘儉討高麗破之○丘監本訛兵今改從南本

勿吉傳初婚之夕男就女家執女乳而妬罷○魏書作執女乳而罷便以爲定

角弓長三尺○監本缺三字今從魏書增入

倭國傳王妻姓雞彌後宮有女六七百人○監本缺彌後宮三字今從南本增入又隋書姓作號

裳皆有襬○襈隋書作襈

婦入夫家必先跨火乃與夫相見○火隋書作犬

北史卷九十四考證

北史卷九十五

唐　李延壽　撰

列傳第八十三

蠻獠　林邑　赤土　眞臘　婆利

蠻之種類蓋盤瓠之後在江淮之間部落滋蔓布於數州東連壽春西通巴蜀北接汝頼往往有焉其於魏氏不甚爲患至晉之末稍以繁昌漸爲寇暴矣自劉石亂後諸蠻無所忌憚故其族漸得北遷陸渾以南滿於山谷宛洛蕭條略爲丘墟矣道武既定中山聲教被於河表泰常八年蠻王梅安率渠帥數千朝京師求留質子以表忠款始光中拜安侍子豹爲安遠將軍江州刺史順陽公與光中蠻王文武龍請降詔褒慰之拜南雍州刺史魯陽侯延與中大陽蠻首桓誕擁河水以北滍葉以南八萬餘落遣使內屬孝文嘉之拜誕征南將軍東荆州刺史襄陽王聽自選郡縣誕字天生桓玄之子也初玄西奔至枚迴洲被殺誕時年數歲流竄大陽蠻中遂習其俗及長多智謀爲羣蠻所歸誕既內屬

居朗陵太和四年王師南伐誕請爲前驅詔授使持節南征西道大都督討義陽不果而還十年移居潁陽十六年依例降王爲公十七年加征南將軍中道大都督征竟陵遇遷洛師停是時齊征虜將軍直閤將軍蠻首田益宗率部曲四千餘戶內屬襄陽首雷婆思等十一人率戶千餘內徙求居大和川詔給廩食後開南陽令有沔北之地蠻人安堵不爲寇賊十八年誕入朝賞遇隆厚卒諡曰剛子暉字道進位龍驤將軍東荊州刺史襲爵景明初大陽蠻首田育丘等二萬八千戶內附詔置四郡十八縣暉卒贈冠軍將軍三年魯陽蠻魯北鷰等聚衆攻逼頻詔左衞將軍李崇討平之徙萬餘家於河北諸州及六鎭尋叛南走所在追討比及河殺之皆盡四年東荊州蠻樊素安反僭帝號正始元年素安弟秀安復反李崇楊大眼悉討平之二年梁沔東太守田清喜擁七郡三十一縣戶萬九千遣使內附乞師討梁其雍州以東石城以西五百餘里水陸援路請率部曲斷之四年梁永寧太守文雲生六部自漢東遣使歸附永寧初東荊州表太守桓叔興前後招慰太陽蠻歸附者一萬七百戶請置郡十六縣

五十詔前鎭東府長史酈道元檢行置之然與卽暉弟也延昌元年拜南荆州
刺史居安昌隸於東荆三年梁遣兵討江沔破掠諸蠻百姓擾動蠻自相督率
二萬餘人頻請統帥蠻以爲聲勢叔與給一幷威儀爲之節度蠻人遂安其年
梁雍州刺史蕭藻遣其將蔡令孫等三將寇南荆之西南沿襄沔上下破掠諸
蠻蠻首梁龍驤將軍樊石廉叛梁來請援叔與遣與石廉督集蠻夏二萬餘人
擊走之斬令孫等三將藻又遣其新陽太守邵道林於沔水之南石城東北立
清水戍爲抄掠之基叔與遣諸蠻擊破之四年叔與上表請不隸東荆許之梁
人每有寇抄叔與必摧破之正光中叔與擁所部南叛蠻首成龍強率戶數千
內附拜刺史蠻帥田牛生率戶二千內徙揚州拜爲郡守梁義州刺史邊城王
文僧明鐵騎將軍邊城太守田官德等率戶萬餘擧州內屬拜僧明平南將軍
西豫州刺史封開封侯官德龍驤將軍義州刺史自餘封授各有差僧明官德
並入朝蠻出山至邊城建安者八九千戶義州尋爲梁將裴邃所陷梁定州刺
史田超秀亦遣使求附請援歷年朝廷恐輕致邊役未之許會超秀死其部曲

相率內附徙之六鎮秦隴所在反叛二荊西郢蠻大擾動斷三鵶路殺都督寇
盜至於襄城汝水百姓多被其害梁遣將圍廣陵楚城諸蠻並爲前驅自汝水
以南恣其暴掠連年攻討散而復合其暴滋甚又有冉氏向氏田氏者陬落尤
盛餘則大者萬家小者千戶更相崇僭稱王侯屯據三峽斷遏水路荊蜀行人
至有假道者周文略定伊瀍聲教南被諸蠻畏威靡然向風矣大統五年蔡陽
蠻王魯超明內屬授南雍州刺史仍世襲焉十一年蠻酋梅勒特來貢其方物
尋而蠻帥田杜青和及江漢諸蠻擾動大將軍楊忠擊破之其後蠻帥杜青和
自稱巴州刺史入附朝廷因其所稱而授之杜青和後遂反攻圍東梁州其唐
州蠻田魯嘉亦叛自號豫州伯王雄權景宣等前後討平之廢帝初蠻首樊舍
舉落內附以爲督淮北三州諸軍事淮州刺史淮安郡公于謹等平江陵諸蠻
騷動詔豆盧寧蔡祐等討破之恭帝二年蠻酋宜人王田興彥北荊州刺史梅
季昌等相繼款附以彥興季昌並爲開府儀同三司加季昌洛州刺史賜爵石
臺縣公其後巴蜀西人譙淹扇動羣蠻以附梁蠻帥向鎮侯向白虎等應之向

五子王又攻陷信州田烏度田唐等抄斷江路文子榮復據荆州之正陽郡自稱仁州刺史幷隣州刺史蒲微亦舉兵逆命詔田弘賀若敦潘和李遷哲等討破之周武成初文州蠻叛州軍討定之尋而冉令賢向五子王等又攻陷白帝殺開府楊長華遂相率作亂前後遣開府元契趙剛等總兵出討雖頗翦其族類而元惡未除天和元年詔開府陸騰督王亮司馬裔等討之騰水陸俱進次于湯口先遣喻之而令賢方增浚城池嚴設扞禦遣其長子西黎次子南王領其支屬於江南險要之地置立十城遠結涔陽蠻爲其聲援令賢率其卒固守水邏城騰乃總集將帥謀進趣咸欲先取水邏然後經略江南騰言於衆曰令賢內恃水邏金湯之險外託涔陽輔車之援兼復資糧充實器械精新以我懸軍攻其嚴壘脫一戰不剋更成其氣不如頓軍湯口先取江南翦其毛羽然後遊軍水邏此制勝之計也衆皆然之乃遣開府王亮率衆渡江旬日攻拔其八城凶黨奔散獲賊帥冉承公幷生口三千人降其部衆一千戸遂簡募驍勇數道分攻水邏路經石壁城險峻四面壁立故以名焉唯有一小路緣梯而上蠻

蜒以爲峭絶非兵衆所行騰被甲先登衆軍繼進備經危阻累日乃得舊路且
騰先任隆州總管雅知其路蠻帥冉伯犂冉安西與令賢有隙騰乃招誘伯犂
等結爲父子又多遺錢帛伯犂等悅遂爲嚮導水邏側又有石勝城者亦是險
要令賢使其兄龍真據之騰又密告龍真云若平水邏使其代令賢處之龍真
大悅遣其子詣騰乃厚加禮接賜以金帛蠻貪利旣深仍請立效乃謂騰曰欲
翻所據城恐人力寡少騰許以三百兵助之旣而遣二千人銜枚夜進龍真力
不能禦遂平石勝城晨至水邏蠻衆大潰斬首萬餘級令賢遁走而獲之司馬
裔又別下其二十餘城獲蠻帥冉三公等騰乃積其骸骨於水邏城側爲京觀
後蠻蜒望見輒大哭自此狼戾之心輟矣時向五子王據石墨城令其子寶勝
據雙城水邏平後頻遣喻之而五子王猶不從命騰又遣王亮屯牢坪司馬裔
屯雙城以圖之騰慮雙城孤峭攻未可拔賊若委城遁散又難追討乃令諸軍
周迴立柵遏其走路賊乃大駭於是縱兵擊破之禽五子王於石墨獲寶勝於
雙城悉斬諸向首領生禽萬餘口信州舊治白帝騰更於劉備故宮城南八陳

之北臨江岸築城移置信州又以巫縣信陵秭歸並築城置防以爲襟帶焉天和六年蠻渠冉祖憙冉龍驤又反詔大將軍趙誾討平之自此羣蠻懾息不復爲寇

獠者蓋南蠻之別種自漢中達于邛笮川洞之間所在皆有種類甚多散居山谷略無氏族之別又無名字所生男女唯以長幼次第呼之其丈夫稱阿謩阿段婦人阿夷阿等之類皆語之次第稱謂也依樹積木以居其上名曰干闌干闌大小隨其家口之數往往推一長者爲王亦不能遠相統攝父死則子繼若中國之貴族也獠王各有鼓角一雙使其子弟自吹擊之好相殺害多死不敢遠行能臥水底持刀刺魚其口嚼食並鼻飲死者豎棺而埋之性同禽獸至於忿怒父子不相避唯手有兵刃者先殺之若殺其父走避外求得一狗以謝不復嫌恨若報怨相攻擊必殺而食之平常刦掠賣取猪狗而已親戚比鄰指授相賣被賣者號哭不服逃竄避之乃將買人指捕逐若亡叛獲便縛之但經被縛者卽服爲賤隸不敢稱良矣亡失兒女一哭便止不復追思唯執楯持矛不

識弓矢用竹爲簧羣聚鼓之以爲音節能爲細布色至鮮大淨狗一頭買一生口其俗畏鬼神尤尚淫祀所殺之人美鬢髯者乃剝其面皮籠之於竹及燥號之曰鬼鼓舞祀之以求福利至有賣其昆季妻孥盡者乃自賣以供祭焉鑄銅爲器大口寬腹名曰銅爨既薄且輕易於熟食建國中李勢在蜀諸獠始出巴西渠川廣漢陽安資中攻破郡國爲益州大患勢內外受敵所以亡也自桓溫破蜀之後力不能制又蜀人東流山險之地多空獠遂挾山傍谷與夏人參居者頗輸租賦在深山者仍不爲編戶梁益二州歲伐獠以裨潤公私頗藉爲利正始中夏侯道遷舉漢中內附宣武遣尚書邢巒爲梁益二州刺史以鎮之近夏人者安堵樂業在山谷者不敢爲寇後以羊祉爲梁州傅豎眼爲益州祉性酷虐不得物情梁輔國將軍范季旭與獠王趙清荆率衆屯孝子谷祉遣統軍魏胡擊走之後梁寧朔將軍姜白復擁夷獠入屯南城梁州人王法慶與之通謀衆屯於固門川祉遣征虜將軍討破之豎眼施恩布信大得獠和後以元法僧代傅豎眼爲益州法僧在任貪殘獠遂反叛勾引梁兵圍逼晉壽朝廷憂之

珍倣宋版印

以豎眼先得物情復令乘傳往撫獠聞豎眼至莫不欣然拜迎道路於是而定及元桓元子真相繼爲梁州並無德績諸獠苦之其後朝廷以梁益二州控攝嶮遠乃立巴州以統諸獠後以巴酋嚴始欣爲刺史又立隆城鎮所綰獠二十萬戶彼謂北獠歲輸租布又與外人交通貿易巴州生獠並皆不順其諸頭王每於時節謁見刺史而已孝昌初諸獠以始欣貪暴相率反叛攻圍巴州山南行臺勉喻卽時散罷自是獠諸頭王相率詣行臺者相繼子建厚勞賚之始欣見中國多事又失彼心慮獲罪譴時梁南梁州刺史陰子春扇惑邊陲始欣謀將南叛始欣族子愷時爲隆城鎮將密知之嚴設邏候遂禽梁使人并封始欣詔書鐵券刀劍衣冠之屬表送行臺子建乃啓以鎮爲南梁州愷爲刺史發使執始欣囚於南鄭遇子建見代梁州刺史傅豎眼仍爲行臺豎眼久病其子敬紹納始欣重賂使得還州始欣乃起衆攻愷屠滅之據城南叛梁將蕭玩率衆援接時梁益二州並遣將討之攻陷巴州執始欣遂大破玩軍及斬玩以傅曇表爲刺史後元羅在梁州爲所陷自此遂絕及周文平梁益之後令在所撫慰

其與華人雜居者亦頗從賦役然天性暴亂旋致擾動每歲命隨近州鎮出兵討之獲其生口以充賤隸謂之爲壓獠焉後有南旅往來者亦資以爲貨公卿達於人庶之家有獠口者多矣恭帝二年陵州木籠獠反詔開府陸騰討破之周保定二年鐵山獠又反抄斷江路陸騰又攻拔其三城天和三年梁州恆稜獠叛總管長史趙文表討之軍次巴州文表欲率衆徑進軍吏等曰此獠旅拒日久部衆甚強討之者四面攻之以分其勢今若大軍直進不遣奇兵恐併力於表未可制勝文表曰往者既不能制之今須別爲進趣若四面遣兵則獠降走路絶理當相率以死拒戰如從一道則吾得示威恩分遣人以理曉諭爲惡者討之歸善者撫之善惡既分易爲經略事有變通奈何欲遵前轍也文表遂以此意遍令軍中時有從軍熟獠多與恆稜親識卽以實報之恆稜獠相與聚議猶豫之間文表軍已至其界獠中先有二路一路稍平一路極險俄有生獠酋帥數人來見文表曰我恐官軍不識山川請爲鄉導文表謂之曰此路寬平不須導引卿但先去好慰喻子弟也乃遣之文表謂其衆曰向者獠帥謂吾從

寬路而行必當設伏險要若從險路出其不虞獠衆自離散矣於是勒兵從險道進其有不通之處卽平之乘高而望果見其伏兵獠旣失計爭擕妻子退保險要文表頓軍大蓬山下示禍福遂相率來降文表皆撫慰之仍徵其租稅無敢動者後除文表爲蓬州刺史又大得人和建德初李暉爲蓬梁州總管諸獠亦望風從附然其種滋蔓保據巖壑依山走險若履平地雖屢加兵弗可窮討性又無知殆同禽獸諸夷之中最難以道招懷者也

林邑其先所出事具南史其國延袤數千里土多香木金寶物產大抵與交趾同以磚爲城蜃灰塗之東向戶尊官有二其一曰西那婆帝其二曰薩婆地歌其官三等其一曰倫多姓次歌倫致帝次乙地伽蘭外官分爲二百餘部其長官曰弗羅次曰可輪如牧宰之差也王戴金花冠形如章甫衣朝霞布珠璣纓絡足躡革履時服錦袍良家子侍衞者二百許人皆執金裝兵有弓箭刀槊以竹爲弩傅毒於矢樂有琴笛琵琶五絃頗與中國同每擊鼓以警衆吹蠡以卽戎其人深目高鼻髮拳色黑俗皆徒跣以幅巾纏身冬月衣袍婦人椎髻施椰

葉席每有婚媾令媒者齎金銀釧酒二壺魚數頭至女家於是擇日夫家會親賓歌舞相對女家請一婆羅門送女至男家壻盥手因牽女授之王死七日而葬有官者三日庶人一日皆以函盛屍鼓舞導從輿至水次積薪焚之收其餘骨王則內金甖中沉之於海有官者以銅甖沉之海口庶人以瓦送之於江男女皆截髮哭至水次盡哀而止歸則不哭每七日燃香散花復哭盡哀而止百日三年皆如之人皆奉佛文字同於天竺隋文帝既平陳乃遣使獻方物後朝貢遂絕時天下無事羣臣言林邑多奇寶者仁壽末上遣大將軍劉方爲驩州道行軍總管率欽州刺史甯長真驩州刺史李暈開府秦雄步騎萬餘及犯罪者數千人擊之其王梵志乘巨象而戰方軍不利方乃多掘小坑草覆其上因以兵挑之方與戰僞北梵志逐之其象陷軍遂亂方大破之遂棄城走入其郡獲其廟主十八枚皆鑄金爲之蓋其國有十八世方班師梵志復其故地遣使謝罪於是朝貢不絕

赤土國扶南之別種也在南海中水行百餘日而達所都土色多赤因以爲號

東波羅剌國西婆羅娑國南訶羅旦國北拒大海地方數千里其王姓瞿曇氏名利富多塞不知有國近遠稱其父釋王位出家爲道傳位於利富多塞在位十六年矣有三妻並鄰國女也居僧祇城有門三重相去各百許步每門圖畫菩薩飛仙之象懸金花鈴毦婦人數十人或奏樂或捧金花又飾四婦人容飾如佛塔邊金剛力士之狀夾門而立門外者持兵杖門內者執白拂夾道垂素網綴花王宮諸屋悉是重閣北戶北面而坐三重之榻衣朝霞布冠金花冠垂雜寶纓絡四女子立侍左右兵衞百餘人王榻後作一木龕以金銀五香木雜鈿之龕後懸一金光焰夾榻又樹二金鏡鏡前並陳金甕甕前各有金香爐當前置一金伏牛前樹一寶蓋左右皆有寶扇婆羅門等數百人東西重行相向而坐其官薩陁加邏一人陁拏達义一人迦利密迦三人共掌政事俱羅末帝一人掌刑法每城置郍邪迦一人鉢帝十人其俗皆穿耳翦髮無跪拜之禮以香油塗身其俗敬佛尤重婆羅門婦人作髻於項後男女通以朝霞朝雲雜色布爲衣豪富之室恣意華靡唯金鏁非王賜不得服用每嫁婚擇吉日女家先

期五日作樂飲酒父執女手以授壻七日乃配既娶卽分財別居唯少子與父
居父母兄弟死則剔髮素服就水上構竹木爲棚棚內積薪以屍置上燒香建
幡吹蠡擊鼓以送火焚薪遂落於水貴賤皆同唯國王燒訖收灰貯以金瓶藏
於廟屋冬夏常溫雨多霽少種植無時特宜稻穄白豆黑麻自餘物產多同於
交趾以甘蔗作酒雜以紫瓜根酒色黃赤味亦香美亦以椰漿爲酒隋煬帝嗣
位募能通絕域者大業三年屯田主事常駿虞部主事王君政等請使赤土帝
大悅遣齎物五千段以賜赤土王其年十月駿等自南海郡乘舟晝夜二旬每
日遇便風至焦石山而過東南詣陵伽鉢拔多洲西與林邑相對上神祠焉又
南行至師子石自茲島嶼連接又行二三日西望見狼牙須國之山於是南經
雞籠島至於赤土之界其王遣婆羅門鳩摩羅以舶三百艘來迎吹蠡擊鼓樂
隋使至金鏁以纜船月餘至其都王遣其子那邪迦請與駿等禮見先遣人送
金盤貯香花并鏡鑷金合二枚貯香油金瓶二枚貯香水白疊布四條以擬供
使者盥洗其日未時那邪迦又將象二頭持孔雀蓋以迎使人并致金盤金花

以藉詔函男女百人奏蠡鼓婆羅門二人導路至王宮駿等奉詔書上閣王以下皆坐宣詔訖引駿等坐奏天竺樂事畢駿等還館又遣婆羅門就館送食以草葉爲盤其大方丈因謂駿曰今是大國臣非復赤土國矣後數日請駿等入宴儀衞導從如初見之禮王前設兩床床上並設草葉盤方一丈五尺上有黃白紫赤四色之餅牛羊魚鼈猪蝳蝐之肉百餘品延駿升床從者於地席各以金鍾置酒女樂迭奏禮遺甚厚尋遣那邪迦隨貢方物幷獻金芙蓉冠龍腦香以鑄金爲多羅葉隱起成文以爲表金函封之令婆羅門以香花奏蠡鼓而送之旣入海見綠魚羣飛水上浮海十餘日至林邑東南並山而行其海水色黃氣腥舟行一日不絕云是大魚糞也循海北岸達于交趾駿以六年春與那邪迦於弘農謁帝帝大悅授駿等執戟都尉那邪迦等官賞各有差

眞臘國在林邑西南本扶南之屬國也去日南郡舟行六十日而至南接車渠國西有朱江國其王姓剎利氏名質多斯那自其祖漸已強盛至質多斯那遂兼扶南而有之死子伊奢那先代立居伊奢那城郭下二萬餘家城中有一大堂

是其王聽政所總大城三十所城有數千家各有部帥官名與林邑同其王三日一聽朝坐五香七寶床上施寶帳以文木爲竿象牙金鈿爲壁狀如小屋懸金光焰有同于赤土前有金香命二人侍側王著朝霞古貝瞞絡腰腹下垂至脛頭戴金寶花冠被真珠纓絡足履革屣耳懸金鐺常服白疊以象牙爲屩若露髮則不加纓絡臣下服制大抵相類有五大臣一曰孤落支二曰相高憑三曰婆何多陵四曰舍摩陵五曰髯羅婁及諸小臣朝於王者輒於階下三稽首王呼上階則跪以兩手抱膊遶王環坐議政事訖跪伏而去階庭門閣侍衛有千餘人被甲持仗其國與參半朱江二國和親數與林邑陁桓二國戰爭其人行止皆持甲仗若有征伐因而用之其俗非王正妻子不得爲嗣王初立日所有兄弟並刑殘之或去一指或劓其鼻別處供給不得仕進人形小而色黑婦人亦有白者悉拳髮垂耳性氣捷勁居處器物頗類赤土以右手爲淨左手爲穢每旦澡洗以楊枝淨齒讀誦經呪又澡洒乃食食罷還用楊枝淨齒又讀經呪飲食多酥酪沙糖秔粟米餅欲食之時先取雜肉羹與餅相和手擩而食娶

妻者唯送女人女擇日遣媒人迎婦男女二家各八日不出晝夜燃燈不息男婚禮畢卽與父母分財別居父母死小兒未婚者以餘財與之若婚畢財物入官喪葬兒女皆七日不食剔髮而哭僧尼道士親故皆來聚會音樂送之以五香木燒尸收灰以金銀瓶盛送大水之內貧者或用瓦而以五綵色畫之亦有不焚送屍山中任野獸食者其國北多山阜南有水澤地氣尤熱無霜雪饒瘴癘毒蠚宜粱稻少黍粟果菜與日南九真相類異者有婆羅那娑樹無花葉似柿實似冬瓜菴羅花葉似棗實似李毗野樹花似木瓜葉似杏實似楮婆田羅樹花葉實並似棗而小異歌畢佗樹花似林檎葉似榆而厚大實似李其大如升自餘多同九真海有魚名建同四足無鱗鼻如象吸水上噴高五六十尺有浮胡魚形似魱觜如鸚鵡有八足多大魚半身出望之如山每五六月中毒氣流行卽以白豬白牛羊於城西門外祠之不然五穀不登畜多死人疾疫近都有陵伽鉢婆山上有神祠每以兵二千人守衛之城東神名婆多利祭用人肉其王年別殺人以夜祠禱亦有守衛者千人其敬鬼如此多奉佛法尤信道士

佛及道士並立像於其館隋大業十二年遣使貢獻帝禮之甚厚於後亦絶
婆利國自交趾浮海南過赤土丹丹乃至其國國界東西四月行南北四十五
日行王姓刹利邪伽名護濫郍婆官曰獨訶邪拏次曰獨訶氏拏國人善投輪
其大如鏡中有竅外鋒如鋸遠以投人無不中其餘兵器與中國略同俗類真
臘物産同於林邑其殺人及盜截其手姦者鏁其足期年而止祭祀必以月晦
盤貯酒肴浮之流水每十一月必設大祭海出珊瑚有鳥名舍利解人語隋大
業十二年遣使朝貢後絶于時南荒有丹丹盤盤二國亦來貢方物其風俗物
産大抵相類云
論曰禮云南方曰蠻有不火食者矣然其種類非一與華人錯居其流曰蜒曰
獽曰狸曰獠曰㐌居無君長隨山洞而居其俗斷髮文身好相攻討自秦并三
楚漢平百越地窮丹徼景極日南水陸可居咸爲郡縣洎乎境分南北割據各
殊蠻獠之族遞爲去就至於林邑赤土真臘婆利則地隔江嶺莫通中國及隋
氏受命剋平九宇煬帝纂業威加八荒甘心遠夷志求珍異故師出流求兵加

林邑威振殊俗過於秦漢遠矣雖有荒外之功無救域中之敗傳曰非聖人外
寧必有內憂誠哉斯言也大業中南荒朝貢者十餘國其事迹湮滅今可知者
四國而已

北史卷九十五

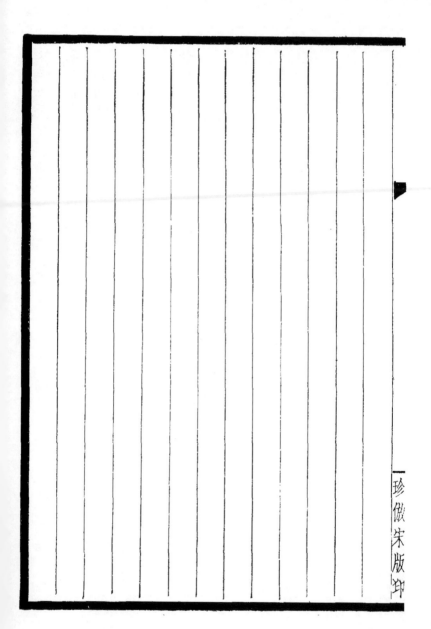

北史卷九十五考證

蠻傳率戶千餘內從求居大和川○求監本訛永今改從南本

景明初大陽蠻首田育邱等二萬八千戶內附○監本缺邱字今從南本增入

永寧初東荊州表太守桓叔興前後招慰太陽蠻○魏書表字下注闕二字

楚城諸蠻並爲前驅○楚魏書作樊

置立十城遠結涔陽蠻○十監本訛土下文云旬日攻拔其八城當以十爲是今改從周書

翦其毛羽然後進軍水邏○進監本訛遊今改從周書

獲蠻帥冉三公○冉監本訛弁今改從周書

信州舊治白帝○治監本訛居今改從周書

獠傳婦人阿夷阿等之類○等周書作第今各本俱同仍之

平常劫掠賣取猪狗而已○猪監本訛諸今改從魏書

天和三年梁州恆稜獠叛○恆監本作桓今改從周書

建德初李暉爲蓬梁州總管○周書無蓬字殆因上文有頓軍大蓬山下而誤
衍也
林邑傳與至水次積薪焚之○水監本訛外今改從隋書
赤土傳南訶羅旦國北拒大海○各本缺旦字今從隋書增入
吹蠡擊鼓以送火焚薪○送字下隋書有之縱二字
西與林邑相對上神祠焉○上字下隋書有有字
吹蠡擊鼓樂隋使至金鏁以纜船○隋書樂字上有以字又至作進
真臘傳其王姓刹氏○刹隋書作刹利
娶妻者唯送女人女擇日遣媒人迎婦○馮夢禎云女人女三字定有訛今考
隋書乃衣一具之誤也
婆利傳國人善投輪其大如鏡○輪字下隋書有刀字
北史卷九十五考證

北史卷九十六

唐　李　延　壽　撰

列傳第八十四

氐　吐谷渾　宕昌　鄧至　白蘭　党項　附國

稽胡

氐者西夷之别種號曰白馬三代之際蓋自有君長而世一朝見故詩稱自彼氐羌莫敢不來王也秦漢以來世居岐隴以南漢川以西自立豪帥漢武帝遣中郎將郭昌衛廣滅之以其地爲武都自汧渭抵於巴蜀種類實繁或謂之白氐或謂之故氐各有侯王受中國封拜漢建安中有楊騰者爲部落大帥騰勇健多計略始徙居仇池方百頃爲號四面斗絶高七里餘蟠道三十六回其上有豐水泉煑土成鹽騰後有名千萬者魏拜爲百頃氐王千萬孫名飛龍漸強盛晉帝假平西將軍無子養外甥令狐茂搜爲子惠帝元康中茂搜自號輔國將軍右賢王羣氐推以爲王關中士人流移者多依之愍帝以爲驃騎將軍左

賢王茂搜死子難敵統位與弟堅頭分部曲難敵自號左賢王屯下辨堅頭號右賢王屯河池難敵死子毅立自號使持節龍驤將軍左賢王下辨公以堅頭子盤爲使持節冠軍將軍右賢王河池公臣晉晉以毅爲征南將軍三年毅族兄初襲殺毅并有其衆自立爲仇池公臣於石季龍後稱蕃於晉永和十年改初爲天水公十一年毅小弟宋奴使姑子梁三王因侍直手刃殺初初子國率左右誅三王及宋奴復自立爲仇池公桓温表國爲秦州刺史國子安爲武都太守十一年國從叔俊復殺國自立國子安叛苻堅殺俊復稱蕃於晉死子世自立爲仇池公晉太和三年以世爲秦州刺史弟統爲武都太守世死統廢世子纂自立一名德聚纂黨襲殺統自立爲仇池公遣使詣簡文帝以纂爲秦州刺史晉咸安元年苻堅遣楊安伐纂剋之徙其人于關中空百頃之地宋奴之死二子佛奴佛狗逃奔苻堅堅以女妻佛奴子定拜爲尚書領軍苻堅之敗關右擾亂定盡力於堅堅死乃率衆奔隴右徙居歷城去仇池百二十里置倉儲於百頃招夷夏得千餘家自稱龍驤將軍仇池公稱蕃於晉孝武帝以其自號

珍倣宋版印

假之後以爲秦州刺史登國四年遂有秦州之地號隴西王後爲乞佛乾歸所殺無子佛狗子盛先爲監國守仇池及統事自號征西將軍秦州刺史仇池公諡定爲武王分諸氐羌爲二十部護軍各爲鎮戍不置郡縣遂有漢中之地仍稱蕃于晉天與初遣使朝貢詔以盛爲征南大將軍仇池王隔礙姚興不得歲通貢使盛以己子撫爲平南將軍梁州刺史守漢中宋永初中宋武帝封盛爲武都王盛死私諡曰惠文王子玄統位玄子黃眉號征西大將軍開府儀同三司秦州刺史武都王雖蕃於宋仍奉晉永熙之號後始用宋元嘉正朔初盛謂玄曰吾年已老當終爲晉臣汝善事宋帝故玄奉焉玄善於待士爲流舊所懷始光四年太武遣大鴻臚公孫軌拜玄爲征南大將軍督梁州刺史南秦王玄上表請比內蕃許之玄死私諡孝昭王子保宗統位初玄臨終謂弟難當曰今境候未寧方須撫慰保宗沖昧吾授卿國事其無墜先勳難當固辭請立保宗以輔之保宗既立難當妻姚氏謂難當曰國險宜立長君反事孺子非久計難當從之廢保宗而自立稱蕃于宋難當拜保宗爲鎮南將軍鎮石昌以次子順

爲鎮東將軍秦州刺史守上邽保宗謀襲難當事泄被繫先是四方流人以仇池豐實多往依附流人有許穆之郝惔之二人投難當並改姓司馬穆之自云名飛龍惔之自云名康之云是晉室近戚康之尋爲人所殺時宋梁州刺史甄法護刑政不理宋文帝遣刺史蕭思話代任難當以思話未至遣將舉兵襲梁州破白馬遂有漢中之地尋而思話使其司馬蕭道成先驅進討所向剋捷遂平梁州因又附宋難當後釋保宗遣鎮薰亭保宗與兄顯歸京師太武拜保宗征南大將軍秦州牧武都王尙公主保顯爲鎮西將軍晉壽公後遣大鴻臚崔頤拜難當爲征南大將軍儀同三司領護西羌校尉秦梁二州牧南秦王難當後自立爲大秦王號年曰建義立妻爲王后世子爲太子置百官具擬天朝然猶貢獻于宋不絕尋而其國大旱多災異降大秦王復爲武都王太延初難當立鎮上邽太武遣車騎大將軍樂平王丕等督河西高平諸軍取上邽又詔喻難當奉詔攝守尋而傾國南寇規有蜀土襲宋益州攻涪城又伐巴西獲維州流人七千餘家還于仇池宋文帝怒遣將裴方明等伐之難當爲方明所敗棄

仇池與千餘騎奔上邽太武遣中山王辰迎之赴行宮方明旣剋仇池以保宗
弟保熾守之河間公齊擊走之先是詔保宗鎭上邽又詔鎭駱谷復其本國保
宗弟文德先逃氐中乃說保宗令叛事泄齊執保宗送京師詔難當殺之氐羌
立文德屯于濁水文德自號征西將軍秦河梁三州牧仇池公求援于宋封文
德爲武都王遣偏將房亮之等助之齊逆擊禽亮之文德奔守葭蘆武都陰平
氐多歸之詔淮陽公皮豹子等率諸軍討文德走漢中收其妻子寮屬資糧及
保宗妻公主送京師賜死初公主勸保宗反人問曰背父母之邦若何公主曰
禮婦人外成因夫而榮事立據守一方我亦一國之母豈比小縣之主以此得
罪文成時拜難當營州刺史還爲外都大官卒謚曰忠子和隨父歸魏別賜爵
仇池公子德子襲難當爵早卒子小眼襲例降爲公拜天水太守卒子大眼別
有傳小眼子公熙襲爵正光中尚書右丞張普惠爲行臺送租於南秦東益普
惠啓公熙俱行至南秦以氐反不得進遣公熙先慰氐東益州刺史魏子建以
公熙嶮薄密令訪察公熙果有潛謀將爲叛亂子建仍報普惠令其攝錄普惠

急追公熙公熙竟不肯赴東出漢中普惠表列其事公熙大行賄賂終得免罪後爲假節别將與都督元志同守岐州爲秦賊莫折天生所虜死於秦州文德後自漢中入絶汧隴遂有陰平武興之地後爲宋荆州刺史劉義宣所殺保宗之執也子元和奔宋以爲武都白水太守元和據城歸順文成嘉之拜征南大將軍武都王內徙京師元和從叔僧嗣復自稱武王於葭蘆僧嗣死從弟文度自立爲武興王遣使歸順獻文授文度武興鎮將既而復叛孝文初征西將軍皮歡喜攻葭蘆破之斬文度首文度弟弘小名鼠名犯獻文廟諱以小名稱鼠自爲武興王遣使奉表謝罪貢其方物孝文納之鼠遣子狗奴入侍拜鼠都督南秦州刺史征西將軍西戎校尉武都王鼠死從子後起統位孝文復以鼠爵授之鼠子集始爲白水太守後起死以集始爲征西將軍武都王集始復朝于京師拜都督南秦州刺史安南大將軍領護南蠻校尉漢中郡侯武興王賜以車旗戎馬錦綵繒纊尋還武興進號鎮南將軍加督寧湘五州諸軍事後仇池鎮將楊靈珍襲破武興集始遂入齊景明初集始來降還授爵位歸守武興死

子紹先立拜都督南秦州刺史征虜將軍漢中郡公武興王贈集始車騎大將軍開府儀同三司諡安王紹先年幼委事二叔集起集義夏侯道遷以漢中歸順也梁白馬戍主尹天保率衆圍之道遷求援於集起集義二人貪保邊蕃不欲救之唯集始弟集朗心願立功率衆破天保全漢川朗之力也集義見梁益既定恐武興不得久爲外藩遂扇動諸氐推紹先僭稱大號集起集義並稱王外引梁爲援安西將軍邢巒遣建武將軍傅豎眼攻武興剋之執紹先送于京師遂滅其國以爲武興鎮復改鎮爲東益州前後鎮將唐法樂刺史杜纂邢豹以威惠失衷氐豪仇石柱等相率反叛朝廷以西南爲憂正光中詔魏子建爲刺史以恩信招撫風化大行遠近款附如內地焉後唐永代子建爲州未幾氐人悉反永棄城東走自此復爲氐地魏末天下亂紹先奔還武興復自立爲王周文定秦隴紹先稱藩送妻子爲質大統元年紹先請其女妻周文奏魏帝許之紹先死子辟邪立四年南岐州氐苻壽反攻陷武都自號太白王詔大都督侯莫陳順與渭州刺史長孫澄討降之九年清水氐酋李鼠仁據地作亂氐帥

梁道顯叛攻南由周文遣典籤趙昶慰諭之鼠仁等相繼歸附十一年於武興置東益州以辟邪爲刺史十五年安夷氐復叛趙昶時爲郡守收首逆者二十餘人斬之乃定於是以昶行南秦州事氐帥蓋鬧等作亂鬧據北谷其黨西結宕昌羌獠甘共推蓋鬧爲主昶分道遣使宣示禍福然後出兵討之禽蓋鬧散其餘黨與州叛氐復侵逼南岐州刺史叱羅協遣使告急昶起救又大破之先是氐酋楊法深據陰平自稱王亦盛之苗裔也魏孝昌中舉衆內附自是職貢不絶廢帝元年以深爲黎州刺史二年楊辟邪據州反羣氐復與同逆詔叱羅協與趙昶討平之周文乃以大將軍宇文貴爲大都督興州刺史貴威名先著羣氐頗畏服之來歲楊法深從尉遲迥平蜀軍迴法深尋與其宗人楊崇集楊陳侳各擁其衆遞相攻討趙昶時督成武沙三州諸軍事遣使和解之法深等從命乃分其部落更置州郡以處之恭帝末武興氐反圍和州鳳州固道氐魏天王等亦聚衆響應大將軍豆盧寧等討之周明帝時興州人段吒及下辨柏樹二縣人反相率破蘭皐戍氐酋姜多復率廚中氐屬攻陷洛聚郡以應之趙

昶討平二縣幷斬段吒而陰平葭蘆氏復往屯聚與廚中相應昶乃簡精騎出其不意徑入廚中至大竹坪連破七柵誅其渠帥二郡並降及昶還廚中生氏復爲寇掠昶又遣儀同劉崇義宇文琦入廚中討之於是羣氏並平及王謙舉兵沙氏帥開府楊永安又據州應謙大將軍達奚儒討平之

吐谷渾本遼東鮮卑徒河涉歸子也涉歸一名奕洛韓有二子庶長曰吐谷渾少曰若洛廆涉歸死若洛廆代統部落是爲慕容氏涉歸之存也分戶七百以給吐谷渾與若洛廆二部馬鬬相傷若洛廆怒遣人謂吐谷渾曰先公處分與兄異部何不相遠而馬鬬相傷吐谷渾曰馬食草飲水春氣發動所以鬬鬬在馬而怒及人乖別甚易今當去汝萬里外若洛廆悔遣舊老及長史七那樓謝之吐谷渾曰我乃祖以來樹德遼右先公之世卜筮之言云有二子當享福祚並流子孫我是卑庶理無並大今以馬致怒殆天所啓諸君試驅馬令東馬若還東我當隨去卽令從騎擁馬令迴數百步歘然悲鳴突走而西聲若頹山如是者十餘輩一迴一迷樓力屈乃跪曰可汗此非復人事渾謂其部落曰我兄

弟子孫並應昌盛廆當傳子及曾玄孫其間可百餘年我乃玄孫間始當顯耳
於是遂西附陰山後假道上隴若落廆追思吐谷渾作阿干歌徒河以兄爲阿
干也子孫僭號以此歌爲輦後鼓吹大曲吐谷渾遂從上隴止於枹罕自枹罕
暨甘松南界昂城龍涸從洮水西南極白蘭數千里中逐水草廬帳而居以肉
酪爲糧西北諸雜種謂之阿柴虜吐谷渾死有子六十人長子吐延身長七尺
八寸勇力過人性刻暴爲昂城羌酋姜聰所刺劍猶在體呼子葉延語其大將
絕拔渥曰吾氣絕棺斂訖便速去保蘭地既嶮遠又土俗懦弱易控禦葉延小
兒欲授餘人恐倉卒終不能相制今以葉延付汝竭股肱之力以輔之孺子得
立吾無恨也抽劍而死有子十二人葉延少而勇果年十歲縛草爲人號曰姜
聰每旦輒射之射中則嗥叫泣涕其母曰讎賊諸將已屠膾之汝年小何煩朝
朝自苦葉延嗚咽若不自勝答母曰誠知無益然罔極之心不勝其痛性至孝
母病母三日不食葉延亦不食頗視書傳自謂曾祖奕洛韓始封昌黎公吾爲
公孫之子案禮公孫之子得以王父字爲氏遂以吐谷渾爲氏焉葉延死子碎

奚立性淳謹三弟專權碎奚不能制諸大將共誅之奚憂哀不復攝事遂立子視連爲世子委之事號曰莫賀郎華言父也奚遂以憂死視連立以父憂思不遊娛酣宴十五年死弟視羆立死子樹洛干等並幼弟烏紇提立而妻樹洛干母生二子慕璝利延烏紇提一名大孩死樹洛干立自號車騎將軍是歲晉義熙初也樹洛干死弟阿豺立自號驃騎將軍沙州刺史部內有黃沙周迴數百里不生草木因號沙州阿豺兼并氐羌地方數千里號爲強國昇西強山觀墊江源問於羣寮曰此水東流更有何名由何郡國入何水也其長史曾和曰此水經仇池過晉壽出宕渠始號墊江至巴郡入江度廣陵入於海阿豺曰水尚知歸吾雖塞表小國而獨無所歸乎遣使通宋獻其方物宋少帝封爲澆河公未及拜受宋文帝元嘉三年又加除命又將遣使朝貢會暴病臨死召諸子弟告之曰先公車騎捨其子虔以大業屬吾豈敢忘先公之舉而私於緯代其以慕璝繼事阿豺有子二十人緯代長子也阿豺又謂曰汝等各奉吾一隻箭將玩之地下俄而命母弟慕利延曰汝取一隻箭折之慕利延折之曰汝取十九

雙箭折之慕延不能折阿豺曰汝曹知不單者易折衆則難摧戮力一心然後
社稷可固言終而死慕璝立先是阿豺時宋命竟未至而死慕璝又奉表通宋
宋文帝又授隴西公慕璝招集秦涼亡業之人及羌戎雜夷衆至五六百落南
通蜀漢北交涼州赫連部衆轉盛大武時慕璝始遣其侍郎謝大寧奉表歸魏
尋討禽赫連定送之京師太武嘉之遣使者策拜慕璝爲大將軍西秦王慕璝
表曰臣誠庸弱敢竭精款俘禽僭逆獻捷王府爵秩雖崇而土不增廓車旗既
飾而財不周賞願垂鑒察亮其單款臣須接寇逆疆境之人爲賊所抄流轉東
下今皇化混一求還鄉土乞佛曰連窟略寒張華等三人家弱在此分乖可愍
願并敕遣使恩洽遐荒存亡感戴太武詔公卿朝堂會議答施行太尉長孫嵩
及議郎博士二百七十九人議曰前者有司所處以爲秦王荒外之君本非政
教所及來則受之去則不禁皇威遠被西秦王慕義畏威稱臣納貢求受爵號
議者以爲古者要荒之君雖人土衆廣而爵不擬華夏陛下加寵王官乃越常
分容飾車旗班同上國至於繒絮多少舊典所無皆當臨時以制豐寡自漢魏

以來撫綏遐荒頗有故事呂后遺單于御車二乘馬二駟單于荅馬千匹其後匈奴和親敵國遺繒絮不過數百呼韓邪稱臣身自入朝始乃至萬匹今西秦王若以土無桑蠶便當上請不得言財不周賞也周室衰微齊侯小白一匡天下有賜胙之命無益土之賞晉侯重耳破楚城濮唯受南陽之田爲朝宿之邑西秦所致唯定而已塞外之人因時乘便侵入秦涼未有經略拓境之勳爵登上國統秦涼河沙四州之地而云土不增廓比聖朝於弱周而自同於五霸無厭之情其可極乎西秦王忠款於朝廷原其本情必不至此或左右不敕因致斯累檢西秦流人賊時所抄悉在薄坂今既稱藩四海咸泰天下一家可敕秦州送詣京師隨後遣還所請乞佛三人昔爲賓國之使來在王庭國破家遷即爲臣妾可勿聽許制曰公卿議之未爲失體西秦王所收金城枹罕隴西之地彼自取之朕即與之便是裂土何須復廓西秦款至緜絹隨使疎數增益之非一匹而已自是慕璝貢獻頗簡又通於宋宋文封爲隴西王太延二年慕璝死弟慕利延立詔遣使者策謚慕璝曰惠王後拜慕利延鎮西大將軍儀同三司

改封西平王以慕璝子元緒爲撫軍將軍時慕利延又通宋宋封爲河南王太
武征涼州慕利延懼遂率其部人西遁沙漠太武以慕利延兄有禽赫連定之
功遣使宣喻之乃還後慕利延遣使表謝書奏乃下詔褒奬之慕利延兄子緯
代懼慕利延害己與使者謀欲自歸慕利延覺而殺之緯代弟叱力延等八人
逃歸京師請兵討慕利延太武拜叱力延歸義王詔晉王伏羅率諸將討之軍
至大母橋慕利延兄子拾寅走河西伏羅遣將追擊之斬首五千餘級慕利延
走白蘭慕利延從弟伏念長史鷄鳩黎部大崇娥等率衆一萬三千落歸降後
復遣征西將軍高粱王那等討之於白蘭慕利延遂入于闐國殺其王死者數
萬人南征罽賓遣使通宋求援獻烏丸帽女國金酒器胡王金釧等物宋文帝
賜以牽車七年遂還舊土慕利延死樹洛干子拾寅立始邑於伏羅川其居止
出入竊擬王者拾寅奉修貢職受魏正朔又受宋封爵號河南王太武遣使拜
爲鎭西大將軍沙州刺史西平王後拾寅自恃嶮遠頗不恭命通使于宋獻善
馬四角羊宋明帝加之官號文成時定陽侯曹安表拾寅今保白蘭多有金銀

牛馬若擊之可以大獲議者咸以先帝忿拾寅兄弟不睦使晉王伏羅高涼王那再征之竟無多剋拾寅雖復遠遁軍亦疲勞今在白蘭不犯王塞不爲人患非國家之所急也若遣使招慰必求爲臣妾可不勞而定也王者之於四荒羈縻而已何必屠其國有其地安曰臣昔爲澆河戍將與之相近明其意勢若分軍出其左右拾寅必走保南山不過十月牛馬草盡人無所食衆必潰叛可一舉而定也從之詔陽平王新成建安王穆六頭等出南道南郡公李惠給事中公孫拔及安出北道以討之拾寅走南山諸軍濟河追之時軍多病諸將議賊已遠遁軍容已振今驅疲病之卒要難冀之功不亦過乎衆以爲然乃引還獲駝馬二十餘萬獻文復詔上黨王長孫觀等率州郡兵討拾寅軍至曼頭山拾寅來逆戰觀等縱兵擊敗之拾寅宵遁於是思悔復蕃職遣別駕康盤龍奉表朝貢獻文幽之不報其使拾寅部落大饑屢寇澆河詔平西將軍廣川公皮歡喜率燉煌州枹罕高平將軍爲前鋒司空上黨王長孫觀爲大都督以討觀等軍入拾寅境芻其秋稼拾寅窘怖遣子詣軍表求改過觀等以聞獻文以重勞

將士乃下詔切責之徵其任子拾寅遣子斤入侍獻文尋遣斤還拾寅後復擾掠邊人遣其將良利守洮陽枹罕所統也枹軍鎮將西郡公楊鍾葵貽拾寅書以責之拾寅表曰奉詔聽臣還舊土故遣良利守洮陽若不追前恩求令洮陽貢其土物辭旨懇切獻文許之自是歲修職貢太和五年拾寅死子度易侯立遣其侍郎時真貢方物提上表稱嗣事後度易侯伐宕昌詔讓之賜錦綵一百二十匹喻令悛改所掠宕昌口累部送時還易侯並奉詔死子伏連籌立孝文欲令入朝表稱疾病輒修洮陽遲和城而置戍焉文明太后崩使人告凶伏連籌拜命不恭有司請伐之孝文不許羣臣以其受詔不敬不宜納所獻帝曰拜受失禮乃可加以詰責所獻土毛乃是臣之常道杜棄所獻便是絕之縱欲改悔其路無由矣詔曰朕在哀疚之中未存征討而去春枹罕表取其洮陽遲和二戍時此既邊將之常即便聽許及偏師致討二戍望風請降執訊二千餘人又得婦女九百口子婦可悉還之伏連乃遣世子賀魯頭朝于京師禮錫有加拜伏連籌使持節都督西垂諸軍事征西將軍領護西戎中郎將西海郡開國

珍倣宋版印

公吐谷渾王麾旗章授之飾皆備給之後遣兼員外散騎常侍張禮使於伏連籌謂禮曰昔與宕昌通和恆見稱大王已自有名今忽名僕而拘執此使將命偏師往問其意禮曰君與宕昌並爲魏藩而比輒有興動殊違臣節當發之日宰輔以爲君若返迷知罪則克保蕃業脫守愚不改則禍難將至伏連籌遂嘿然及孝文崩遣使赴哀盡其誠敬伏連籌內修職貢外幷戎狄塞表之中號爲強富准擬天朝樹置官司稱制諸國以自誇大宣武初詔責之曰梁州表送卿報宕昌梁彌邕與卿並爲邊附語其國則隣藩論其位則同列而稱書爲表名報爲旨有司以國常刑殷勤請討朕慮險遠多虞輕相構惑故先宣此意善自三思伏連籌上表自申辭誠懇至終宣武世至於正光犛牛蜀馬及西南之珍無歲不至後秦州城人莫折念生反河西路絕涼州城人萬千菩提等東應念生囚刺史宋穎穎密遣求援於伏連籌伏連籌親率大衆救之遂獲保全自爾以後關徼不通貢獻遂絕伏連籌死子夸呂立始自號爲可汗居伏俟城在青海西十五里雖有城郭而不居恆處穹廬隨水草畜牧其地東西三千里南北

千餘里官有王公僕射尚書及郎中將軍之號夸呂椎髻毦珠以皂爲帽坐金獅子牀號其妻爲母尊衣織成裙披錦大袍辮髮於後首戴金花冠其俗大丈夫衣服略同於華夏多以羅冪爲冠亦以繒爲帽婦人皆貫珠貝束髮以多爲貴兵器有弓刀甲矟國無常賦須則稅富室商人以充用焉其刑罰殺人及盜馬死餘則徵物以贖罪亦量事決杖刑人必以氈蒙頭持石從高擊之父兄死妻後母及嫂等與突厥俗同至於婚貧不能備財者輒盜女去死者亦皆埋殯其服制葬訖則除之性貪婪忍於殺害好射獵以肉酪爲糧亦有種田有大麥粟豆然其北界氣候多寒唯得蕪菁大麥故其俗貧多富少青海周回千餘里海內有小山每冬冰合後以良牝馬置此山至來春收之馬皆有孕所生得駒號爲龍種必多駿異吐谷渾嘗得波斯草馬放入海因生驄駒能日行千里世傳青海驄者也土出犛牛馬騾多鸚鵡饒銅鐵朱砂地兼鄯善且末興和中齊神武作相招懷荒遠蠕蠕既附於國夸呂遣使致敬神武喻以大義徵其朝貢夸呂乃遣使人趙吐骨真假道蠕蠕頻來東魏又薦其從妹靜帝納以爲嬪遣

員外散騎常侍傅靈檦使於其國夸呂又請婚乃以濟南王匡孫女爲廣樂公
主以妻之此後朝貢不絕及西魏大統初周文遣儀同潘濬喻以逆順之理於
是夸呂再遣使獻能舞馬及羊牛等然寇抄不已緣邊多被其害廢帝二年周
文勒大兵至姑臧夸呂震懼使貢方物是歲夸呂又通使於齊涼州刺史史寧
覘知其還襲之於州西赤泉獲其僕射乞伏觸狀將軍翟潘密商胡二百四十
人駝騾六百頭雜綵絲絹以萬計恭帝三年史寧又與突厥木杆可汗襲擊夸
呂破之虜其妻子獲珍物及雜畜武成初夸呂復寇涼州刺史是云寶戰沒賀
蘭祥宇文貴率兵討之夸呂遣其廣定王鍾留王拒戰祥等破之廣定等遁走
又拔其洮陽洪和二城置洮州而還保定中夸呂前後三輩遣使獻方物天和
初其龍涸王莫昌率來降以其地爲扶州二年五月復遣使來獻建德五年其
國大亂武帝詔皇太子征之軍至伏俟城夸呂遁走虜其餘衆而還明年又再
遣使奉獻宣政初其趙王他婁屯來降自是朝獻遂絕及隋開皇初侵弘州地
曠人梗廢之遣上柱國元諧率步騎數萬擊之賊悉發國中自曼頭至樹敦甲

騎不絕其所署河西總管定城王鍾利房及其太子可博汗前後來拒戰諧頻
破之夸呂大懼率親兵遠遁其名王十三人召率部落而降上以其高寧王移
茲裒素得衆心拜大將軍封河南王以統降衆自餘官賞各有差未幾復來寇
邊州刺史皮子信拒戰死之汶州總管梁遠以銳卒擊之乃奔退俄而入寇廓
州州兵擊走之夸呂在位百年屢因喜怒廢殺太子其後太子懼殺遂謀執夸
呂而降請兵於邊吏秦州總管河間王計應之上不許太子謀泄爲其父所殺
復立少子嵬王訶爲太子疊州刺史杜粲請因其釁討之上又不許六年嵬王
訶復懼父誅謀歸國請兵迎接上謂其使者曰溥天之下皆是朕臣妾各爲善
事即朕稱心嵬王既有好意欲來投服唯教嵬王爲臣子法不可遠遣兵馬助
爲惡事嵬王乃止八年其名王拓拔木彌請以千餘家歸化上曰叛天背父何
可收納又其本意正自避死若今違拒又復不仁若有音信宜遣慰撫任其自
投不須出兵馬應接其妹夫及甥欲來亦任其意不勞勸誘也是歲河南王移
茲裒死文帝令其弟樹歸襲統其衆平陳之後夸呂大懼逃遁險遠不敢爲寇

十一年夸呂卒子世伏使其兄子無素奉表稱藩幷獻方物請以女備後庭上謂無素曰若依來請他國便當相學一許一塞是謂不平若並許之又非好法竟不許十一年遣刑部尚書宇文弼撫慰之十六年以光化公主妻世伏上表稱公主爲天后上不許明年其國大亂國人殺世伏立其弟伏允爲主使陳廢立事幷謝專命罪且請依俗尚主上從之自是朝貢歲至而常訪國家消息上甚惡之煬帝卽位伏允遣子順來朝時鐵勒犯塞帝遣將軍馮孝慈出燉煌禦之戰不利鐵勒遣使謝罪請降帝遣黃門侍郎裴矩撫慰之諷令擊吐谷渾以自效鐵勒卽勒兵襲破吐谷渾伏允東走保西平境帝復令觀德王雄出澆河許公宇文述出西平掩之大破其衆伏允遁逃於山谷閒其故地皆空自西平臨羌城以西且末以東祁連以南雪山以北東西四千里南北二千里皆爲隋有置郡縣鎭戍發天下輕罪徙居之於是留順不之遣伏允無以自資率其徒數千騎客於党項帝立順爲主送出玉門令統餘衆以其大寶王泥洛周爲輔至西平其部下殺洛周順不果入而還大業末天下亂伏允復其故地屢寇河

右郡縣不能制吐谷渾北有乙弗勿敵國國有屈海海周迴千餘里衆有萬落風俗與吐谷渾同然不識五穀唯食魚及蘇子蘇子狀若中國枸杞子或赤或黑有契翰一部風俗亦同特多狼白蘭山西北又有可蘭國風俗亦同目不識五色耳不聞五聲是夷蠻戎狄之中醜類也土無所出直大養羣畜而戶落亦可萬餘人頑弱不知鬬戰忽見異人舉國便走性如野獸體輕工走逐不可得白蘭西南二千五百里隔大嶺又度四十里海有女王國人庶萬餘落風俗土著宜桑麻熟五穀以女爲王故因號焉譯使不至其傳云然

宕昌羌者其先蓋三苗之胤周時與庸蜀微盧等八國從武王滅商漢有先零燒當等世爲邊患其地東接中華西通西域南北數千里姓別自爲部落酋帥皆有地分不相統攝宕昌卽其一也俗皆土著居有屋宇其屋織犛牛尾及羖羊毛覆之國無法令又無徭賦唯戰伐之時乃相屯聚不然則各事生業不相往來皆衣裘褐收養犛牛羊豕以供其食父子伯叔兄弟死者卽以繼母世叔母及嫂弟婦等爲妻俗無文字但候草木榮落記其歲時三年一相聚殺牛羊

以祭天有梁懃者世爲酋帥得羌豪心乃自稱王焉懃孫彌忽太武初遣子彌黃奉表求內附太武嘉之遣使拜彌忽爲宕昌王賜彌黃爵甘松侯彌忽死孫虔子立其地自仇池以西東西千里廗水以南南北八百里地多山阜人二萬餘落世修職貢頗爲吐谷渾所斷絕虔子死彌治立虔子弟羊子先奔吐谷渾遣兵送羊子欲奪彌治位彌治遣使請救獻文詔武都鎭將宇文生救之羊子退走彌治死子彌機立遣其司馬利柱奉表貢方物楊文度之叛圍武都彌機遣其二兄率衆救武都破走文度孝文時遣使子橋表貢朱砂雌黃白石膽各一百斤自此後歲以爲常朝貢相繼後孝文遣鴻臚劉歸謁者張察拜彌機征南大將軍西戎校尉梁益二州牧河南公宕昌王以助之周文命章武公導率兵送之

鄧至者白水羌也世爲羌豪因地名號自稱鄧至其地自亭街以東平武以西汶嶺以北宕昌以南土風習俗亦與宕昌同其王像舒治遣使內附高祖拜龍驤將軍鄧至王遣貢不絕鄧至之西有赫羊國初其部內有一羊形甚大色至

鮮赤故因爲國名又有東亭衛大赤水寒宕石河薄陵下習山倉驤覃水等諸羌國風俗麤獷與鄧至國不同焉亦時遣貢使朝廷納之皆假之以雜號將軍子男渠帥之名

白蘭者羌之別種也其地東北接吐谷渾西北利摸徒南界那鄂風俗物產與宕昌略同周保定元年遣使獻犀甲鐵鎧

党項羌者三苗之後也其種有宕昌白狼皆自稱獮猴種東接臨洮西平西拒葉護南北數千里處山谷間每姓別爲部落大者五千餘騎小者千餘騎織犛牛尾及羖羊毛爲屋服裘褐披氈爲上飾俗尚武力無法令各爲生業有戰陣則屯聚無徭役不相往來養犛牛羊猪以供食不知稼穡其俗淫穢蒸報於諸夷中爲甚無文字但候草木以記歲時三年一聚會殺牛羊以祭天人年八十以上死者以爲令終親戚不哭少死者則云天枉共悲哭之有琵琶橫吹擊缶爲節魏周之際數來擾邊隋文帝爲丞相時中原多故因此大爲寇掠蔣公梁睿既平王謙請因還師討之開皇元年有千餘家歸化五年拓拔寧叢等各率

珍倣宋版印

衆詣旭州內附授大將軍其部下各有等差十六年復寇會州詔發隴西兵討之大破其衆人相率降遣子弟入謝罪帝謂曰還語爾父兄人生須有定居養老長幼乃乍還乍走不羞鄉里邪自是朝貢不絕

附國者蜀郡西北二千餘里卽漢之西南夷也有嘉良夷卽其部所居種姓自相率領土俗與附國同言語少殊不統一其人並無姓氏附國王字宜繒其國南北八百里東西千五百里無城柵近川谷傍山險俗好復讎故壘石爲礫以避其患其礫高至十餘丈下至五六丈每級以木隔之基方三四步礫上方二三步狀似浮圖於下致級開小門從內上通夜必關閉以防賊盜國有重罪者罰牛人皆輕捷便擊劍漆皮爲牟甲弓長六尺竹爲箭妻其羣母及嫂兒弟父兄亦納其妻好歌舞鼓簧吹長角有死者無服制置屍高牀之上沐浴衣服以牟甲覆以獸皮子孫不哭帶甲舞劍而呼云我父爲鬼所取我欲報寃殺鬼自餘親戚哭三聲而止婦人哭必兩手掩面死家殺牛親屬以猪酒相遺共飲噉而瘞之死後一年方始大葬必集親賓殺馬動至數十匹立木爲祖父神而事

之其俗以皮爲帽形圓如鉢或帶羃䍦衣多毼皮裘全剝牛腳皮爲靴項繫鐵鏁手貫鐵釧王與酋帥金爲首飾胸前懸一金花徑三寸其土高氣候涼多風少雨宜小麥青稞山出金銀銅多白雉水有嘉魚長四尺而鱗細大業四年其王遣使素福等八人入朝明年又遣其弟子宜林率嘉良夷六十人朝貢欲獻良馬以路險不通請開山道修職貢物煬帝以勞人不許嘉良有水闊六七十丈附國有水闊百餘丈並南流用皮爲舟而濟附國有薄緣夷風俗亦同西有女國其東北連山綿亘數千里接於党項往往有羌大小左封昔衛葛延白狗向人望族林臺春桑利豆迷桑婢藥大硤白蘭北利摸徒那鄂當迷渠步桑悟千碉並在深山窮谷無大君長其風俗略同於党項或役屬吐谷渾或附國大業中朝貢緣西南邊置諸道總管以管之

稽胡一曰步落稽蓋匈奴別種劉元海五部之苗裔也或云山戎赤狄之後自離石以西安定以東方七八百里居山谷間種類繁熾其俗土著亦知種田地少桑蠶多衣麻布其丈夫衣服及死亡殯葬與中夏略同婦人則多貫蜃貝以

珍倣宋版印

爲耳頸飾與華人錯居其渠帥頗識文字言語類夷狄因譯乃通蹲踞無禮貪而忍害俗奸淫穢女尤甚將嫁之夕方與淫者叙離夫氏聞之以多爲貴既嫁頗亦防閑有犯姦者隨事懲罰又兄弟死者皆納其妻雖分統郡縣列於編戶然輕其徭賦有異華人山谷阻深者又未盡役屬而兇悍恃險數爲寇魏孝昌中有劉蠡升者居雲陽谷自稱天子立年號署百官屬魏氏亂力不能討蠡升遂分遣部衆抄掠汾晉之間略無寧歲神武遷鄴後始密圖之乃僞許以女妻蠡升太子蠡升遂遣子詣鄴齊神武厚禮之緩以婚期蠡升既恃和親不爲之備魏大統元年三月齊神武襲之蠡升率輕騎出外徵兵爲其北部王所殺送於神武其衆復立蠡升第三子南海王爲主神武滅之獲其僞主及弟西海王并王后夫人王公以下四百餘人歸於鄴居河西者多恃險不賓時周文方與神武爭衡未遑經略乃遣黃門侍郎楊檦就安撫之五年黑水部衆先叛七年別帥夏州刺史劉平伏又據上郡反自是北山諸部連歲寇暴周文前後遣于謹侯莫陳崇李弼等相繼討平之武成初延州稽胡郝阿保狼皮率其種人附

於齊氏阿保自置丞相狽皮自署柱國𨑳與其別部劉桑德共爲影響柱國豆
盧寧督諸軍擊破之二年狽皮等餘黨復叛詔大將軍韓果討破之保定中離
石生胡數寇汾北勲州刺史韋孝寬於險要築城置兵糧以遏其路及楊忠與
突厥伐齊稽胡等便懷旅拒不供糧餼忠乃詐其酋帥云與突厥迴兵討之酋
帥等懼乃相率供饋焉其後丹州綏州等部内諸胡與蒲州別帥郝協郎等又
頻年逆命復詔達奚震辛威于實等前後窮討散其種落天和二年延州總管
宇文盛率衆城銀州稽胡白郁久同喬是羅等欲邀襲盛並討斬之又破其別
帥喬三勿同等五年開府劉雄出綏州巡檢北邊川路稽胡帥白郎喬素勿
同等度河逆戰雄復破之建德五年武帝敗齊師於晉州乘勝逐北齊人所棄
甲仗未暇收斂稽胡乘間竊出並盜而有之乃立蠡升孫沒鐸爲主號聖武皇
帝年曰石平六年武帝定東夏將討之議欲窮其巢穴齊王憲以爲種類既多
又山谷阻絶王師一舉未可盡除且當翦其魁帥餘加慰撫帝然之乃以憲爲
行軍元帥督行軍總管趙王招譙王儉滕王迴等討之憲軍次馬邑乃分道俱

珍倣宋版印

進沒鐸遣其黨天柱守河東又遣其大帥穆支據河西規欲分守險要掎角憲軍憲命譙王儉擊破之斬獲千餘級趙王招又禽沒鐸衆盡降宣政元年汾胡帥劉受羅千覆瓜越王盛督諸軍討禽之自是寇盜頗息

論曰氐羌吐谷渾等曰殊俗别處邊陲考之前代屢經叛服窺覘首鼠蓋其本性夫無德則叛有道則服先王所述荒服也

北史卷九十六

珍做朱版科

北史卷九十六考證

氐傳氐者西夷之别種○西監本訛四今改從魏書

流人有許穆之郝惔之二人投難當並改姓司馬○監本惔之下缺二字改姓

下衍爲字今俱從南本改正

尋而思話使其司馬蕭道成先驅進討所向尅捷○道成魏書作承之臣人龍

按魏書承之乃道成父島夷傳稱承之常隨宗人思話征伐久乃得爲其横

野司馬則此當以承之爲是雖道成亦嘗前後爲征蠻小帥而思話鎮襄陽

時秖任以統戍稍遷參軍恐此稱司馬之非道成也今各本俱同姑仍之

送租於南秦東益○租監本訛祖今據魏書及本書張普惠傳改正

吐谷渾傳若洛廆追思吐谷渾作阿于歌○于魏書作干

便速去保蘭○蘭字上魏書有白字

亦有種田○有魏書作知

其名王十三人召率部落而降○召陳書作各

秦州總管河間王詡應之〇詡應之隋書作弘請將兵應之
任其自投〇投隋書作拔
帝復令觀德王雄出澆河〇隋書無德字
党項羌傳織犛牛尾及粘䍽毛爲屋〇粘隋書作羖
附國傳狀似浮圖於下致級開小門〇隋書無致字
稽胡傳滕王逌等〇逌疑係逌字之訛

北史卷九十六考證

北史卷九十七

唐　李延壽　撰

列傳第八十五

西域

夏書稱西戎卽序班固云就而序之非盛威武致其貢物也漢世初開西域有三十六國其後分立五十五王置校尉都護以撫之王莽篡位西域遂絕至於後漢班超所通者五十餘國西至西海東西萬里皆來朝貢復置都護校尉以相統攝其後或絕或通漢朝以爲勞弊中國其官時置時廢曁魏晉之後互相吞滅不可復詳記焉道武初經營中原未暇及於四表旣而西戎之貢不至有司奏依漢氏故事請通西域可以振威德於荒外又可致奇貨於天府帝曰漢氏不保境安人乃遠開西域使海內虛耗何利之有今若通之前弊復加百姓矣遂不從歷明元世竟不招納太延中魏德益以遠聞西域龜茲疏勒烏孫悅般渴槃陁鄯善焉耆車師粟特諸國王始遣使來獻太武以西域漢世雖通有

求則卑辭而來無欲則驕慢王命此其自知絕遠大兵不可至故也若報使往來終無所益欲不遣使有司奏九國不憚遐嶮遠貢方物當與其進安可豫抑後來乃從之於是始遣行人王恩生許綱等西使恩生出流沙爲蠕蠕所執竟不果達又遣散騎侍郎董琬高明等多齎錦帛出鄯善招撫九國厚賜之初琬等受詔便道之國可往赴之琬過九國北行至烏孫國其王得魏賜拜受甚悅謂琬等曰傳聞破洛那者舌皆思魏德欲稱臣致貢但患其路無由耳今使君等既到此可往二國副其慕仰之誠琬於是自向破洛那遣使者烏孫王爲發導譯達二國琬等宣詔慰賜之已而琬明東還烏孫破洛那之屬遣使與琬俱來貢獻者十有六國自後相繼而來不間于歲國使亦數十輩矣初太武每遣使西域常詔河西王沮渠牧犍令護送至姑臧牧犍恆發使導路出於流沙後使者自西域還至武威牧犍左右謂使者曰我君承蠕蠕吳提妄說云去歲魏天子自來伐我士馬疫死大敗而還我擒其長弟樂平王丕我君大喜宣言國中又聞吳提遣使告西域諸國魏已削弱今天下惟我爲強若更有魏使勿復

珍倣宋版印

恭奉西域諸國亦有貳且牧犍事主稍以慢墯使還具以狀聞太武遂議討牧
犍涼州既平鄯善國以爲脣亡齒寒自然之道也今武威爲魏所滅次及我矣
若通其使人知我國事取亡必近不如絕之可以支久乃斷塞行路西域貢獻
歷年不入後平鄯善行人復通始琬等使還京師具言凡所經見及傳聞傍國
云西域自漢武時五十餘國後稍相幷至太延中爲十六國分其地爲四域自
蔥嶺以東流沙以西爲一域蔥嶺以西海曲以東爲一域者舌以南月氏以北
爲一域兩海之閒水澤以南爲一域內諸小渠長蓋以百數其出西域本有二
道後更爲四出自玉門度流沙西行二千里至鄯善爲一道自玉門度流沙北
行二千二百里至車師爲一道從莎車西行一百里至蔥嶺蔥嶺西一千三百
里至伽倍爲一道自莎車西南五百里蔥嶺西南一千三百里至波路爲一道
焉自琬所不傳而更有朝貢者紀其名不能具國俗也東西魏時中國方擾及
於齊周不聞有事西域故二代書並不立記錄隋開皇仁壽之閒尙未云經略
煬帝時乃遣侍御史韋節司隸從事杜行滿使於西藩諸國至罽賓得瑪瑙盃

王舍城得佛經史國得十舞女師子皮火鼠毛而還帝復令聞嘉公裴矩於武
威張掖間往來以引致之其有君長者四十四國矩因其使者入朝啗以厚利
令其轉相諷諭大業中相率而來朝者四十餘國帝因置西戎校尉以應接之
尋屬中國大亂朝貢遂絕然事亡失書所存錄者二十國焉魏時所來者在隋
亦有不至今總而編次以備前書之西域傳云至於道路遠近物產風俗詳諸
前史或有不同斯皆錄其當時蓋以備其遺闕爾
鄯善國都扜泥城古樓蘭國也去代七千六百里所都城方一里地多沙鹵少
水草北即白龍堆路至太延初始遣其弟素延者入侍及太武平涼州沮渠牧
犍弟無諱走保燉煌無諱後謀渡流沙遣其弟安周擊鄯善王比龍恐懼欲降
會魏使者自天竺罽賓還俱會鄯善勸比龍拒之遂與連戰安周不能剋退保
東城後比龍懼率衆西奔且末其世子乃應安周鄯善人頗剽劫之令不得通
太武詔散騎常侍成周公萬度歸乘傳發涼州兵討之度歸到燉煌留輜重以
輕騎五千渡流沙至其境時鄯善人衆布野度歸勑吏卒不得有所侵掠邊守

感之皆望旗稽服其王真達面縛出降度歸釋其縛留軍屯守與真達詣京都太武大悅厚待之是歲拜交阯公韓杖爲假節征西將軍領護西戎校尉鄯善王以鎭之賦役其人比之郡縣

且末國都且末城在鄯善西去代八千三百二十里真君三年鄯善王比龍避沮渠安周之難率國人之半奔且末後役屬鄯善且末西北有流沙數百里夏日有熱風爲行旅之患風之所至唯老駝預知之即嗔而聚立埋其口鼻於沙中人每以爲候亦即將氈擁蔽鼻口其風迅駛斯須過盡若不防者必至危斃大統八年其兄鄯善米率衆內附

于闐國在且末西北蔥嶺之北二百餘里東去鄯善千五百里南去女國三千里去朱俱波千里北去龜茲千四百里去代九千八百里其地方亘千里連山相次所都城方八九里部內有大城五小城數十于闐城東三十里有首拔河中出玉石土宜五穀幷桑麻山多美玉有好馬駝騾其刑法殺人者死餘罪各隨輕重懲罰之自外風俗物產與龜茲略同俗重佛法寺塔僧尼甚衆王尤信

尙每設齋日必親自灑掃饋食焉城南五十里有贊摩寺卽昔羅漢比丘盧旃
爲其王造覆盆浮圖之所石上有辟支佛跣處雙跡猶存于闐西五百里有比
摩寺云是老子化胡成佛之所俗無禮義多盜賊淫縱自高昌以西諸國人等
深目高鼻唯此一國貌不甚胡頗類華夏城東二十里有大水北流號樹枝水
卽黃河也一名計式水城西十五里亦有大水名達利水與樹枝水會俱北流
真君中太武詔高涼王那擊吐谷渾慕利延慕利延懼驅其部落渡流沙那進
軍急追之慕利延遂西入于闐殺其王死者甚衆獻文末蠕蠕寇于闐于闐患
之遣使素目伽上表曰西方諸國今皆已屬蠕蠕奴世奉大國至今無異今蠕
蠕軍馬至城下奴聚兵自固故遣使奉獻遙望救援帝詔公卿議之公卿奏曰
于闐去京師幾萬里蠕蠕之性唯習野掠不能攻城若爲害當時已旋矣雖欲
遣師勢無所及帝以公卿議示其使者亦以爲然於是詔之曰朕承天理物欲
令萬方各安其所應敕諸軍以拯汝難但去汝遐阻政復遣援不救當時之急
是以停師不行汝宜知之朕今練甲養卒一二歲間當躬率猛將爲汝除患汝

其謹警候以待大舉先是朝廷遣使者韓羊皮使波斯波斯王遣使獻馴象及珍物經于闐于闐中于王秋仁輒留之假言慮有寇不達羊皮言狀帝怒又遣羊皮奉詔責讓之自後每使朝貢周建德三年其王遣使獻名馬隋大業中頻使朝貢其王姓王字早示門練錦帽金鼠冠妻戴金花其王髮不令人見俗言若見王髮其年必儉云

蒲山國故皮山國也居皮城在于闐南去代一萬二千里其國西南三里有凍凌山後役屬于闐

悉居半國故西夜國也一名子合其王號子治呼犍在于闐西去代萬二千九百七十里太延初遣使來獻自後貢使不絕

權於摩國故烏秅國也其王居烏秅城在悉居半西南去代一萬二千九百七十里

渠莎國居故莎車城在子合西北去代一萬二千九百八十里

車師國一名前部其王居交河城去代萬五十里其地北接蠕蠕本通使交易

太武初始遣使朝獻詔行人王恩生許綱等出使恩生等始度流沙爲蠕蠕所執恩生見蠕蠕吳提持魏節不爲之屈後太武切讓吳提吳提懼乃遣恩生等歸許綱到燉煌病死朝廷壯其節賜諡曰貞初沮渠無諱兄弟之渡流沙也鳩集遺人破車師國真君十一年車師王車夷落遣使琢進薛直上書曰臣亡父僻處塞外仰慕天子威德遣使奉獻不空於歲天子降念賜遣甚厚及臣繼立亦不闕常貢天子垂矜亦不異前世敢緣至恩輒陳私懇臣國自無諱所攻擊經今八歲人民飢荒無以存活賊今攻臣甚急臣不能自全遂捨國東奔三分免一卽日已到焉耆東界思歸天闕幸垂賑救於是下詔撫慰之開焉耆倉給之正平初遣子入侍自後每使朝貢不絕

高昌者車師前王之故地漢之前部地也東西二百里南北五百里四面多大山或云昔漢武遣兵西討師旅頓弊其中尤困者因住焉地勢高敞人庶昌盛因名高昌亦云其地有漢時高昌壘故以爲國號東去長安四千九百里漢西域長史及戊己校尉並居於此晉以其地爲高昌郡張軌呂光沮渠蒙遜據河

西皆置太守以統之去燉煌十三日行國有八城皆有華人地多石磧氣候溫暖厥土良沃穀麥一歲再熟宜蠶多五果人饒漆有草名羊刺其上生蜜而味甚佳引水溉田出赤鹽其味甚美復有白鹽其形如玉高昌人取以爲枕貢之中國多蒲桃酒俗事天神兼信佛法國中羊馬牧在隱僻處以避寇非貴人不知其處北有赤石山七十里有貪汗山夏有積雪此山北鐵勒界也太武時有闞爽者自爲高昌太守太延中遣散騎侍郎王恩生等使高昌爲蠕蠕所執眞君中爽爲沮渠無諱所襲奪據之無諱死弟安周代立和平元年爲蠕蠕所幷蠕蠕以闞伯周爲高昌王其稱王自此始也太和初伯周死子義成立歲餘爲從兄首歸所殺自立爲高昌王五年高車王可至羅殺首歸兄弟以燉煌人張孟明爲王後爲國人所殺立馬儒爲王以鞏顧禮麴嘉爲左右長史二十一年遣司馬王體玄奉表朝貢請師逆接求舉國內徙孝文納之遣明威將軍韓安保率騎千餘赴之割伊吾五百里以儒居之至羊榛水儒遣嘉禮率步騎一千五百迎安保去高昌四百里而安保不至禮等還高昌安保亦還伊吾安保遣

使韓興安等十二人使高昌儒復遣顧禮將其世子義舒迎安保至白棘城去高昌百六十里而高昌舊人情戀本土不願東遷相與殺儒而立麴嘉爲王嘉字靈鳳金城榆中人既立又臣于蠕蠕那蓋顧禮與義舒隨安保至洛陽及蠕蠕主伏圖爲高車所殺嘉又臣高車初前部胡人悉爲高車所徙入於焉耆又爲嚈噠所破滅國人分散衆不自立請王於嘉嘉遣第一子爲焉耆王以主之熙平元年嘉遣兄子私署左衛將軍田地太守孝亮朝京師仍求內徙乞軍迎援於是遣龍驤將軍孟威發涼州兵三千人迎至伊吾失期而反於後十餘遣使獻珠像白黑貂裘名馬鹽枕等款誠備至唯賜優旨卒不重迎三年嘉遣使朝貢宣武又遣孟威使詔勞之延昌中以嘉爲持節平西將軍瓜州刺史泰臨縣開國伯私署王如故熙平初遣使朝獻詔曰卿地隔關山境接荒漠頻請朝援徙國內遷雖來誠可嘉卽於理未帖何者彼之甿庶是漢魏遺黎自晉氏不綱因難播越成家立國世積已久惡徙重遷人懷戀舊今若動之恐異同之變爰在肘腋不得便如來表也神龜元年冬孝亮復表求援內徙朝廷不許正光

元年明帝遣假員外將軍趙義等使於嘉嘉朝貢不絶又遣使奉表自以邊遐不習典誥求借五經諸史并請國子助教劉爕以爲博士明帝許之嘉死贈鎮西將軍涼州刺史子堅立於後關中賊亂使命遂絶普泰初堅遣使朝貢除平西將軍瓜州刺史泰臨縣伯王如故又加衞將軍至永熙中特除儀同三司進爲郡公後遂隔絶至大統十四年詔以其世子玄嘉爲王恭帝二年又以其田地公茂嗣位武成元年其王遣使獻方物保定初又遣使來貢其國周時城有一十六後至隋時城有十八其都城周回一千八百四十步於坐室畫魯哀公問政於孔子之像官有令尹一人比中夏相國次有公二人皆王子也一爲交河公一爲田地公次有左右衞次有八長史曰吏部祠部庫部倉部主客禮部戸部兵部等長史也次有五將軍曰建武威遠陵江殿中伏波等將軍也次有八司馬長史之副也次有侍郎校郎主簿從事階位相次分掌諸事次有省事專掌導引其大事決之於王小事則世子及二公隨狀斷決評章錄記事訖即除籍書之外無久掌文案官人雖有列位並無書唯每旦集於牙門評議衆事

諸城各有戶曹水曹田曹城遣司馬侍郎相監檢校名爲令服飾丈夫從胡法婦人裙襦頭上作髻其風俗政令與華夏略同兵器有弓箭刀楯甲矟文字亦同華夏兼用胡書有毛詩論語孝經置學官弟子以相教授雖習讀之而皆爲胡語賦稅則計田輸銀錢無者輸麻布其刑法風俗婚姻喪葬與華夏小異而大同自燉煌向其國多沙磧茫然無有蹊徑欲往者尋其人畜骸骨而去路中或聞歌哭聲行人尋之多致亡失蓋魑魅魍魎也故商客往來多取伊吾路開皇十年突厥破其四城有二千人來歸中國堅死子伯雅立其大母本突厥可汗女其父死突厥令依其俗伯雅不從者久之突厥逼之不得已而從煬帝即位引致諸蕃大業四年遣使貢獻帝待其使甚厚明年伯雅來朝因從擊高麗還尙宗室女華容公主八年冬歸蕃下令國中曰先者以國處邊荒境被髮左衽今大隋統御宇宙平一孤既沐浴和風庶均大化其庶人以上皆宜解辮削衽帝聞而善之下詔曰光祿大夫弁國公高昌王伯雅本自諸華世阼西壤昔因多難翦爲胡服自我皇隋平一宇宙伯雅踰沙忘阻奉貢來庭削衽曳裾變

珍倣宋版印

夷從夏可賜衣冠仍班製造之式然伯雅先臣鐵勒恆遣重臣在高昌國有商胡往來者則稅之送于鐵勒雖有此令取悅中華然竟畏鐵勒不敢改也自是歲令貢方物

且彌國都天山東于大谷在車師北去代一萬五百七十里本役屬車師

焉耆國在車師南都員渠城白山南七十里漢時舊國也去代一萬二百里其王姓龍名鳩尸畢那即前涼張軌所討龍熙之胤所都城方二里國內凡有九城國小人貧無綱紀法令兵有弓刀甲矟婚姻略同華夏死亡者皆焚而後葬其服制滿七日則除之丈夫並翦髮以爲首飾文字與婆羅門同俗事天神並崇信佛法也尤重二月八日四月八日是日也其國咸依釋教齋戒行道焉氣候寒土田良沃穀有稻粟菽麥畜有駞馬養蠶不以爲絲唯充綿纊俗尚蒲桃酒兼愛音樂南去海十餘里有魚鹽蒲葦之饒東去高昌九百里西去龜茲九百里皆沙磧東南去瓜州二千二百里恃地多嶮頗剽劫中國使太武怒之詔成周公萬度歸討之約齎輕糧取食路次度歸入焉耆東界擊其邊守左迴尉

犂二城拔之進軍圍員渠鳩尸畢鄉以四五萬人出城守險以距度歸募壯勇短兵直往衝鳩尸畢鄉衆大潰盡虜之單騎走入山中度歸進屠其城四鄙諸戎皆降服焉耆爲國斗絕一隅不亂日久獲其珍奇異翫殊方譎詭難識之物橐駝馬牛雜畜巨萬時太武幸陰山北宮度歸破焉耆露板至帝省訖賜司徒崔浩書曰萬度歸以五千騎經萬餘里拔焉耆三城獲其珍奇異物及諸委積不可勝數自古帝王雖云即序西戎有如指注不能控引也朕今手把而有之如何浩上書稱美遂命度歸鎮撫其人初鳩尸畢鄉走山中猶覬城不拔得還其國既見盡爲度歸所剋乃奔龜茲龜茲以其壻厚待之周保定四年其王遣使獻名馬隋大業中其王龍突騎支遣使貢方物是時其國勝兵千餘人而已龜茲國在尉犂西北白山之南一百七十里都延城漢時舊國也去代一萬二百八十里其王姓白即後涼呂光所立白震之後其王頭繫綵帶垂之於後坐金獅子床所居城方五六里其刑法殺人者死劫賊則斷其一臂幷刖一足賦稅準地徵租無田者則稅銀風俗婚姻喪葬物產與焉耆略同唯氣候少温爲

珍倣宋版印

異又出細氎饒銅鐵鉛麞皮氍毹沙鹽綠雌黃胡粉安息香良馬犎牛等東有輪臺卽漢貳師將軍李廣利所屠者其南三百里有大河東流號計戍水卽黃河也東去焉耆九百里南去于闐一千四百里西去疏勒一千五百里北去突厥牙六百餘里東南去瓜州三千一百里其東關城戍寇竊非一太武詔萬度歸率騎一千以擊之龜茲遣烏羯目提等領兵三千距戰度歸擊走之斬二百餘級大獲駝馬而還俗性多淫置女市收男子錢以入官土多孔雀羣飛山谷間人取而食之孳乳如雞鶩其王家恆有千餘隻云其國西北大山中有如膏者流出成川行數里入地狀如餘餬甚臭服之髮齒已落者能令更生癘人服之皆愈自後每使朝貢周保定元年其王遣使來獻隋大業中其王白蘇尼咥遣使朝貢方物是時其國勝兵可數千人

姑默國居南城在龜茲西去代一萬五百里役屬龜茲

溫宿國居溫宿城在姑默西北去代一萬五百五十里役屬龜茲

尉頭國居尉頭城在溫宿北去代一萬六百五十里役屬龜茲

烏孫國居赤谷城在龜茲西北去代一萬八十里其國數爲蠕蠕所侵西徙蔥嶺山中無城郭隨畜牧逐水草太延三年遣使者董琔等使其國後每使朝貢闕三字
疏勒國在姑默西白山南百餘里漢時舊國也去代一萬一千二百五十里文成末其王遣使送釋迦牟尼佛袈裟一長二丈餘帝以審是佛衣應有靈異遂燒之以驗虛實置於猛火之上經日不然觀者莫不悚駭心形俱肅其王戴金師子冠土多稻粟麻麥銅鐵錫雌黃每歲常供送於突厥其都城方五里國內有大城十二小城數十人手足皆六指產子非六子者即不育勝兵者二千人南有黃河西帶蔥嶺東去龜茲千五百里西去鏺汗國千里南去朱俱波八九百里東北至突厥牙千餘里東南去瓜州四千六百里
悅般國在烏孫西北去代一萬九百三十里其先匈奴北單于之部落也爲漢車騎將軍竇憲所逐北單于度金微山西走康居其羸弱不能去者住龜茲北地方數千里衆可二十餘萬涼州人猶謂之單于王其風俗言語與高車同而

珍倣宋版印

其人清潔於胡俗剪髮齊眉以銻鍸塗之昱昱然光澤日三澡漱然後飲食其
國南界有大山山傍石皆燋鎔流地數十里乃凝堅人取以為藥即石流黃也
與蠕蠕結好其王嘗將數千人入蠕蠕國欲與大檀相見入其界百餘里見其
部人不浣衣不絆髮不洗手婦人口舐器物王謂其從臣曰汝曹誑我將我入
此狗國中乃馳還大檀遣騎追之不及自是相仇讎數相征討真君九年遣使
朝獻并送幻人稱能割人喉脈令斷擊人頭令骨陷皆血出或數升或盈斗以
草藥內其口中令嚼咽之須臾血止養瘡一月復常又無痕瘢世疑其虛乃取
死罪囚試之皆驗云中國諸名山皆有此草乃使人受其術而厚遇之又言其
國有大術者蠕蠕來抄掠術人能作霖雨盲風大雪及行潦蠕蠕凍死漂亡者
十二三是歲再遣使朝貢求與官軍東西齊契討蠕蠕太武嘉其意命中外諸
軍戒嚴以淮南王他為前鋒襲蠕蠕仍詔有司以其鼓舞之節施於樂府自後
每使朝貢
者至拔國都者至拔城在疏勒西去代一萬一千六百二十里其國東有藩賀

𨚗山出美鐵及師子
迷密國都迷密城在者至拔西去代一萬二千一百里正平元年遣使獻一峯
黑槖駝其國東有山名郁悉滿山出金玉亦多鐵
悉萬斤國都悉萬斤城在悉密西去代一萬二千七百二十里其國南有山名
伽色𨚗山出師子每使朝貢
忸密國都忸密城在悉萬斤西去代二萬二千八百二十八里
洛𨚗國故大宛國也都貴山城在疏勒西北去代萬四千四百五十里太和三
年遣使獻汗血馬自此每使朝貢
粟特國在葱嶺之西故名奄蔡一名温𨚗沙居於大澤在康居西北去代一萬
六千里先是匈奴殺其王而有其國至王忽倪已三世矣其國商人先多詣涼
土販貨及魏克姑臧悉見虜文成初粟特王遣使請贖之詔聽焉自後無使朝
獻周保定四年其王遣使貢方物
波斯國都宿利城在忸密西古條支國也去代二萬四千二百二十八里城方

十里戶十餘萬河經其城中南流土地平正出金鍮石珊瑚琥珀車渠馬腦多
大真珠頗梨瑠璃水精瑟瑟金剛火齊鑌鐵銅錫朱砂水銀綾錦疊毾㲪氍毹毾
㲪赤麞皮及薰六鬱金蘇合青水等香胡椒蓽撥石蜜千年棗香附子訶梨勒
無食子鹽綠雌黃等物氣候暑熱家自藏冰地多沙磧引水溉灌其五穀及鳥
獸等與中夏略同唯無稻及黍稷土出名馬大驢及駞往往有一日能行七百
里者富室至有數千頭又出白象獅子大鳥卵有鳥形如橐駞有兩翼飛而下
能高食草與肉亦能噉人其王姓波氏名斯坐金羊牀戴金花冠衣錦袍織成
帔飾以真珠寶物其俗丈夫翦髮戴白皮帽貫頭衫兩箱近下開之亦有巾帔
緣以織成婦女服大衫披大帔其髮前為髻後披之飾以金銀花仍貫五色珠
絡之於膊王於其國內別有小牙十餘所猶中國之離宮也每年四月出遊處
之十月仍還王卽位以後擇諸子內賢者密書其名封之於庫諸子及大臣莫
之知也王死衆乃共發書視之其封內有名者卽立以為王餘子出各就邊任
兄弟更不相見也國人號王曰醫囋妃曰防步率王之諸子曰殺野大官有摸

胡壇掌國內獄訟泥忽汗掌庫藏開禁地早掌文書及衆務次有遏羅訶地掌王之內事薛波勃掌四方兵馬其下皆有屬官分統其事兵有甲矟圓排劍弩弓箭戰兼乘象百人隨之其刑法重罪懸諸竿上射殺之次則繫獄新王立乃釋之輕罪則劓刖若髡或翦半鬢及繫牌於項以爲恥辱犯強盜繫之終身姦貴人妻者男子流婦人割其耳鼻賦稅則準地輸銀錢俗事火神天神文字與胡書異多以姊妹爲妻妾自餘婚合亦不擇尊卑諸夷之中最爲醜穢矣百姓女年十歲以上有姿貌者王收養之有功勳人即以分賜死者多棄屍於山一月着服城外有人別居唯知喪葬之事號爲不淨人若入城市搖鈴自別以六月爲歲首尤重七月七日十二月一日其日人庶以上各相命召設會作樂以極懽娛又每年正月二十日各祭其先死者神龜中其國遣使上書貢物云大國天子天之所生願日出處常爲漢中天子波斯國王居和多千萬敬拜朝廷嘉納之自此每使朝獻恭帝二年其王又遣使獻方物隋煬帝時遣雲騎尉李昱使通波斯尋使隨昱貢方物

珍倣宋版印

伏盧尼國都伏盧尼城在波斯國北去代二萬七千三百二十里累石爲城東有大河南流中有鳥其形似人亦有如橐駞馬者皆有翼常居水中出水便死城北有云尼山出銀珊瑚琥珀多師子

色知顯國都色知顯城在悉萬斤西北去代一萬二千九百四十里土平多五果

伽色尼國都伽色尼城在悉萬斤南去代一萬二千九百里土出赤鹽多五果

薄知國都薄知城在伽色尼國南去代一萬三千三百二十里多果

牟知國都牟知城在忸密西南去代二萬二千九百二十里土平禽獸草木類中國

阿弗太汗國都阿弗太汗城在忸密西去代二萬三千七百二十里土平多五果

呼似密國都呼似密城在阿弗太汗西去代二萬四千七百里土平出銀琥珀有師子多五果

諾色波羅國都波羅城在忸密南去代二萬三千四百二十八里土平宜稻麥多五果

早伽至國都早伽至城在忸密西去代二萬三千七百二十八里土平少田殖取稻麥於隣國有五果

伽不單國都伽不單城在悉萬斤西北去代一萬二千七百八十里土平宜稻麥有五果

者舌國故康居國在破洛那西北去代一萬五千四百五十里太延三年遣使朝貢不絶

伽倍國故休密翖侯都和墨城在莎車西去代一萬三千里人居山谷閒

折薛莫孫國故雙靡翖侯都雙靡城在伽倍西去代一萬三千五百里居山谷閒

鉗敦國故貴霜翖侯都護澡城在折薛莫孫西去代一萬三千五百六十里居山谷閒

珍倣宋版印

弗敵沙國故肸頓翖侯都薄茆在鉗敦西去代一萬三千六百六十里居山谷間

閻浮謁國故高附翖侯都高附城在弗敵沙南去代一萬三千七百六十里居山谷間

大月氏國都賸監氏城在弗敵沙西去代一萬四千五百里北與蠕蠕接數爲所侵遂西徙都薄羅城去弗敵沙二千一百里其王寄多羅勇武遂興師越大山南侵北天竺自乾陁羅以北五國盡役屬之太武時其國人商販京師自云能鑄石爲五色瑠璃於是採礦山中於京師鑄之既成光澤乃美於西方來者乃詔爲行殿容百餘人光色映徹觀者見之莫不驚駭以爲神明所作自此國中瑠璃遂賤人不復珍之

安息國在葱嶺西都蔚搜城北與康居西與波斯相接在大月氏西北去代二萬一千五百里周天和二年其王遣使朝獻

條支國在安息西去代二萬九千四百里

大秦國一名黎軒都安都城從條支西渡海曲一萬里去代三萬九千四百里其海滂出猶渤海也而東西與渤海相望蓋自然之理地方六千里居兩海之閒其地平正人居星布其都王城分為五城各方五里周六十里王居中城城置八臣以主四方而王城亦置八臣分主四城若謀國事及四方有不決者則四城之臣集議所王自聽之然後施行王三年一出觀風化人有寃枉詣王訴訟者當方之臣小則讓責大則黜退令其舉賢人以代之其人端正長大衣服車旗擬儀中國故外域謂之大秦其土宜五穀桑麻人務蠶田多璆琳琅玕神龜白馬朱鬣明珠夜光璧東南通交趾又水道通益州永昌郡多出異物大秦西海水之西有河河西南流河西有南北山山西有赤水西有白玉山玉山西有西王母山玉為堂室云從安息西界循海曲亦至大秦迴萬餘里於彼國觀日月星辰無異中國而前史云條支西行百里日入處失之遠矣

阿鉤羌國在莎車西南去代一萬三千里國西有縣度山其閒四百里中往往有棧道下臨不測之深人行以繩索相持而度因以名之土有五穀諸果市用

錢爲貨止立宮室有兵器土出金珠
波路國在阿鉤羌西北去代一萬三千九百里其地濕熱有蜀馬土平物產國
俗與阿鉤羌同類焉
小月氏國都富樓沙城其王本大月氏王寄多羅子也寄多羅爲匈奴所逐西
徙後令其子守此城因號小月氏焉在波路西南去代一萬六千六百里先居
西平張掖之間被服頗與羌同其俗以金銀錢爲貨隨畜牧移徙亦類匈奴其
城東十里有佛塔周三百五十步高八十丈自佛塔初建計至武定八年八百
四十二年所謂百丈佛圖也
罽賓國都善見城在波路西南去代一萬四千二百里居在四山中其地東西
八百里南北三百里地平温和有苜蓿雜草奇木檀槐梓竹種五穀糞園田地
下濕生稻冬食生菜其人工巧雕文刻鏤織罽有金銀銅錫以爲器物市用錢
他畜諸國同每使朝獻
吐呼羅國去代一萬二千里東至范陽國西至悉萬斤國中間相去二千里南

至連山不知名北至波斯國中間相去一萬里薄提城周匝六十里城南有西
流大水名漢樓河土宜五穀有好馬駞騾其王曾遣使朝貢
副貨國去代一萬七千里東至阿富使且國西至沒誰國中間相去一千里南
有連山不知名北至奇沙國相去一千五百里國中有副貨城周匝七十里宜
五穀蒲桃唯有馬駞騾國王有黃金殿殿下有金駞七頭各高三尺其王遣使
朝貢
南天竺國去代三萬一千五百里有伏醜城周匝十里城中出摩尼珠珊瑚城
東三百里有拔賴城城中出黃金白真檀石蜜蒲桃土宜五穀宣武時其國王
婆羅化遣使獻駿馬金銀自此每使朝貢
疊伏羅國去代三萬一千里國中有勿悉城城北有鹽奇水西流有白象并有
阿末黎木皮中織作布土宜五穀宣武時其國王伏陁末多遣使獻方物自是
每使朝貢
拔豆國去代五萬一千里東至多勿當國西至旃那國中間相去七百五十里

南至罽陵伽國北至弗那伏且國中間相去九百里國中出金銀雜寶白象水牛氂牛蒲桃五果土宜五穀

嚈噠國大月氏之種類也亦曰高車之別種其原出於塞北自金山而南在于闐之西都烏許水南二百餘里去長安一萬一百里其王都拔底延城蓋王舍城也其城方十里餘多寺塔皆飾以金風俗與突厥略同其俗兄弟共一妻夫無兄弟者妻戴一角帽若有兄弟者依其多少之數更加帽焉衣服類加以纓絡頭皆翦髮其語與蠕蠕高車及諸胡不同衆可有十萬無城邑依隨水草以氈為屋夏遷涼土冬逐煖處分其諸妻各在別所相去或二百三百里其王巡歷而行每月一處冬寒之時三月不徙王位不必傳子子弟堪者死便受之其國無車有輿多駝馬用刑嚴急偷盜無多少皆要斬盜一責十死者富家累石為藏貧者掘地而埋隨身諸物皆置塚內其人凶悍能鬬戰西域康居于闐沙勒安息及諸小國三十許皆役屬之號為大國與蠕蠕婚姻自太安以後每遣使朝貢正光末遣貢師子一至高平遇万俟醜奴反因留之醜奴平送京師永

熙以後朝獻遂絶初熙平中明帝遣賸伏子統宋雲沙門法力等使西域訪求
佛經時有沙門慧生者亦與俱行正光中還慧生所經諸國不能知其本末及
山川里數蓋舉其略云至大統十二年遣使獻其方物廢帝二年周明帝二年
並遣使來獻後爲突厥所破部落分散職貢遂絶至隋大業中又遣使朝貢方
物其國去漕國千五百里東去瓜州六千五百里
朱居國在于闐西其人山居有麥多林果咸事佛語與于闐相類役屬嚈噠
渴槃陁國在葱嶺東朱駒波西河經其國東北流有高山夏積雪霜亦事佛道
附於嚈噠
鉢和國在渴槃陁西其土尤寒人畜同居穴地而處又有大雪山望若銀峯其
人唯食餅麨飲麥酒服氈裘有二道一道西行向嚈噠一道西南趣烏萇亦爲
嚈噠所統
波知國在鉢和西南土狹人貧依託山谷其王不能總攝有三池傳云大池有
龍王次者有龍婦小者有龍子行人經之設祭乃得過不祭多遇風雪之困

賒彌國在波知之南山居不信佛法專事諸神亦附嚈噠東有鉢盧勒國路嶮緣鐵瑣而度下不見底熙平中宋雲等竟不能達

烏萇國在賒彌南北有葱嶺南至天竺婆羅門胡爲其上族婆羅門多解天文吉凶之數其主動則訪決焉土多林果引水灌田豐稻麥事佛多諸寺塔極華麗人有爭訴服之以藥曲者發狂直者無恙爲法不殺犯死罪唯徙於靈山西南有檀特山山上立寺以驢數頭運食山下無人控御自知往來也

乾陁國在烏萇西本名業波爲嚈噠所破因改焉其王本是敕勤臨國已二世矣好征戰與罽賓鬬三年不罷人怨苦之有鬬象七百頭十人乘一象皆執兵仗象鼻縛刀以戰所都城東南七里有佛塔高七十丈周三百步卽謂雀離佛圖也

康國者康居之後也遷徙無常不恆故地自漢以來相承不絕其王本姓溫月氏人也舊居祁連山北昭武城因被匈奴所破西踰葱嶺遂有國枝庶各分王故康國左右諸國並以昭武爲姓示不忘本也王字世夫畢爲人寬厚甚得衆

心其妻突厥達度可汗女也都於薩寶水上阿祿迪城多人居大臣三人共掌國事其王素冠七寶花衣綾羅錦繡白疊其妻有髮幪以皂巾丈夫翦髮錦袍名爲彊國西域諸國多歸之米國史國曹國何國小安國那色波國烏那曷國穆國皆歸附之有胡律置於祅祠將決罰則取而斷之重者族次罪者死賊盜截其足人皆深目高鼻多髯善商賈諸夷交易多湊其國有大小鼓琵琶五絃箜篌婚姻喪制與突厥同國立祖廟以六月祭之諸國皆助祭奉佛爲胡書氣候溫宜五穀勤脩園蔬樹木滋茂出馬駝驢犎牛黃金硇沙甝香阿薩那香瑟瑟麞皮氍毹錦疊多蒲桃酒富家或致千石連年不敗大業中始遣使貢方物後遂絕焉

安國漢時安息國也王姓昭武氏與康國王同族字設力妻康國王女也都在那密水南城有五重環以流水宮殿皆平頭王坐金駝座高七八尺每聽政與妻相對大臣三人評理國事風俗同於康居唯妻其姊妹及母子遞相禽獸此爲異也隋煬帝卽位遣司隸從事杜行滿使西域至其國得五色鹽而返國西

一珍倣宋版印

百餘里有畢國可千餘家其國無君長安國統之大業五年遣使貢獻
石國居於藥殺水都城方十餘里其王姓石名涅國城東南立屋置座於中正
月六日以王父母燒餘之骨金甕盛置牀上巡遶而行散以花香雜果王率臣
下設祭焉禮終王與夫人出就別帳臣下以次列坐享宴而罷有粟麥多良馬
其俗善戰曾貳於突厥射匱可汗滅之令特勒甸職攝其國事南去鏺汗六百
里東南去瓜州六千里甸職以隋大業五年遣使朝貢後不復至
女國在葱嶺南其國世以女爲王姓蘇毗字末羯在位二十年女王夫號曰金
聚不知政事國內丈夫唯以征伐爲務山上爲城方五六里人有萬家王居九
層之樓侍女數百人五日一聽朝復有小女王共知國政其俗婦人輕丈夫而
性不妬忌男女皆以彩色塗面而一日中或數度變改之人皆被髮以皮爲鞋
課稅無常氣候多寒以射獵爲業出鍮石朱砂麝香犛牛駿馬蜀馬尤多鹽恆
將鹽向天竺興販其利數倍亦數與天竺党項戰爭其女王死國中厚斂金錢
求死者族中之賢女二人一爲女王次爲小王貴人死剝皮以金屑和骨肉置

甕中埋之經一年又以其皮肉鐵器埋之俗事阿脩羅神又有樹神歲初以人祭或用獼猴祭畢入山祝之有一鳥如雌雉來集掌上破其腹視之有衆粟則年豐沙石則有災謂之鳥卜隋開皇六年遣使朝貢後遂絶

鏺汗國都葱嶺之西五百餘里古渠搜國也王姓昭武字阿利柒都城方四里勝兵數千人王坐金羊牀妻戴金花俗多朱砂金鐵東去疏勒千里西去蘇對沙那國五百里西北去石國五百里東北去突厥可汗二千餘里東去瓜州五千五百里隋大業中遣使貢方物

吐火羅國都葱嶺西五百里與挹怛雜居都城方二里勝兵者十萬人皆善戰其俗奉佛兄弟同一妻迭寢焉每一人入房戶外掛其衣以爲志生子屬其長兄其山穴中有神馬每歲牧馬於穴所必產名駒南去漕國千七百里東去瓜州五千八百里大業中遣使朝貢

米國都那密水西舊康居之地無王其城主姓昭武康國王之支庶字閉拙都城方二里勝兵數百人西北去蘇對沙那國五百里西南去史國二百里東去

瓜州六千四百里大業中頻貢方物
史國都獨莫水南十里舊康居之地也其王姓昭武字狄遮亦康國王之支庶
也都城方二里勝兵千餘人俗同康國北去康國二百四十里南去吐火羅五
百里西去那色波國二百里北去米國二百里東北去米國二百里東去瓜州
六千五百里大業中遣使貢方物
曹國都那密水南數里舊是康居之地也國無主康國王令子烏建領之都城
方三里勝兵千餘人國中有得悉神自西海以東諸國並敬事之其神有金人
破羅闊人丈有五尺高下相稱每日以駝五頭馬十匹羊一百口祭之常有數
千人食之不盡東南去康國百里西去何國百五十里東去瓜州六千六百里
大業中遣使貢方物
何國都那密水南數里舊是康居地也其王姓昭武亦康國王之族類字敦都
城方二里勝兵者千人其王坐金羊座東去曹國百五十里西去小女國三百
里東去瓜州六千七百五十里大業中遣使貢方物

烏那遏國都烏滸水西舊安息之地也王姓昭武亦康國王種類字佛食都城方二里勝兵數百人王坐金羊座東北去安國四百里西北去穆國二百餘里東去瓜州七千五百里大業中遣使貢方物

穆國都烏滸河之西亦安息之故地與烏那遏爲隣其王姓昭武亦康國王之種類也字阿濫密都城方三里勝兵二千人東北去安國五百里東去烏那遏二百餘里西去波斯國四千餘里東去瓜州七千百里大業中遣使貢方物

漕國在葱嶺之北漢時罽賓國也其王姓昭武字順達康國王之宗族也都城方四里勝兵者萬餘人國法嚴殺人及賊盜皆死其俗重淫祠葱嶺山有順天神者儀制極華金銀鍱爲屋以銀爲地祠者日有千餘人祠前有一魚脊骨有孔中通馬騎出入國王戴金牛頭冠坐金馬座多稻粟豆麥饒象馬犎牛金銀鑌鐵氍毹朱沙青黛安息青木等香石密黑鹽阿魏沒藥白附子北去帆延七百里東去劫國六百里東北去瓜州六千六百里大業中遣使貢方物

論曰自古開遠夷通絶域必因宏放之主皆起好事之臣張騫鑿空於前班超

投筆於後或結之以重寶或懾之以利劍投軀萬死之地以要一旦之功皆由主尙來遠之名臣徇輕生之節是知上之所好下必効焉西域雖通於魏氏于時中原始平天子方以混一爲心未遑及此其信使往來得羈縻勿絶之道及隋煬帝規摹宏侈掩吞秦漢裴矩方進西域圖記以蕩其心故萬乘親出玉門關置伊吾且末鎮而關右暨於流沙騷然無聊生矣若使北狄無虞東夷告捷必將脩輪臺之戍築烏壘之城求大秦之明珠致條支之鳥卵往來轉輸將何以堪其弊哉古者哲王之制也方五千里務安諸夏不事要荒豈威不能加德不能被蓋不以四夷勞中國不以無用害有用也是以秦戍五嶺漢事三邊或道殣相望或戶口減半隋室恃其強盛亦狼狽於青海此皆一人失其道故億兆罹其苦載思即敘之義固辭都護之請返其千里之馬不求白狼之貢則七戎九夷候風重譯雖無遼東之捷豈及江都之禍乎案西域開於往漢年世積久雖離併多端見聞殊說此所以前書後史踳駮不同豈其好異地遠故也人之所知未若其所不知信矣但可取其梗概夫何是非其間哉

北史卷九十七

北史卷九十七考證

鄯善國傳至太延初始遣其弟素延者入侍○者魏書作耆

且末國傳其風迅駛斯須過盡○駛監本訛駃今改從南本

高昌傳後至隋時城有十八○監本缺後字今改從南本增入

姑默國傳姑默國居南城在龜茲西○默一本作黙

阿鉤羌國傳阿鉤羌國在莎車西南○鉤監本作鉤今從閣本

康國傳其王素冠七寶花○素冠七寶花魏書作索髮冠七寶金花

北史卷九十七考證

珍倣宋版印

北史卷九十八

唐　李延壽　撰

列傳第八十六

蠕蠕　匈奴宇文莫槐　徒何段就六眷　高車

蠕蠕姓郁久閭氏始神元之末掠騎有得一奴髮始齊眉亡本姓名其主字之曰木骨閭木骨閭者首秃也木骨閭與郁久閭聲相近故後子孫因以爲氏木骨閭既壯免奴爲騎卒穆帝時坐後期當斬亡匿廣漠谿谷間收合逋逃得百餘人依純突隣部木骨閭死子車鹿會雄健始有部衆自號柔然後太武以其無知狀類於虫故改其號爲蠕蠕車鹿會既爲部帥歲貢馬畜貂豽皮冬則徙度漠南夏則還居漠北車鹿會死子吐奴傀立吐奴傀死子跋提立跋提死子地粟袁立地粟袁死其部分爲二地粟袁長子匹候跋繼父居東邊次子縕紇提別居西邊及昭成崩縕紇提附衞辰而貳於魏魏登國中討之蠕蠕移部遁走追之及於大磧南牀山下大破之虜其半部匹候跋及部帥屋擊各收餘落

遁走遣長孫嵩及長孫肥追之度磧嵩至平望川大破屋擊禽之斬以徇肥至
涿邪山及匹候跋舉落請降獲縕紇提子曷多汗及曷多汗兄誥歸之社崙斛
律等并宗黨數百人分配諸部縕紇提西遁將歸衞辰道武追之至跋那山縕
紇提復降道武撫慰如舊九年曷多汗與社崙率部衆棄其父西走長孫肥輕
騎追之至上郡跋那山斬曷多汗盡殪其衆社崙數人奔匹候跋匹候跋處之
南鄙去其庭五百里令其子四人監之既而社崙率其私屬執匹候跋四子而
叛襲匹候跋諸子收餘衆亡依高車斛律部社崙兇狡有權變月餘乃釋匹候
跋歸其諸子欲聚而殲之密舉兵襲匹候跋殺匹候跋子啓拔吳頡等十五人
歸于道武社崙既殺匹候跋懼王師討之乃掠五原以西諸部北度大漠道武
以拔頡爲安遠將軍平棘侯社崙與姚興和親道武遣材官將軍和突襲黜弗
素古延諸部社崙遣騎救素古延突逆擊破社崙遠遁漠北侵高車深入其地
遂并諸部凶勢益振北徙弱洛水始立軍法千人爲軍軍置將一人百人爲幢
幢置帥一人先登者賜以虜獲退懦者以石擊首殺之或臨時捶撻無文記將

帥以羊屎粗計兵數後頗知刻木爲記其西北有匈奴餘種國尤富彊部帥曰拔也稽舉兵擊社崙逆戰於頞根河大破之後盡爲社崙所幷號爲彊盛隨水草畜牧其西則焉耆之地東則朝鮮之地北則渡沙漠窮瀚海南則臨大磧其常所會庭敦煌張掖之北小國皆苦其寇抄羈縻附之於是自號豆代可汗豆代猶魏言駕馭開張也可汗猶魏言皇帝也蠕蠕之俗君及大臣因其行能卽爲稱號若中國立謚既死之後不復追稱道武謂尚書崔宏曰蠕蠕之人昔來號爲頑嚚每來抄掠駕牸牛奔遁驅犍牛隨之牸牛伏不能前異部人有教其以犍牛易之者蠕蠕曰其母尚不能行而況其子終於不易遂爲敵所虜今社崙學中國立法置戰陣卒成邊害道家言聖人生大盜起信矣天興五年社崙聞道武征姚興遂犯塞入自參合陂南至豺山及善無北澤時遣常山王遵以萬騎追之不及天賜中社崙從弟悅代大那等謀殺社崙而立大那發覺大那等來奔以大那爲冠軍將軍西平侯悅代爲越騎校尉易陽子三年夏社崙寇邊永興元年冬又犯塞二年明元討之社崙遁走道死其子度拔年少未能御

衆部落立社崙弟斛律號藹苦蓋可汗魏言姿質美好也斛律北幷賀術也骨國東破譬曆辰部落三年斛律宗人悅侯咄觝千等百數十人來降斛律畏威自守不敢南侵北邊安靜神瑞元年與馮跋和親跋娉斛律女爲妻將爲交婚斛律長兄子步鹿真謂斛律曰女小遠適憂思生疾可遣大臣樹黎勿地延等女爲媵斛律不許步鹿真出謂樹黎等曰斛律欲令汝女爲媵遠至他國黎遂共結謀令勇士夜就斛律穹廬後伺其出執之與女俱嬪于和龍乃立步鹿真步鹿真立委政樹黎初高車叱洛侯者叛其渠帥導社崙破諸部落社崙德之以爲大人步鹿真與社崙子社拔共至叱洛侯家淫其少妻少妻告步鹿真叱洛侯欲舉大檀爲主遺大檀金馬勒爲信步鹿真聞之歸發八千騎往圍叱洛侯焚其珍寶自刎而死步鹿真遂掩大檀大檀發軍執步鹿真及社拔絞殺之乃自立大檀者社崙季父僕渾之子先統別部鎮於西界能得衆心國人推戴之號牟汗紇升蓋可汗魏言制勝也斛律父子既至和龍馮跋封爲上谷侯大檀率衆南徙犯塞明元親討之大檀懼而遁走遣山陽侯奚斤等追之遇寒雪

珍倣宋版印

士衆凍死及墮指者十二三及明元崩太武即位大檀聞而大喜始光元年秋乃寇雲中太武親討之三日二夜至雲中大檀騎圍太武五十餘重騎逼馬首相次如堵焉士卒大懼太武顏色自若衆情乃安先是大檀弟大那與社崙爭國敗而來奔大檀以大那子於陟斤爲部帥軍士射於陟斤殺之大檀恐乃還二年太武大舉征之東西五道並進平陽王長孫翰等從黑漠汝陰公長孫道生從白黑兩漠閒車駕從中道東平公娥清次西從栗園宜城王奚斤將軍安原等西道從爾寒山諸軍至漠南舍輜重輕騎齎十五日糧絶漠討之大檀部落駭驚北走神䴥元年八月大檀遣子將騎萬餘入塞殺掠邊人而走附國高車追擊破之自廣寧還追之不及二年四月太武練兵于南郊將襲大檀公卿大臣皆不願術士張深徐辯以天文說止帝帝從崔浩計而行會江南使還稱宋文欲犯河南謂行人曰汝疾還告魏主歸我河南地即當罷兵不然盡我將士之力帝聞而大笑告公卿曰龜鼈小豎自救不暇何能爲也就使能來若不先滅蠕蠕便是坐待寇至腹背受敵非上策也吾行決矣於是車駕出東道向

黑山平陽王長孫翰從西道向大娥山同會賊庭五月次于沙漠南舍輜重輕
襲之至栗水大檀衆西奔弟匹黎先典東落將赴大檀遇翰軍翰縱騎擊之殺
其大人數百大檀聞之震怖將其族黨焚燒廬舍絕迹西走莫知所至於是國
落四散竄伏山谷畜產野布無人收視太武緣栗水西行過漢將竇憲故壘六
月車駕次於菟園水去平城三千七百餘里分軍搜討東至瀚海西接張掖水
北度燕然山東西五千餘里南北三千里高車諸部殺大檀種類前後歸降三
十餘萬俘獲首虜及戎馬百餘萬匹八月太武聞東部高車屯已尼陂人畜甚
衆去官軍千餘里遂遣左僕射安原等往討之暨已尼陂高車諸部望軍降者
數十萬大檀部落衰弱因發疾而死子吳提立號敕連可汗魏言神聖也四年
遣使朝獻先是北鄙候騎獲吳提南偏邏者二十餘人太武賜之衣服遣歸吳
提上下感德故朝貢焉帝厚賓其使而遣之延和三年二月以吳提尙西海公
主又遣使者納吳提妹爲夫人又進爲左昭儀吳提遣其兄禿鹿傀入左右數
百人來朝獻馬二千匹帝大悅班賜甚厚至大延二年乃絕和犯塞四年車駕

幸五原遂征之樂平王丕河東公賀多羅督十五將出東道永昌王健宜都王
穆壽督十五將出西道車駕出中道至浚稽山分中道復爲二道陳留王崇從
六澤向涿邪山車駕從浚稽北向天山西登子阜刻石記行不見蠕蠕而還時
漠北大旱無水草軍馬多死五年車駕西伐沮渠牧犍宜都王穆壽輔景穆居
守長樂王嵇敬建寧王崇二萬人鎭漠南以備蠕蠕吳提果犯塞壽素不設備
賊至七介山京邑大駭爭奔中城司空長孫道生拒之於吐頹山吳提之寇也
留其兄乞列歸與北鎭諸軍相守敬宗等破乞列歸于陰山之北獲乞列歸歎
曰沮渠陷我也獲其伯父他吾無鹿胡及其將帥五百人斬首萬餘級吳提聞
而遁走道生追之至于漠南而還真君四年車駕幸漠南分軍爲四道樂安王
範建寧王崇各統十五將出東道樂平王丕督十五將出西道車駕出中道中山
王辰領十五將爲中軍後繼車駕至鹿渾谷與賊相遇吳提遁走追至頞根河
擊破之車駕至石水而還五年復幸漠南欲襲吳提吳提遠遁乃止吳提死子
吐賀真立號處可汗魏言唯也十年正月車駕北伐高昌王那出東道略陽王

羯兒出西道車駕與景穆自中道出涿邪山吐賀真別部帥爾綿他拔等率千餘家來降是時軍行數千里吐賀真新立恐懼遠遁九月車駕北伐高昌王那出東道略陽王羯兒出中道與諸軍期會於地弗池吐賀真悉國精銳軍資甚盛圍那數十重那掘長圍堅守相持數日吐賀真數挑戰輒不利以那衆少而固疑大軍將至解圍夜遁那引軍追之九日九夜吐賀真益懼棄輜重踰穹隆嶺遠遁那收其輜重引軍還與車駕會於廣澤略陽王羯兒盡收其人戸畜產百餘萬自是吐賀真遂單弱遠竄邊疆息警矣太安四年車駕北征騎十萬車十五萬兩旌旗千里遂渡大漠吐賀真遠遁其莫弗烏朱駕頽率衆數千落來降乃刊石記功而還太武征伐之後意存休息蠕蠕亦怖威北竄不敢復南和平五年吐賀真死子予成立號受羅部真可汗魏言惠也自稱永康元年率部侵塞北鎮遊軍大破其衆皇與四年予成犯塞車駕北討京兆王子推東陽公元丕督諸軍出西道任城王雲等督軍出東道汝陰王賜濟南公羅烏拔督軍為前鋒隴西王源賀督諸軍為後繼諸將會車駕于女水之濱獻文親誓衆詔

諸將曰用兵在奇不在衆也卿等但爲朕力戰方略已在朕心乃選精兵五千人挑戰多設奇兵以惑之虜衆奔潰逐北三十餘里斬首五萬級降者萬餘人戎馬器械不可稱計旬有九日往返六千餘里改女水曰武川遂作北征頌刊石紀功延興五年予成求通婚娉有司以予成數犯邊塞請絕其使發兵討之帝曰蠕蠕譬若禽獸貪而亡義朕要當以信誠待物不可抑絕也予成知悔前非遣使請和求結姻援安可孤其款意乃詔報曰所論婚事今始一反尋覽事理未允厥中夫男而下女爻象所明初婚之吉敦崇禮聘君子所以重人倫之本不敬其初令終難矣予成每懷譎詐終獻文世更不求婚太和元年四月遣莫何去汾比拔等來獻良馬貂裘比拔等稱伏承天朝珍寶華麗甚積求一觀之乃敕有司出御府珍玩金玉文繡器物御廐文馬奇禽異獸及人間所宜用者列之京肆令其歷觀焉比拔見之自相謂曰大國富麗一生所未見也二年二月又遣比拔等朝貢尋復請婚焉孝文志在招納許之予成雖歲貢不絕而款約不著婚事亦停九年予成死子豆崙立號伏古敦可汗魏言恆也自稱太

平元年豆崙性殘暴好殺其名臣候醫亟石洛候數以忠言諫之又勸與魏通和勿侵中國豆崙怒誣石洛候謀反殺之夷其三族十六年八月孝文遣陽平王頤左僕射陸叡並爲都督領軍斛律桓等十二將七萬騎討豆崙部內高車阿伏至羅率衆十餘萬西走自立爲主豆崙與叔父那蓋爲二道追之豆崙出自浚稽山北而西那蓋出自金山豆崙頻爲阿伏至羅所敗那蓋累有勝捷國人咸以那蓋爲天所助欲推那蓋爲主那蓋不從衆彊之那蓋曰我爲臣不可焉能爲主衆乃殺豆崙母子以尸示那蓋乃襲位那蓋號候其伏代庫者可汗魏言悅樂也自稱太安元年那蓋死子伏圖立號他汗可汗魏言緒也自稱始平元年正始三年伏圖遣使紇奚勿六跋朝獻請求通和宣武不報其使詔有司敕勿六跋曰蠕蠕遠祖社崙是大魏叛臣往者包容蹔時通使今蠕蠕衰微有損曩日大魏之德方隆周漢跨據中原指清八表正以江南未平權寬北略通和之事未容相許若脩蕃禮款誠昭著者當不孤爾也永平元年伏圖又遣勿六跋奉函書一封并獻貂裘宣武不納依前喩遣伏圖西征高車爲高車王

彌俄突所殺子醜奴立號豆羅伏拔豆伐可汗魏言彰制也自稱建昌元年永
平四年九月醜奴遣沙門洪宣奉獻珠像延昌二年冬宣武遣驍騎將軍馬義
舒使於醜奴未發而崩事遂停寢醜奴壯健善用兵四年遣使俟斤尉比建朝
貢熙平元年西征高車大破之禽其主彌俄突殺之盡并叛者國遂彊盛二年
又遣使俟斤尉比建紇奚勿六跋鞏顧禮等朝貢神龜元年二月明帝臨顯陽
殿引顧禮等二十人於殿下遣中書舍人徐紇宣詔讓以蠕蠕蕃禮不備之意
初豆崙之死也那蓋爲主伏圖納豆崙之妻候呂陵氏生醜奴阿那瓌等六人
醜奴立後忽亡一子字祖惠求募不能得有尼引副升牟妻是豆渾地萬年二
十許爲醫巫假託神鬼先常爲醜奴所信出入去來乃言此兒今在天上我能
呼得醜奴母子欣悅後歲仲秋在大澤中施帳屋齋潔七日祈請天神經一宿
祖惠忽在帳中自云恆在天上醜奴母子抱之悲喜大會國人號地萬爲聖女
納爲可賀敦授夫副升牟爵位賜牛馬羊三千頭地萬既挾左道亦是有姿色
醜奴甚加重愛信用其言亂其國政如是積歲祖惠年長其母問之祖惠言我

恆在地萬家不嘗上天上天者地萬教也其母具以狀告醜奴醜奴言地萬懸
鑒遠事不可不信勿用讒言也既而地萬恐懼譖祖惠於醜奴醜奴陰殺之正
光初醜奴母遣莫何去汾李具列等絞殺地萬醜奴怒欲誅具列等又阿至羅
侵醜奴醜奴擊之軍敗還爲母與其大臣所殺立醜奴弟阿那瓌爲主阿那瓌
立經十日其族兄俟力發示發率衆數萬以伐阿那瓌戰敗將弟乙居伐輕騎
南走歸魏阿那瓌母候呂陵氏及其二弟尋爲示發所殺而阿那瓌未之知也
九月阿那瓌將至明帝遣兼侍中陸希道爲使主兼散騎常侍孟威爲使副迎
勞近畿使司空公京兆王繼至北中侍中崔光黃門郎元纂在近郊並申宴勞
引至闕下十月明帝臨顯陽殿引從五品已上清宮皇宗藩國使客等列於殿
庭王公已下及阿那瓌等入就庭中北面位定謁者引王公已下升殿阿那瓌
位於藩王之下又引特命之官及阿那瓌弟并二叔升位於羣官之下遣中書
舍人曹道宣詔勞問阿那瓌啓云陛下優隆命臣弟叔等升殿預會但臣有從
兄在北之日官高於二叔乞命升殿詔聽之乃在於阿那瓌弟之下二叔之上

宴將罷阿那瓌執所啓立於座後詔遣舍人常景問所欲言阿那瓌求詣帝前詔引之阿那瓌再拜跪曰臣先世源由出於大魏詔曰朕已具知阿那瓌起而言曰臣之先逐草放牧遂居漠北詔曰卿言未盡可具陳之阿那瓌又言曰臣祖先已來世居北土雖復隔越山津而乃恭心慕化未能時宣者正以高車悖逆臣國擾攘不暇遣使以宣遠誠自頃年已前漸定高車及臣兄爲主故遣鞏顧禮等使來大魏實欲虔脩藩禮是以曹道芝北使之日臣與主兄卽遣大臣五人拜受詔命臣兄弟本心未及上徹但高車從而侵暴中有姦臣因亂作逆殺臣兄立臣爲主裁過旬日臣以陛下恩慈如天是故倉卒輕身投國歸命陛下詔曰具卿所陳理猶未盡可更言之阿那瓌再拜受詔起而言曰臣以家難輕來投闕老母在彼萬里分張本國臣人皆已迸散陛下隆恩有過天地求乞兵馬還向本國誅翦叛逆收集亡散陛下慈念賜借兵馬老母若在得生相見以申母子之恩如其死也卽得報讎以雪大恥臣當統臨餘人奉事陛下四時之貢不敢闕絕陛下聖顏難覩敢有披陳但所欲言者口不能盡言別有辭啓

謹以仰呈願垂昭覽仍以啓付舍人常景具以奏聞尋封阿那瓌朔方郡公蠕
蠕主賜以衣冕加之軺蓋祿從儀衛同於戚藩十二月明帝以阿那瓌國無定
主思還綏集啓請切至詔議之時朝臣意有同異或言聽還或言不可領軍元
乂爲宰相阿那瓌私以金百斤貨之遂歸北二年正月阿那瓌等五十四人請
辭明帝臨西堂引見阿那瓌及其伯叔兄弟五人升階賜坐遣中書舍人穆弼
宣勞阿那瓌等拜辭詔賜阿那瓌細明光人馬鎧一具鐵人馬鎧六具露絲銀
纏槊二張并白毦赤漆槊十張并白毦黑漆槊十張并幡露絲弓二張并箭朱
漆柘弓六張并箭黑漆弓十張并箭赤漆楯六幡并刀黑漆楯六幡并刀赤漆
鼓角二十具五色錦被二領黃紬被褥三十具私府繡袍一領并帽內者緋納
襖一領緋袍二十領并帽內者雜綵千段緋納小口袴褶一具內中宛具紫納
大口袴褶一具內中宛具百子帳十八具黃布幕六張新乾飯一百石麥麨八
石榛麨五石銅烏錥四枚柔鐵烏錥二枚各受二斛黑漆竹榼四枚各受五升
婢二口父草馬五百疋駞百二十頭牸牛一百頭羊五千口朱畫盤器十合粟

珍倣宋版印

二十萬石至鎮給之詔侍中崔光黄門元纂郭外勞遣阿那瓌來奔之後其父兄俟力發婆羅門率數萬人入討示發破之示發走奔地豆干爲其所殺推婆羅門爲主號彌偶可社句可汗魏言安静也時安北將軍懷朔鎮將楊鈞表傳聞彼人已立主是阿那瓌同堂兄弟夷人獸心已相君長恐未肯以殺兄之人郊迎其弟輕往虛反徒損國威自非廣加兵衆無以送其入北二月明帝詔舊經蠕蠕使者牒云具仁往喻婆羅門迎阿那瓌復藩之意婆羅門殊自驕慢無遜避之心責具仁禮敬具仁執節不屈婆羅門遣大官莫何去汾俟斤丘升頭六人將二千隨具仁迎阿那瓌五月具仁還鎮論彼事勢阿那瓌慮不敢入表求還京會婆羅門爲高車所逐率十部落詣涼州歸降於是蠕蠕數萬相率迎阿那瓌啓七月阿那瓌啓云投化阿那瓌蠕蠕元退社渾河旃等二人以今月二十六日到鎮云國土大亂姓姓别住迭相抄掠當今北人鵠望待拯今乞依前恩賜給精兵一萬還令督率領送臣磧北撫定荒人脫蒙所請事必克濟詔付尚書門下博議八月詔兼散騎常侍王遵業馳馹宣旨慰喻阿那瓌幷申賜

賫九月蠕蠕後主佚匿伐來奔懷朔鎮阿那瓌兄也列稱規望乞軍并請阿那瓌十月錄尙書事高陽王雍尙書令李崇侍中侯剛尙書左僕射元欽侍中元乂侍中安豐王延明吏部尙書元脩義尙書李彥給事黃門侍郎元纂給事黃門侍郎張烈給事黃門侍郎盧同等奏曰竊聞漢立南北單于晉有東西之稱皆所以相維禦難爲國藩籬今臣等參議以爲懷朔鎮北土名無結山吐若奚泉敦煌北西海郡卽漢晉舊鄣二處寬平原野彌沃阿那瓌宜置西吐若奚泉婆羅門宜置西海郡各令總率部落收離聚散其爵號及資給所須唯恩裁處彼臣下之官任其舊俗阿那瓌所居既是境外宜少優遣以示威刑計沃野懷朔武川鎮各差二百人令當鎮軍主監率給其糧仗送至前所仍於彼爲其造構功就聽還諸於北來在婆羅門前投化者令州鎮上佐准程給糧送詣懷朔阿那瓌鎮與使人量給食稟在京館者任其去留阿那瓌草創先無儲積請給朔州麻子乾飯二千斛官驢運送婆羅門居於西海既是境內資衞不得同之阿那瓌等新造藩屛宜各遣使持節馳驛先詣慰喻并委經略明帝從之十二

月詔安西將軍廷尉元洪超兼尚書行臺詣敦煌安置婆羅門婆羅門尋與部
衆謀叛投嚈噠嚈噠三妻皆婆羅門之妹也仍爲州軍所討禽之三年十二月
阿那瓌上表乞粟以爲田種詔給萬石四年阿那瓌衆大飢入塞寇抄明帝詔
尚書左丞元孚兼行臺尚書持節喻之孚見阿那瓌爲其所執以孚自隨驅掠
良口二千幷公私驛馬牛羊數十萬北遁謝孚放還詔驃騎大將軍尚書令李
崇等率騎十萬討之出塞三千餘里至瀚海不及而還俟匿伐至洛陽明帝臨
西堂引見之五年婆羅門死於洛南之館詔贈使持節鎮西將軍秦州刺史廣
牧公是歲沃野鎮人破六韓拔陵反諸鎮相應孝昌元年春阿那瓌率衆討之
詔遣牒云具仁齎雜物勞賜阿那瓌拜受詔命勒衆十萬從武川鎮西向沃野
頻戰剋捷四月明帝又遣通直散騎常侍中書舍人馮儁使阿那瓌宣勞班賜
有差阿那瓌部落既和士馬稍盛乃號敕連頭兵伐可汗魏言把攬也十月阿
那瓌復遣郁久閭彌娥等朝貢三年四月阿那瓌遣使人鞏鳳景等朝貢及還
明帝詔之曰北鎮羣狄爲逆不息蠕蠕主爲國立忠助加誅討言念誠心無忘

寢食今知停在朔垂與尒朱榮隣接其嚴勒部曲勿相暴掠又近得蠕蠕主啓
更欲爲國東討但蠕蠕主世居北漠不宜炎夏今可且停聽待後敕蓋朝廷慮
其反覆也此後頻使朝貢建義初孝莊詔曰夫勳高者賞重德厚者名隆蠕蠕
主阿那瓌鎮衛北藩禦侮朔表遂使陰山息警弱水無塵刊迹狼山銘功瀚海
至誠既篤勳緒莫酬故宜𠪨以殊禮何容格以恆式自今以後讚拜不言名上
書不稱臣太昌元年六月阿那瓌遣烏勾蘭樹升伐等朝貢幷爲長子請尚公
主永熙二年四月孝武詔以范陽王誨之長女瑯琊公主許之未及成婚帝入
關東西魏競結阿那瓌爲婚好西魏文帝乃以孝武時舍人元翌女稱爲化政
公主妻阿那瓌兄弟塔寒又自納阿那瓌女爲后加以金帛誘之阿那瓌遂留
東魏使元整不報信命後遂率衆度河以廢后爲言文帝不得已遂敕廢后自
殺元象元年五月阿那瓌掠幽州范陽南至易水九月又掠肆州秀容至於三
推又殺元整轉謀侵害東魏乃因阿那瓌使温豆拔等神武以阿那瓌兇狡將
撫懷之乃遣其使人龍无駒北還以通温豆拔等音問始阿那瓌殺元整亦謂

温豆拔等不存既見无駒微懷感愧興和二年春復遣龍無駒等朝貢東魏然猶未款誠阿那瓌女妻文帝者遇疾死齊神武因遣相府功曹參軍張徽纂使於阿那瓌間說之云文帝及周文既害孝武又殺阿那瓌之女妄以疎屬假公主之號嫁彼爲親又阿那瓌度河西討時周文燒草使其馬飢不得南進此其逆詐反覆難信之狀又論東魏正統所在言其往者破亡歸命魏朝保護得存其國以大義示之兼詐阿那瓌云近有赤鋪步落堅胡行於河西爲蠕蠕主所獲云蠕蠕主問之汝從高王爲從黑獺一人言從黑獺蠕蠕主殺之二人言從高王蠕蠕主放遣此即蠕蠕主存大國宿昔仁義彼女既見害欺詐相待不仁不信宜見討伐且守逆一方未知歸順朝廷亦欲加誅彼若深念舊恩以存和睦當天子以懿親公主結成姻媾爲遣兵將伐彼叛臣爲蠕蠕主雪恥報惡徽纂既申齊神武意阿那瓌乃召其大臣與議之便歸誠於東魏遣其俟利莫何莫緣游大力等朝貢因爲其子菴羅辰請婚靜帝詔兼散騎常侍太府卿羅念兼通直散騎常侍中書舍人穆景相等使於阿那瓌八月阿那瓌遣莫何去折

豆渾十升等朝貢復因求婚齊神武請遂其意以招四遠詔以常山王隲妹樂安公主許之改封爲蘭陵郡長公主十二月阿那瓌復遣折豆渾十升詣東魏請婚三年四月阿那瓌遣吐豆登郁久閭譬渾俟利莫何折豆渾俟煩等奉馬千疋以爲娉禮請迎公主詔兼宗正卿元壽兼太常卿孟韶等送公主自晉陽北邁資用器物齊神武親自經紀咸出豐渥阿那瓌遣其吐豆登郁久閭匿伏俟利阿夷普掘蒱提棄之伏等迎公主於新城之南六月齊神武慮阿那瓌難信又以國事加重躬送公主於樓煩之北接勞其使每皆隆厚阿那瓌大喜自是朝貢東魏相尋四年阿那瓌請以其孫女號隣和公主妻齊神武第九子長廣公湛靜帝詔爲婚焉阿那瓌遣其吐豆登郁久閭譬掘俟利莫何游大力送女於晉陽武定四年阿那瓌有愛女號爲公主以齊神武威德日盛又請致之靜帝聞而詔神武納之阿那瓌遣其吐豆登郁久閭汗拔姻姬等送女於晉陽自此東魏邊塞無事至於武定末使貢相尋始阿那瓌初復其國盡禮朝廷明帝之後中原喪亂未能外略阿那瓌統率北方頗爲強盛稍敢驕大禮敬頗闕

遣使朝貢不復稱臣天平以來逾自踞慢汝陽王暹之爲秦州也遣其典籤齊
人淳于覃使於阿那瓌遂留之親寵任事阿那瓌因入洛陽心慕中國立官號
僭擬王者遂有侍中黃門之屬以覃爲祕書監黃門郎掌其文墨覃教阿那瓌
轉至不遜每奉國書隣敵抗禮及齊受東魏禪亦歲時往來不絕天保三年阿
那瓌爲突厥所破自殺其太子菴羅辰及瓌從弟登注俟利登注子庫提並擁
衆奔齊其餘衆立注次子鐵伐爲主四年齊文宣送登注及子庫提還北鐵伐
尋爲契丹所殺其國人仍立登注爲主又爲大人阿富提等所殺其國人復立
庫提爲主是歲復爲突厥所攻舉國奔齊文宣乃北討突厥迎納蠕蠕廢其主
庫提立阿那瓌子菴羅辰爲主致之馬邑川給其廩餼繒帛親追突厥於朔方
突厥請降許之而還於是蠕蠕貢獻不絕五年三月菴羅辰叛文宣親討大破
之菴羅辰父子北遁四月寇肆州帝自晉陽討之至恆黃州瓜堆虜散走時大
軍已還帝麾下千餘騎遇蠕蠕別部數萬四面圍逼帝神色自若指畫形勢虜
衆披靡遂縱兵潰圍而出虜退走追擊之伏尸二十五里獲菴羅辰妻子及生

口三萬餘人五月帝又北討蠕蠕大破之六月蠕蠕帥部衆東徙將南侵帝帥輕騎於金川下邀擊蠕蠕聞而遠遁六年六月文宣又親討蠕蠕七月帝頓白道留輜重親率輕騎五千追蠕蠕躬犯矢石頻大破之遂至沃野大獲而還是時蠕蠕旣累爲突厥所破以西魏恭帝二年遂率部千餘家奔關中突厥旣恃兵強又藉西魏和好恐其遺類依憑大國使驛相繼請盡殺以甘心周文議許之遂收縛蠕蠕主已下三千餘人付突厥使於青門外斬之中男以下免並配王公家

匈奴宇文莫槐出遼東塞外其先南單于之遠屬也世爲東部大人其語與鮮卑頗異人皆翦髮而留其頂上以爲首飾長過數寸則截短之婦女被長襦及足而無裳焉秋收烏頭爲毒藥以射禽獸莫槐虐用其人爲部下所殺更立其弟普撥爲大人普撥死子丘不勤立尚平文帝女丘不勤死子莫廆立本名犯道武諱莫廆遣弟屈雲攻慕容廆慕容廆擊破之又遣別部素延伐慕容廆於棘城復爲慕容廆所破時莫廆部衆彊盛自稱單于塞外諸部咸憚之莫廆死

子遜昵延立率衆攻慕容廆於棘城廆子翰先戍於外遜昵延謂其衆曰翰素果勇必爲人患宜先取之城不足憂也乃分騎數千襲翰翰聞之使人詐爲段末波使者逆謂遜昵延曰翰數爲吾患久思除之今聞來討甚善戒嚴相待宜兼路早赴翰設伏待之遜昵延以爲信然長驅不備至於伏所爲翰所虜翰馳使告廆乘勝遂進及晨而至廆亦盡銳應之遜昵延見而方嚴率衆逆擊戰前鋒始交而翰已入其營縱火燎之衆乃大潰遜昵延單馬奔還悉俘其衆遜昵延父子世雄漠北又先得玉璽三紐自言爲天所指每自誇大及此敗也乃卑辭厚幣遣使朝貢於昭帝帝嘉之以女妻焉遜昵延死子乞得龜立復伐慕容廆廆拒之惠帝三年乞得龜屯堡澆水固壘不戰遣其兄悉跋堆襲廆子仁于柏林仁逆擊斬悉跋堆廆又攻乞得龜克之乞得龜單騎夜奔悉虜其衆乘勝長驅入其國城收資財億計徙部人數萬戶以歸先是海出大龜枯死於平郭至是而乞得龜敗別部人逸豆歸殺乞得龜而自立與慕容晃迭相攻擊遣其國相莫渾伐晃而莫渾荒酒縱獵爲晃所破死者萬餘人建國八年晃伐逸豆

歸逸豆歸拒之爲晃所敗殺其驍將涉亦干逸豆歸遠遁漠北遂奔高麗晃徙
其部衆五千餘落於昌黎自是散滅矣
徒何段就六眷出於遼西其伯祖日陸眷因亂被賣爲漁陽烏丸子大庫辱官
家奴諸大人集會幽州皆持唾壺唯庫辱官獨無乃唾日陸眷口中日陸眷因
咽之西向拜天曰願使主君之智慧祿相盡移入我腹中其後漁陽大飢庫辱
官以日陸眷爲健使將人詣遼西逐食招誘亡叛遂至彊盛日陸眷死弟乞珍
代立乞珍死子務目塵代立卽就六眷父也據遼西之地而臣於晉其所統三
萬餘家控弦上馬四五萬騎穆帝時幽州刺史王浚以段氏數爲己用深德之
乃表封務目塵爲遼西公假大單于印綬浚使務目塵率萬餘騎伐石勒於常
山封龍山下大破之務目塵死就六眷立就六眷與弟疋磾從弟末波等率五
萬餘騎圍石勒於襄國勒登城望之見將士皆釋仗寢臥無警備之意勒因其
懈怠選募勇健穿城突出直衝末波生禽之置之座上與飲宴盡歡約爲父子
盟誓而遣之末波旣得免就六眷等遂攝軍而還不復報浚歸于遼西自此以

後末波常不敢南向洩焉人問其故末波曰吾父在南其感勤不害己也如此就六眷死其子幼弱疋磾與劉琨世子羣奔喪疋磾陰卷甲而往欲殺其叔羽鱗及末波而奪其國末波等知之遣軍逆擊疋磾劉羣爲末波所獲疋磾走還薊懼琨禽己請琨宴會因執而害之疋磾既殺劉琨與羽鱗末波自相攻擊部衆乖離欲擁其衆徙保上谷阻軍都之險以距末波等平文帝聞之陰嚴精騎將擊之疋磾恐懼南奔樂陵後石勒遣石季龍擊段文鴦于樂陵破之生禽文鴦疋磾遂率其屬及諸塢壁降于石勒末波自稱幽州刺史屯遼西末波死國人因立陸眷弟護遼爲主烈帝時假護遼驃騎大將軍幽州刺史大單于北平公弟鬱蘭撫軍將軍冀州刺史勃海公建國元年石季龍征護遼於遼西護遼奔於平岡山遂投慕容晃晃殺之鬱蘭奔石季龍以所徙鮮卑五千人配之使屯令支鬱蘭死子龕代之及冉閔之亂龕率衆南移遂據齊地慕容儁使弟玄恭率衆伐龕於廣固執龕送之薊儁毒其目而殺之坑其徒三千餘人

高車蓋古赤狄之餘種也初號爲狄歷北方以爲高車丁零其語略與匈奴同

而時有小異或云其先匈奴甥也其種有狄氏表紇氏斛律氏解批氏護骨氏異奇斤氏俗云匈奴單于生二女姿容甚美國人皆以爲神單于曰我有此女安可配人將以與天乃與國北無人之地築高臺置二女其上曰請天自迎之經三年其母欲迎之單于曰不可未徹之間耳復一年乃有一老狼晝夜守臺嘷呼因穿臺下爲空穴經年不去其小女曰吾父處我於此欲以與天而今狼來或是神物天使之然將下就之其姊大驚曰此是畜生無乃辱父母妹不從下爲狼妻而產子後遂滋繁成國故其人好引聲長歌又似狼嘷無都統大帥當種各有君長爲性麤猛黨類同心至於寇難翕然相依鬬無行陣頭別衝突乍出乍入不能堅戰其俗蹲踞褻黷無所忌避婚姻用牛馬納娉以爲榮結言既定男黨營車闌馬令女黨恣取上馬袒乘出闌馬主立闌外振手驚馬不墜者卽取之墜則更取數滿乃止俗無穀不作酒迎婦之日男女相將持馬酪熟肉節解主人延賓亦無行位穹廬前叢坐飲宴終日復留其宿明日將婦歸既而夫黨還入其家馬羣極取良馬父母兄弟雖惜終無言者頗諱取寡婦而優

憐之其畜產自有記識雖闌縱在野終無妄取俗不清潔喜致震霆每震則叫呼射天而棄之移去來歲秋馬肥復相率候於震所埋羖羊然火拔刀女巫祝說似如中國祓除而羣隊馳馬旋繞百匝乃止人持一束柳桋回豎之以乳酪灌焉婦人以皮裹羊骸戴之首上縈屈髮鬢而綴之有似軒冕其死亡葬送掘地作坎坐尸於中張臂引弓佩刀挾矟無異於生而露坎不掩時有震死及疫癘則爲之祈福若安全無他則爲報賽多殺雜畜燒骨以燎走馬遶旋多者數百匝男女無小大皆集會平吉之人則歌舞作樂死喪之家則悲吟哭泣其遷徙隨水草衣皮食肉牛羊畜產盡與蠕蠕同唯車輪高大輻數至多徙於鹿渾海西北百餘里部落彊大常與蠕蠕爲敵亦每侵盜于魏魏道武襲之大破其諸郡後道武復渡弱洛水西行至鹿渾海停駕簡輕騎西北行百餘里襲破之虜獲生口牛馬羊二十餘萬復討其餘種於狼山大破之車駕巡分命諸將爲東西二道道武親勒六軍從中道自駮髯水西北徇略其部諸軍同時雲合破其雜種三十餘落衞王儀別督諸將從西北絕漠千餘里復破其遺迸七部於

是高車大懼諸部震駭道武自牛川南引大校獵以高車爲圍騎徒遮列周七百餘里聚雜獸於其中因驅至平城卽以高車衆起鹿苑南因臺陰北距長城東包白登之西山尋而高車姪利曷莫弗敕力犍率其九百餘落內附拜敕犍爲揚威將軍置司馬參軍賜穀二萬斛後高車解批莫弗幡豆建復率其部三十餘落內附亦拜爲威遠將軍置司馬參軍賜衣服歲給廩食蠕蠕社崙破敗之後收拾部落轉徙廣漠之北侵入高車之地斛律部帥倍侯利患之曰社崙新集兵貧馬少易與耳乃舉衆掩擊之其國落高車昧利不顧後患分其廬室妻其婦女安息寢臥不起社崙登高望見乃招集亡散得千人晨掩殺之走而脫者十二三倍侯利遂奔魏賜爵孟都公侯利質直勇健過人奮戈陷陣有異於衆北方之人畏之嬰兒啼者語曰倍侯利來便止處女歌謠云求良夫當如倍侯其服衆如此善用五十蓍筮吉凶每中故得親幸賞賜豐厚命其少子曷堂內侍及倍侯利卒道武悼惜葬以魏禮諡曰忠壯王後詔將軍伊謂帥二萬騎北襲高車餘種袁紇烏頻破之道武時分散諸郡唯高車以類麤獷不任使役

故得別爲部落後太武征蠕蠕破之而還至漠南聞高車東部在已尼陂人畜甚衆去官軍千餘里將遣左僕射安原等討之司徒長孫翰尙書令劉潔等諫太武不聽乃遣原等并發新附高車合萬騎至于已尼陂高車諸部望軍而降者數十萬落獲馬牛羊亦百餘萬皆徙置漠南千里之地乘高車逐水草畜牧蕃息數年之後漸知粒食歲致獻貢由是國家馬及牛羊遂至于賤氈皮委積文成時五部高車合聚祭天衆至數萬大會走馬殺牲游遶歌吟忻忻其俗稱自前世以來無盛於此會車駕臨幸莫不忻悅後孝文召高車之衆隨車駕南討高車不願南行遂推表紇樹者爲主相率北叛游踐金陵都督宇文福追討大敗而還又詔平北將軍江陽王繼爲都督討之繼先遣人慰勞樹者樹者人蠕蠕尋悔相率而降高車之族又有十二姓一曰泣伏利氏二曰吐盧氏三曰乙旃氏四曰大連氏五曰窟賀氏六曰達薄氏七曰阿崙氏八曰莫允氏九曰俟分氏十曰副伏羅氏十一曰乞袁氏十二曰右叔沛氏先是副伏羅部爲蠕蠕所役屬豆崙之世蠕蠕亂離國部分散副伏羅阿伏至羅與從弟窮奇俱統

領軍高車之衆十餘萬落大和十一年豆崙犯塞阿伏至羅等固諫不從怒率所部之衆西叛至前部西北自立爲王國人號之曰候婁匐勒猶魏言大天子也窮奇號候倍猶魏言儲主也二人和穆分部而立阿伏至羅居北窮奇在南豆崙追討之頻爲阿伏至羅所敗乃引衆東徙十四年阿伏至羅遣商胡越者至京師以二箭奉貢云蠕蠕爲天子之賊臣諫之不從遂叛來此而自豎立當爲天子討除蠕蠕孝文未之信也遣使者于提往觀虛實阿伏至羅與窮奇遣使者薄頡隨于提來朝貢其方物詔員外散騎侍郎可足渾長生復與于提使高車各賜繡袴褶一具雜綵百匹窮奇後爲嚈噠所殺虜其子彌俄突等其衆分散或來奔附或投蠕蠕詔遣宣威將軍羽林監孟威撫納降人置之高平鎮阿伏至羅長子蒸阿伏至羅餘妻謀害阿伏至羅阿伏至羅殺之阿伏至羅又殘暴大失衆心衆共殺之立其宗人跋利延爲主歲餘嚈噠伐高車將納彌俄突國人殺跋利延迎彌俄突而立之彌俄突既立復遣朝貢又奉表獻金方一銀方一金杖二馬七匹駝十頭詔使者慕容坦賜彌俄突雜綵六十匹宣武詔

珍倣宋版印

之曰卿遠據沙外頻申誠款覽揖忠志特所欽嘉蠕蠕嚈噠吐谷渾所以交通者皆路由高昌犄角相接今高昌內附遣使迎引蠕蠕往來路絕姦勢不得妄令群小敢有陵犯擁塞王人罪在不赦彌俄突尋與蠕蠕主伏圖戰於蒲類海北爲伏圖所敗西走三百餘里伏圖次於伊吾北山先是高昌王麴嘉表求內徙宣武遣孟威迎之至伊吾蠕蠕見威軍怖而遁走彌俄突聞其離駭追擊大破之殺伏圖於蒲類海北割其髮送於孟威又遣使獻龍馬五匹金銀貂皮及諸方物詔東城子于亮報之賜樂器一部樂工八十人赤紬十匹雜綵六十匹彌俄突遣其莫何去汾屋引叱賀真貢其方物明帝初彌俄突與蠕蠕主醜奴戰敗被禽醜奴繫其兩脚於駑馬之上頓曳殺之漆其頭爲飲器其部衆悉入嚈噠經數年嚈噠聽彌俄突弟伊匐還國伊匐既復國遣使奉表於是詔遣使者谷揩等拜爲鎮西將軍西海郡開國公高車王伊匐復大破蠕蠕蠕蠕主婆羅門走投涼州正光中伊匐遣使朝貢因乞朱畫步挽一乘幷幔褥鞦韆一副纖扇各一枚青曲蓋五枚赤漆扇五枚鼓角十枚詔給之伊匐後與蠕蠕戰敗

歸其弟越居殺伊匐而自立天平中越居復爲蠕蠕所破伊匐子比適復殺越居而自立興和中比適又爲蠕蠕所破越居子去賓自蠕蠕奔東魏齊神武欲招納遠人上言封去賓爲高車王拜安北將軍肆州刺史既而病死初道武時有吐突隣部在女水上常與解如部相爲脣齒不供職事登國三年道武親西征渡弱洛水復西行趣其國至女水上討解如部落破之明年春盡略徙其部落畜產而還又有紇突隣與紇奚世同部落而各有大人長帥擁集種類常爲寇於意辛山登國五年道武勒衆親討焉慕容驎率師來會大破之紇突隣大人屋地鞬紇奚大人庫寒等皆舉部歸降皇始二年車駕伐中山軍於柏肆慕容寶夜來攻營軍人驚走還於國路由并州遂反將攻晉陽并州刺史元延討平之紇突隣部帥匿物尼紇奚部帥叱奴根等復聚黨反於陰館南安公元順討之不剋死者數千人道武聞之遣安遠將軍庚兵還討匿物尼等皆殄之又有侯呂隣部衆萬餘口常依嶮畜牧登國中其大人叱伐爲寇於苦水河八年夏道武大破之并禽其別帥焉古延等薛于部常屯聚于三城之間及滅衛辰

後其部帥太悉伏望軍歸順道武安撫之車駕還衞辰子屈丏奔其部道武聞之使使詔太悉伏執送之太悉伏出屈丏以示使者曰今窮而見投寧與俱亡何忍送之遂不遣道武大怒車駕親討之會太悉伏先出擊曹覆寅官軍乘虛遂屠其城獲太悉伏妻子珍寶徙其人而還太悉伏來赴不及遂奔姚興未幾亡歸嶺北上郡以西諸鮮卑雜胡聞而皆應之天賜五年屈丏盡劫掠總服之及平統萬薛干種類皆得爲編戶矣而帥屯山鮮卑別種破多蘭部示傳主部落至木易干有武壯力勇劫掠左右西及金城東侵安定數年間諸種患之天興四年遣常山王遵討之放於高平木易干將數千騎棄國遁走盡徙其人於京師餘種分迸其後爲赫連屈丏所滅又黜弗素古延等諸部富而不恭天興五年材官將軍和突率六千騎襲而獲之又越勤倍泥部永興五年轉牧跋那山西七月遣奚斤討破之徙其人而還

論曰周之獫狁漢之匈奴其作害中國故久矣魏晉之世種族瓜分去來沙漠之陲窺擾鄣塞之際猶皆東胡之緒餘冒頓之枝葉至如蠕蠕者匈奴之裔根

本莫尋逃形集醜自小爲大風馳鳥赴儵來忽往代京由之屢駭戎車所以不寧是故魏氏祖宗揚威曜武驅其畜產收其部落翦之窮髮之野逐之無人之鄉豈好肆兵極銳凶器不戢蓋亦急病除惡事不得已其狡狄彊弱之由猾虜服叛之迹故備錄云

北史卷九十八

北史卷九十八考證

蠕蠕傳懼王師討之乃掠五原以西諸部北度大漠○乃監本訛及今改從南本

太武緣栗水西行○栗監本訛粟今從魏書及上文改正

六月車駕次於菟園水○次監本訛吹今改正

建義初孝莊詔曰○義監本訛議今從孝莊紀改正

今聞來討甚善○甚魏書作其語意互異

高車傳乃舉衆掩擊之其國落○之魏書作入

廣其子彌俄突等○彌監本訛孫今改從南本

遣安遠將軍庫兵還討匿物尼等皆殄之○庫兵魏書作庾岳

北史卷九十八考證

珍倣宋版印

北史卷九十九

唐　李　延　壽　撰

列傳第八十七

突厥　鐵勒

突厥者其先居西海之右獨爲部落蓋匈奴之別種也姓阿史那氏後爲鄰國所破盡滅其族有一兒年且十歲兵人見其小不忍殺之乃刖足斷其臂棄草澤中有牝狼以肉餌之及長與狼交合遂有孕焉彼王聞此兒尚在重遣殺之使者見在狼側并欲殺狼於時若有神物投狼於西海之東落高昌國西北山山有洞穴穴內有平壤茂草周迴數百里四面俱山狼匿其中遂生十男十男長外託妻孕其後各爲一姓阿史那卽其一也最賢遂爲君長故牙門建狼頭纛示不忘本也漸至數百家經數世有阿賢設者率部落出於穴中臣於蠕蠕至大葉護種類漸強當魏之末有伊利可汗以兵擊鐵勒大敗之降五萬餘家遂求婚於蠕蠕主阿那瓌大怒遣使罵之伊利斬其使率衆襲蠕蠕破之卒弟

珍倣宋版印

阿逸可汗立又破蠕蠕病且卒捨其子攝圖立其弟俟叔稱爲水扞可汗或云突厥本平涼雜胡姓阿史那氏魏太武皇帝滅沮渠氏阿史那以五百家奔蠕蠕世居金山之陽爲蠕蠕鐵工金山形似兜鍪借號兜鍪突厥突厥因以爲號又曰突厥之先出於索國在匈奴之北其部落大人曰阿謗步兄弟七十人其一曰伊質泥師都狼所生也阿謗步等性並愚癡國遂被滅泥師都既別感異氣能徵召風雨娶二妻云是夏神冬神之女一孕而生四男其一變爲白鴻其一國於阿輔水劍水之間號爲契骨其一國於處折水其一居跋斯處折施山即其大兒也山上仍有阿謗步種類並多寒露大兒爲出火溫養之咸得全濟遂共奉大兒爲主號爲突厥即納都六設也都六有十妻所生子皆以母族姓阿史那是其小妻之子也都六死十母子內欲擇立一人乃相率於大樹下共爲約曰向樹跳躍能最高者即推立之阿史那子年幼而跳最高諸子遂奉以爲主號阿賢設此說雖殊終狼種也其後曰土門部落稍盛始至塞上市繒絮願通中國西魏大統十一年周文帝遣酒泉胡安諾槃陁使焉其國皆相慶曰

今大國使至我國將與也十二年土門遂遣使獻方物時鐵勒將伐蠕蠕土門
率所部邀擊破之盡降其衆五萬餘落恃其強盛乃求婚於蠕蠕主阿那瓌大
怒使人詈辱之曰爾是我鍛奴何敢發是言也土門亦怒殺其使者遂與之絕
而求婚於魏周文帝許之十七年六月以魏長樂公主妻之是歲魏文帝崩土
門遣使來弔贈馬二百疋廢帝元年正月土門發兵擊蠕蠕大破之於懷荒北
阿那瓌自殺其子菴羅辰奔齊餘衆復立阿那瓌叔父鄧叔子爲主土門遂自
號伊利可汗猶古之單于也號其妻爲可賀敦亦猶古之閼氏也亦與齊通使
往來土門死子科羅立科羅號乙息記可汗又破叔子於沃野北賴山且死捨
其子攝圖立其弟俟斤是爲木杆可汗俟斤一名燕都狀貌奇異面廣尺餘其
色赤甚眼若琉璃剛暴勇而多知務於征伐乃率兵擊鄧叔子破之叔子以其
餘燼奔西魏俟斤又西破嚈噠東走契丹北幷契骨威服塞外諸國其地東自
遼海以西至西海萬里南自沙漠以北至北海五六千里皆屬焉抗衡中國後
與魏伐齊至幷州其俗被髮左衽穹廬氈帳隨逐水草遷徙以畜牧射獵爲事

食肉飲酪身衣裘褐賤老貴壯寡廉耻無禮義猶古之匈奴其主初立近侍重臣等輿之以氈隨日轉九回每回臣下皆拜拜訖乃扶令乘馬以帛絞其頸使纔不至絕然後釋而急問之曰你能作幾年可汗其主旣神情瞀亂不能詳定多少臣下等隨其所言以驗脩短之數大官有葉護次特勤次俟利發次吐毛發及餘小官凡二十八等皆世爲之兵器有角弓鳴鏑甲矟刀劍佩飾則兼有伏突旗纛之上施金狼頭侍衛之士謂之附離夏言亦狼也蓋本狼生志不忘舊善騎射性殘忍無文字其徵發兵馬及諸稅雜畜刻木爲數幷一金鏃箭蠟封印之以爲信契候月將滿轉爲寇抄其刑法反叛殺人及姦人之婦盜馬絆者皆死淫者割勢而腰斬之姦人女者重責財物卽以其女妻之鬬傷人者隨輕重輸物傷目者償以女無女則輸婦財折支體者輸馬盜馬及雜物者各十餘倍徵之死者停屍於帳子孫及親屬男女各殺羊馬陳於帳前祭之遶帳走馬七匝詣帳門以刀剺面且哭血淚俱流如此者七度乃止擇日取亡者所乘馬及經服用之物幷屍俱焚之收其餘灰待時而葬春夏死者候草木黃落秋

冬死者候華茂然後坎而瘞之葬日親屬設祭及走馬剺面如初死之儀表爲
塋立屋中圖畫死者形儀及其生時所戰陣狀嘗殺一人則立一石有至千百
者又以祭之羊馬頭盡懸之於標上是日也男女咸盛服飾會於葬所男有悅
愛於女者歸即遣人聘問其父母多不違也父兄伯叔死子弟及姪等妻其後
母世叔母嫂唯尊者不得下淫移徙無常而各有地分可汗恆處於都斤山牙
帳東開蓋敬日之所出也每歲率諸貴人祭其先窟又以五月中旬集他人水
拜祭天神於都斤西五百里有高山迥出上無草樹謂爲勃登凝梨夏言地神
也其書字類胡至不知年曆唯以草青爲記男子好摴蒱女子踏鞠飲馬酪取
醉歌呼相對敬鬼神信巫重兵死恥病終大抵與匈奴同俗俟斤部衆既盛乃
遣使請誅鄧叔子等周文帝許之收叔子已下千人付其使者殺之於青門外
三年俟斤襲擊吐谷渾破之周明帝二年俟斤遣使來獻保定元年又遣三輩
貢其方物時與齊人交爭戎車歲動故連結之以爲外援初恭帝時俟斤許進
女於周文帝契未定而周文崩尋而俟斤又以他女許武帝未及結納齊人亦

遣求婚俟斤貪其幣厚將悔之至是武帝詔遣涼州刺史楊荐武伯王慶等往結之慶等至諭以信義俟斤遂絶齊使而定婚焉仍請舉國東伐於是詔隋公楊忠率衆一萬突厥伐齊忠軍度陘嶺俟斤率騎十萬來會明年正月攻齊主於晉陽不剋俟斤遂縱兵大掠而還忠還言於武帝曰突厥甲兵惡賞罰輕首領多而無法令何謂難制馭由此者使人妄道其強盛欲令國家厚其使者身往重取其報朝廷受其虛言將士望風畏慴但虜態詐健而實易與耳今以臣觀之前後使人皆可斬也武帝不納是歲俟斤復遣使來獻更請東伐詔楊忠率兵出沃野晉公護趣洛陽以應之會護戰不利俟斤引還五年詔陳公純大司徒宇文貴神武公竇毅南安公楊薦往逆女天和二年俟斤又遣使來獻陳公純等至俟斤復貳於齊會有雷風變乃許純等以后歸四年又遣使貢獻俟斤死復捨其子大邏便而立其弟是爲他鉢可汗他鉢以攝圖爲爾伏可汗統其東面又以其弟褥但可汗爲步離可汗居西方自俟斤以來其國富強有淩轢中夏之志朝廷既與之和親歲給繒絮錦綵十萬段突厥在京師者又待以

優體衣錦食肉常以千數齊人懼其寇掠亦傾府藏以給之他鉢彌復驕傲乃
令其徒屬曰但使我在南兩箇兒孝順何憂無物邪齊有沙門惠琳掠入突厥
中因謂他鉢曰齊國富強皆爲有佛法遂說以因緣果報之理他鉢聞而信之
建一伽藍遣使聘齊求淨名涅槃華嚴等經十人并誦律他鉢亦躬自齋戒遶
塔行道恨不生內地建德二年他鉢遣使獻馬及齊滅齊定州刺史范陽王高
紹義自馬邑奔之他鉢立紹義爲齊帝召集所部云爲之復讎宣政元年四月
他鉢遂入寇幽州柱國劉雄拒戰兵敗死之武帝親總六軍將北伐會帝崩乃
班師是冬他鉢復寇邊圍酒泉大掠而去大象元年他鉢復請和親帝策趙王
招女爲千金公主以嫁之并遣執紹義送闕他鉢不許仍寇并州二年始遣使
奉獻且迎公主爲親而紹義尙留不遣帝又令賀若誼往諭之始送紹義他鉢
病且卒謂其子菴邏曰吾聞親莫過於父子吾兄不親其子委位於我我死汝
當避大邏便及卒國中將立大邏便以其母賤衆不服菴邏實貴突厥素重之
攝圖最後至謂國中曰若立菴邏者我當率兄弟事之如立大邏便我必守境

利刃長矛以相待攝圖長而且雄國人莫敢拒竟立菴邏爲嗣大邏便不得立心不服菴邏每遣人詈辱之菴邏不能制因以國讓攝圖國中相與議曰四可汗子攝圖最賢因迎立之號伊利俱盧設莫何始波羅可汗一號沙鉢略居都斤山菴邏降居獨洛水稱第三可汗大邏便乃謂沙鉢略曰我與爾俱可汗子各承父後爾今極尊我獨無位何也沙鉢略患之以爲阿波可汗還領所部沙鉢略勇而得衆北夷皆歸附之隋文帝受禪待之甚薄北夷大怨會營州刺史高寶寧作亂沙鉢略與之合軍攻陷臨渝鎮上敕緣邊修保鄣峻長城以備之沙鉢略妻周千金公主傷宗祀絕滅由是悉衆來寇控弦士四十萬上令柱國馮昱屯乙弗泊蘭州總管叱李崇屯幽州達奚長儒據周槃皆爲虜敗於是縱兵自木硤石門兩道來寇武威天水安定金城上郡弘化延安六畜咸盡天子震怒下詔曰往者周齊抗衡分割諸夏突厥之虜俱通二國周人東慮恐齊好之深齊氏西虞懼周交之厚各謂虜意輕重國遂安危非徒並有大敵之憂思減一邊之防竭生靈之力供其來往傾府庫之財棄於沙漠華夏之地實爲勞

擾朕受天明命子育萬方愍臣下之勞除既往之弊囘入賊之物加賜將士息在路之人務於耕織凶醜愚闇未知深旨將大定之日比戰國之時乘昔世之驕結今時之恨近者盡其巢窟俱犯北邊而遠鎮偏師逢而摧翦未及南上遽已奔北且彼渠帥其數凡五昆季爭長父叔相猜世行暴虐家法殘忍東夷諸國盡挾私讎西戎羣長皆有宿怨突厥之北契骨之徒切齒磨牙常伺其後達頭前攻酒泉于闐波斯挹怛三國一時即叛沙鉢略近趣周槃其部內薄孤東紇羅尋亦翻動往年利稽察大爲高麗靺鞨所破沙毗設又爲紇支可汗所殺與其爲鄰皆願誅剿部落之下盡異純人千種萬類仇敵怨偶泣血拊心銜悲積恨圓首方足皆人類也有一於此更切朕懷彼地咎徵祆作將年一紀乃獸爲人語人作神言云其國亡訖而不見每冬雷震觸地火生種類資給唯藉水草去歲四時竟無雨雪川枯蝗暴卉木燒盡饑疫死亡人畜相半舊居之地赤土無依遷徙漠南偷存晷刻斯蓋上天所忿驅就齊斧幽明合契今也其時故選將練兵贏糧聚甲義士奮發壯夫肆憤願取名王之首思撻單于之背此則

王恢所說其猶射鵰何敢能當何遠不剋但皇王舊迹北止幽都荒遐之表文
軌所棄得其地不可以居得其人不忍皆殺無勞兵革遠規溟海普告海內知
朕意焉於是河間王弘上柱國豆盧勣竇榮定左僕射高熲右僕射虞慶則並
爲元帥出塞擊之沙鉢略率阿波貪汗二可汗來拒戰皆敗走時虜飢不能食
粉骨爲糧又多災疫死者極衆既而沙鉢略以阿波驍悍忌之因其先歸襲擊
其部大破之殺阿波母阿波還無所歸西奔達頭可汗達頭者名玷厥沙鉢略
之從父也舊爲西面可汗既而大怒遣阿波率兵而東其部落歸之者將十萬
騎遂與沙鉢略相攻又有貪汗可汗素睦於阿波沙鉢略奪其衆而廢之貪汗
亡奔達頭沙鉢略從弟地勤察別統部落與沙鉢略有隙復以衆叛歸阿波連
兵不已各遣詣闕請和求援上皆不許會千金公主上書請爲一子之例文帝
遣開府徐平和使於沙鉢略晉王廣時鎮幷州請因其釁乘之上不許沙鉢略
遣使致書曰辰年九月十日從天生大突厥天下賢聖天子伊利俱盧設莫何
始波羅可汗致書大隋皇帝使人開府徐平和至辱告言語具聞也皇帝是婦

父卽是翁此是女夫卽是兒例兩境雖殊情義是一今重疊親舊子子孫孫乃至萬世不斷上天爲證終不違負此國所有羊馬都是皇帝畜生彼有繒綵都是此物彼此不異也文帝報書曰大隋天子貽書大突厥伊利俱盧設莫何沙鉢略可汗得書知大有好心向此也既是沙鉢略婦翁今日看沙鉢略共兒子不異既以親舊厚意常使之外今特別遣大臣虞慶則往彼看女復看沙鉢略也沙鉢略陳兵列其寶物坐見慶則稱病不能起且曰我伯父以來不向人拜慶則責而喻之千金公主私謂慶則曰可汗豺狼性過與爭將齧人長孫晟說喻之攝圖居乃頓顙受璽書以戴於首既而大慚其羣下因相聚慟哭慶則又遣稱臣沙鉢略謂其屬曰何名爲臣報曰隋國臣猶此稱奴沙鉢略曰得作大隋天子奴虞僕射之力也贈慶則馬千匹并以從妹妻之時沙鉢略既爲達頭所困又東畏契丹遣使告急請將部落度漠南寄居白道川內有詔許之晉王廣以兵援之給以衣食賜以車服鼓吹沙鉢略因西擊阿波破禽之而阿拔國部落乘虛掠其妻子官軍爲擊阿拔敗之所獲悉與沙鉢略鉢略大喜乃立約

珍倣宋版印

以磧爲界因上表曰大突厥伊利俱盧設始波羅莫何可汗臣攝圖言大使尚書右僕射虞慶則至伏奉詔書兼宣慈旨仰惟恩信之著愈久愈明徒知負荷不能答謝突厥自天置以來五十餘載保有沙漠自王蕃隅地過萬里士馬億數恆力兼戎夷抗禮華夏在於戎狄莫與爲大頃者氣候清和風雲順序意以華夏其有大聖與焉伏惟大隋皇帝真皇帝也豈敢阻兵恃險偷竊名號今便感慕淳風歸心有道雖復南瞻魏闕山川悠遠北面之禮不敢廢當令侍子入朝神馬歲貢朝夕恭承惟命是視謹遣第七兒臣窟合真等奉表以聞文帝下詔曰沙鉢略往雖與和猶是二國今作君臣便成一體已敕有司肅告郊廟宜傳播天下咸使知聞自是詔答諸事並不稱其名以異之其妻可賀敦周千金公主賜姓楊氏編之屬籍改封大義公主策拜窟合真爲柱國封安國公宴於內殿引見皇后賞勞甚厚沙鉢略大悅於是歲時貢獻不絕七年正月沙鉢略遣其子入貢方物因請獵於恆代之間詔許之仍遣使人賜其酒食沙鉢略率部落再拜受賜沙鉢一日手殺鹿十八頭齎尾首以獻還至紫河鎮其牙帳爲

火所燒沙鉢略惡之月餘而卒上爲之廢朝三日遣太常弔祭焉贈物五千段
初攝圖以其子雍虞閭性懦遺令立其弟葉護處羅侯雍虞閭遣使迎處羅侯
將立之處羅侯曰我突厥自木杆可汗來多以弟代兄以庶奪嫡失先祖之法
不相敬畏汝當嗣位我不憚拜汝也雍虞閭又遣使謂處羅侯曰叔與我父共
根連體我是枝葉寧有我作主令根本反同枝葉願叔勿疑相讓者五六處羅
侯竟立是爲葉護遣使上表言狀上賜之鼓吹幡旗處羅侯長頤僂背眉目疎
朗勇而有謀以隋所賜旗鼓西征阿波敵人以爲得隋兵所助多來降附遂禽
阿波既而上書請阿波死生之命上下其議左僕射高熲進曰骨肉相殘教之
蠹也宜存養以示寬大上曰善熲因奉觴進曰自軒轅以來獯粥多爲邊患今
遠窮北海皆爲臣妾此之盛事振古未聞臣敢再拜上壽後處羅侯又西征中
流矢卒其衆奉雍虞閭爲主是爲頡伽施多那都藍可汗雍虞閭遣使詣闕賜
物二千段每歲遣使朝貢時有流人楊欽亡入突厥中謬云彭國公劉昶與宇
文氏謀反令大義公主發兵擾邊都藍執欽以聞幷貢勃布魚膠其弟欽羽設

部落強盛都藍忌而擊之斬首於陣其年遣其母弟褥但特勤獻于闐玉杖上拜褥但為柱國康國公明年突厥部落大人相率遣使貢馬萬匹羊二萬口駝牛各五百頭尋遣請緣邊置市與中國貿易詔許之平陳後上以陳叔寶屏風賜大義公主主心恆不平因書屏風為詩敘陳亡以自寄曰盛衰等朝暮世道若浮萍榮華實難守池臺終自平富貴今安在空事寫丹青盃酒恆無樂絃歌詎有聲余本皇家子飄流入虜庭一朝覩成敗懷抱忽縱橫古來共如此非我獨申名唯有昭君曲偏傷遠嫁情上聞惡之禮賜益薄公主復與西突厥泥利可汗連結上恐其為變將圖之會主與所從胡私通因發其事下詔廢之恐都藍不從遣奇章公牛弘將美妓四人以啗之時沙鉢略子曰染干號突利可汗居北方遣使求婚上令裴矩謂曰當殺大義公主方許婚突利以為然復譖之都藍因發怒遂殺公主於帳都藍因突利可汗有隙數相征伐上和解之各引兵去十七年突利遣使來逆女上舍之太常教習六禮妻以宗女義安公主上欲離閒北狄故特厚其禮遣牛弘蘇威斛律孝卿相繼為使突厥前後遣使入

朝三百七十輩突利本居北方以尙主故南徙度斤舊鎭錫賚優厚雍虞閭怒曰我大可汗也反不如染干於是朝貢遂絕數爲邊患十八年詔蜀王秀出靈州道擊之明年又遣漢王諒爲元帥左僕射高熲率將軍王察上柱國趙仲卿並出朔州道右僕射楊素率柱國李徹韓僧壽出靈州道柱國燕榮出幽州以擊之雍虞閭與玷厥舉兵攻染干盡殺其兄弟子女遂度河入蔚州染干夜以五騎與隋使長孫晟歸朝上令染干與雍虞閭使者因頭特勒相辯詰染干辭直上乃厚待之雍虞閭弟都速六棄其妻子與突利歸朝上嘉之敕染干與都速六擕蒱稍稍輸以寶物用歸其心六月高熲楊素擊玷厥大破之拜染干爲意利珍豆啓人可汗華言意智健也啓人上表謝恩上於朔州築大利城以居之時義安公主已卒上以宗女義成公主妻之部落歸者甚衆雍虞閭又擊之上復令入塞雍虞閭侵掠不已遂遷於河南在夏勝二州閒發徒掘塹數百里東西距河盡爲啓人畜牧地於是遣越國公楊素出靈州行軍總管韓僧壽出慶州太平公史萬歲出燕州大將軍姚辯出河州以擊都藍師未出塞而都藍

爲其麾下所殺達頭自立爲步迦可汗其國大亂遣太平公史萬歲出朔州以擊之遇達頭於大斤山虜不戰而遁尋遣其子俟利伐從磧東攻啓人上又發兵助啓人守要路俟利伐退走入磧啓人上表陳謝曰大隋聖人隨可汗憐養百姓蒙恩赤心歸服或南入長城或住白道染干如枯木重起枝葉枯骨重生皮肉千世萬世長與大隋典羊馬也仁壽元年代州總管韓洪爲虜敗於恆安詔楊素爲雲州道行軍元帥率啓人北征斛薛等諸姓初附於啓人至是而叛素軍河北逢突厥阿勿思力俟斤等南渡掠啓人男女雜畜而去素率上大將軍梁默追之大破俟斤悉得人畜以歸啓人素又遣柱國張定和領軍大將軍劉昇別路邀擊並多斬獲而還兵既渡河賊復掠啓人部落素率驃騎范貴於窟結谷東南復破之是歲泥利可汗及葉護俱被鐵勒所敗步迦尋亦大亂奚霫五部內徙步迦奔吐谷渾啓人遂有其衆遣使朝貢大業三年煬帝幸榆林啓人及義城公主來朝行宮前後獻馬三千匹帝大悅賜帛萬三千段啓人及義城公主上表曰已前聖人先帝莫緣可汗存日憐臣賜臣安義公主臣種末

爲聖人先帝憐養臣兄弟妬惡相共殺臣臣當時無處去向上看只見天下看只見地實憶聖人先帝言語投命去來聖人先帝見臣大憐臣死命養活勝於往前遣臣作大可汗坐着也突厥百姓死者以外還聚集作百姓也至尊令還如聖人先帝於天下四方坐也還養活臣及突厥百姓實無少短至尊憐臣時乞依大國服飾法用一同華夏帝下其議公卿請依所奏帝以爲不可乃詔曰君子教人不求變俗何必化諸削衽縻以長纓仍璽書答啓人以爲磧北未靜猶復征戰但使存心孝順何必改衣服也帝法駕御千人大帳享啓人及其部落酋長三千五百人賜物二千段其下各有差復下詔襃寵之賜路車乘馬鼓吹幡旗贊拜不名位在諸侯王上帝親巡雲中泝金河而東北幸啓人所居啓人奉觴上壽跪伏甚恭帝大悅賦詩曰鹿塞鴻旗駐龍庭翠輦回氈帳望風舉穹廬向日開呼韓頓顙至屠耆接踵來索辮擎氈肉韋韝獻酒盃何如漢天子空上單于臺帝賜啓人及主金甕各一及衣服被褥錦綵特勒以下各有差先是高麗私通使啓人所啓人不敢隱境外之交是日持高麗使見敕令牛弘宣

吉謂曰朕以啓人誠長奉國故親至其所明年當往涿郡爾回日語高麗王宜早來朝使人甚懼啓人乃扈從入塞至定襄詔令歸蕃明年朝於東都禮賜益厚是歲疾終上爲廢朝三日其子吐吉立是爲始畢可汗表續尚公主詔從其俗十一年來朝於東都其年車駕避暑汾陽宮八月始畢率其種落入寇圍帝於鴈門援兵方至始畢引去由是朝貢遂絶明年復寇馬邑唐公擊走之隋末亂離中國人歸之者無數遂大強盛迎蕭后置於定襄薛舉竇建德王世充劉武周梁師都李軌高開道之徒雖僭尊號皆稱臣受其可汗之號使者往來相望於道西突厥者木杆可汗之子大邏便也與沙鉢略有隙因分爲二漸以強盛東拒都斤西至龜茲鐵勒伊吾及西域諸胡悉附之大邏便爲處邏侯所執其國立鞅素特勤之子是爲泥利可汗卒子達漫立號泥撅處邏可汗其母向氏本中國人生達漫而泥利卒向氏又嫁其弟婆實特勤開皇末婆實共向氏入朝遇達頭之亂遂留京師每舍之鴻臚寺處羅可汗居無恆處終多在烏孫故地復立二小可汗分統所部一在石國北以制諸胡國一居龜茲北其地名

珍倣宋版印

應娑官有俟發閭洪達以評議國事自餘與東國同每五月八月聚祭神歲使重臣向其先世所居之窟致祭焉當大業初處羅可汗撫御無道其國多叛與鐵勒屢相攻大爲鐵勒所敗時黃門侍郎裴矩在敦煌引致西域聞其國亂復知處羅思其母氏因奏之煬帝遣司朝謁者崔君肅齎書慰諭之處羅甚踞受詔不肯起君肅謂處羅曰突厥本一國也中分爲二自相仇敵每歲交兵積十年而莫能相滅者明知啓人與處羅國其勢敵耳今啓人舉其部落兵且百萬入臣天子甚有丹誠者何也但以切恨可汗而不能獨制故卑事天子以借漢兵連二大國欲滅可汗耳百官兆庶咸請許之天子弗違師出有日矣顧可汗母向氏本中國人歸在京師處于賓館聞天子之詔懼可汗之滅旦夕守闕哭甚悲哀是以天子憐焉爲其輟策向夫人又匍匐謝罪因請發使以召可汗令入內屬乞恩於啓人天子從之遣使到此可汗若稱藩拜詔國乃永安而母得延壽不然者則向夫人爲誑天子必當取戮而傳首虜庭發大隋之兵資北蕃之衆左提右挈以擊可汗死亡則無日矣奈何惜兩拜之禮剿慈母之命悋一

句稱臣喪匈奴之國也處羅聞之瞿然而起流涕再拜跪受詔書君肅又說處羅曰啓人內附先帝嘉之賞賜極厚故致兵強國富今可汗後附與之爭寵須深結於天子自表至誠既以遠道未得朝覲宜立一功以明臣節處羅曰如何君肅曰吐谷渾者啓人少子莫賀咄設之母家也今天子又以義城公主妻於啓人畏天子之威而與之絕吐谷渾亦因憾漢職貢不修可汗若請誅之天子必許漢擊其內可汗攻其外破之必矣然後自入朝道路無阻因見老母不亦可乎處羅大喜遂遣使朝貢帝將西狩六年遣侍御史韋節召處羅令與車駕會於大斗拔谷其國人不從處羅謝使者辭以他故帝大怒無如之何適會其酋長射匱遣使來求婚裴矩奏曰處羅不朝恃強大耳臣請以計弱之分裂其國即易制也射匱者都六之子達頭之孫世爲可汗君臨西面今聞其失職附隸於處羅故遣使來以結援願厚禮其使拜爲大可汗則突厥勢分兩矣帝曰公言是也因遣裴矩朝夕至館微諷喻之帝於仁風殿召其使者言處羅不順之意稱射匱有好心吾將立爲大可汗令發兵誅處羅然後當爲婚也取桃竹

珍倣宋版印

白羽箭一枚以賜射匱因謂之曰此事宜速使疾如箭也使者返路經處羅處羅愛其箭將留之使者譎而得免射匱聞而大喜興兵襲處羅處羅大敗棄妻子將左右數千騎東走在路又被劫掠遁於高昌東保時羅漫山高昌王麴伯雅上狀帝遣裴矩將向氏親要左右馳至玉門關晉昌城矩遣向氏使詣處羅所論朝廷弘養之義丁寧曉喻之遂入朝然每有快快之色以七年冬處羅朝於臨朔宮帝享之處羅稽首謝曰臣總西面諸蕃不得早來朝拜今參見遲晚罪責極深臣心裏悚懼不能盡道帝曰往者與突厥遞相侵擾不得安居今四海既清與一家無異朕皆欲存養使遂性靈譬如上天止有一箇日照臨莫不寧帖若有兩箇三箇日萬物何以得安比者亦知處羅總攝事繁不得早來相見今日見處羅懷抱豁然歡喜處羅亦當豁然不煩在意明年元會處羅上壽曰自天以下地以上日月所照唯有聖人可汗今是大日願聖人可汗千歲萬歲常如今日也詔留其羸弱萬餘口令其弟達度闕設牧事會寧郡處羅從征高麗號為曷薩那可汗賞賜甚厚十年正月以信義公主嫁焉賜錦綵袍千具綵萬匹帝

將復其故地以遼東之役故未遑也每從行幸江都之亂隨化及至河北化及將敗奔歸京師爲北蕃突厥所害

鐵勒之先匈奴之苗裔也種類最多自西海之東依山據谷往往不絶獨洛河北有僕骨同羅韋紇拔也古覆並號俟斤蒙陳吐如紇斯結渾斛薛等諸姓勝兵可二萬伊吾以西焉耆之北傍白山則有契弊薄落職乙咥蘇婆那曷烏護紇骨也咥於尼護等勝兵可二萬金山西南有薛延陁咥勒兒十槃達契等一萬餘兵康國北傍阿得水則有訶咥曷截撥忽比干具海曷比悉何嵯蘇拔也末謁達等有三萬許兵得嶷海東西有蘇路羯三素咽蔑促薩忽等諸姓八千餘拂東菻則有恩屈阿蘭北褥九離伏嗢昏等近二萬人比海南則都波等雖姓氏各別總謂爲鐵勒並無君長分屬東西兩突厥居無恆所隨水草流移人性凶忍善於騎射貪婪尤甚以寇抄爲生近西邊者頗爲藝植多牛而少馬自突厥有國東西征討皆資其用以制北荒開皇末晉王廣北征納啓人破步迦可汗鐵勒於是分散大業元年突厥處羅可汗擊鐵勒諸部厚稅斂其物又猜

珍倣宋版印

忌薛延陁等恐爲變遂集其魁帥數百人盡誅之由是一時反叛拒處羅遂立俟利發俟斤契弊歌楞爲易勿真莫何可汗居貪汗山復立薛延陁内俟斤子也咥爲小可汗既敗莫何可汗始大莫何勇毅絶倫甚得衆心爲隣國所憚伊吾高昌焉耆諸國悉附之其俗大抵與突厥同唯丈夫婚畢便就妻家待產乳男女然後歸舍死者埋殯之此其異也大業三年遣使貢方物自是不絶云

論曰四夷之爲中國患也久矣北狄尤甚焉種落實繁迭雄邊塞年代遐邈非一時也五帝之世則有獯鬻焉其在三代則玁狁焉逮乎兩漢則匈奴焉當塗典午則烏丸鮮卑焉後魏及周則蠕蠕突厥此其酋豪相繼互爲君長者也皆以畜牧爲業侵抄爲資倏來忽往雲飛鳥集智謀之士議和親於廟堂之上折衝之臣論奮擊於塞垣之下然事無恆規權無定勢親疎因其強弱服叛在其盛衰衰則款塞頓顙盛則率兵寇掠屈伸異能彊弱相反正朔所不及冠帶所不加唯利是視不顧盟誓至於莫相救護驕黠憑陵和親結約之謀行師用兵之事前史論之備矣故不詳而究焉及蠕蠕衰微突厥始大至於木杆遂雄朔

野東極舊境西盡烏孫之地彎弓數十萬別處於代陰南向以臨周齊二國莫之能抗爭請盟好求結和親乃曰與周合從終亡齊國隋文遷鼎厥徒孔熾負其衆力將蹈秦郊內自相圖遂以乖亂達頭可汗遠遁啓人願保塞下於是推亡固存返其舊地助討餘燼部衆遂彊卒於仁壽不侵不叛暨乎始畢未虧臣禮煬帝撫之非道始有鴈門之圍俄屬羣盜並興於此浸以雄盛豪傑雖建名號莫不請好息人於是公置官司總統中國子女玉帛相繼於道使者之車往來結轍自古蕃夷驕僭未有若斯之甚也及聖哲應期掃除氛祲暗於時變猶懷抵拒率其羣醜屢隳亭鄣殘敗我雲代搖蕩我太原肆掠於涇陽飲馬於渭汭太宗文皇帝奇謀內運神機密動遂使百世不羈之虜一舉而滅瀚海龍庭之地盡爲九州幽都窮髮之鄉隸於編戶實帝皇所不及書契所未聞由此言之雖天道有盛衰亦人事之工拙也加以爲而弗恃有而弗居類天地之含容同陰陽之化育斯乃大道之行也固無得而稱焉

北史卷九十九

珍倣宋版印

北史卷九十九考證

突厥傳立其弟俟叔稱爲水扞可汗〇下文又云立其弟俟斤是爲木杆可汗隋書則云立其弟俟斗稱爲木杆可汗葢本書兩存其說隋書則刪其一而叔與斗互異也

次吐毛發及餘小宮凡二十八等〇毛隋書作屯

移徙無常〇無字下監本衍無字今從南本刪

飲馬酷取醉歌呼相對〇酷一本作酪

菴邏降居獨洛水稱第三可汗〇三隋書作二

蘭州總管叱李崇屯幽州〇隋書作蘭州總管叱李長乂守臨洮上柱國李崇屯幽州此殆有脫誤耳

尋遣其子俟利伐從磧東攻啓人〇隋書子字上有弟字又俟作侯

大隋聖人隨可汗憐養百姓蒙恩赤心歸服〇隨可汗隋書作莫緣可汗據下文云已前聖人先帝莫緣可汗則此隨字乃莫緣二字之訛又蒙恩上隋書

有諸姓二字
表續尙公主詔從其俗○續隋書作請
居無恆處終多在烏孫故地○終隋書作然
鐵勒傳比海南則都波等○比隋書作北
史臣論倏往忽來雲飛鳥集○鳥監本訛縣今改從南本

北史卷九十九考證

北史卷一百

唐　李　延　壽　撰

序傳第八十八

李氏之先出自帝顓頊高陽氏當唐堯之時高陽氏有才子曰庭堅爲堯大理以官命族爲理氏歷夏殷之季其後理徵字德靈爲翼隸中吳伯以直道不容得罪于紂其妻契和氏攜子利貞逃隱伊侯之墟食木子而得全遂改理爲李氏周時裔孫曰乾娶于益壽氏女嬰敷生子耳字伯陽爲柱下史子孫散居諸國或在趙或在秦在魏者爲段干大夫段干木其後也別孫悝爲魏文侯與富國之術焉在趙者曰曇以功封柏人武安君牧其後也在秦者名興族爲將軍生子伯祐建功北狄封南鄭公伯祐生二子平燕內德子信爲秦將虜燕太子丹信孫元曠仕漢爲侍中元曠弟仲翔位太尉仲翔討叛羌於素昌一名狄道仲翔臨陣殞命葬狄道川因家焉史記李將軍傳所云其先自槐里徙居成紀實始此也仲翔曾孫廣仕漢歷文景武三帝位前將軍立功沙漠廣子當戶

椒敢當戶子陵戰歿匈奴椒敢歷侍中郎中令關內侯生子禹位至侍中並事
具漢史禹生承公承公生蜀郡太守先先生長宗長宗生博士況況生孝廉本
本字上明生巴郡太守次公次公生臨淮太守軌軌字逸文生積弩將軍隆隆
字業緒生雍雍字儁熙仕魏歷尚書郎濟北東莞二郡太守雍生柔柔字德遠
晉舉秀才爲相國從事中郎北地太守雍生弇字季子高亮果毅有智局晉末
大亂與從兄卓居相國晉王保下卓位相國從事中郎保政刑不修卓率宗族
奔于張寔弇亦隨焉因仕于張氏爲驍騎左監弇本名良妻姓梁氏張駿謂弇
曰卿名良妻又姓梁令子孫何以目其舅氏昔耿弇以弱年立功啓中興之業
吾方賴卿有同耿氏乃使名弇歷天水太守衛將軍封安西亭侯卒年五十六
贈武衛將軍建初中追謚景公子昶字仲堅幼有名譽年十八而亡建初中追
謚簡公涼武昭王暠字玄盛小字長生簡公昶之子也遺腹而誕祖母梁氏親
加撫育幼好學性沈敏寬和美器度通涉經史尤長文義及長頗習武藝誦孫
吳兵法常與呂光太史令郭黁及其同母弟宋繇同宿黁起謂繇曰君當位極

人臣李君必有國土之分家有騧黃馬生白額駒此其時也及呂光之末段業
自稱涼州牧以昭王爲効穀令而燉煌護軍馮翊郭謙沙州中從事燉煌索仙
等以昭王温毅有惠政推爲寧朔將軍燉煌太守昭王初難之會宋繇仕於業
告歸言於昭王曰兄忘郭黁言邪白額駒今已生矣昭王乃從之尋進號冠軍
將軍稱蕃于業僭稱涼王其右衞將軍索嗣搆昭王于業乃以嗣爲燉煌太守
率騎而西昭王命師擊走之於是晉昌太守唐瑤移檄六郡推昭王爲大都督
大將軍涼公領秦涼二州牧護羌校尉依竇融故事昭王乃赦境內建元號庚
子追崇祖考大開霸府置左右長史司馬從事中郎備置寮寀廣闢土宇屯玉
門陽關大田積穀爲東討之資立靖恭堂以議朝政閱武事焉圖讚自古聖帝
明王忠臣孝子烈士貞女親爲序頌以明鑒誡之義當時文武羣公寮佐亦皆
圖讚所志五年改元爲建初遣舍人黃始梁興間行歸表於晉是歲乃自燉煌
徙都酒泉又以表未報復遣沙門法泉間行通表建鄴于時百姓樂業請勒銘
酒泉乃使儒林祭酒劉彥明爲文刻石頌德又有白狼白兔白雀白雉白鳩等

集于園閭羣下以爲白祥金精所誕皆應時邕而至又有神光甘露連理嘉禾衆瑞請史官記其事昭王從之上巳日讌于曲水命羣寮賦詩昭王親爲之序於是寫諸葛亮訓誡以勗諸子焉昭王以緯世之量爲羣雄所奉兵無血刃遂啓霸業乃修燉煌舊塞甍諡曰武昭王廟號高祖陵號建世武昭王十子譚歆讓愔恂飜豫宏眺亮世子譚早卒後主諱歆字士業武昭王第二子也武昭王甍府寮奉爲都督大將軍涼公領涼州牧護羌校尉大赦境內改元爲嘉興尊母尹氏爲太后在位四年爲沮渠蒙遜所敗國亡武昭王以魏道武皇帝天興二年立後主以明元皇帝太常五年而亡據河右凡二世二十一年世子重耳奔於江左遂仕于宋後歸魏位弘農太守卽皇室七廟之始也後主弟讓字士遜雅量凝重善於謀略位寧朔將軍領西羌校尉輔國將軍晉燉煌太守新鄉侯贈驃騎大將軍諡曰穆讓弟愔字士正位晉昌燉煌太守愔弟恂字士如有幹略位酒泉燉煌太守遇家國之難而終恂弟飜字士舉小字武疆英雄秀出有雄略位車騎將軍祈連酒泉晉昌郡太守飜弟豫字士寧位西海太守豫弟

宏字士讚位前將軍中華令宏弟眺字士遠位左將軍眺弟亮字士融位右將
軍寶字懷素小字衍孫晉昌太守龢之子也沈雅有度量驍勇善撫接遇家難
爲沮渠蒙遜囚于姑臧歲餘與舅趙唐契北奔伊吾臣於蠕蠕其遺衆之歸附
者稍至二千寶傾身禮接甚得其心衆皆爲之用每希報雪屬太武遣將討沮
渠無諱於燉煌無諱捐城遁走寶自伊吾南歸燉煌遂修繕城府規復先業遣
弟懷達奉表歸誠太武嘉其忠款拜懷達散騎常侍燉煌太守別遣使授寶使
持節侍中都督西垂諸軍事鎮西大將軍開府儀同三司領護西戎校尉沙州
牧燉煌公乃鎮燉煌四品已下聽承制假授真君五年因入朝遂留京師拜外
都大官轉鎮南將軍幷州刺史還除內都大官文成初代司馬文鎮懷荒改授
鎮北將軍太安五年薨年五十三詔賜命服一襲贈以本官諡曰宣有六子承
茂輔佐公業沖公業早卒承字伯業少有謀略初寶欲歸款僚庶多有異議承
時年十三勸寶速定大計於是遂決寶仍令承隨表入賀太武深相器異禮遇
甚優賜爵姑臧侯後遭父憂居喪以孝聞承應傳先封以自有爵乃以本封讓

弟茂時論多之承方裕有鑒裁爲時所重文成末以散侯出爲龍驤將軍滎陽太守爲政嚴明甚著聲稱延興五年卒時年四十五贈使持節大將軍雍州刺史謚曰穆長子韶字元伯學涉有器量與弟彥虔蕤並孝文賜名焉韶雅爲季父沖所知重延興中補中書學生襲爵姑臧侯除儀曹令時修故車服及羽儀制度皆令韶典焉遷給事黃門侍郎後依例降侯爲伯兼大鴻臚卿黃門如故孝文將創遷都之計詔引侍臣訪以古事韶對曰洛陽九鼎舊所七百攸基地則土中實均朝貢惟王建國莫尚於此帝稱善遷太子右詹事尋罷左右仍爲詹事肆州大中正出爲安東將軍兗州刺史帝自鄴還洛韶朝於路帝言及庶人恂事曰卿若不出東宮或未至此也宣武初徵拜侍中領七兵尚書除撫軍將軍幷州刺史以從弟伯商同咸陽王禧之逆免除官爵久之兼將作大匠敕參定朝議律令及呂苟兒反於秦州除撫軍將軍西道都督行秦州事與右衞將軍元麗率衆討之事平卽真璽書勞勉復其先爵時隴右新經師旅百姓多不安業韶善撫納甚得夷夏之心孝明初自相州刺史入爲殿中尚書行雍州

事後除中軍大將軍吏部尚書加散騎常侍出爲冀州刺史清簡愛人甚收名譽政績之美聲冠當時明帝嘉之就加散騎常侍還車騎將軍賜劒珮貂蟬各一具驊騮馬一匹并衣服寢具詔以年及懸車抗表遜位優旨不許轉定州刺史常侍如故及赴中山冀州父老皆送出西境相聚而泣二州境旣連接百姓素聞其德州內大安正光五年卒於官年七十二詔贈帛七百匹贈使持節散騎常侍車騎大將軍司空公雍州刺史諡曰文恭旣葬之後有冀州兵千餘人戍於荆州還經韶墓相率培冢數日方還其遺愛如此永安中以剋定秦隴功追封安城縣開國伯邑四百戶長子瑱字道璠溫雅有識量魏永平二年釋褐太尉府行參軍累遷尚書倉部郎中後汝南王悅爲司州牧悅性質疎宂情識不倫朝廷以瑱器望兼美閑於政事擢爲悅府長史兼知州務甚得毗贊之方因除司州別駕遷光祿少卿永安初以本官兼度支尚書襲封安城縣伯又除司徒右長史仍兼尚書及還都於鄴留瑱於後監掌府藏及撤運宮廟材木以明幹見稱加征南將軍金紫光祿大夫尋兼給事黃門侍郎監典書事出爲東

徐州刺史爲政清靜人吏懷之解州還以老疾不求仕進齊受禪追璵兼前將軍導從於圜丘行禮又攝護軍陪神武神主入太廟璵意不願策名兩朝雖以宿德耆舊被徵過事卽絕朝請文宣亦曾命璵預華林宴顧訪舊事甚重之天保四年卒年七十二子詮字世良任城郡守贈涇州刺史子伯卿太師府參軍事伯卿子師上聰敏好學雅有詞致外祖魏收無子惟有一女生師上甚愛重之童齓便自教屬文有名於世後與范陽盧公順俱爲符璽郎待詔文林館與博陵崔君洽同志友善從駕晉陽寓居僧寺朝士謂之康寺三少爲物論推許若此隋煬帝居蕃奏爲王府記室終於揚州詮弟謐字世安位高陽郡守司農卿安州刺史謐子千學齊武平中尙神武女浮陽長公主拜駙馬都尉南青州刺史謐弟誦字世業位假儀同三司臨漳令誦弟世韞太子舍人殿中郎璵子孫繁衍時人號其宅爲孝東徐村璵弟瑾字道瑜美容貌有才學特爲詔所鍾愛清河王懌甚知賞之懌爲司徒辟參軍事轉著作郎稍遷通直散騎侍郎與給事黃門侍郎王遵業尙書郎盧觀典修儀注王盧卽瑾之外兄臨淮王彧謂

瑾等三儁共掌帝儀可謂舅甥之國及明帝崩上諡策文瑾所製也莊帝初於河陰遇害年三十九贈冠軍將軍齊州刺史子產之字孫僑容貌短陋而撫訓諸弟愛友篤至其舅盧道將稱之曰此兒風調足爲李公家孫位北豫州司馬子仲膺字公祀以學行稱位太子洗馬仕周爲東京少吏部上士隋開皇中卒於荊州總管司馬產之弟蒨之字曼容清通好文學齊天保初歷太子洗馬行陽翟郡守爲政清靜吏人稱之遷尚書考功郎中遇文宣昏縱見害時人冤之蒨之弟壽之位梁州中從事性貞介不負於人壽之弟禮之位司徒騎兵參軍與妻鄭氏相重妻先亡遺言終不獨死未幾禮之脚上發腫夢妻云責小麥漬之即差如其言反創而卒禮之弟行之字義通小字師子簡靜善守門業多識前言往行而不以文學自名居喪盡禮與兄弟深相友愛仕齊歷位都水使者齊郡太守帶青州長史任城王敬憚之州人號曰李御史仕周爲冬官府司寺下大夫隋開皇初封固始縣男除唐州下溠郡太守稱疾不行卒行之風素夷坦爲士友所稱其舅子盧思道深所愛好常贈詩云水衡稱逸人潘揚有世親

形骸預冠蓋心思出囂塵時人以爲實錄及疾內外多爲求醫行之曰居常待終士之道也貧既愈富何知死不如生一皆抑絶臨終命家人薄葬口授墓誌以紀其志曰隴西李行之以某年某月終於某所年將六紀官歷四朝道叶希夷事忘可否雖碩德高風有傾先構而立身行己無愧夙心以爲氣變則生生化曰死蓋生者物之用死者人之終有何憂喜於其間哉乃爲銘曰人生若寄視死如歸茫茫大夜何是何非言終而絶二子夷道行之弟凝之字惠堅光州中從事非其所好僶俛而就秩滿徑還冀州衆強野舍凝之明本草藥性恆以服餌自持雖年將耄及而志力不衰篤好古文精心典禮以之終老未嘗懈倦隋仁壽中卒產之兄弟並有器望邢子才爲禮之墓誌云食有奇味相待乃飧衣無常主易之而出時以爲實錄諸婦相親皆如姊妹積之死諸弟不避當時凶暴行喪極哀趙郡李榮來弔之歎曰此家風範海內所稱今始見之真吾師也欲與連類即日自名勞之瑛弟瓚字道璋少有風尚辟司徒參軍事卒贈漢陽郡太守子脩年開府參軍早亡韶弟彥字次仲有學業孝文初舉秀才除中

一　珍倣宋版印

書博士轉諫議大夫後因考課降爲元士尋行主客曹從事郊廟下大夫時朝
儀典掌咸未周備彥留心考定號爲稱職孝文南伐彥諫曰臣以爲蕞爾江閩
未足親勞鑾駕頻表雖不見納而以至誠見嘉及六軍次於淮南徵爲廣陵王
羽長史加恢武將軍西翼副將軍還除冀州趙郡王幹長史轉青州廣陵王羽
長史帶齊郡太守徵爲龍驤將軍司徒右長史左長史秦州大中正出行揚州
事尋徵拜河南尹還至汝陰復敕行徐州事尋徵拜平北將軍平州刺史遷平
東將軍徐州刺史延昌二年夏大霖雨川瀆皆溢彥相水陸形勢隨便疏通得
無淹漬之害朝廷嘉之頻詔勞勉入爲河南尹遷金紫光祿大夫光祿勳轉度
支尚書出爲撫軍將軍秦州刺史時破六韓拔陵等反於北鎮二夏豳涼所在
蜂起而彥刑政甚嚴正光五年六月城人薛珍劉慶杜超等因四方離叛突入
州門害彥推其黨莫折大提爲帥永安中追贈侍中驃騎大將軍司徒公雍州
刺史諡曰孝貞子燮字德諧少有風望位司徒主簿卒贈太常少卿子士万有
雅望位高都太守燮弟爽字德明弟充字德廣弱冠太學博士大將軍蕭寶夤

西討德廣爲行臺郎募衆而征戰捷乃手刃仇人啖其肝肺覺寶夤有異志挺
身歸闕朝廷加爵辭而不受寶夤遂與万俟醜奴同反大行臺尒朱天光討之
請德廣爲從事中郎天光用其計遂定秦隴以功除中散大夫痛父非命終身
不食酒肉妹夫盧元明嗟重之子士英有文才王遵業以女妻之次僧伽脩整
篤業不應辟命時鄭子默有名於世僧伽曰行不適道文勝其質郭林宗所謂
牆高基下雖得必喪此之徒也竟如其言尚書袁叔德來候僧伽先減僕從然
後入門曰見此賢令吾羞對軒冕及卒叔德爲懷舊詩曰平生寡俗累終身無
世言其見重如此僧伽弟法藏內清介位員外郎德廣弟德顯位散騎侍郎贈
東秦州刺史德顯弟德明敦重有器局位高陽太守贈光祿少卿光州刺史彥
弟虔字叔恭太和初爲中書學生遷祕書中散轉冀州驃騎府長史太子中舍
人宣武初遷太尉從事中郎出爲清河太守屬京兆王愉反虔棄郡奔闕宣武
聞虔至謂左右曰李虔在冀州日久恩信著物今拔難而來衆情自解矣乃授
虔別將令軍前慰勞事平轉長樂太守延昌初冀州大乘賊起令虔以本官爲

別將與都督元遙討平之遷後將軍燕州刺史還爲光祿大夫加平西將軍兼大司農出爲散騎常侍安東將軍兗州刺史追論平冀州之功賜爵高平男還京除河南邑中正遷領軍將軍金紫光祿大夫孝莊初授特進車騎大將軍儀同三司散騎常侍又進號驃騎大將軍開府儀同三司永安三年薨年七十四贈侍中驃騎大將軍太尉公都督冀定瀛三州諸軍事冀州刺史諡宣景長子暎字仁明位尚書左外兵郎莊帝初於河陰遇害年四十贈度支尚書安東將軍青州刺史子裒章武郡守裒弟奭汲郡守並以幹局見知暎弟仁曜位員外散騎侍郎太尉錄事參軍與兄暎同於河陰遇害年三十八贈散騎常侍左將軍兗州刺史子撝字道熾學尚有風儀魏武定中司空長流參軍齊天保末爲尚書郎終於光州司馬仁曜弟晧字仁昭位散騎侍郎亦遇害河陰贈征虜將軍涼州刺史子士元士操武定中並儀同開府參軍事晧弟曉事列于後虔弟蕤字延賓歷部兵校尉東郡太守司農少卿卒贈龍驤將軍豫州刺史子諺字義與有幹局起家太學博士領殿中侍御史稍遷東郡太守莊帝初濟廣二州

刺史加散騎常侍節閔時與第三弟通直散騎常侍義真第七弟太常少卿義邕同爲尒朱仲遠所害義邕莊帝居藩之日以外親甚見親昵及卽位特蒙信任尒朱榮之誅義邕預其事由是並及禍節閔初諺贈侍中驃騎將軍吏部尚書冀州刺史義真贈前將軍齊州刺史義邕贈安東將軍青州刺史諺次弟義順司空屬第四弟義遠國子博士莊帝初並於河陰遇害贈散騎常侍征東將軍雍州刺史承弟茂字仲宗文成末襲父爵鎭西將軍燉煌公孝文初除長安鎭都將轉西汾州刺史將軍如故入爲光祿大夫歷西兗州刺史例降爲侯茂性謙愼以弟沖寵盛懼於盈滿以疾求遜位孝文不奪其志聽食大夫祿還私第因居中山自是優遊里舍不入京師卒年七十一謚曰恭侯子靜字紹安襲位東平原太守卒子遐字智遠襲遐有几案才位河內太守從孝莊南度河於河陰遇亂兵所害事寧追贈散騎常侍車騎大將軍尚書右僕射秦州刺史封盧鄉伯靜弟季字仲安恭愼篤厚歷汝南中山二郡太守孝莊初以外親超撫軍將軍金紫光祿大夫出爲鎭東將軍滄州刺史加散騎常侍季弟安粗涉書

史位北海王顥撫軍長史顥爲關西都督復引爲長史委以戎政卒於軍贈征虜將軍涼州刺史茂弟輔字叔直有器望解褐中書博士遷司徒議曹掾太和中孝文爲咸陽王禧納其女爲妃除鎮遠將軍頼川太守帶長社戍輔綏懷招集甚得邊和卒於郡贈征虜將軍秦州刺史諡曰襄武侯長子伯尚少有重名弱冠除祕書郎孝文每云此李氏之千里駒稍遷通直散騎侍郎敕撰太和起居注宣武初兼給事黃門侍郎坐與咸陽王禧謀反誅伯尚弟仲尚儀貌甚美少以文學知名年二十著前漢功臣序讚及季父司空沖誄高聰邢巒見而歎曰後生可畏非虛言也起家京兆王愉府參軍坐兄事賜死仲尚弟季凱沈敏有識量坐兄事與母弟俱徙邊久之會赦免遂寓居晉陽沈廢積年後歷位幷州安北府長史孝明崩尒朱榮陰圖義舉季凱預謀及莊帝踐祚徵拜給事黃門侍郎封博平縣侯加散騎常侍祕書監中軍將軍後尒朱世隆以榮之死謂季凱通知於是見害孝武初追贈侍中驃騎將軍吏部尚書定州刺史季凱弟延慶位陳留太守金紫光祿大夫延慶弟延度衞將軍安德太守輔弟佐字季

翼有文武才幹孝文初兼散騎常侍使高麗以稱旨還拜常山太守眞定縣子
遷懷州刺史進爵山陽侯加安南將軍河內公轉相州刺史所在有稱績後拜
安遠將軍敕與征南將軍城陽王鸞安南將軍盧陽烏等攻赭陽各不相節度
諸軍以敵強故班師佐逆戰爲賊所敗坐徙瀛州車駕征宛鄧復起佐假平遠
將軍統軍以功封涇陽縣子沔北旣平以佐爲廣陽王嘉鎮南府長史加輔國
將軍別鎮新野及大軍凱旋孝文執佐手曰沔北洛陽南門卿勉爲朕善守孝
文崩遺敕以佐行荆州事佐在州威信大行邊人悅附前後歸者二萬許家尋
正刺史宣武初徵兼都官尚書卒年七十一贈秦州刺史諡曰莊子遵襲遵豪
爽有父風卒於司空司馬贈洛州刺史子果襲位司空諮議參軍坐通西魏見
殺遵弟柬字休賢郡辟功曹以父憂去職遂終身不食酒肉因屏居鄉里司空
任城王澄嘉其操尙以爲參軍事累遷濟州刺史卒贈殿中尙書相州刺史柬
弟挺字神儁小名提少以才學知名爲太常劉芳所賞歷位中書侍郎太常少
卿荆州刺史時梁將曹敬宗來寇攻圍積時又引水灌城城不沒者數板神儁

循撫兵人戮力固守詔遣都督崔暹别將王熊裴衍等赴援敬宗退走時寇賊之後城外有露骸神儁令收葬之徵拜大司農孝明末除鎮軍將軍行相州事時葛榮南逼神儁憂懼乃故墜馬傷足仍停沔郡有詔追還莊帝卽位以神儁人望拜散騎常侍殿中尚書追論固守荆州功封千乘縣侯轉中書監吏部尚書神儁意尚風流情在推引人物尒朱榮有所用人神儁不從見怒懼啓求解官除右光祿大夫尋屬尒朱兆入京乘輿幽執神儁遂逃人閒孝武初歸闕拜散騎常侍驃騎大將軍左光祿大夫儀同三司孝靜初除驃騎大將軍華州刺史入爲侍中薨年六十四贈尚書左僕射司徒公雍州刺史神儁風韻秀舉博學多聞朝廷舊章及人倫氏族多所諳記篤學好文雅老而不輟凡所交遊皆一時名士汲引後生爲其光價四方才子咸宗附之滎陽鄭伯猷常云從舅爲人物宗主在洛京時琅邪王誦亦美神儁故名其子曰儁庶其似之梁武帝雅重其名常云彼若遣李神儁來聘我當令劉孝綽往其見重如此頸多鼠乳而性通率不持檢度至於少年之徒皆與褻狎比遷鄴於路見狗温子昇戲曰爲

是宋鵲爲是韓盧神儁曰爲逐丞相東走爲共帝女南徂沙苑之敗神儁策眇
馬而走曰丁掾力馬倒曰丁掾誤我其不拘若此既不能方重識者以此爲譏
喪二妻又欲娶鄭嚴祖妹神儁之從甥也盧元明亦將爲婚遂至紛競二家閱
於嚴祖之門鄭卒歸元明神儁惆悵不已時人以神儁爲鳳德之衰沖字思順
承少弟也本名思沖孝文改焉少孤爲承訓養承常言此兒器重非恆方爲門
戶所寄沖雅有大量隨兄至滎陽時牧守子弟多侵亂人庶輕有乞奪沖與承
長子韶獨清簡皎然無所求取時人美焉獻文末爲中書學生沖善交遊不妄
戲雜流輩重之孝文初以例遷祕書中散典禁中文字以脩敕敏慧漸見寵待
遷內祕書令南部給事中舊無三長唯立宗主主督護所以多隱冒五十三家
方爲一戶沖以三正所由來遠於是創三長之制上之文明太后覽而稱善引
見公卿議之羣臣多有不同太后曰立三長則課有常準賦有常分包蔭之戶
可出僥倖之人可止何爲不可詞議雖有乖異然惟以變法爲難更無異議遂
立三長公私便之遷中書令加散騎常侍給事中如故尋轉南部尚書賜爵順

珍倣宋版印

陽侯沖爲文明太后所幸恩寵日盛賞賜月必數千萬進爵隴西公密致珍寶服御以充其第外人莫得而知沖家素清貧於是室富而謙以自牧積而能散近自姻族逮於鄉閭莫不分及虛己接物垂念羇寒衰舊淪屈由之躋敘者亦以多矣時以此稱之初沖兄佐與河南太守來崇同自涼州入國素有微嫌佐因搆成崇罪餓死獄中後崇子護爲南部郎深慮爲沖陷常求退避沖每慰撫之護後坐贓罪懼必不濟沖俱奏與護本末嫌隙乞原恕之遂得不坐沖從甥陰始孫貧來沖家至如子姪有人求官因得納馬於沖始孫輒受而不言後假方便借沖此馬主見沖乘馬而不得官後自陳首始末沖聞大驚執始孫以狀款奏始孫坐死其處要自厲不念愛惡皆此類也時循舊王公重臣皆呼名孝文帝謂沖爲中書而不名之文明太后崩後孝文居喪引見待接有加及議律令潤飾辭旨刊定輕重孝文雖自下筆無不使訪焉沖竭忠奉上知無不盡出入憂勤形於顏色雖舊臣戚輔莫能逮之俱服其明斷慎密而歸心焉於是天下翕然及殊方聽望咸宗奇之孝文亦深相仗信親敬彌甚君臣之間情義莫

二及置百司開建五等以沖參定典式封滎陽侯拜廷尉卿遷侍中吏部尚書
咸陽王師東宮建拜太子少傅孝文初依周禮置夫嬪之列以沖女爲夫人及
營明堂詔沖領將作大匠與司空長樂公亮共監與繕車駕南伐加沖輔國大
將軍統衆翼從自發都至洛陽霖雨不霽仍詔六軍發軫孝文戎服執鞭御馬
而出羣臣稽顙於馬首之前孝文曰今大軍將邁公等更欲何云沖進請曰發
都淫雨士馬困弊矜喪反旆於義爲允孝文曰已至於此何容停駕沖又進曰
今者之舉天下所不願敢以死請孝文大怒曰方欲經營宇宙而卿等儒生屢
疑大計斧鉞有常卿勿復言策馬將出大司馬安定王休兼左僕射任城王澄
等並殷勤泣諫孝文乃喻羣臣曰今者興動不小動而無成何以示後若不南
鑾卽當移都於此光宅土中幾亦時矣王公等以爲何如議之所決不得旋踵
欲遷者左不欲遷者右安定王休等相率如右前南安王禎進曰愚者闇於成
事智者見於未行見至德者不議於俗成大功者不謀於衆非常之事廓神都
以延王業都中土以制帝京周公啓之於前陛下行之於後固其宜也請上安

聖躬下慰人望光宅中原輟彼南伐此臣等之願亦蒼生幸甚羣臣咸唱萬歲
孝文初謀南遷恐衆心戀舊乃示爲大舉因以脅定羣情外名南伐其實遷也
舊人懷土多所不願內憚南征無敢言者於是定都洛陽尋以沖爲鎮南將軍
侍中少傅如故委以營構之任改封陽平郡侯車駕南征以沖兼左僕射留守
洛陽還尚書左僕射仍領少傅改封清泉縣侯及太子恂廢沖罷少傅孝文引
見公卿於清徽堂曰今徙極中天創居嵩洛雖大構未成要自條紀略舉但南
有未賓之豎兼兇蠻密邇朕取南之計決矣所行之謀必定頃來陰陽卜術之
士咸勸朕今征必尅此既家國大事宜其君臣各盡所見沖曰征戰之法先之
人事然後卜筮卜筮雖吉猶恐人事未備京師始遷衆業未定加之征戰以爲
未可帝曰僕射之言非爲不合朕意然咫尺寇戎無以自安理須如此若待人
事備復非天時將若之何如僕射之言便終無征理沖機敏有巧思北京明堂
圜丘太廟及洛都初基安處郊兆新起宮寢皆資於沖勤志強力孜孜無怠且
理文簿兼營近制几案盈積剞劂在前初不勞厭也然顯貴門族榮益六姻兄

弟子姪皆有官爵一家歲祿萬匹有餘年纔四十而鬢髮班白姿貌甚美未有衰狀李彪之入京也孤微寡援而自立不羣以沖好士傾心宗附沖亦重其器學禮而納焉每言之於孝文公私共相援益及彪爲中尉尚書爲孝文知待便謂非復藉沖更相輕背唯公坐斂袂而已無復宗敬之意沖頗銜之後孝文南征沖與吏部尚書任城王澄並以彪倨傲無禮遂禁止之奏其罪狀沖手自作表家人不知辭甚激切因以自劾孝文覽其表嗟歎久之旣而曰道固可謂溢也僕射亦爲滿矣沖時震怒數責彪前後愆悖瞋目大呼投折几案盡收御史皆泥首面縛大罵辱詈沖素性温柔而一朝暴恚遂廢病荒悖言語亂錯猶扼腕叫詈稱李彪小人醫藥所不能療或謂肝藏傷裂旬餘日卒時年四十九孝文始聞沖病狀謂右衞宋弁曰僕射執我樞衡總釐朝務使我無後顧之憂一朝忽有此患朕甚愴懷及聞沖卒爲舉哀於縣瓠發聲悲泣不能自勝詔書褒述其美曰可謂國之賢也朝之望也於是贈司空公給東園祕器一具衣一襲贈錢三十萬布五百匹蠟二百斤有司奏謚曰文穆葬於覆舟山近杜預冢孝

珍倣宋版印

文之意也後車駕自鄴還洛路經沖墓左右以聞孝文臥疾望墳掩涕久之遣太常致祭及與留京百官相見皆敘沖亡沒之故言及流淚其相痛惜如此子延寶字禧性温良少爲太子舍人宣城初襲父爵清泉縣侯莊帝卽位以母舅之尊超授侍中太保封濮陽郡王延寶以太保犯祖諱又以王爵非庶姓所宜抗表固辭徙封濮陽郡公改授太傅尋轉司徒公出爲使持節侍中太傅錄尚書事東道大行臺都督青州刺史尒朱兆入京乘輿幽縶延寶以外戚見害於州館孝武帝初反葬洛陽贈使持節侍中太師太尉公錄尚書事都督雍州刺史諡曰孝懿長子彧字子文尚莊帝姊豐亭公主封東平郡公位侍中左光祿大夫中書監驃騎大將軍開府儀同三司廣州刺史彧性豪俠尒朱榮之死也武毅之士皆彧所進孝靜初陷法見害尋詔復公爵子道端襲彧七子並彭城王勰女豐亭公主所生以道德仁義禮智信爲名第四子義雄有識悟勤學手不釋書仕齊位琅邪郡守義雄弟禮成最知名禮成字孝諧年七歲與姑之子蘭陵太守滎陽鄭顥隨魏武帝入關顥母每謂人曰此兒平生未嘗回顧當爲

重器及長沉深有行檢不妄通賓客在魏歷著作郎太子洗馬員外散騎常侍周受禪拜平東將軍散騎常侍于時貴公子皆競習弓馬被服多爲軍容禮成雖善騎射而從容儒服不失素望後以軍功拜車騎大將軍儀同三司賜爵修陽侯拜還州刺史時朝廷有所徵發禮成度以蠻夷不可擾擾必爲亂上表固諫武帝從之伐齊之役從帝圍晉陽齊將席毗羅精兵拒帝禮成力戰擊退之加開府進封冠軍縣公歷北徐州刺史戶部中大夫禮成妻竇氏早沒知隋文帝有非常之表遂聘帝妹爲繼室及帝爲丞相進位上大將軍遷司武上大夫委以心膂及受禪拜陝州刺史進封絳郡公賞賜優洽累遷襄州總管左大將軍時突厥屢爲寇患緣邊要害多委重臣由是拜寧州刺史以疾徵還京終于家子世師位度支侍郎禮成弟智源有器量仕齊卒於高都郡守智源弟信則方雅廉慎齊武平中位南陽王大司馬屬信則形短中書侍郎頓丘李若戲之曰弟爲府屬可謂名以定體信則曰名以定體豈過劣弱尋除尚書倉部郎中入周爲東京司門下大夫隋開皇中卒於沔州刺史或弟彬字子儒其父延實

珍倣宋版印

既別封彬襲祖爵清泉縣侯位中書侍郎卒於左光祿大夫贈驃騎大將軍光祿勳齊州刺史謚曰獻子桃杖襲彬弟彰位通直散騎侍郎從父在青州同時遇害贈左將軍瀛州刺史延實弟休纂小字鍾羌頗有父風位終太子舍人贈驃騎大將軍尚書令司徒公雍州刺史追封樂涫縣公後進封高陽郡公子昂襲昂魏末爲廣平郡太守齊天保中卒於光祿卿昂子道隆有才識明剖斷仕齊位并省尚書左丞隋開皇中爲尚書北部侍郎休纂弟延孝位尚書屯田郎中於河陰遇害贈侍中車騎大將軍司空公定州刺史進封臨頴縣公韶從弟仲遵有器業彭城王勰爲定州請爲定州開府參軍累遷營州刺史時四方州鎮逆叛相續營州城內咸有異心仲遵單車赴州及至與大使盧同以恩信懷誘率皆安帖後明帝又遣詔盧同爲行臺北出慰勞同疑人情難信聚兵將往城人劉安定就德與等先有異志謂欲圖己逐仲遵害之韶從祖抗自涼州渡江左仕宋歷晉壽安陸東萊三郡太守抗子思穆字叔仁有度量善談論工草隸爲當時所談太和十七年攜家累自漢中歸魏位都水使者及車駕南伐以

本官兼直閤將軍從平南陽以功賜爵樂平子宣武踐祚進爵爲伯累遷京兆
內史在郡八年頗有政績卒於營州刺史贈安東將軍華州刺史有子十四人
嫡子斌襲位散騎侍郎早卒斌兄獎字道休爲莊帝所親超贈恩穆衛將軍中
書監左光祿大夫諡曰宣武獎以戚里恩澤賜爵廣平侯歷中書侍郎兼散騎
常侍聘梁使主黃門郎司徒左長史行瀛州事齊天保初兼侍中冀瀛滄三州
大使觀察風俗還拜魏尹卒贈濟州刺史中書令子瓌位中書舍人黃門郎韶
族弟琰之字景珍小字墨蠡少知名號曰神童從父沖雅所歎異每曰興吾宗
者其此兒乎恆資給所須愛同己子弱冠舉秀才不行曾遊河內北山便欲有
隱遁意會彭城王勰辟爲行軍參軍苦相敦引沖又遣信喻之久乃應召尋爲
中尉李彪啓兼著作佐郎修撰國史稍遷國子博士領尚書儀曹郎中轉中書
侍郎司農少卿黃門郎修國史遷國子祭酒轉祕書監兼七兵尚書遷太常卿
孝莊初太尉元天穆北討葛榮以琰之兼御史中尉爲北道軍司還除征東將
軍仍兼太常出爲衛將軍荊州刺史兼尚書左僕射三荊二郢大行臺尋加散

珍倣宋版印

騎常侍琰之雖以儒素自業而每語人言吾家世將種猶有關西風氣及至州之後大好射獵以示威武尒朱兆入洛南陽太守趙修延以琰之莊帝外戚誣琰之規奔梁國襲州城遂被囚執修延仍自行州事城內人斬修延還推琰之釐州任孝武初徵兼侍中車騎大將軍左光祿大夫儀同三司永熙二年薨朝廷悼惜之贈侍中驃騎大將軍司徒公雍州刺史謚曰文簡琰之少機警善談論經史百家無不悉覽朝廷疑事多所訪質每云崔博而不精劉精而不博我既精且博學兼二子謂崔光劉芳也論者許其博未許其精當時議咸共宗之又自誇文章從姨兄常景笑而不許每休閑之際恆閉門讀書不交人事常謂人曰吾所以好讀書者不求身後之名但異見異聞心之願也是以孜孜搜討欲罷不能豈爲聲名疾勞世人也此乃天性非爲力強前後再居史事無所編緝安豐王延明博聞多識每有疑滯常就琰之辨析自以爲不及也二子綱慧並從孝武帝入關中綱位宜州刺史儀同三司子充節少慷慨有英略隨開皇中頻以行軍總管擊突厥有功位上柱國武陽郡公朔州總管甚有威名爲虜

所憚後有人譖其謀反徵還京師上怒之充節素剛憂憤卒子大亮曉字仁略
太尉虔之子也少而領素博涉經史早有時譽釋褐員外郎散騎侍郎尒朱榮
之立孝莊曉兄弟四人與百寮俱將迎焉其夜曉衣冠爲鼠噬不成行而免其
上三兄皆遇害曉乃攜諸猶子微服潛行避難東郡行至成皐爲滎陽令天水
閻信所疑辟易左右謂曉曰觀君儀貌豈是常倫古人相知未必在早必謂急
難須悉心以告天下豈獨北海孫賓碩乎曉以信有長者之言乃具告情實信
乃厚相資給以免永安初授輕車將軍尚書左右主客郎仍轉征虜將軍中散
大夫又除前將軍太中大夫天平初遷都于鄴曉便寓居清河依從母兄崔陵
鄉宅陵給良田三十頃曉遂築室居焉時豪右子弟悉多驕恣請託暴亂州郡
不能禁止曉訓勖子弟咸以學行見稱時論以此多之曉自河陰家禍之後屬
王塗未夷無復宦情備在名級而已及遷都之後因退私門外兄范陽盧叔彪
勸令出仕前後數四確然不從武定末齊文襄嗣事高選寮采召曉及前開府
長史房延祐並爲外兵郎後徙平西將軍太尉府諮議參軍事除頓丘太守天

珍倣宋版印

保中頻歷廣武東二郡太守所在有惠政爲吏人所懷卒於郡年五十九贈本官將軍海州刺史三子伯山仲舉季遠超字仲舉以字行於世性方雅善制白晳美鬚眉高簡宏遠風調疎遠博涉經史不守章句業至於吉凶禮制親表咸取則焉弱冠仕齊爲襄城王大司馬參軍事時尚書左僕射元文遙以令長之徒率多寒賤奏請革選妙盡高資仲舉與范陽盧昌衡等八人同見徵用以仲舉爲司州修武令仲舉莅以寬簡吏人號曰寬明于時昌衡爲平恩令百姓號曰恩明故時稱盧李恩寬之政武平初持節使南定州人並是蠻左接帶邊鄣仲舉具宣朝旨邊服清謐朝廷大嘉之還授晉州別駕及周師圍晉州外無救援行臺左丞侯子欽內圖離貳欲與仲舉謀憚其嚴正將言而止者數四仲舉揣知其情乃謂之曰城危累卵伏賴於公今之所言想無他事欲言而還中止也子欽曰告急官軍永無消息勢之危急旦夕不謀意欲不坐受夷戮歸命有道於公何如仲舉正色曰僕射高氏恩德未深公於皇家沒齒非答臣子之義固有常道何至今日翻及此言子欽懼泄夜投周軍城尋破周將梁士彥素聞

仲舉名引與言及時事仲舉曰世居山東受恩高氏今國維不張遠勞師衆不能死於臣道豈敢干非其議士彥曰百里左車不無前事想亦得之見逼不已仲舉乃曰今者官軍遠來方申弔伐當先德澤遠示威懷明至聖之情弘招納之略令所至之所歸誠有地所謂王者之師征而不戰也士彥深以爲然益相知重初城敗之後公私蕩然軍人簿帳悉多亡毀戶口倉儲無所憑據事無大小士彥一委仲舉推尋勾當絲髮無遺於軍用甚有助焉鄴城平仍將家隨例入關仲舉以親故流離情不願住妻伯父京兆尹博陵崔宣猷留不許去固辭乃得還鄴尋有詔素望舊資命州郡勒送仲舉懼嚴命而至補秋官賓部上士深乖情願乃取急言歸隋開皇中秦王俊鎮洛州召補州主簿友人蜀王府記室范陽盧士彥謂仲舉曰丈人往經徵辟每致推辭何爲徒勞之任忽爾降德仲舉笑曰屈伸之事非子所知尋被敕追赴京朝廷以仲舉婆娑州里責黜左降爲隆州錄事參軍尋以疾歸以琴書自娛優遊賞逸視人世蔑如也會朝廷舉士著作郎王邵又舉以應詔以前致推遷爲責除冀州清江令未幾又以疾

還後以資例授帥都督洛陽令彭城劉逸人謂仲舉曰君之才地遠近所知久病在家恐貽時論且爲武職差若自安仲舉曰吾性本疎惰少無宦情豈以垂老之年求一階半級所言武職挂徐君墓樹耳竟不起終於洛陽永康里宅時年六十三當世名賢莫不傷惜之二子大師行師大師字君威幼而爽悟神情警發標格嚴峻人並敬憚之身長七尺五寸風儀甚偉好學無所不窺善綴文備知前代故事若指諸掌商較當世人物皆得其精弱冠州將賀蘭寬召補主簿寬當時位望又與大師年事不侔初見言未及終便改容加敬曰名下故無虛士今者非以相勞自望坐嘯有託耳每於私室接遇恆盡忘年之歡俄而以資調補左翊衛率尋除冀州司戶參軍煬帝初改州爲郡仍除信都司戶書佐及王業暮年王塗弛紊居官者率多侵漁皆致潤屋大師獨守清戒無所營求家產益致窘迫郡丞鞠孝稜益相歎服曰後於歲寒此言於公得之十年還渤海郡主簿及竇建德據有山東被召爲尚書禮部侍郎武德三年被遣使京師因送同安公主遂求和好使畢還至降州而建德違約又助世充抗王師於武

牢高祖大怒命所在拘留其使世充建德尋平遂以讁徙配西會州大師少時嘗筮仕長安遇日者姓史因使占時有從兄子同妹夫鄭師萬河東裴寂同以宿衛簡入文資各使視即日官位及將來所至史生曰裴二及李皆當依資敘用然裴君終致台輔鄭非直今歲虛歸後歲亦當本資不敘指大師曰君才雖不減趙元叔恐賦命亦將同之言子同亦無遠到時大師弟行師亦預賓貢因問史生吉凶生曰此郎雖非裴君之匹亦至方伯既而大師及子同裴寂並以資補州佐師萬當年差舛明年而齊資不敘師萬任益州新都縣尉及武德初裴寂任尚書左僕射魏國公大師至是遷播因獨笑曰史生之言於茲驗矣行師貞觀中歷太常寺丞都水使者邛州刺史皆如史生之占大師既至會州忽忽不樂乃爲羇思賦以見其事侍中觀公楊恭仁時鎮涼州見賦異之召至河西深相禮重日與遊處大師少有著述之志常以宋齊梁陳齊周隋南北分隔南書謂北爲索虜北書指南爲島夷又各以其本國周悉書別國並不能備亦往往失實常欲改正將擬吳越春秋編年以備南北至是無事而恭仁家富於

書籍得恣意披覽宋齊梁魏四代有書自餘竟無所得居二年恭仁入爲吏部
尙書大師復還會州武德九年會赦歸至京師尙書右僕射封德彝中書令房
玄齡並與大師親通勸留不去曰時屬惟新人思自効方事屏退恐失行藏之
道大師曰昔唐堯在上下有箕山之節雖以不才請慕其義於是俶裝東歸家
本多書因編緝前所修書貞觀二年五月終於鄭州滎陽縣野舍時年五十九
既所撰未畢以爲沒齒之恨焉所製文筆詩賦播遷及遭火多致失落存者十
卷子慶孫正禮利王延壽安世延壽與敬播俱在中書侍郎顏師古給事中孔
穎達下刪削既家有舊本思欲追終先志其齊梁陳五代舊事所未見因於編
緝之暇晝夜抄錄之至五年以內憂去職服闋從官蜀中以所得者編次之然
尙多所闕未得及終十五年任東宮典膳丞曰右庶子彭陽公令狐德棻又啓
延壽修晉書因茲復得勘究宋齊魏三代之事所未得者十七年尙書右僕射
褚遂良時以諫議大夫奉敕修隋書十志復準敕召延壽撰錄因此遍得披尋
時五代史既未出延壽不敢使人抄錄家素貧罄又不辦雇人書寫至於魏齊

周隋宋齊梁陳正史並手自寫本紀依司馬遷體以次連綴之又從此八代正史外更勘雜史於正史所無者一千餘卷皆以編入其煩冗者即削去之始末修撰凡十六載始宋凡八代爲北史南史二書合一百八十卷其南史先寫訖以呈監國史國子祭酒令狐德棻始末蒙讀了乖失者亦爲改正許令聞奏次以北史諮知亦爲詳正因遍諮宰相乃上表表曰臣延壽言臣聞史官之立其來已舊執簡記言必資良直是以典謨載述唐虞之風尤著誥誓斯陳殷周之烈彌顯魯書有作鹿門貽鑒於臧孫晉乘無隱桃園取譏於趙孟斯蓋哲王經國通賢垂範懲誡之方率由茲義逮秦書既燬周籍俱湮子長創制五三畢紀條流且異綱目咸張自斯新以後皆所取則雖左史筆削無乏於時微婉所傳唯稱班范次有陳壽國志亦曰名家並已見重前修無俟揚搉洎紫氣南浮黃旗東徙時更五代年且三百元熙以前則總歸諸晉著述之士家數雖多泛而商略未聞盡善太宗文皇帝神資睿聖天縱英靈爰動沖襟用紆玄覽深嗟蕪穢大存刊勒既懸諸日星方傳不朽然北朝自魏以還南朝從宋以降運行迭

變時俗污隆代有載筆人多好事考之篇目史牒不少互陳聞見同異甚多而小說短書易爲湮落脫或殘滅求勘無所一則王道得喪朝市貿遷日失其眞晦明安取二則至人高跡達士弘規因此無聞可爲傷歎三則敗俗巨蠹滔天桀惡書法不記孰爲勸獎臣輕生多幸運奉千齡從貞觀以來屢叨史局不揆愚固私爲修撰起魏登國元年盡隋義寧二年凡三代二百四十四年兼自東魏天平元年盡齊隆化二年又四十四年行事總編爲本紀十二卷列傳八十八卷謂之北史又起宋永初元年盡陳禎明三年四代一百七十年爲本紀十卷列傳七十卷謂之南史凡八代合爲二書一百八十卷以擬司馬遷史記就此八代而梁陳齊周隋五書是貞觀中敕撰以十志未奏本猶未出然其書及志始末是臣所修臣既夙懷慕尚又備得尋聞私爲抄錄一十六年凡所獵略千有餘卷連綴改定止資一手故淹時序迄今方就唯鳩聚遺逸以廣異聞編次別代共爲部秩除其冗長捃其菁華若文之所安則因而不改不敢苟以下愚自申管見雖則疏野遠慚先哲於披求所得竊謂詳盡其南史刊勒已定北

史勘校粗了既撰自私門不敢寢嘿又未經聞奏亦不敢流傳輒用陳聞伏深

戰越謹言

北史卷一百

北史卷一百考證

序傳在魏者爲段干大夫○干監本訛于今從下文段干木其後也句改正

又除司徒右長史○史監本訛吏今改從閣本

於路見狗○顧炎武云本書徐之才傳嘗與朝士出遊遥望羣犬競走諸人試令目之之才卽應聲曰爲是宋鵲爲是韓盧爲逐李斯東走爲負帝女南徂

今下文又作温子昇與神儁語一事兩見延壽自述其先人不當援他人之事以附益也

所在有惠政爲吏人所懷○監本缺惠字吏字今從南本增入

北史卷一百考證

編修臣人龍謹言鄭樵曰古者修書出於一人之手成于一家之學班馬之徒是也至唐始用衆手晉隋二書是矣臣等謹按宋齊梁陳後魏北齊周隋八書各成一家且是時分隔南北南謂北爲索虜北謂南爲島夷往往過美溢惡未嘗核實李延壽父太師欲爲改正擬吳越春秋編年未就而卒延壽預修晉隋書因悉究舊事更依馬遷體總序八代北起魏盡隋二百四十二年南起宋盡陳百七十年刪煩補闕爲南北二史所謂出于一人之手成于一家之學者也司馬光曰李延壽書亦近世之佳史也雖於機祥詼嘲小事無所不載然敘事簡徑比于南北正史無煩冗蕪穢之辭切謂陳壽之後惟延壽可以亞之也臣等奉

命編校總攬八代之事實參攷十史之紀載其煩簡異同各自爲書而二史能使南北兩朝紛然淆亂之事總括貫穿詳贍有體誠哉司馬氏之言匪誣也惟其間字句有相習舛訛之處爰爲一一訂正附識卷末云臣謹識

原任詹事臣陳浩洗馬臣陸宗楷編修臣孫人龍知州臣王祖庚貢生臣

杜炳星等奉

敕恭校刊

西元二〇二〇年十一月一日重製一版

北史（附考證）冊六（唐 李延壽撰）

平裝六冊基本定價肆仟伍佰元正
（郵運匯費另加）

版權所有 不准翻印

發行人　張　敏　君
發行處　中　華　書　局
臺北市內湖區舊宗路二段一八一巷八號五樓（5FL., No. 8, Lane 181, JIOU-TZUNG Rd., Sec 2, NEI HU, TAIPEI, 11494, TAIWAN）
客服電話：886-2-8797-8396
公司傳真：886-2-8797-8909
匯款帳戶：華南商業銀行西湖分行
179100026931
印　　刷：維中科技有限公司
海瑞印刷品有限公司

No. N1052-6

國家圖書館出版品預行編目(CIP)資料

北史/(唐)李延壽撰. -- 重製一版. -- 臺北市 :
中華書局, 2020.11
冊 ;　公分
ISBN 978-986-5512-32-3(全套 : 平裝)

1.北史

623.601　　109016727